“十二五”国家重点出版物出版规划项目
铁路科技图书出版基金资助出版

铁路工务技术手册

线路检测与测量

中国铁路总公司运输局工务部

中国铁道出版社有限公司

2025年·北 京

图书在版编目(CIP)数据

线路检测与测量/中国铁路总公司运输局工务部组织编写. —北京:中国铁道出版社,2017.7(2025.9重印)
(铁路工务技术手册)
ISBN 978-7-113-23271-9

Ⅰ.①线… Ⅱ.①中… Ⅲ.①铁路线路-检测-技术手册②铁路测量-线路测量-技术手册 Ⅳ.①U216.3-62 ②U212.24-62

中国版本图书馆CIP数据核字(2017)第144886号

书　　名:铁路工务技术手册
线路检测与测量

作　　者:中国铁路总公司运输局工务部

责任编辑:时　博　　**编辑部电话**:(010)51873141　　**电子邮箱**:crph@163.com
封面设计:崔　欣
责任校对:焦桂荣
责任印制:高春晓

出版发行:中国铁道出版社有限公司(100054,北京市西城区右安门西街8号)
网　　址:https://www.tdpress.com
印　　刷:中煤(北京)印务有限公司
版　　次:2017年7月第1版　2025年9月第3次印刷
开　　本:787 mm×1 092 mm 1/16　**印张**:19.25　**字数**:442千
书　　号:ISBN 978-7-113-23271-9
定　　价:168.00元

前　言

中国铁道出版社出版发行的《铁路工务技术手册》(以下简称《手册》)是20世纪70年代中期开始由原铁道部工务局陆续组织编写出版的,90年代初期曾进行过一次修编。原《手册》共十个分册,涵盖了工务主要专业领域,多年来一直是工务系统广泛使用的应用类工具书,在生产实践、业务指导、技术培训等方面发挥了重要作用。近年来,随着高速、重载铁路的快速发展和路网规模的不断扩大,工务设备结构、技术标准、维修体制和维护技术等方面均发生了巨大变化,原《手册》已不能满足工务工作需要。为此,中国铁路总公司运输局工务部组织对《手册》进行全面修编。

新版《手册》共十二个分册,在基本保留《轨道》《道岔》《路基》《桥涵》《隧道》《线路业务》《养路机械》《防洪》《造林与绿化》《采石》等十个分册基础上,将《线路业务》更名为《线路养护》,《养路机械》更名为《工务机械》,《造林与绿化》更名为《绿化》,新增《线路检测与测量》和《房建》两个分册。

本次修编本着"科学严谨、实事求是"的态度,以及"注重延续性和发展性,确保科学性和规范性,突出全面性和实用性,具备可扩充性"的原则,组织了各铁路局以及有关科研机构、高等院校,设计、制造和施工等单位的专家编写而成。在原版框架基础上,充分吸收了高速、重载和提速有关研究成果及成功实践经验,体现了当前工务设备结构、技术标准、维护技术的现状、特点与发展方向,内容与现行国家标准、行业标准,中国铁路总公司规章及企业标准保持一致,内容全面,实用性强,体现了工具书的特点,可指导铁路工务养护维修、管理工作,亦可作为相关技术、技能人员学习培训之用。

《铁路工务技术手册》修编委员会名单:

主　任:康高亮

副主任:曾宪海　牛道安　吴景海　张大伟　钟加栋

委　员:沈　榕　万　坚　吴细水　付　锋　许建明　姚　冬
王　敏　杨忠吉　杨梦蛟　徐其瑞　洪学英　时　博

《线路检测与测量》是在原《养路机械》第十一章检测设备的基础上，根据线路检测技术与测量技术的发展，补充了轨道检测、线路测量、钢轨探伤以及专项检测的内容编写而成。全书以相关的技术规范、标准、检测规程为依据，介绍线路检测与测量的主要内容、原理和方法，重点介绍在工务实践中成熟并广泛应用的检测与测量设备的专业技术、设备参数和养护维修方法，共三篇十八章。

《线路检测与测量》编写组组长单位为中国铁路总公司运输局工务部，主编单位为中国铁道科学研究院、中铁工程设计咨询集团有限公司和上海铁路局。编写过程中，得到各铁路局工务处、中国铁路设计集团有限公司和山西世恒铁路技术有限公司的大力支持，在此一并表示感谢。

鉴于线路检测与测量技术装备发展较快以及编者水平所限，本书内容存在不全面、不恰当甚至错误的地方实属难免，恳请广大读者在阅读过程中将问题及时反馈编者，以便于编者对本书不断改进和完善。

主　编：黎国清　张金龙　邓学通

主要编写人员：

上　　篇

概述：陈东生（中国铁道科学研究院）

第一章：田新宇　任盛伟　蒋金洲　尹　峰　高春雷
（中国铁道科学研究院）
梁　勇（沈阳铁路局）
孙　宏（济南铁路局）

第二章：刘伶萍（中国铁道科学研究院）
郝瑜云（山西世恒铁路技术有限公司）

第三章：彭昭云（广州铁路（集团）公司）
陶　凯（中国铁道科学研究院）
徐国明（武汉铁路局）
王　伟（呼和浩特铁路局）

第四章：张冠军（中国铁路设计集团有限公司）
马文静（中铁工程设计咨询集团有限公司）

第五章：张金龙　张银虎（中铁工程设计咨询集团有限公司）

第六章：张冠军（中国铁路设计集团有限公司）

中　　篇

概述：黎连修（中国铁道科学研究院）

第七章：石永生　高东海（中国铁道科学研究院）

　　　马金苍　陈新民（广州铁路（集团）公司）

第八章：高东海　涂占宽（中国铁道科学研究院）

第九章：石永生（中国铁道科学研究院）

第十章：高东海（中国铁道科学研究院）

第十一章：涂占宽　高东海（中国铁道科学研究院）

下　　篇

概述：齐法琳（中国铁道科学研究院）

第十二章：戴　鹏（中国铁道科学研究院）

第十三章：王　昊（中国铁道科学研究院）

第十四章：刘伶萍（中国铁道科学研究院）

第十五章：牛留斌（中国铁道科学研究院）

第十六章：柴雪松（中国铁道科学研究院）

第十七章：齐法琳　江　波（中国铁道科学研究院）

第十八章：孙淑杰（中国铁道科学研究院）

主　审：姚　冬　万　坚　徐其瑞

主要审定人员：

王长进（中国铁路设计集团有限公司）

罗国伟（中国铁路总公司运输局工务部）

涂文靖（中国铁路总公司运输局工务部）

田　云（沈阳铁路局）

王兆京（北京铁路局）

张建峰（太原铁路局）

赵中灵（郑州铁路局）

吕关仁（济南铁路局）

王彦春（中国铁道科学研究院）

陶忠勤(兰州铁路局)
连　军(西安铁路局)
马跃平(南昌铁路局)
李红艳(中国铁道科学研究院)
时　博(中国铁道出版社)

中国铁路总公司运输局工务部

2017 年 6 月

目　　录

上篇　轨道检测与测量

中篇　钢轨伤损检测

下篇 专项检测

上　篇

轨道检测与测量

概　述

轨道检测与测量是实现铁路运营线路基础设施状态控制的重要方法，是指导线路养护维修、保持线路质量均衡的有效手段，主要包括轨道检测和线路测量两部分内容。

轨道检测是获取轨道几何状态和轨道设备状态变化的重要手段，是铁路轨道质量状态评估并科学合理地制订维护计划的关键，是为新建线路设计、线路病害原因分析及维护标准制订等提供重要的实测数据来源。

轨道检测从内容上主要分为轨道几何状态检测、轨道设备状态检测和行车平稳性检测；从检测方式上分为轨道静态检测和轨道动态检测。

随着惯性测量、光电传感、图像处理和信号处理等检测技术和信息化技术的发展，轨道检测从检测内容到检测方法都发生了质的飞跃，促进了轨道状态养护维修向科学化、智能化管理的转变，主要表现在：

(1)从定性和传统经验管理向定量化、科学化管理转变；

(2)从静态检测向动静态结合检测、从单一检测向综合检测转变；

(3)从分散的独立系统向覆盖路网的综合化、网络化、智能化系统转变。

为了更好更快地适应我国高速、重载和普速铁路的发展，不断加强对铁路轨道状态的检测、评价和维护，适用于轨道静态检测和轨道动态检测的各种专业性强、综合性全面的检测设备应运而生，诸如激光长弦轨道检查仪、电子平直尺、钢轨廓型检查仪、无缝线路位移监测装置、无缝线路轨温及钢轨应力监测装置、轨道检查车、综合检测列车、线路检查仪等轨道动静态检测设备。

线路测量是铁路建设和运营维护管理的基础，是铁路工程勘察、设计、施工、养护和运营管理中最为关键、最为精密的一项测量工作。其测量工作包括勘察设计阶段测量、施工建设阶段测量和运营维护阶段的测量工作。各阶段的测量内容主要包括平面和高程控制测量、地形测量、航空摄影测量、中线测量、断面测量、水文勘测、施工放样、竣工测量、轨道安装测量、变形监测等。

由于测量工作内容不同，涉及使用的仪器设备较多，主要有航摄仪或机载激光雷达、GNSS 接收机、全站仪、水准仪、轨道几何状态测量仪、挠度仪以及自动化监测的静力水准仪、位移计等传感器。

本篇重点从线路运营维护阶段所涉及的测量工作和检测测量数据综合分析应用等角度，对轨道动静态检测内容、检测方法和手段，工程控制测量、线路复测、航空摄影测量和线路变形监测内容、方法，以及如何利用检测测量数据进行综合分析来指导养护维修进行了深入浅出的介绍，以便于从事工务维修和管理技术人员参考，提升线路养护维修水平。

第一章　轨道静态检测

第一节　轨道静态检测项目

轨道静态检测用来检测轨道质量状态,及时发现轨道病害、消灭安全隐患,为轨道病害整治和质量评价提供技术依据。轨道静态检测项目一般包括轨道几何尺寸,钢轨平直度和廓形,无缝线路位移、轨温及应力,以及扣件、轨枕、有砟道床、无砟道床状态等。

一、轨道几何尺寸

轨道几何尺寸静态检测包括线路和道岔几何尺寸检测,其项目一般包括高低、轨向、轨距、轨距变化率、水平(含超高、缓和曲线超高顺坡量)、扭曲、曲线正矢、导曲线支距、查照间距、护背距离等。

高低:钢轨顶面沿轨道延长方向上的垂向凹凸不平顺,如图 1—1—1 所示。

轨向(方向):钢轨内侧沿轨道延长方向上的横向凹凸不平顺,如图 1—1—1 所示。

轨距:两股钢轨轨头顶面下 16 mm 范围内,两钢轨作用边之间的最小距离,标准轨轨距的标称值为 1 435 mm,如图 1—1—1 所示。

轨距变化率:相隔一定基长的轨距变化量与基长的比值。

超高:同一横截面上左右轨顶面相对所在水平面的高度差。

水平:同一横截面上左右轨顶面相对所在水平面的高度差,但不含曲线上按规定设置的超高值及超高顺坡量,如图 1—1—1 所示。

扭曲(三角坑):左右两轨顶面相对轨道平面的扭曲,用相距一定基长水平的代数差表示,如图 1—1—1 所示。

曲线正矢:曲线弦上中央点到曲线上的垂直距离。

导曲线支距:道岔直股钢轨工作边按垂直方向量到导曲线上股钢轨工作边之间的距离。

查照间隔:辙叉心作用面至护轨头部外侧的距离。

护背距离:辙叉翼作用面至护轨头部外侧的距离。

二、钢轨平直度

钢轨平直度是指钢轨顶面或内侧作用边单位长度上的最大矢度,单位为 mm/1 m 或 mm/1. 5 m 等。

三、钢轨廓形

钢轨廓形是指钢轨横截面的形状,一般特指轨头顶面和内侧作用边形状。钢轨实际廓形与标准钢轨廓形对比,可以发现钢轨轨头等部位的磨耗情况以及与车轮的匹配程度。

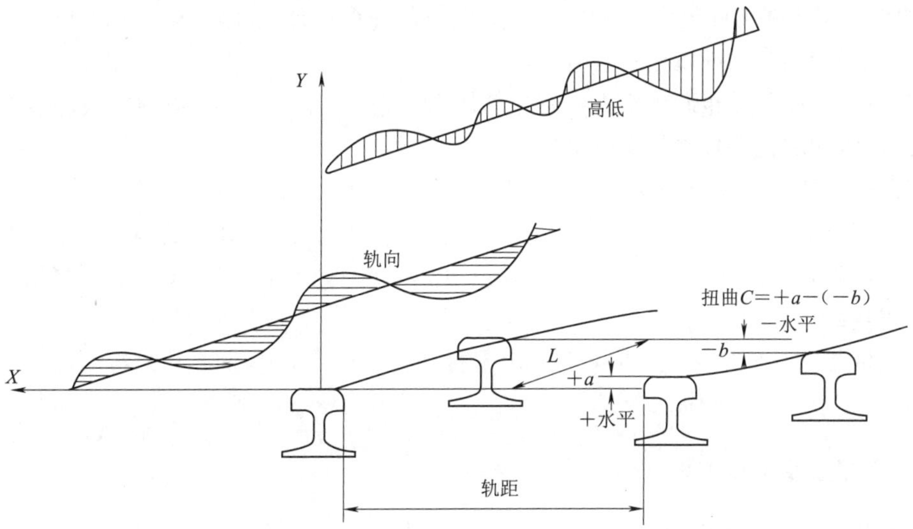

图 1—1—1　高低、轨向、轨距、水平和扭曲示意

四、扣件系统

扣件用来连接钢轨和轨枕(轨道板),起到固定钢轨、提供弹性、保证轨道稳定可靠的作用。

扣件日常检测一般包括扣件安装状态、部件缺损、预埋套管、弹条紧固状态、弹条扣压状态、钢轨与绝缘块、轨距挡板间隙、铁垫板锚固螺栓扭矩、弹性垫板刚度等。

五、轨　　枕

轨枕起到支承钢轨、保持钢轨位置、将钢轨传递来的压力再传递给道床的作用。轨枕在使用中常发生裂纹、掉块及挡肩破损等病害,影响线路质量。轨枕状态检查内容一般包括沿轨枕纵向裂纹、横向裂纹或斜裂接近环状裂纹、轨枕挡肩处水平裂纹及挡肩损坏、钢筋外露、空吊枕等。

六、有砟道床

有砟道床通常由具有一定粒径、级配和强度的硬质碎石堆集而成,主要起到支撑轨枕,将轨枕上部的压力均匀地传递给路基面,固定轨枕位置,阻止轨枕纵向或横向移动,减少路基变形及缓和机车车辆轮对对钢轨冲击的作用。有砟道床随着列车荷载反复作用,会出现永久变形、道砟粉化及脏污、道床翻浆及道床板结等现象。道床状态检查内容一般包括道床尺寸、道床脏污和板结程度等。

七、无砟道床

无砟道床为整体混凝土结构,按结构形式分为 CRTSⅠ型板式、CRTSⅡ型板式、CRTSⅢ型板式、双块式以及道岔区轨枕埋入式和板式无砟道床等。

CRTS Ⅰ型板式无砟道床检查内容包括轨道板、凸形挡台、底座板裂缝及掉块、水泥乳化沥青砂浆、凸形挡台周围填充树脂离缝等。

CRTS Ⅱ型板式无砟道床检查内容包括轨道板、支承层、底座板、侧向挡块裂缝及掉块、板间接缝、水泥乳化沥青砂浆充填层离缝等。

CRTS Ⅲ型板式无砟道床检查内容包括轨道板、自密实混凝土填充层等。

双块式无砟道床检查内容包括双块式轨枕、道床板、支承层、底座板裂缝及掉块等。

道岔区轨枕埋入式无砟道床检查内容包括岔枕、道床板、底座板、支承层裂缝及掉块,底座伸缩缝离缝等。

道岔区板式无砟道床检查内容包括道岔板、底座、找平层、侧向挡块裂缝及掉块、水泥乳化沥青砂浆充填层、挤塑板离缝等。

八、无缝线路位移监测

无缝线路位移监测是通过监测钢轨相对轨道板或桥面的纵向位移来推算锁定轨温的变化,以便评价轨道结构的稳定性。

第二节　轨道几何尺寸检测

一、轨道几何尺寸检测

轨道几何尺寸检测是对线路的高低、轨向、轨距、水平、扭曲、曲线正矢等项目的检测,其主要检测设备包括轨距尺、弦线、钢板尺、铁路轨道检查仪、激光长弦轨道检查仪等。

(一)轨距尺检测

1. 功能介绍

铁路线路两股钢轨间的轨距和水平(超高)等检测通常采用轨距尺。轨距尺作为一款专用计量器具,其准确度分为 0 级、1 级、2 级三个等级。0 级轨距尺用于测量允许速度不大于 350 km/h 的线路,1 级轨距尺用于测量允许速度不大于 250 km/h 的线路,2 级轨距尺用于测量允许速度不大于 160 km/h 的线路。

2. 常用种类

常用轨距尺包括标尺类轨距尺和数显类轨距尺,如图 1—2—1 和图 1—2—2 所示。

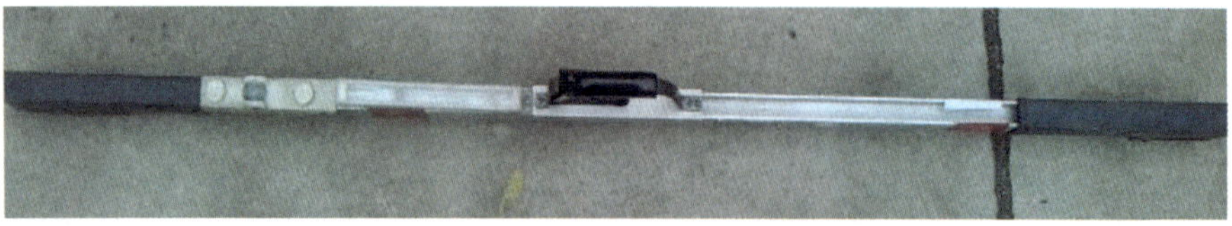

图 1—2—1　标尺类轨距尺

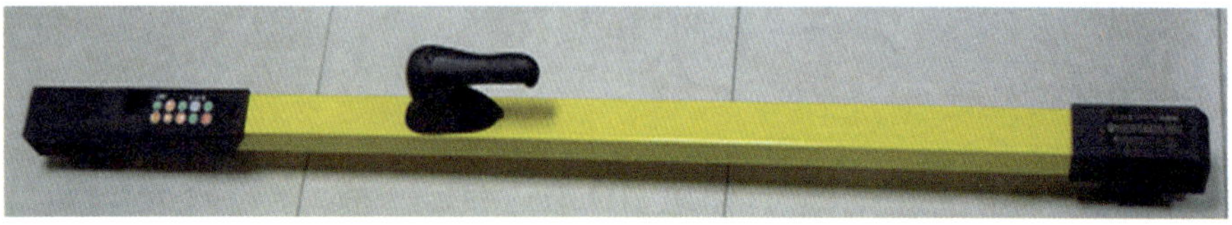

图 1—2—2　数显类轨距尺

(1)标尺类轨距尺

标尺类轨距尺由活动端测座、活动测头、标尺、水准泡、超高显示装置、拉手、尺身、固定测头、固定端测座组成。标准轨距测量范围 1 428 ~ 1 470 mm，水平(超高) -150 ~ +150 mm，其中长水泡式显示类为 -20 ~ +150 mm、0 级和 1 级按数显类要求。标尺类轨距尺具有结构简单、生产安装容易，重量轻，携带方便，绝缘可靠，便于维护和使用等优点。

(2)数显类轨距尺

数显类轨距尺由活动端测座、活动测头、界面、超高显示装置、拉手、尺身、固定测头、固定端测座组成。标准轨距测量范围 1 407 ~ 1 470 mm，水平(超高) -185 ~ +185 mm。数显类轨距尺具有菜单提示清晰直观，测量方式灵活，具备最小轨距判断功能，测量更快捷、准确，检定、校准过程自动快捷，操作简单等优点。

3. 检测方法

(1)标尺类

检查线路轨距时，轨距尺必须放置在钢轨工作边垂直的位置上。为避免因放置的位置不正确而发生误差，常把固测端紧靠一股钢轨的作用边，活测端作少量前后移动，读取表盘上轨距最小量值，即为该处轨距值。

测量水平、超高时，先选取基本股，通常以列车运行方向的左股为基本股，将轨距尺垂直放置在钢轨工作边上，在读取轨距值以后，从水平泡内读取水平数值，基本股高水平为正，反之则为负。

(2)数显类

准备测量时，先开启轨距尺，按设定键，进入参数设置界面，选择线路测量。按要求依次设置线路编号、上下行、正反序、左右基准股、开始公里标、测量间隔，设置完成后，开始相应测量工作。在测量状态下按存储键，数据自动保存。

注意事项：轨距尺在使用中，每季度进行一次检定，未经检定的轨距尺不允许上道作业。

4. 现场校核

轨距尺的现场校核主要是针对水平校核，如有需要也可进行轨距校核。

(1)水平校核

选择一段钢轨断面良好的直线线路，将轨距尺垂直于两股钢轨(轨距值读数达到最小值)放置平稳，用石笔标记轨距尺在两股钢轨踏面上的投影，读取轨距尺的水平读数；然后，将轨距尺水平调转 180°置于两股钢轨踏面上标记的位置，再次读取水平读数。如果两次读取的水平读数绝对值相同，说明该轨距尺水平测量无偏差；如果绝对值不同，其差的 1/2 即为水平测量偏差值，可通过调整水平泡一侧的控制螺丝进行校正，反复进行 3 次校正，读取的水平读数绝对值均相同，说明该轨距尺水平调整合格。

(2)轨距校核

选择一段钢轨断面良好的直线线路，将轨距尺垂直于两股钢轨(轨距值读数达到最小值)放置平稳，用石笔标记轨距尺在两股钢轨踏面上的投影，用多把轨距尺在标记处测量轨距，然后取平均值。

(二)人工弦线检测

1. 功能介绍

线路的高低、轨向、曲线正矢通常采用弦线检测,其长度通常为 30 m,需要配合钢板尺使用。测量高低、轨向时,通常采用 10 m 弦;测量曲线正矢时,根据曲线要素,合理选择弦长(10 m 或 20 m),如图 1—2—3 所示。钢板尺常用长度为 15 mm 或 30 mm,精确度为 1 mm,如图 1—2—4 所示。

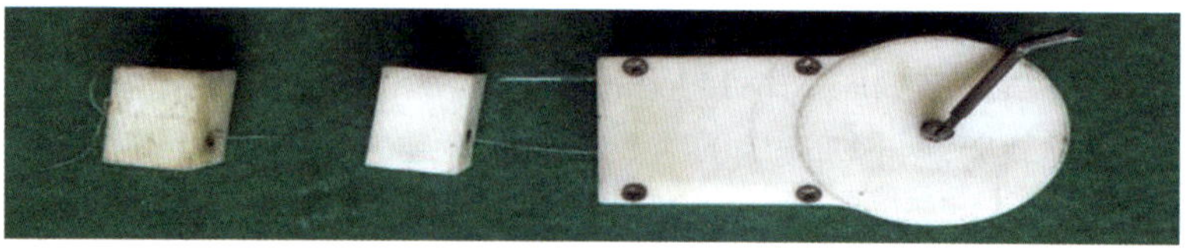

图 1—2—3　弦线

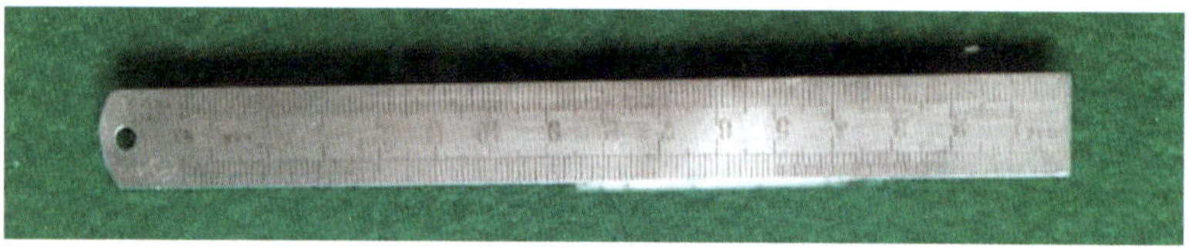

图 1—2—4　钢板尺

2. 检测方法

(1)测量高低

选取好弦线长度,将两侧正方体垫块取同一高度,直接置于轨头顶面中心处,将弦线放在钢轨顶面上拉紧,以弦线稍有紧绷感为最佳,用钢板尺测量弦线到钢轨顶面的垂直距离,将所读的实数减去正方体高度(通常为 20 mm 或 10 mm)即为所得到高低的数值。

(2)测量轨向(曲线正矢)

直线段测量轨向,选取好弦线长度,将两侧正方体垫块取同一高度,将弦线放在钢轨侧面上拉紧,通常以弦线在钢轨踏面下 16 mm 处、弦线稍有紧绷感为最佳,用钢板尺测量弦线与钢轨间的矢度,将所读的实数减去正方体高度(通常为 20 mm 或 10 mm)即为所得到轨向的数值。采用同样的方法,在曲线上测得数值即为该点的曲线正矢。

测量高低、轨向、曲线正矢时,也可不使用正方体垫块,直接将弦线用手按在钢轨上,将弦线放在钢轨轨头顶面或侧面上拉紧,以弦线稍有紧绷感为最佳,用钢板尺直接测量弦线与钢轨间的垂直距离或矢度。

注意事项:测量时,弦线必须保持适当紧绷,以免影响测量数值的准确性。

(三)铁路轨道检查仪检测

铁路轨道检查仪具有相对测量功能,能够快速一次性地对轨距、超高、水平、轨向、高低、扭曲、轨距变化率等轨道几何参数进行检测,其技术条件遵循《铁路轨道检查仪》(TB/T 3147—2012)。

1. 系统组成

铁路轨道检查仪的结构形式主要为T形，各型号铁路轨道检查仪的硬件构成基本相同，其组成部分为：可拆卸纵横梁、轨距传感器、里程传感器、倾角传感器、陀螺仪、电源及三防笔记本电脑，各型号铁路轨道检查仪都配有相应的数据采集与处理专业软件。铁路轨道检查仪如图1—2—5所示。

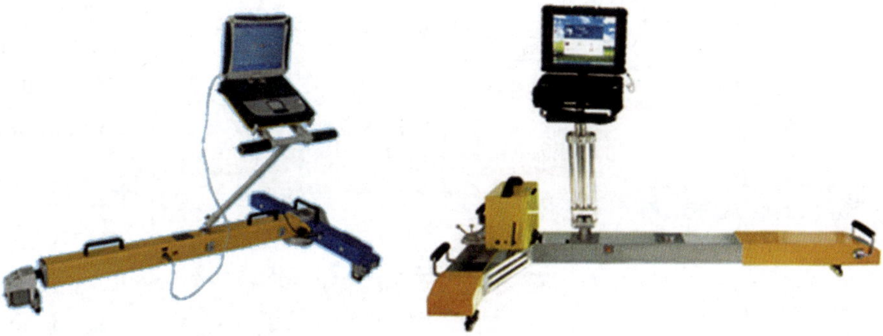

图1—2—5　铁路轨道检查仪

2. 检测方法

铁路轨道检查仪上线作业时，设备的T形结构与轨道内侧面密切接触，利用高精度陀螺仪的测角原理及里程计、轨距传感器所获取的数据，计算出上述轨道内部几何参数，达到检测轨道几何状态的目的。铁路轨道检查仪的工作步骤如下：在上道作业前，需确认铁路轨道检查仪的轨距传感器、陀螺仪的工作状态是否正常，如测量数据存在偏差，则需要进行传感器标定；铁路轨道检查仪组装上道后，在开始测量前需在通电状态下保持静止状态20～30 s，以便陀螺仪进行校正并获取零点，然后按正常步行速度(3～4 km/h)在轨道上推行，软件系统会自动记录检测数据并存盘。外业测量完成后，经内业数据处理，即可得到各项轨道内部几何参数的检测结果。轨道检测成果波形图如图1—2—6所示。

3. 主要技术参数

铁路轨道检查仪的型号较多，从测量精度上分为0级和1级。0级铁路轨道检查仪适用于时速不大于350 km/h的铁路，1级铁路轨道检查仪适用于时速不大于200 km/h的铁路，其主要技术参数大体相同，见表1—2—1。

(四)激光长弦轨道检查仪检测

激光长弦轨道检查仪是利用激光准直技术研制的轨道几何参数检测设备，用于轨道不平顺偏差的检测。其主要检测项目包括高低、轨向、轨距、水平、扭曲等轨道几何参数。

1. 系统组成

激光长弦轨道检查仪主要由激光发射小车、激光接收小车、计算机控制系统等部分组成，如图1—2—7所示。

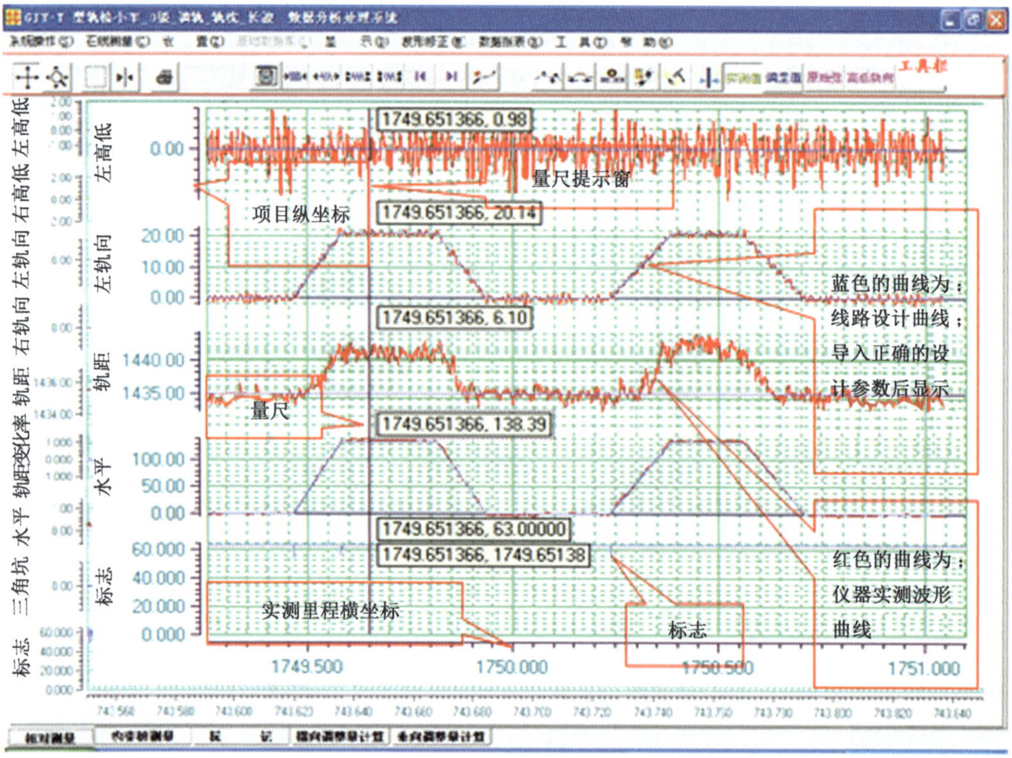

图 1—2—6　轨道检测成果波形

表 1—2—1　铁路轨道检查仪主要技术参数

项目 / 等级	轨距(mm)		超高(mm)		10 m 弦轨向及高低(mm)	扭曲(mm)	轨距变化率
	范围	精度	范围	精度	精度	精度	精度
0 级	-25 ~ +35	±0.3	±200	±0.3	±0.7	±0.5	0.2‰
1 级	-25 ~ +35	±0.5	±200	±0.5	±1	±0.7	0.3‰

图 1—2—7　JGJY 型激光长弦轨道检查仪

激光发射小车安装了激光发射器，主要负责激光基准弦线的建立和调整。激光接收小车搭载了两维激光接收系统、位移、倾角、脉冲编码器等测量单元和数据采集处理模块，主要负责传感器数据的采集处理和实时通信。计算机控制系统则负责数据的实时显示、存储和报表分析等工作。

2. 检测方法

将激光长弦轨道检查仪的发射小车和接收小车分别固定在轨道上的指定位置，由发射小车与接收小车之间的激光束建立“理论弦线”。在接收小车向发射小车推进的过程中，由安装在接收小车上的两维激光接收系统检测出其相对于光束基准在横向和纵向上的偏差，结合轨距、超高和里程等测量数据，计算轨道几何参数。测量系统原理如图 1—2—8 所示。

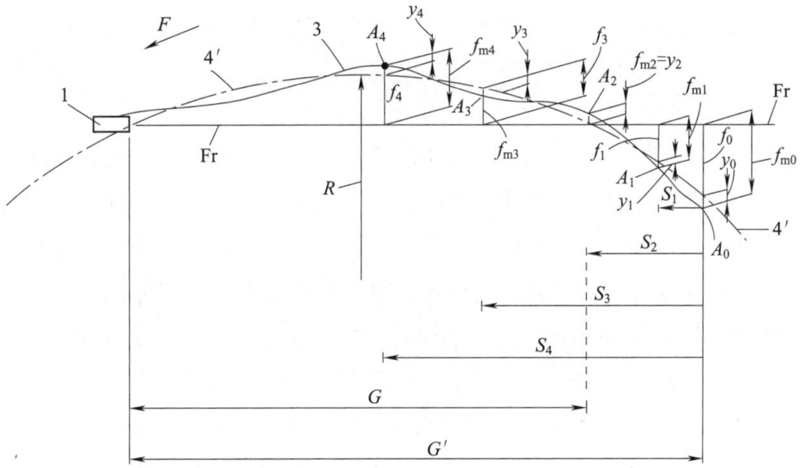

图 1—2—8　测量系统原理示意

1—激光发射器；3—线路；4′—理论曲线；Fr—激光束；R—曲线半径；

G—最大测量间距；A_0，A_1，A_2，A_3，A_4—两维 CCD 接收器的测量点；S_1，S_2，S_3，S_4—测量间距

图中，$y_0=f_{m0}-f_0$；$y_1=f_{m1}-f_1$；$y_2=f_{m2}-f_2$；$y_3=f_{m3}-f_3$。

其中，f_0，f_1，f_2，f_3，f_4 为理论曲线上的点到激光束 Fr 的距离，由计算机依据曲线方程及相关参数计算出；f_{m0}，f_{m1}，f_{m2}，f_{m3}，f_{m4} 为实际曲线上的点到激光束 Fr 的距离，由两维 CCD 接收器测得；y_0，y_1，y_2，y_3，y_4 为理论曲线上的点的偏差值。

激光长弦轨道检查仪主要技术参数见表 1—2—2。

表 1—2—2　激光长弦轨道检查仪主要性能指标

序号	技术指标检测项目	测量范围	示值误差	备　注
1	线路平面偏差		±3.0 mm	配合全站仪
2	线路高程偏差		±2.5 mm	配合全站仪
3	高　低	±75 mm	±0.7 mm	20～200 m 弦
			±0.7 mm	10 m/20 m 弦
4	轨　向	±100 mm	±0.7 mm	20～200 m 弦
			±0.7 mm	10 m/20 m 弦
5	轨　距	1 410～1 470 mm	±0.3 mm	

续上表

序号	技术指标检测项目	测量范围	示值误差	备　注
6	超　高	-200 ~ 200 mm	±0.3 mm	
7	扭　曲	±30 mm	±0.5 mm	基长可设
8	里　程	0 ~ 9 999 km	±1‰	

二、道岔几何尺寸检测

道岔几何尺寸检测包括道岔各部轨距、水平、高低、导曲线支距、查照间隔等项目的检测，其主要检测设备包括轨距尺、弦线、钢板尺、支距尺等。

（一）轨距尺检测

1. 标尺类

标尺类轨距尺标准轨距测量范围为 1 428 ~ 1 470 mm，查照间隔（1 391）1 381 ~ 1 401 mm，护背距离（1 348）1 338 ~ 1 358 mm，水平（超高）-150 ~ +150 mm。测量时须将固测端的固定块外测量面紧靠在辙叉心轨作用面上，活测端的活测块外测量面与基本轨作用边接触，活测端作少量前后移动，读取表盘上轨距最小量值，即为该处轨距值。将轨距尺垂直摆放于辙叉心 40 mm 处，固测块外测量面与辙叉心作用面紧靠不动，提起拉手，使活测块内测量面与护轨作用面接触，即可量查照间隔尺寸 1 391 mm；活测块内测量面与护轨作用面接触不动，再提起拉手，使固测块测量面与辙叉翼作用面接触，即可测量护轨护背距离尺寸 1 348 mm。

测量水平、超高时，先选取基本股，单开道岔通常以直股为基本股，双开道岔通常以靠转辙机一侧为基本股，将轨距尺垂直放置在钢轨工作边位置上，在读取轨距值以后，从水平泡内读取水平数值，基本股高水平为正，反之则为负。

2. 数显类

数显类轨距尺标准轨距测量范围为 1 407 ~ 1 470 mm，查照间隔（1 391）1 381 ~ 1 401 mm，护背距离（1 348）1 338 ~ 1 358 mm，水平（超高）-185 ~ +185 mm。准备测量时，先开启轨距尺，按设定键，进入参数设置界面，选择道岔测量。按要求依次设置道岔编号、正反序、左右基准股。设置完成后，开始相应测量工作。在测量状态下按存储键，数据自动保存。

（二）道岔支距检测

道岔直股钢轨到导曲线上股钢轨距离检测采用支距尺，其精确度为 1 mm，如图 1—2—9 所示。

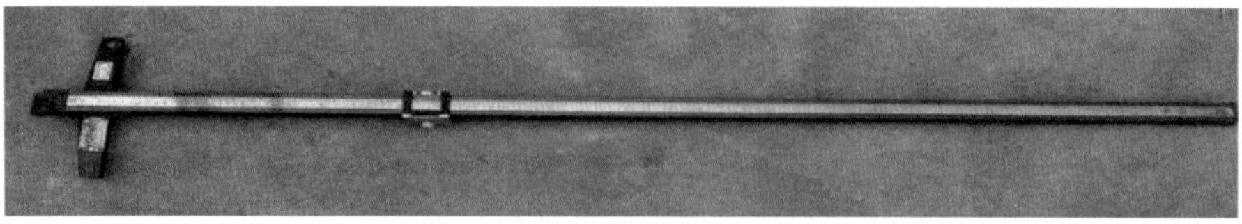

图 1—2—9　支距尺

道岔支距检测方法：测量时将支距尺垂直放置于道岔直股与导曲部之间，将支距尺顶端短横轴部位的两个圆柱体紧贴在道岔直股钢轨的作用边上，支距尺的尺身另一端对准道岔导曲内各部位钢轨上标注的测量位置，并且确保支距尺紧靠在对应的导曲轨作用边上，读取活动卡刻度线对应的支距尺尺身上的读数，即为该测点的支距数值。

三、间隙检测

对于间隙尺寸测量通常采用塞尺。塞尺是由一组具有不同厚度级差的薄钢片组成的量规，如图1—2—10所示。塞尺一般由不锈钢制造，测量范围为0.02～3 mm。自0.02～0.1 mm间，各钢片厚度级差为0.01 mm；自0.1～1 mm间，各钢片的厚度级差一般为0.05 mm；自1 mm以上，钢片的厚度级差为1 mm。除了公制以外，也有英制的塞尺。

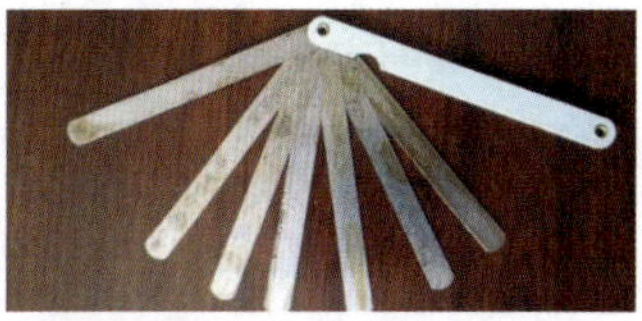

图1—2—10　塞尺

塞尺配合钢板尺可测量钢轨表面平直度，或测量离缝，如轨道板和砂浆层间、弹条中肢前端与轨距挡板间缝隙等。

检测方法：测量前用干净的布将塞尺测量表面擦拭干净，不能在塞尺沾有油污或金属屑末的情况下进行测量，否则将影响测量结果的准确性。测量时将塞尺插入被测间隙中，来回拉动塞尺，感到稍有阻力，说明该间隙值接近塞尺上所标出的数值。使用完毕，应将塞尺擦拭干净，并涂上一薄层工业凡士林，然后将塞尺折回夹框内，以防因锈蚀、弯曲、变形而损坏。

第三节　钢轨外形检测

一、钢轨平直度检测

钢轨平直度是钢轨表面与水平面相符合程度的衡量指标。为使列车在轨道上高速、平稳地运行并减少轮轨之间的动力作用，需关注钢轨平直度。钢轨平直度检测是对钢轨纵向波浪起伏状况的检测，特别是针对钢轨焊补、接头以及绝缘轨接头等特殊部位。钢轨平直度的检测方法大致可以分为3类：1 m直尺＋塞尺法、钢轨波磨尺法和钢轨平直度检测仪法。

（一）直尺＋塞尺法

直尺＋塞尺法采用设备包括1 m钢轨平直尺和塞尺。

直尺＋塞尺测量轨顶面平直度的测量原理如图1—3—1所示。将1 m直尺放在轨顶面纵向中心线位置，当焊缝位置凸起是正偏差，如图1—3—1（a）所示，测量时，将直尺的1/2长度紧贴在焊缝一侧钢轨顶面，直尺的另一端与轨顶面最大缝隙的1/2就是正偏差值。当焊缝位置的轨顶面凹向下时是负偏差，如图1—3—1（b）所示，测量时，将直尺长度的中心位置对正焊缝，直尺两端紧贴在轨顶纵向的中心线位置，用塞尺检验缝隙，检验的最大缝隙a就是钢轨平直度偏差。同理，也可以测出轨头侧面工作边水平方向偏差。

采用直尺和塞尺手工测量时，钢轨被测部位表面应清理干净，将直尺测量工作边贴靠在钢轨表面，焊缝应居平尺中央，用塞尺测量轨面与平尺工作面的缝隙大小。然后根据缝隙所在位置，判断钢轨不平直的类型，根据缝隙的大小，计算平顺性的偏差。例如，焊缝接头上凸时，图1—3—1（a）中的$2a$为焊缝的大小，用塞尺检验，数值为0.8 mm，则钢轨的平直度偏差就是0.8 mm的1/2，即焊缝$a=+0.4$ mm。焊缝接头下凹时，如图1—3—1（b）所示，用塞尺检验，a 的数值即为焊缝的大小。

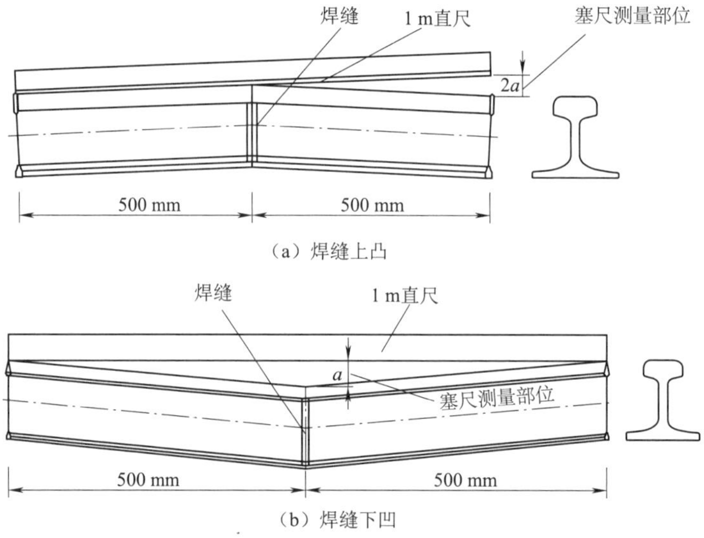

图 1—3—1　直尺 + 塞尺测量原理

使用此方法时，钢轨焊接接头平直度的测量实际上只测 3 点，不能反映在焊接接头 1 m 内的全部情况，当最高点或最低点不在焊缝中部（即约 500 mm 处）时，测量的准确程度将大大降低。

（二）钢轨波磨尺法

波磨尺由测量梁、两端定位块以及可以沿测量梁方向（即轨道纵向）移动的百分表组成。

采用钢轨波磨尺测量焊接接头平直度的原理如图 1—3—2 所示。将波磨尺两端定位在钢轨上，沿测量梁方向（即轨道纵向）移动百分表，通过读取百分表的读数来确定 1 m 范围内的钢轨平直度偏差。

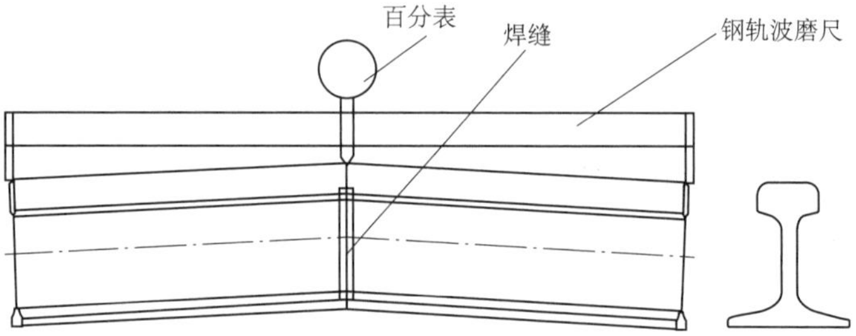

图 1—3—2　钢轨波磨尺测量原理

采用此方法时，在波磨尺进行零点标定以后，将波磨尺的中部置于焊缝部位，并使百分表的测头放在焊缝中部，此时显示的位移值就是轨顶面垂直方向偏差。

该方法比直尺 + 塞尺测量方法稍微方便一些，测量结果可以直接读出，不必进行计算。将百分表沿着测量梁纵向移动，可以对 1 m 范围内的所有点进行测量，因此，从理论上讲，该方法可以测量出 1 m 范围内的平直度曲线。但是，由于纵向移动是手工进行的，每个点的记录也由人工读取，所以很难实现多点测量。

(三)钢轨平直度检测仪法

钢轨平直度检测仪由横梁、导向机构、激光位移传感器、电机、旋转编码器、计算机等部件组成。

钢轨平直度检测仪采用非接触式激光传感器测量方式,与可编程控制器、显示系统和存储系统及机械主体结构组成一个动平直度检测系统。完成在线平直度自动测量之后,测试结果以彩色二维曲线方式直接显示在显示屏上,也可以数据形式保存在计算机内供需要时查看。

检测仪器机体是一横梁,横梁安装了高精度的直线导轨,导轨的滑块连接测量组件,当测量组件在导轨上作直线运动时,其轨迹形成了相对测量的模拟理想直线。测量组件上安装了水平和垂直两个方向的激光位移传感器,这样就可分别测量出相对被测钢轨的垂直和水平两个工作面的变量,通过计算机组件生成二维曲线以及相应的数据以便保存,测量过程如图1—3—3所示。

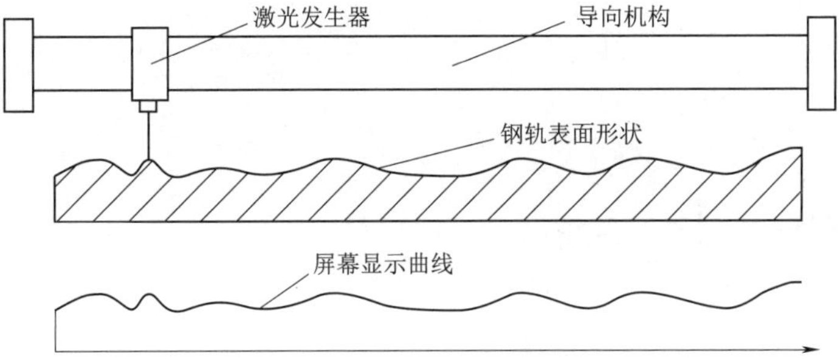

图1—3—3　钢轨平直度检测仪测量示意

钢轨平直度检测仪可同时测量垂直和水平两个方向的平直度情况,适用于测量钢轨焊补、接头以及绝缘轨接头的平直度,还可以对钢轨的垂直面的磨损程度进行评估。

二、钢轨廓形检测

钢轨廓形检测主要有接触式和非接触式两种方法,下面分别介绍两种检测方法的测量原理和数据处理方法。

接触式轨廓测量是通过机械接触的方式来测量钢轨的廓形。接触式轨廓测量传感器通过USB插口与便携式计算机相连,应用专用的测量分析软件,快速、精确记录钢轨轨头外形数据。分析软件具有钢轨轨头外形的裁剪、显示、斜率计算、一阶和二阶导数计算、轨头垂磨和侧磨计算、与其他钢轨轨头外形进行比较等多种分析功能。其测量装置如图1—3—4所示,由定位架、测量转臂、传感器、控制按钮和吸铁等组成。

测量前用干净的布将被测量钢轨表面、检测仪测试部件擦拭干净,测量时应将测量装置如图1—3—5所示正确地安装在被测量钢轨轨头位置上。利用定位架上的内侧磁性材料和定位条将测量装置固定,测量臂经过的平面为被测截面。要求两个圆的侧面磁性定位面与轨头侧面紧密贴靠,同时下部的磁性条与钢轨轨头下颚接触。开始测量时要求测量臂处于零位,如图1—3—5所示,这时两个转臂上各自的定位点与各自的两个小磁铁块同时相接触。

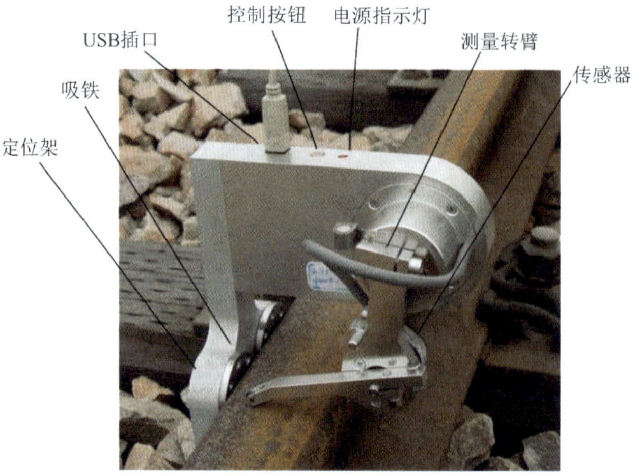

图 1—3—4　接触式轨廓测量仪

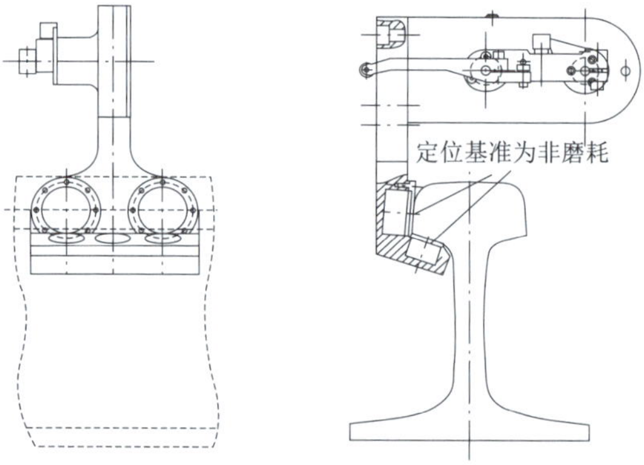

（a）主视图　　（b）侧视图

图 1—3—5　测量装置和轨头的关系

该仪器数据采集和供电通过计算机 USB 插口，无内置电源，专用内置采样卡，测量重复精度 0. 05 mm，测量精度 0. 1 mm。

非接触式测量方法与接触式的主要区别是前端测量传感器的不同，其测量传感器采用激光扫描轨头的方法来采集钢轨廓形数据，后续数据处理方法和接触式的基本相同，在这里不再详述。图 1—3—6 为典型的非接触式轨廓测量仪。

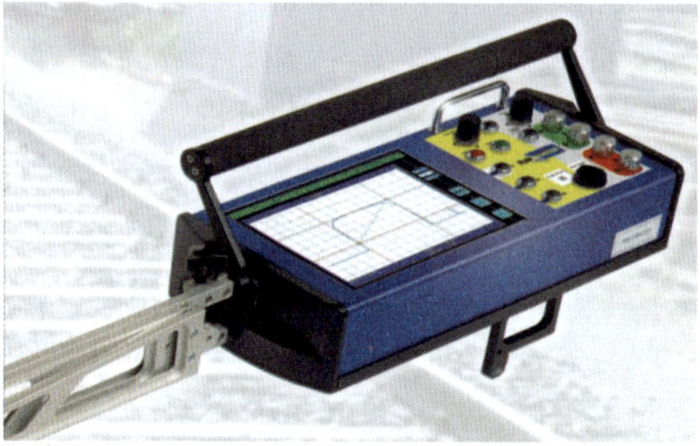

图 1—3—6　非接触式轨廓测量仪

三、钢轨磨耗检测

钢轨侧面磨耗及垂直磨耗采用磨耗仪进行检测，其精确度为 0.1 mm，垂直磨耗测量位置在钢轨顶面宽 1/3 处，侧面磨耗测量位置在钢轨踏面下 16 mm 处，如图 1—3—7 所示。

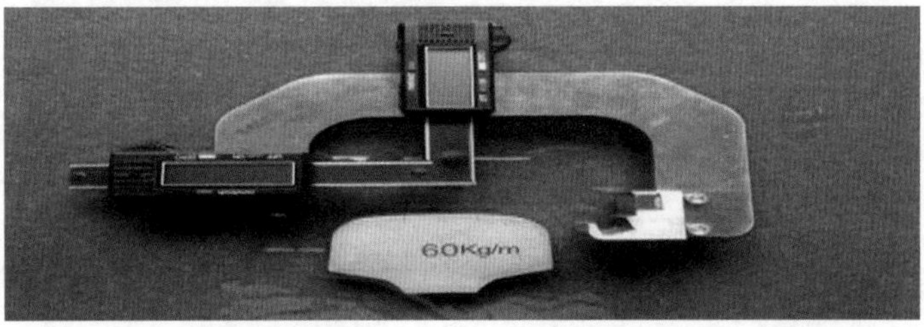

图 1—3—7　磨耗仪

检测方法：测量前，将仪器数值校对零位，测量时握住仪器手柄，将磨耗仪定位在待测量钢轨的外侧面，推动垂磨测尺和侧磨侧尺使其测头分别与钢轨顶面和内侧面紧密接触，确保仪器紧紧地夹在待测量钢轨上，读取显示屏中的数值，即为该测点的钢轨垂直磨耗数值和侧面磨耗数值。

第四节　无缝线路检测

一、无缝线路位移监测

（一）监测目的

无缝线路位移监测目的是监测钢轨相对轨道板或桥面的纵向位移，同时根据两测点的位移数据推算锁定轨温的变化。

铁路线路维修有关规章对无缝线路锁定轨温变化作了如下规定：（钢轨纵向）累计位移量出现异常时（锁定轨温变化超过 5 ℃），工务段应及时查明原因，采取相应措施。

（二）监测装置

铁路线路维修有关规章规定，钢轨纵向位移可采用仪器观测或弦线测量。目前我国高速铁路工务部门一般采用仪器监测。

仪器监测主要采用两种类型的设备，一种是准直仪，另一种是非接触位移传感器测量系统。

1. 准直仪监测方法

早在既有线提速阶段，我国铁路工务部门就逐渐推广采用准直仪监测钢轨纵向位移，如图 1—4—1 所示。这种钢轨纵向位移的监测方法优点是数据可靠；缺点是依靠人工，需人力和设备投入，由于白天行车而无法在极端天气（如午后）进行测量，而且人工记录数据后，需内业进行计算机数据的录入和计算，效率较低。

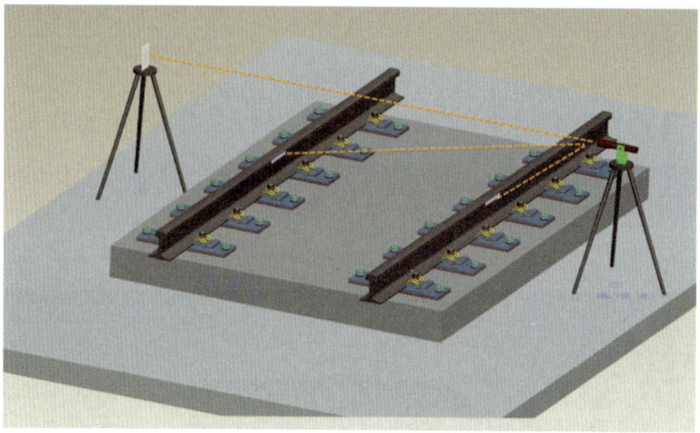

图 1—4—1　准直仪测量左右股钢轨纵向位移

2. 非接触位移传感器测量系统

非接触位移传感器测量系统的主要工作原理是采用图像识别位移的传感器，将采集数据通过无线网络自动传输到服务器，服务器进行自动存储、自动计算纵向位移量和锁定轨温变化量，并自动给出预警信息，如图 1—4—2 所示。

非接触位移传感器测量系统的优点是非接触式，全天候自动测量，并智能预警；缺点是需现场提供电源和网络信号。

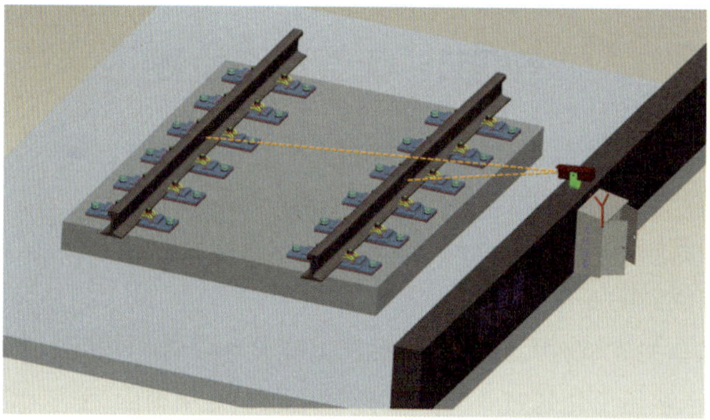

图 1—4—2　非接触位移传感器测量系统测量左右股钢轨纵向位移

二、无缝线路轨温及应力监测

（一）监测装置总体技术指标

轨温及钢轨温度应力是评价无缝线路稳定性的重要指标，也是工务部门安排日常养护维修工作的技术依据。实现无缝线路轨温和钢轨应力的实时在线监测不仅为养护维修工作提供指导，同时也可累计大量基础观测数据，为铁路技术理论研究提供数据基础。

无缝线路轨温及钢轨应力监测装置主要指标要求如下：

1. 技术指标

(1)适应不同线路条件(如曲线、桥上、岔区、大坡道等);

(2)系统工作环境温度为 -30 ℃ ~70 ℃;

(3)钢轨温度检测精度 ±1.5 ℃,钢轨纵向力检测精度不低于5%;

(4)供电系统采用交流 220 V 或太阳能供电系统双模式供电;

(5)采用卫星通信或3G 通信等现代化通信手段进行数据传输;

(6)实现检测系统的远程开关机和远程重启。

2. 功能

(1)实时检测轨温、环境温度、轨道结构温度和钢轨纵向力等关键参数;

(2)自动完成数据采集和分析;

(3)具备联网运行和远程设备维护能力;

(4)实现测试结果自动网络传输;

(5)检测数据数据库管理和自动评估,对异常检测值进行自动报警。

(二)检测原理及系统构成

无缝线路轨温及钢轨应力监测装置由传感器、数据采集与调理设备、主控计算机、电源供电系统和辅助系统等构成。

1. 传感器

传感器能对温度、应变等信号进行识别,能适应长检测周期和恶劣环境下检测,有较高的稳定性和耐久性。

2. 数据采集与调理设备

数据采集与调理设备将传感器采集的光信号转变为数字信号,对波长变化进行采集,是连接前端传感器和主控计算机的桥梁。

3. 主控计算机

主控计算机将前端采集信号的数字量进行自动存储、计算和分析,并通过数据传输网络将相关参数测试值传递回后台服务器。

4. 电源供电系统

电源供电系统为前端采集设备和主控计算机等提供电源。在具备条件的前提下牵引220 V 交流电对设备进行供电。在偏僻地区,对不具备提供220 V 交流电的工点,利用太阳能供电系统对相关设备进行供电,实现工点的无人值守。

5. 视频辅助系统

视频辅助系统对检测过程起辅助性作用,实现对现场实际状况的视频实时观察与记录。

无缝线路轨温及钢轨应力监测装置构成如图 1—4—3 所示,图 1—4—4 为测试工点现场布置图。

无缝线路轨温及钢轨应力监测装置可实现轨温、气温、梁温、钢轨纵向力和轨道部件累积位移的监测。图 1—4—5 为某高速铁路监测项目中轨温变化情况的全年监测结果。

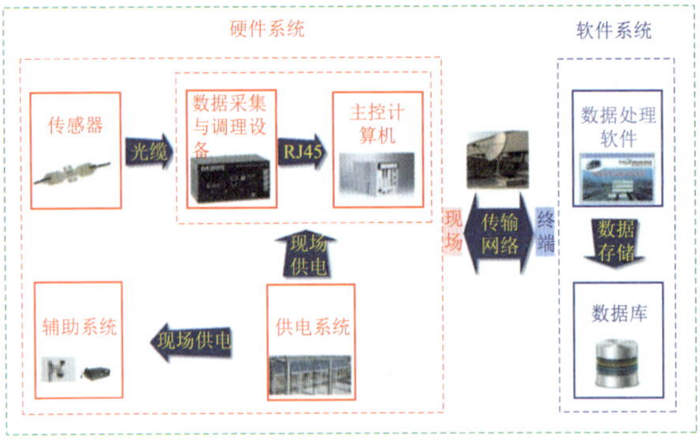

图 1—4—3　无缝线路轨温及钢轨应力监测系统构成

图 1—4—4　无砟轨道测试工点现场布置

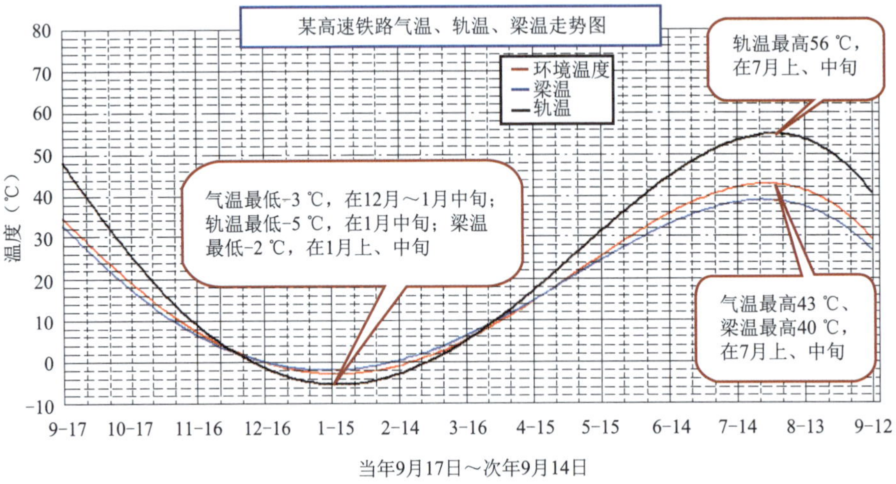

图 1—4—5　某高速铁路气温、轨温和梁温监测

三、无缝线路锁定轨温检测

(一)锁定轨温检测的必要性

铁路线路维修有关规章规定,无缝线路锁定轨温必须准确、均匀,有下列情况之一者,应进行应力放散或调整:

(1)实际锁定轨温不在设计锁定轨温范围以内。

(2)锁定轨温不明、不准确。

(3)两相邻单元轨节锁定轨温差超过5℃,或左右股钢轨实际锁定轨温相差超过3℃,或同一区间单元轨节最高、最低锁定轨温相差超过10℃。

(4)铺设或维修作业方法不当,使轨条产生不正常伸缩。

(5)出现严重不均匀位移。

(6)夏季线路轨向严重不良,碎弯多。

(7)通过位移观测或测试分析,发现温度力分布严重不均。

因此,检测和监测无缝线路锁定轨温变化是高速铁路无缝线路静态验收及运营管理中的一项重要工作。

无缝线路实际轨温检测比较可靠的方法有:①通过应力放散测量定长钢轨的轨端伸长或收缩,以此反算出实际锁定轨温;②钢轨纵向位移观测桩法,通过无缝线路轨条锁定时埋设位移观测桩、并记录位移零点,以后定期观测钢轨纵向位移,并计算锁定轨温变化;③钢轨定长标定法,即沿钢轨长度在轨头非工作边作长度约18 m的起讫标记,当无缝线路轨条锁定时,精确测定起讫标记之间的钢轨长度,以后定期测量该起讫标记之间钢轨长度,并计算锁定轨温变化;④钢轨提升刚度法,通过测量钢轨提升刚度计算实际锁定轨温。

上述方法中,方法①需锯切钢轨,现场很难满足这个条件;方法②和方法③本质相同,即测定钢轨一定长度范围内的应变,换算出锁定轨温变化,加上原施工锁定轨温,得到实际锁定轨温,因此,其必须在原锁定轨温已知且在钢轨锁定轨温时进行初始值测定才能准确得到结果;方法④是近年开发出的较科学的测试方法,克服了前面三种方法的缺点,能准确测得实际锁定轨温。

(二)检测原理及系统构成

以下着重介绍钢轨提升刚度法测定无缝线路实际锁定轨温。

采用钢轨提升刚度法检测无缝线路实际锁定轨温时,无需锯切钢轨,也无需事先掌握钢轨材质、残余应力等历史资料,就能得到无缝线路实际锁定轨温,即零应力轨温FST(Free Stress Temperature)。

钢轨提升刚度法的物理模型如图1—4—6所示。在钢轨纵向力 F 为拉力(或较小的压力)时,松开 L 长范围内所有扣件,在中部约 $L/2$ 的轨枕处提升钢轨,记录提升力 P 及提升位移 Δ。

理论分析表明,当 L 足够长时,图1—4—6中的钢轨可视为一根两端固定且处于张力 F 作用状态下的弦线。此时,当张力 F 不变,且弦线中部的提升位移 Δ 在一定范围之内时,提升力 P 与提升位移 Δ 的比值保持恒定,即弦线的提升刚度 $K=\dfrac{P}{\Delta}$ 为定值。

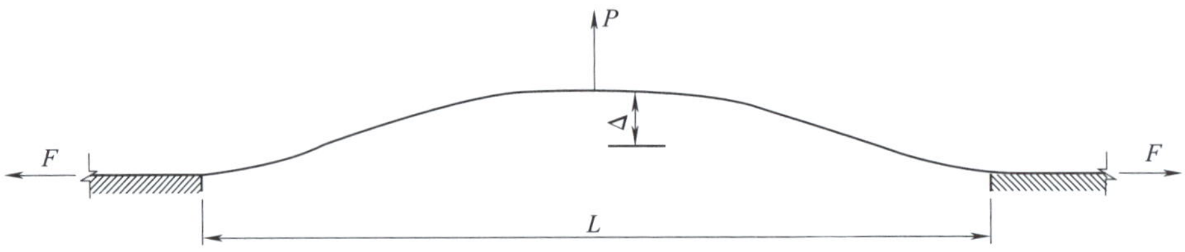

图 1—4—6 钢轨提升刚度法检测实际锁定轨温

根据图 1—4—6 的钢轨受力模型,采用有限元法分析提升刚度 K 与弦线张力 F 的关系,通过迭代计算,可得到钢轨纵向力 F。钢轨实际锁定轨温 T_S 按式(1—4—1)计算。

$$T_S = \frac{F}{EA\alpha} + T \qquad (1—4—1)$$

式中 T_S——实际锁定轨温;

F——测得钢轨纵向力;

E——钢轨弹性模量;

A——钢轨截面积;

α——钢轨线膨胀系数;

T——测量时的轨温。

钢轨提升刚度法实际锁定轨温检测设备由液压提升架、拉力传感器、位移传感器、轨温传感器、数字采集仪和采集分析软件组成。如图 1—4—7 所示,液压提升架带液压千斤顶和拉力传感器,具有提升钢轨全过程中,提升力方向始终保持垂直的性能。如图 1—4—8 所示,数字采集仪能进行拉力、位移和轨温信号采集,并通过 USB 接口或蓝牙通信将数据传输给计算机,通过安装在计算机系统的分析软件进行数据采集与计算。系统采用 2 只数字式温度传感器,分别用于测量轨腰两侧(阳面和阴面)轨温,以便计算轨温平均值。

图 1—4—7 实际锁定轨温液压提升架

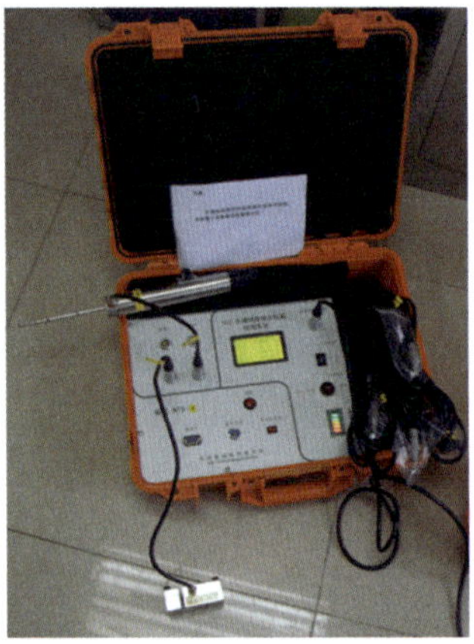

图 1—4—8 数字采集仪

分析软件为实际锁定轨温检测系统的核心部分,主要模块有:文件及数据管理、钢轨数据库、数据接收、数据采集及分析、有限元迭代计算、生成 Microsoft Office Word 格式的检测报告、轨温安全区等。图 1—4—9 为在某车站高速道岔锁定轨温检测实测,高速道岔实际锁定轨温为 21.5 ℃。

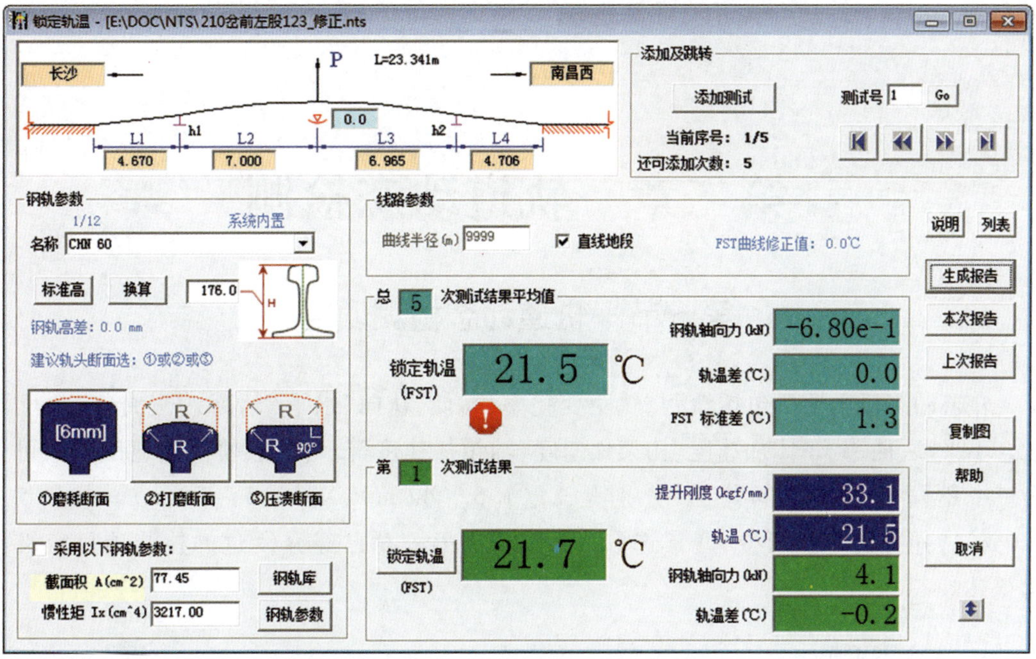

图 1—4—9　实际锁定轨温分析软件界面

实际锁定轨温检测系统的主要技术性能和指标如下：

(1)锁定轨温检测精度：±1.5℃；

(2)适用线路：无砟、有砟轨道，区间线路和道岔；

(3)适用于直线地段或半径超过 600 m 的曲线地段；

(4)能测试轨头最大磨耗达到 12 mm 的长钢轨；

(5)适用轨温范围：测试时的轨温低于锁定轨温 35℃，或高于锁定轨温 5℃；

(6)根据测试结果，自动给出轨温安全区域图形，并给出轨温及锁定轨温对无缝线路的影响评价；

(7)提供钢轨数据库，预装世界各国常用的 29 种钢轨的断面图形及尺寸、截面参数，允许用户编辑钢轨数据库；

(8)能自动生成具有封面、目录、页眉、页脚、表格、图形等元素的 Microsoft Office Word 测试报告。

第二章　轨道动态检测

第一节　轨道动态检测项目

轨道动态检测项目包括轨距、轨距变化率、高低、轨向、水平(超高)、扭曲(三角坑)、复合不平顺、曲率、车体加速度、构架加速度、轴箱加速度等。高低、轨向按速度分级可分为三个不同波长范围的输出,分别是 λ_1(1.5 ~ 42 m)、λ_2(1.5 ~ 70 m)、λ_3(1.5 ~ 120 m)。扭曲的基长可变,通常选取 3 m 基长。第一章已经介绍过的检测项目定义不再赘述。

一、复合不平顺

复合不平顺特指同一断面上轨向与水平值的逆相加权和,如图 2—1—1 所示。

$$复合不平顺 = |A - KB| \qquad (2—1—1)$$

式中　A——轨向不平顺值;

B——水平不平顺值;

K——系数,取值为 1。

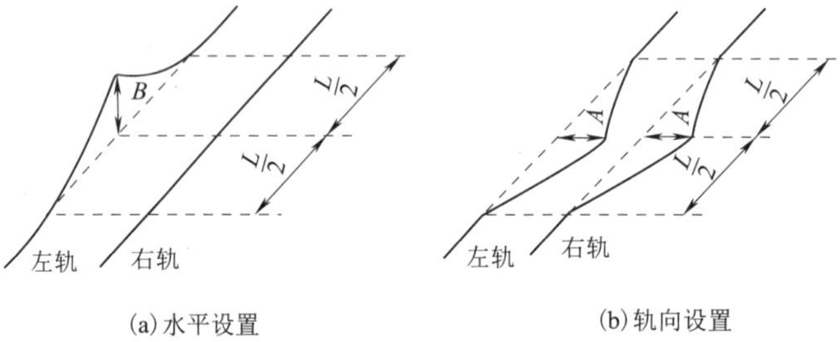

图 2—1—1　复合不平顺

二、曲　　率

曲率定义为曲线半径的倒数,实际测量时用单位距离内轨道的转角来表示,如图 2—1—2 所示。

三、速度和里程

速度定义为单位时间走过的距离;里程定义为按线路里程标核对的实测距离。

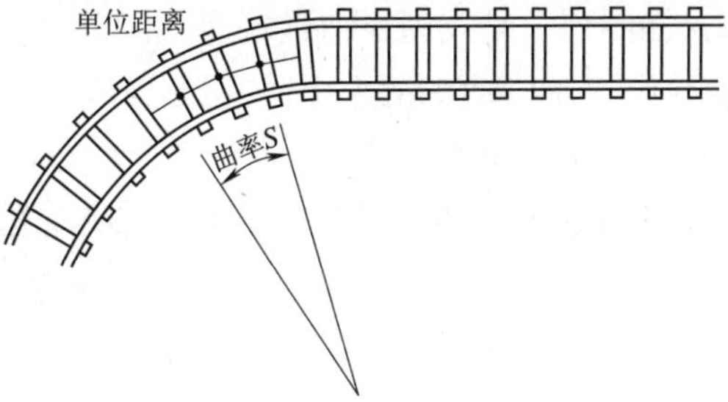

图 2—1—2　曲　　率

四、地面标志

地面标志定义为道岔、桥梁、曲线拉杆、道口等线路上的金属标志物,可与线路里程同步输出,其作用主要是便于线路维修人员根据地面标志物查找轨道病害的里程位置。图 2—1—3和图 2—1—4 分别是桥梁和道岔区的地面标志波形图。

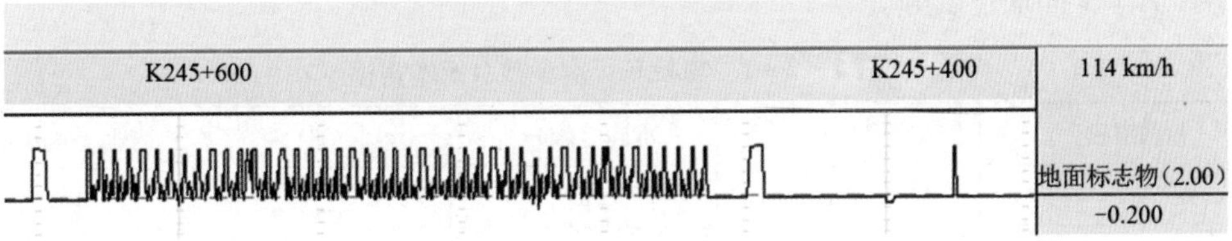

图 2—1—3　桥梁的地面标志波形

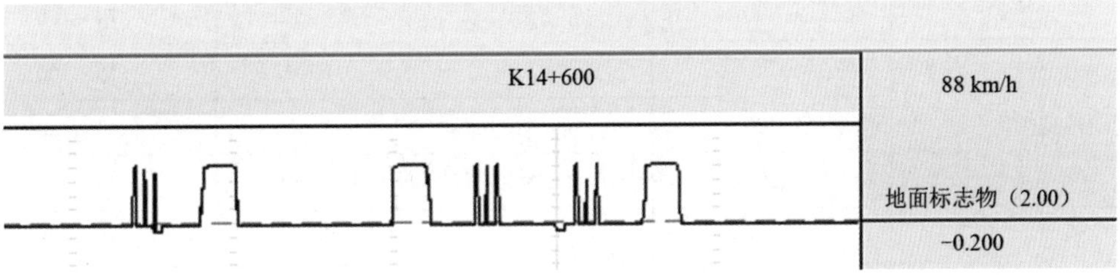

图 2—1—4　道岔区的地面标志波形

五、车体、构架、轴箱加速度

轨道动态检测项目中的加速度主要是指车辆的车体横向加速度、车体垂向加速度、构架横向加速度、构架垂向加速度、轴箱横向加速度和轴箱垂向加速度。测量加速度的主要作用是为了辅助评价轨道状态。

第二节　轨道动态检测设备

一、轨道检查车

轨道动态检测是利用安装在特定检测车上的车载式检测设备在运行情况下对轨道状态进行动态检测,其目的是为了及时发现轨道病害,指导线路维修,保障线路运行安全。轨道检查车(简称轨检车)、综合检测列车是我国目前最普遍、最重要的动态检测设备。轨检车检测速度为 160 km/h。综合检测列车以动车组为平台,检测速度可达 350 km/h。此外,还有地铁轨检车、轨道状态确认车、地方铁路检测车等。

我国铁路轨检车的发展从 20 世纪 50 年代至今共经历了 1 型、2 型、GJ-3 型、GJ-4 型、GJ-5型以及 GJ-6 型轨检车。1 型和 2 型轨检车采用弦测法检测原理。GJ-3 型轨检车至 GJ-6 型轨检车均采用惯性基准法的检测原理,只是在信号的获取方式上随着技术的进步而发展变化。

GJ-6 型轨检系统是我国轨检系统的主要发展方向,目前已安装在所有综合检测列车上和多辆轨检车上,用于我国铁路的日常检测和新建线路的联调联试。本章主要介绍 GJ-6 型轨检系统。

(一)轨检车可测参数及技术指标

轨检车可测参数及技术指标见表 2—2—1,其中,检测速度受限于轨检车的最高运行速度。除了表中所列主要检测参数外,轨检车还可测量速度、里程、曲率、地面标志、车体横向加速度、车体垂向加速度等。

表 2—2—1　轨检车可测参数及技术指标

检测项目	测量范围(mm)	准确度(mm)	波长(m)	检测速度(km/h)
轨　距	1 420 ~ 1 485	±0.8	—	0 ~ 160
左(右)轨向	±50	±1.5	1.5 ~ 42	24 ~ 160
	±100	±3.0	1.5 ~ 70	40 ~ 160
	±300	±5.0	1.5 ~ 120	70 ~ 160
左(右)高低	±50	±1.0	1.5 ~ 42	15 ~ 160
	±100	±3.0	1.5 ~ 70	40 ~ 160
	±300	±5.0	1.5 ~ 120	70 ~ 160
水　平	±50	±1.5	—	0 ~ 160
超　高	±225	±5.0	—	0 ~ 160
扭曲(三角坑)	±50	±1.5	—	0 ~ 160

(二)检测系统原理及结构

GJ-6 型轨道几何检测系统的基本工作原理为:使用激光摄像系统测量钢轨相对于检测梁的横向和垂向位移;采用惯性基准原理,通过惯性传感器(如加速度计、陀螺等)测量车体和检测梁的姿态变化。传感器将需要检测的位移、速度、加速度等物理量转换为相应的模拟电信号,经过放大和模拟滤波处理后输入到数据采集和处理计算机。该计算机对输入模拟信号进行数字转换、存储、滤波、修正以及补偿处理,经过综合运算,合成得到所需轨道几何参数,并按照一定的检测标准摘取超限数据,输出统计报表,实时显示及存储轨道几何波形图。

1. 高低

高低测量采用惯性基准原理。惯性基准原理如图 2—2—1 所示的质量弹簧振动系统。

M 为质量体，A 为加速度计，在质量体与车轮之间安装有位移传感器，K、C 分别为弹簧和阻尼。位移传感器测量质量体 M 与轮轴的相对位移 W，加速度计 A 输出值 a 的二次积分为质量体相对惯性基准的位移 Z，车轮半径为 R，则质量弹簧系统在高低不平顺的钢轨上运行时，钢轨相对于惯性基准的位移 Y 由式(2—2—1)得出。

$$Y = Z - W - R \tag{2—2—1}$$

因车轮半径 R 为常量，实际测量时，式(2—2—1)可改为

$$Y = Z - W = \iint a\mathrm{d}t\mathrm{d}t - W \tag{2—2—2}$$

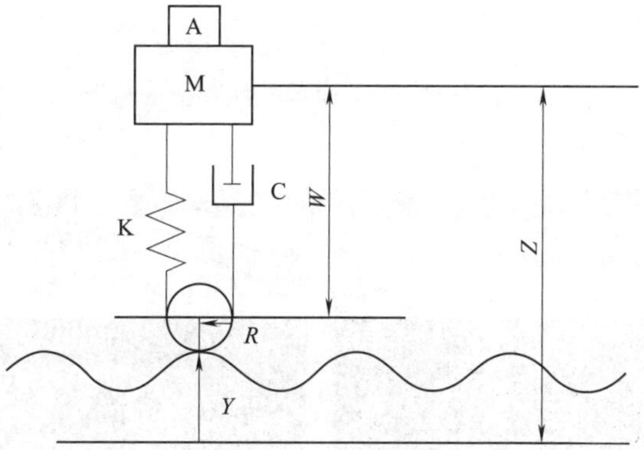

图 2—2—1　惯性基准法测量原理示意

从上述惯性基准法的数学模型可以看出，其传递函数恒为 1。理论上，惯性基准法可以真实地反映轨道不平顺，但是为了消除长时间积分的漂移，以及无需测量的频率很低、变化缓慢、数值很大的轨道高程变化、坡度和曲线超高的影响，在实现过程中，引入高通滤波器，因此，高低测量的可测波长是有一定范围的。

惯性基准法从原理上实现了传递函数在某一可测波长范围内为 1，检测装置较简单，实用性强。但是，由于惯性基准法基于物体运动加速度测量，而加速度又与速度的平方成比例，因此，低速下产生惯性基准的加速度很小，即使传感器能检测到，也无法从淹没在其中的干扰信号中提取出有效信号，使得惯性基准法低速下误差较大，或不适于低速更适于高速测量。因此，采用惯性基准法对车速下限有要求，停车时不能进行测量。

2. 轨距

轨距采用机器视觉测量方式(通俗地称为“激光摄像式”)，激光器和摄像机组成一个整体组件，线光源垂直于钢轨纵向中心线，摄像机以一定的角度摄取在结构光照射下的钢轨图像，如图 2—2—2 所示。

机器视觉测量系统通过图像采集、图像处理、特征提取后，得到钢轨轮廓线的骨架图像，根据摄像系统标定得出的一组标定参数，结合钢轨轮廓图像进行像素坐标—物理坐标的坐标变换。在激光摄像装置对图像进行处理获取单边轨距位移后，传输到实时处理计算机中进行轨距合成。左右钢轨的轮廓图像如图 2—2—3 所示。

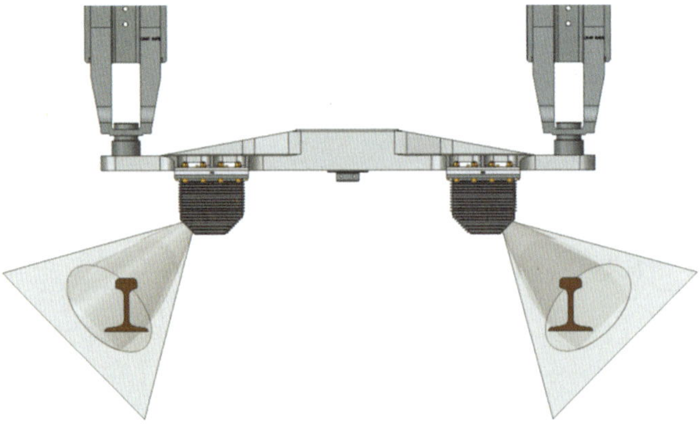

图 2—2—2　激光摄像式轨距测量结构

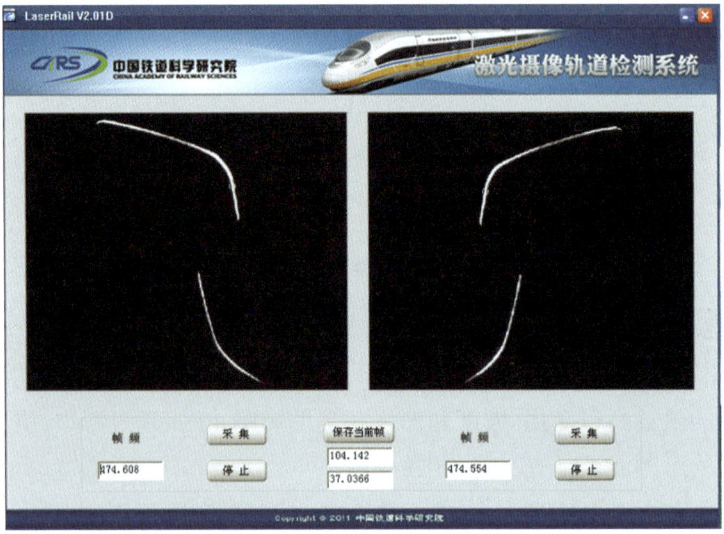

图 2—2—3　左右钢轨轮廓图像

3. 轨向

轨道方向(简称轨向)是轨道的一个基本几何参数。轨向测量也是采用惯性基准原理,是惯性基准法在横向进行轨道不平顺测量的结果。轨向测量包括两个部分,一部分是安装于检测梁中央位置的轨向加速度传感器(ALGN),用于测量检测梁中央位置相对惯性空间的惯性位移 $Y_{(X)}$,另一部分是左右激光摄像组件所测得的左右单边轨距分量 S_L 和 S_R,由惯性位移和左右轨距分量计算得到左右轨的轨向。轨向测量原理如图 2—2—4 所示。需要说明的是,轨向是左(右)轨的方向,而非轨道中心线的方向。

轨向测量是在轨距测量的基础上完成的。左右轨向测量的计算公式如下:

$$Y_{LX} = Y_{(X)} + \frac{D}{2} + S_L \quad (2—2—3)$$

$$Y_{RX} = Y_{(X)} - \frac{D}{2} - S_R \quad (2—2—4)$$

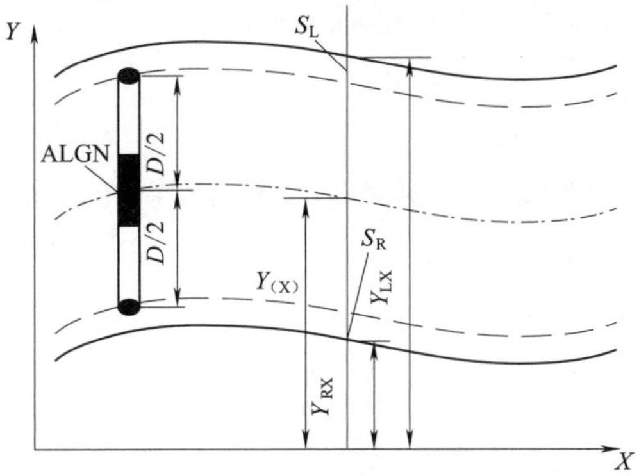

图 2—2—4　轨向测量原理

4. 水平(超高)

超高测量的关键是在运动中的轨检车上建立水平基准,如图 2—2—5 所示,在车内地板上安装有陀螺平台,不管车辆如何运动,陀螺平台始终稳定在当地水平位置,因此,可以得到车体的倾角 α。利用车体和轮对之间安装的位移传感器,可以得到车体与轮对(不考虑轮对的锥形踏面等因素),即车体与轨道所在平面的倾角 β。求车体倾角和车体与轨道倾角的代数和,可以得到轨道的倾角 θ,见式(2—2—5)。从轨道倾角和轨距运算,即可得到超高 h,超高计算公式见式(2—2—6),其中,1 500 mm 是左右两股钢轨头中心线的距离。

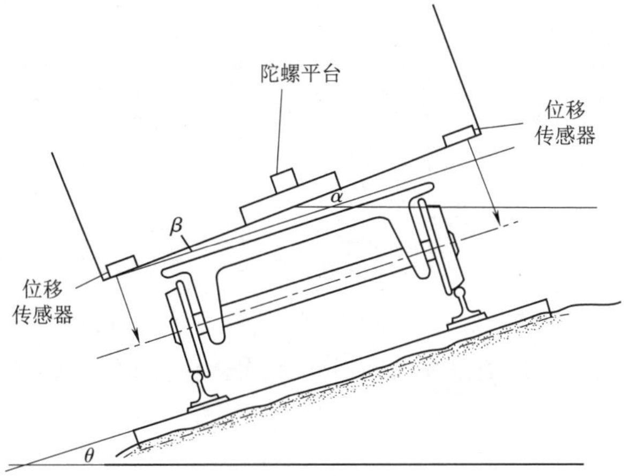

图 2—2—5　超高测量原理

$$\theta = \alpha - \beta \tag{2—2—5}$$

$$h = 1\,500 \times \sin\theta \tag{2—2—6}$$

5. 扭曲(三角坑)

如图 2—2—6 所示,相距一定基长的两个轨道断面Ⅰ和Ⅱ,与左右两轨顶面分别相交于 a、b、c、d,扭曲可以理解为 c 点到 a、b、d 三点所形成的平面的距离 h,实际计算时,用相距一定基长水平的代数差表示,见式(2—2—7),Δh_1 为轨道断面Ⅰ—Ⅰ的水平值,Δh_2 为轨道断面Ⅱ—Ⅱ的水平值。($\Delta h_1 - \Delta h_2$)为一定基长的两轨道断面的水平差,基长可变,目前基长采用 3 m。扭曲包含缓和曲线超高顺坡造成的扭曲量。

$$
\begin{aligned}
h &= (a-b)-(c-d) \\
&= \Delta h_1 - \Delta h_2
\end{aligned}
\tag{2—2—7}
$$

6. 曲率

曲率定义为曲线半径的倒数,实际测量时用单位距离的曲线轨道对应的圆心角来表示。度数大,曲率大,半径小;反之,度数小,曲率小,半径大。如图 2—2—7 所示,弦长 L 为 30 m 的轨道对应的圆心角为 θ,曲线半径为 R,曲率用 $1/R$ 表示,圆心角 θ 与 $1/R$ 的关系见式(2—2—8)和式(2—2—9)。

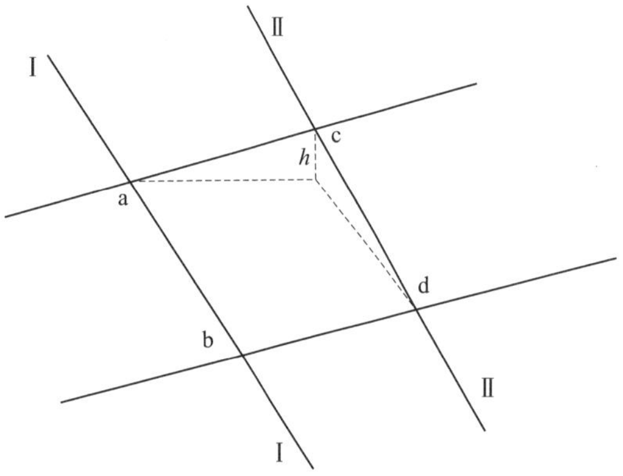

图 2—2—6　扭曲(三角坑)测量原理

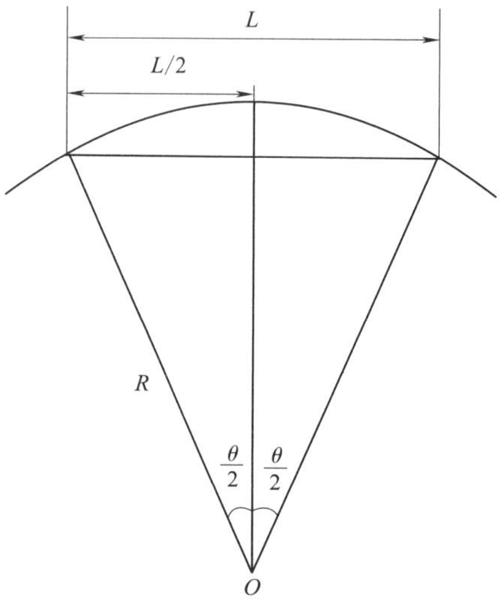

图 2—2—7　曲率计算原理

$$\frac{15}{R} = \sin\frac{\theta}{2} \tag{2—2—8}$$

$$\frac{1}{R} = \frac{1}{15}\sin\frac{\theta}{2} \tag{2—2—9}$$

轨检车通过曲线时(直线亦如此),采用惯性陀螺测量车体运行方向变化的角速度,采用车体与转向架间的横向位移计测量车体相对两转向架中心连线的转角,利用速度距离信息,即可计算出轨检车通过一定距离曲线后所对应的圆心角 θ。

7. 速度和里程

速度和里程测量采用光电编码器脉冲计数的方式。轨检车轮对转动,驱动光电编码器同步转动,光电编码器每转一周输出一定数量的脉冲 n,根据车轮周长和每周 n 个脉冲的已知条件,可计算出脉冲间距 L。

$$L = \frac{\pi D}{n} \tag{2—2—10}$$

式中　D——车轮直径。

通过脉冲计数和脉冲间距 L 可计算出距离,通过脉冲间距 L 和计数计时可计算出速度。

8. 地面标志

地面标志物包括道口、道岔、桥梁等金属物。轨检系统采用电涡流传感器来检测地面标志物,并在轨道几何波形图上显示出来,帮助确定轨道几何偏差的具体位置。

9. 车体横向和垂向加速度

车体横向和垂向振动加速度测量要求加速度传感器安装在车体底板上，与二位转向架心盘位于同一断面，距车体纵向中心线 1 m。车体水平和垂向振动加速度测量是发现轨道偏差，辅助评价轨道平顺性，以及监测轮轨作用的重要手段。

轨检系统中车体振动加速度采用高精度石英挠性伺服加速度计进行测量，传感器信号先进行模拟滤波，然后进入计算机处理，与轨道几何参数一起按空间里程位置同步输出。

（三）检测系统关键技术

1. 激光摄像及图像处理技术

GJ-6 型轨检系统采用激光摄像技术得到钢轨轮廓，通过对视觉图像的处理，得到钢轨相对于测量坐标系的横向、垂向位移。由两根钢轨的横向位移合成轨距。横向位移和垂向位移分别是测量轨向和高低的重要分量。

图像处理过程如图 2—2—8 所示。首先是采用图像采集卡采集图像，经过二值化处理、图像细化获得钢轨骨架，即钢轨轮廓线的图像，再经过坐标变换和特征点提取可得到左右单边轨距分量和高低分量。激光摄像的关键部件有激光器、摄像机、温控系统、光学系统等。

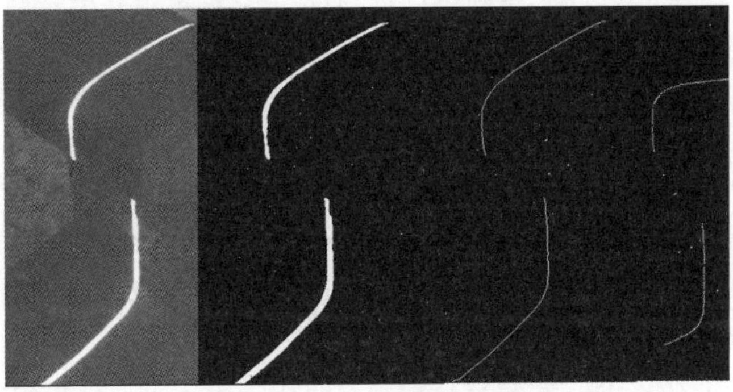

图 2—2—8　图像处理过程

2. 惯性技术

惯性技术是惯性敏感器、惯性稳定、惯性导航和惯性测量等技术的统称。惯性技术的核心是惯性敏感器（传感器）。在 GJ-6 型轨检系统中采用了陀螺平台和加速度计等惯性传感器，陀螺仪用于建立一个稳定的导航坐标系，加速度计用于测量载体的加速度信号，经过二次积分计算，可得到载体相对惯性参考坐标系的运动位移。高低、轨向、水平的测量都用到了惯性测量原理。

3. 数据合成处理

GJ-6 型轨检系统开发了轨道几何参数合成计算模型，解决了不同运行速度和不同运行方向检测结果准确性和一致性的问题。通过实时采集处理软件、图像处理软件、网络通信软件、波形浏览软件、编辑汇总及报表输出等软件将轨道几何检测系统的数据采集、处理、计算合成、数据通信、存储、显示、汇总统计融为一体，使轨道检测系统软件成为一组功能强大的应用软件。

4. 抗阳光干扰

通过器件的抗干扰处理以及图像处理算法的优化、完善、试验和验证，GJ-6 型轨检系统将阳光对检测系统的干扰降到了最低。

5. 适应高速环境的检测梁设计

GJ-6 型轨检系统根据不同类型车辆的转向架结构，创新设计了多种用于悬挂激光摄像组件的检测梁类型，使得轨检系统可广泛安装于各种车辆，包括 CRH380A、CRH380B、CRH2 型等动车组，以及其他普通轨检车车辆。同时，每种检测梁都进行了动应力测试和结构安全强度计算，以保证检测梁在高速、强振动环境下的运行安全。

二、综合检测列车

综合检测列车是安装了轨道几何、接触网、轮轨力、通信、信号、综合等多个检测系统的动车组。综合检测列车按照一定的运行图对高速铁路线路进行检测，具有对各系统参数进行同步实时检测及综合处理的能力。

轮轨力检测系统的作用是通过检测轮轴垂向力、横向力、脱轨系数、车辆振动加速度等参数，实现对高速检测列车运行安全性和舒适度指标的在线检测和评估。

综合系统的作用是为全车各检测系统发布统一的速度、时钟、里程和视频等信息，实现各检测系统的所有参数同步检测、精确定位，并对检测数据进行集中存储、显示、查询、综合分析及传输。里程精确定位采用 GPS、射频标签、高精度编码器等多种方式实现，满足 350 km/h 运行速度下定位精度达到 2 m，方便了轨道病害的准确查找、复核与处理。

射频标签是一种工业级高速射频卡，采用射频卡定位的具体实现方法如下：在需要识别的地面线路特征点预设射频卡，每一个射频卡都有一个全球唯一的卡号；在检测列车上安装高速阅读器，当检测列车以一定速度通过射频卡安装点时，识别出射频卡的卡号，将这个卡号与数据库中的信息进行比对，获取卡号对应的里程信息和线路特征点信息，并将此信息发送到各检测系统，实现线路特征点的精确定位。

为适应 350 km/h 的检测速度，综合检测列车装备的 GJ-6 型轨道几何检测系统与安装在轨检车上的轨道几何检测系统有所不同，主要不同之处如下。

1. 检测速度

为了满足检测速度 350 km/h 的要求，检测系统在采样速度、数据处理速度上均超过 200 km/h 及以下速度轨检车。由于轨检系统采用等距离采样方式，运行速度越快，采样速度越快，为此，在传感器的选择上采用了高帧频数字摄像机，利用光纤传输数字信号，图像采集和处理速度满足 350 km/h 的检测需要，同时，整个系统在数据处理速度、传输带宽、存储能力、显示能力和汇总输出能力等方面都有相应提升。

2. 长波长检测

轨道不平顺的特征除了用它的大小即幅值描述之外，还需要考察不平顺的波长。不同车速的车辆，运行在不同波长不平顺的轨道上，不平顺对车辆的影响是大不一样的。不平顺空间波长 λ，车速 v 和时间频率 f 三者之间的关系如下：

$$f = v/\lambda \qquad (2\text{—}2\text{—}11)$$

由此可见，不平顺波长越短，车速越高，产生的振动加速度的幅值越大，时间频率也越高。在不平顺幅值相同的情况下，不同波长对不同速度运行的车辆的影响大不相同。因此，对轨道不平顺测量的波长范围，根据不平顺的影响，在车体自振频率为 1.2 Hz 的情况下，对于最高速度 120 km/h，长波可测波长应达到 30 m，对于最高速度 160 km/h，长波可测波长应达到 50 m，速度达到 200 ~ 300 km/h，长波可测波长要达到 70 ~ 100 m。

过去，我国列车运行速度较低，检测轨道不平顺的截止波长约为 30 m，随着速度的提高，对线路的检测需要更长的截止波长。GJ-6 型轨检系统实现了长波不平顺检测，轨道检测输出有两种形式：空间曲线输出和弦测输出。空间曲线有三种截止波长：高低不平顺的截止波长分别是 42 m、70 m、120 m；轨向不平顺的截止波长分别是 42 m、70 m、120 m。弦测输出可以选择 10 m 弦、20 m 弦等。由于惯性基准法是建立在物体运动加速度测量基础上，因而高低和轨向测量有最低速度要求。对于截止波长分别是 42 m、70 m、120 m 的高低测量，最低检测速度分别为 15 km/h、40 km/h、70 km/h；对于截止波长分别是 42 m、70 m、120 m 的轨向测量，最低检测速度分别为 24 km/h、40 km/h、70 km/h。

第三节　辅助检测设备

一、动态响应检测系统

动态响应检测系统检测两个或三个断面的轴箱、构架、车体加速度，采用分布式采集技术和动态响应评价、分析模型，辅助评价轨道状态。目前，动态响应检测系统已成功应用于 CRH380AJ、CRH380BJ、CRH2J、CRH5J 等多列高速综合检测列车。

（一）可测项目及技术指标

动态响应检测系统技术指标见表 2—3—1。

表 2—3—1　动态响应检测系统技术指标

检测项目	量程（m/s^2）	传感器频响（kHz）	分　析　频　率	分辨力（满量程的百分比）
轴箱垂向加速度	2 000	0 ~ 2	0 ~ 1 kHz 以内截止频率可调带通滤波	0. 5% FSO
轴箱横向加速度	2 000	0 ~ 2	0 ~ 1 kHz 以内截止频率可调带通滤波	0. 5% FSO
构架垂向加速度	250	0 ~ 1	0 ~ 500 Hz 以内截止频率可调低通滤波	0. 5% FSO
构架横向加速度	250	0 ~ 1	0 ~ 500 Hz 以内截止频率可调低通滤波	0. 5% FSO
车体垂向加速度	± 20	0 ~ 0. 4	0 ~ 100 Hz 以内截止频率可调低通滤波	0. 3% FSO
车体横向加速度	± 20	0 ~ 0. 4	0 ~ 100 Hz 以内截止频率可调低通滤波	0. 3% FSO

（二）系统结构及技术特点

1. 系统结构

动态响应检测系统对安装在综合检测列车不同位置的两个或三个断面的加速度信号进行同步采集处理，接收综合系统的时空同步信息，为采集到的数据打上时间里程标签，将检测数据通过网络传输到中央处理计算机，进行数据处理、存储、分析及统计输出，同时显示里程、速度、波形、台账信息等，能输出按照一定的标准摘取的超限值、200 m 区段最大值统计和平均能量集中率统计、散点图等。系统结构如图 2—3—1 所示。

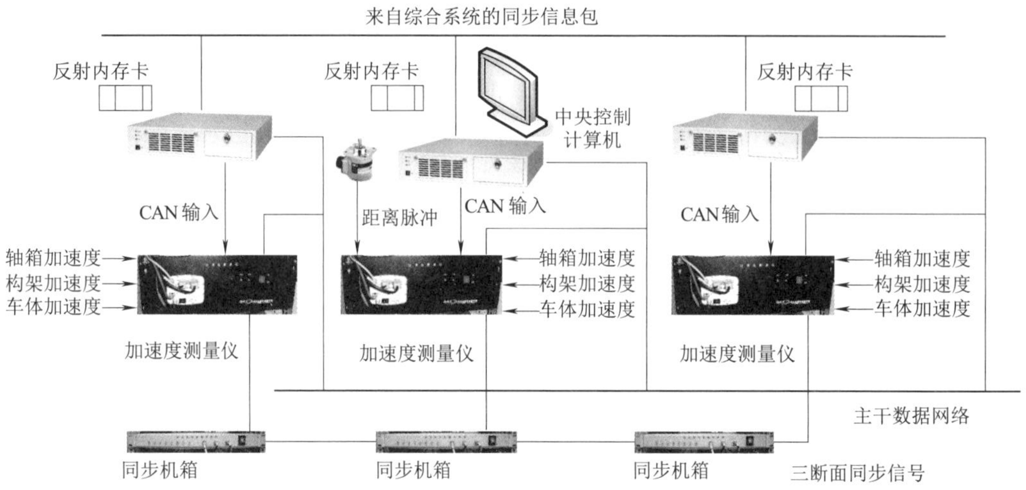

图 2—3—1　动态响应检测系统结构

2. 系统主要技术特点

(1)多断面分布式网络化同步测试技术

为了反映列车运行的实际车辆响应特性，系统在车辆的不同位置选择两个或三个断面布置加速度传感器(轴箱、构架、车体)，采用多断面分布式同步测试技术，用计算机远程控制分布在不同地点的测试设备同步工作，通过网络传输数据和同步信息，实现对数据的同步采集、远距离大容量数据的传输、分析处理和存储。同时，数据波形能按空间里程位置同步输出。

(2)动态响应评价方法、分析模型研究

通过分析车体、轴箱和构架加速度的统计特性及频谱分布，建立车辆运行状态的评判方法和分析模型，采用高速检测列车运行加速度动态响应指标，识别轨道病害，与轨道几何数据相结合综合研究轨道状态对车辆运行安全的影响，辅助评价轨道几何不平顺和结构不平顺状态。如轴箱垂向加速度是与轨道垂向不平顺激励直接相关的车辆动力学响应之一，轴箱加速度数据能够实时反映轨道的垂向不平顺激励。利用轴箱垂向加速度数据，通过数据频率幅值特性分析算法可以识别车辆增减载情况、轨道短波不平顺，评定恶劣的轨缝、焊接头和岔心冲击。构架横向加速度是评价车辆稳定性的重要指标，可以反映车辆蛇形稳定性，判断轨道的不平顺状态。

(3)安装接口技术

根据动车组运行速度 350 km/h 条件下对动态响应检测系统安装的需求，研究安装接口的技术条件，解决动态响应检测系统的电磁干扰、防潮密封、部件可靠性等问题。

(4)数据融合及软件

动态响应检测系统软件实现了多通道检测数据采集、定位同步信息获取、检测数据分析处理、存储、显示、输出报表等多项功能，数据格式满足全车数据综合处理系统的要求。

二、线路检查仪

(一)车载式线路检查仪

车载式线路检查仪随机车或动车组运行,利用嵌入式智能传感器获得机车运行过程中水平、垂直方向振动信号,与机车安全信息综合检测装置(TAX2)或列控设备动态监测系统(DMS)中的日期、时间、机车号、车次、里程、速度、线路编号等信息综合生成一个能够反映轨道状态的综合数据信息包,及时发现线路晃车不良处所,并无线传输到用户端,如便携式计算机、地面接收装置、相关人员手机、机车报警装置等。

车载式线路检查仪检测原理如图 2—3—2 所示。

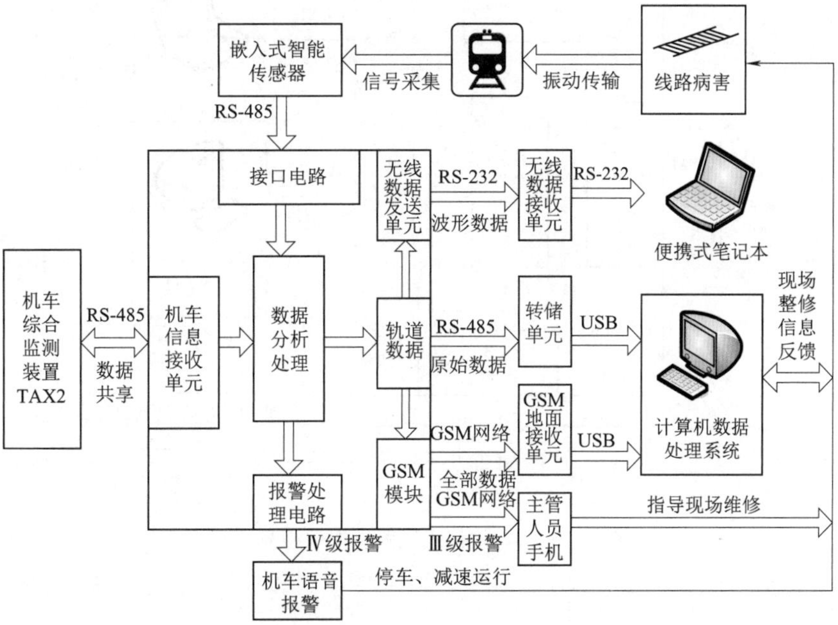

图 2—3—2　车载式线路检查仪检测原理

主要技术性能如下:

(1)动态实时监测功能:超限报警与机车运行数据相结合,准确定位超限处所;

(2)超限数据实时传输:利用 GPRS/GSM 无线网络,实时上传超限数据;

(3)语音报警功能:严重超限处所,实时语音报警提示;

(4)报警短信实时发送:系统实时发送Ⅲ级及以上超限报警信息到相关人员手机;

(5)数据大容量存储;

(6)实时数据、历史数据查询;

(7)超限数据综合分析,生成指导线路养护维修的报告文件、图表,清晰直观反映线路状况;

(8)数据报告文件打印输出功能。

(二)便携式线路检查仪

便携式线路检查仪是由添乘人员携带上车,通过检测机车/动车组车体晃动间接评价线路平顺状态的仪器。它采用嵌入式加速度传感器,采集机车(或动车组)车体垂向、横向振动情况,结合GPS精确定位,实时计算列车运行速度,或通过蓝牙与车载式线路检查仪共享机车运行数据,根据运行速度动态调整晃车门限,自动分析、记录晃车结果,具备实时打印和报警功能。

便携式线路检查仪检测原理如图2—3—3所示。

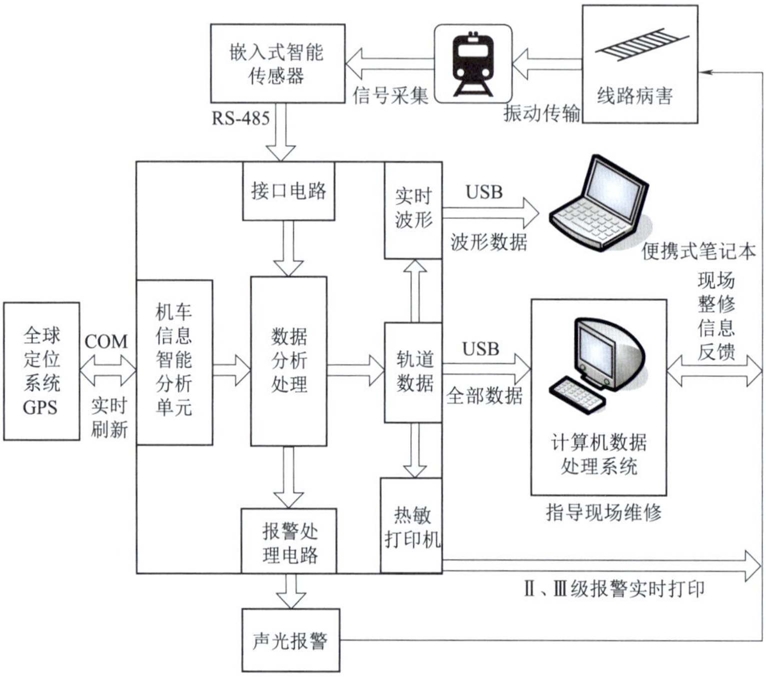

图2—3—3　便携式线路检查仪检测原理

主要技术性能如下:

(1)动态检测线路状况,实时记录、打印并存储晃车的准确里程和病害程度;

(2)机车(或动车组)运行里程与实际里程误差自动校正;

(3)自动判别机车(或动车组)运行线路;

(4)根据机车(或动车组)运行速度动态调整晃车门限;

(5)超限数据自动报警提示;

(6)线路特殊区段(如曲线、岔区、隧道)晃车数据智能处理;

(7)配套软件超限数据查询、统计、分析,设备参数下发等。

第三章　数据分析应用

第一节　轨道检测数据管理

一、基本要求

铁路轨道日常周期性检测获取了海量的检测数据,如何集成存储、处理分析和综合应用各类检测数据指导养护维修生产,是工务部门当前亟待解决的问题之一。为此,需要借助快速发展的信息与计算机科学技术,搭建统一的轨道检测数据管理信息平台,有效管理各类轨道检测数据,为综合分析轨道检测数据,评价轨道状态奠定基础。

轨道检测数据管理及管理信息平台的基本要求如下:

(1)统一、开放的数据库架构,一方面能够扩展管理新增轨道检测数据类型的要求,另一方面能够支撑与基础设施台账等数据综合分析的接口要求;

(2)检测数据管理项目齐全,数据的录入或导入操作便捷;

(3)能够按照线路名称、行别、管辖单位、速度区段、基础结构类型等条件灵活组合查询各类轨道检测数据,并导出统计报表;

(4)能够关联查询相关的轨道检测数据,支撑关联的多种轨道检测数据综合分析。

二、轨道检测数据管理内容

轨道检测数据管理范畴应包括轨道几何、车辆动力学、车辆动态响应、车载式和便携式线路检查仪等动态检测数据,也包括轨道几何、轨道结构、轨道外观和无缝线路等静态检查数据,以及利用轨道状态巡检系统获得的巡检数据等。

三、轨道检测数据集成整合

轨道检测数据综合分析应用的前提是将各类轨道检测数据集成整合,建立轨道检测数据仓库。

(一)轨道检测数据预处理

轨道检测数据集成存储前须进行加工整理,即预处理,以形成适用于存储管理和数据分析的样式。数据预处理的基本要求包括:检测数据完整性;剔除干扰信号,确保数据准确有效;处理后数据要满足后续分析的需求。

以轨道几何动态检测数据处理为例,介绍轨道检测数据预处理方法,包括无效数据识别和波形里程校正。轨道几何动态检测数据包括连续里程的检测波形、离散里程的检测偏差、200 m 区段的轨道质量指数,其处理流程为:将 GEO 格式检测波形转换为标准格式 CIT,便于对不同来源的检测波形进行对比分析;然后利用专业波形处理软件滤除波形干扰、校正波形里程、识别无效数据、修正检测偏差里程并重新计算 TQI,如图 3—1—1 所示。

图 3—1—1　轨道几何动态检测数据预处理流程

利用检测波形的典型特征点及其台账里程校正轨道检测波形里程。一般,曲线的曲率和超高特征点是最主要的参照点。波形里程校正一方面有助于现场快速确定偏差位置,提高检修作业效率;另一方面是多源检测数据进行关联综合分析的基础。

轨道检测波形里程校正方法举例介绍如下:

(1)选择曲线的超高或曲率特征点(直缓点或缓直点),如图 3—1—2 所示 A 或 B 点,将该点原始里程校正为曲线台账里程。

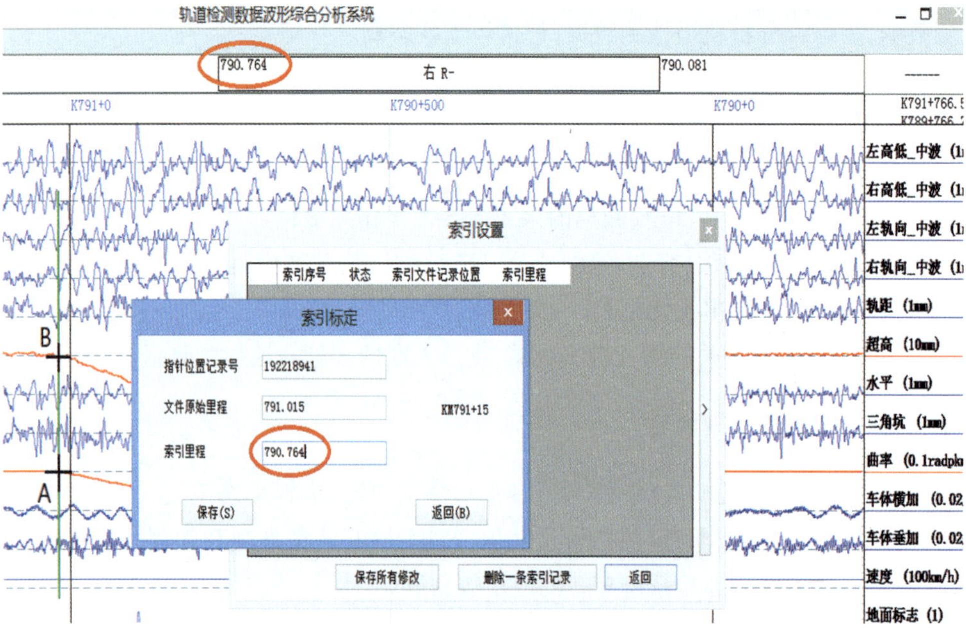

图 3—1—2　人工校正里程窗口

(2)每隔 10 ~ 20 km 人工校正 1 次,里程校正效果与曲线特征点选择是否准确密切相关,因此建议选择特征显著的曲线特征点。

(3)在轨道检测波形无效数据识别和里程校正后,需要修正轨道检测偏差里程和重新计算轨道质量指数。

(4)以里程已校正准确的检测波形为基准,可利用波形相似性算法智能快速地批量修正历次检测波形的里程。

(二)轨道检测数据整合

轨道检测数据格式多样,包括报表、文本、图像等非结构化数据。为了综合应用和挖掘潜在的数据价值，必须将其按照特定的规则集成存储到数据库，即将各类检测数据以及相关设备台账数据整合到归一化的“设备—地理—时间”三维数据空间，最终建立轨道检测数据仓库，如图 3—1—3 和图 3—1—4 所示。

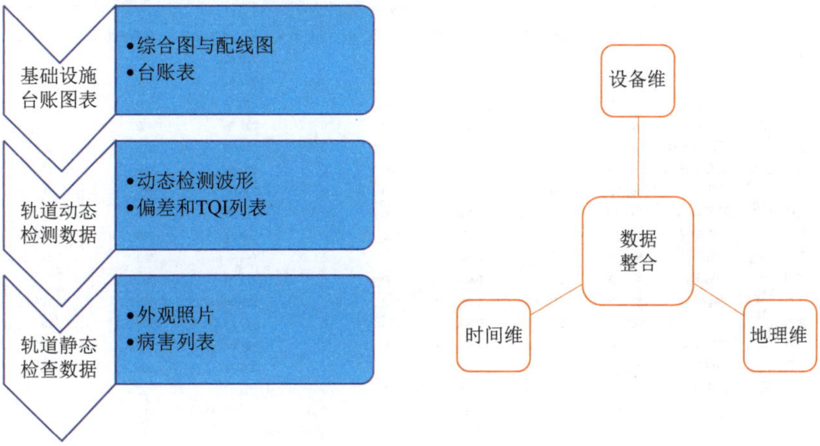

图 3—1—3　轨道检测数据整合

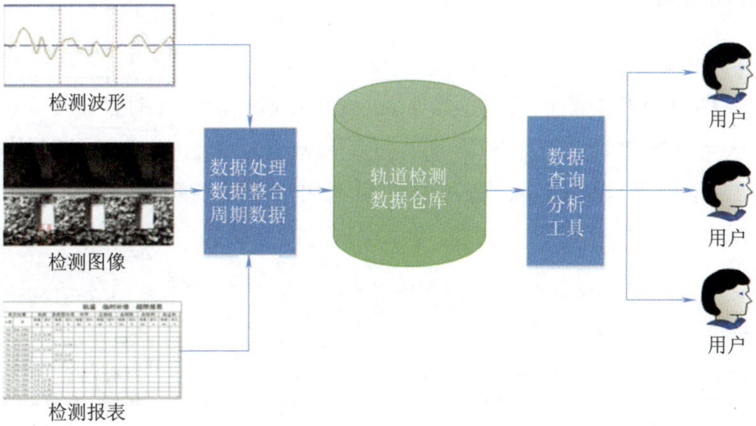

图 3—1—4　轨道检测数据仓库

整合各类轨道检测数据建立数据仓库是综合应用数据的前提，数据整合的优劣决定后期是否可以便捷地调用分析数据。

四、轨道检测数据查询统计

为了便捷地运用轨道检测数据，有必要利用基于轨道检测数据仓库开发的相关轨道检测数据分析工具来统计查询和分析数据。

按照线路名称、行别、管辖单位、速度等级、基础结构类型等条件灵活组合查询统计各类轨道检测数据，并导出统计报表，满足检测数据日常管理查询统计需要。例如，按照线路、行别、站段、车间、工区、速度等级、偏差等级等查询条件灵活组合查询统计汇总轨道动态检测数据，如图 3—1—5 所示。

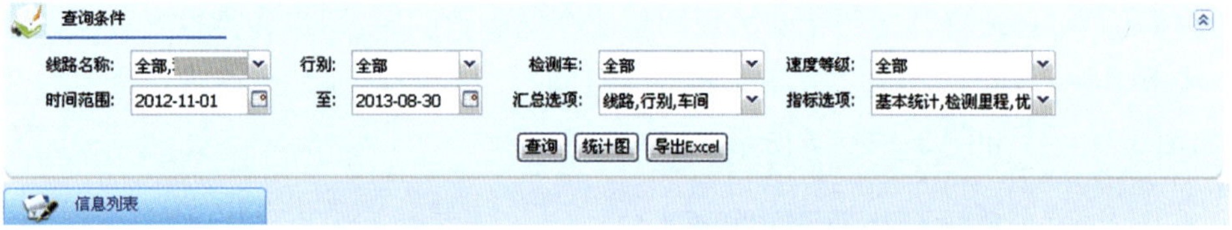

线路	行别	车间	检测里程(km)	优良里程(km)	合格里程(km)	优良率(%)	合格率(%)	平均速度(km/h)	最高速度(km/h)	最低速度(km/h)
高速	下行	西线路车间	3377.600	3377.600	0.000	100	0	210.72	309	0
高速	下行	线路车间	2016.000	2015.000	1.000	99.95	0.05	203.01	309	10
高速	下行	路车间	2130.012	2130.012	0.000	100	0	220.37	309	3
高速	下行	桥车间	2028.000	2028.000	0.000	100	0	209.98	309	3
高速	上行	西线路车间	3517.100	3516.100	1.000	99.97	0.03	209.36	310	0
高速	上行	线路车间	2258.000	2258.000	0.000	100	0	214.49	310	19
高速	上行	路车间	2460.000	2460.000	0.000	100	0	224.61	310	39
高速	上行	桥车间	2342.000	2342.000	0.000	100	0	219.55	310	39
高速	下行	线路车间	2105.000	2105.000	0.000	100	0	208.77	305	137
高速	下行	线路车间	1542.000	1542.000	0.000	100	0	199.9	302	47
高速	下行	线路车间	2960.000	2960.000	0.000	100	0	212.34	306	7
高速	下行	桥车间	2105.000	2105.000	0.000	100	0	206.68	305	137
高速	上行	线路车间	2801.000	2801.000	0.000	100	0	212.7	302	39
高速	上行	线路车间	2001.000	2001.000	0.000	100	0	208.68	302	49
高速	上行	线路车间	2772.000	2772.000	0.000	100	0	225.74	301	38
高速	上行	桥车间	2801.000	2801.000	0.000	100	0	205.03	302	39
合计			39215.712	39213.712	2.000	99.99	0.01	210.18	310	0

图 3—1—5　轨道几何动态检测数据统计汇总

五、轨道检测数据分析

(一)检测指标趋势分析

按照线路名称、行别、检测设备、速度等级、时间范围、里程范围查询条件确定统计数据源,以月、周或次为基本周期,分线路、行别、速度等级、管辖单位任意组合统计检测指标的变化趋势,从而利用检测指标的趋势性分析结果预测和监控设备质量。

常用的检测指标包括轨道偏差数量、平均扣分,以及轨道质量指数等,如图 3—1—6 和图 3—1—7 所示。

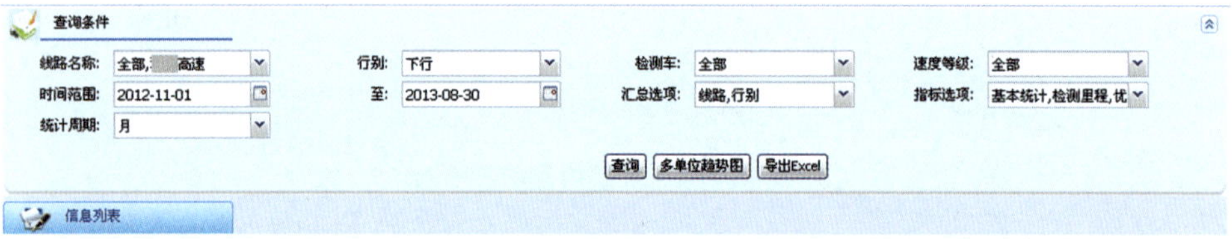

月	线路	行别	检测里程(km)	优良里程(km)	合格里程(km)	失格里程(km)	优良率(%)	合格率(%)	失格率(%)	平均速度(km/h)	最高速度(km/h)	最低速度(km/h)
201211	高速	下行	453.600	453.600	0.000	0.000	100	0	0	242.26	249	125
201212	高速	下行	1038.800	1038.800	0.000	0.000	100	0	0	193.23	200	45
201301	高速	下行	905.200	904.200	1.000	0.000	99.89	0.11	0	184.44	201	10
201302												
201303												
201304												
201305												
201306												
201307												
201308												
合计												

信息列表

月	线路	行别	TQI	TQI左高低分量	TQI右高低分量	TQI左轨向分量	TQI右轨向分量	TQI水平分量	TQI轨距分量	TQI三角坑分量
201211	高速	下行	2.85	0.44	0.45	0.39	0.41	0.38	0.32	0.46
201212	高速	下行	2.91	0.5	0.49	0.39	0.4	0.38	0.32	0.43
201301	高速	下行	3.21	0.59	0.56	0.41	0.43	0.43	0.31	0.48
201302	高速	下行	3.23	0.6	0.57	0.41	0.42	0.45	0.3	0.48
201303	高速	下行	3.09	0.49	0.49	0.43	0.45	0.41	0.34	0.49
201304	高速	下行	3.18	0.5	0.48	0.47	0.5	0.39	0.35	0.49
201305	高速	下行	3.12	0.49	0.46	0.44	0.46	0.41	0.35	0.51
201306	高速	下行	3.16	0.5	0.49	0.43	0.45	0.43	0.34	0.53
201307	高速	下行	3.04	0.48	0.48	0.41	0.44	0.4	0.34	0.5
201308	高速	下行	3.2	0.5	0.49	0.45	0.48	0.41	0.36	0.51
合计			3.14	0.55	0.53	0.42	0.43	0.42	0.32	0.48

图 3—1—6　轨道几何动态检测指标变化趋势查询

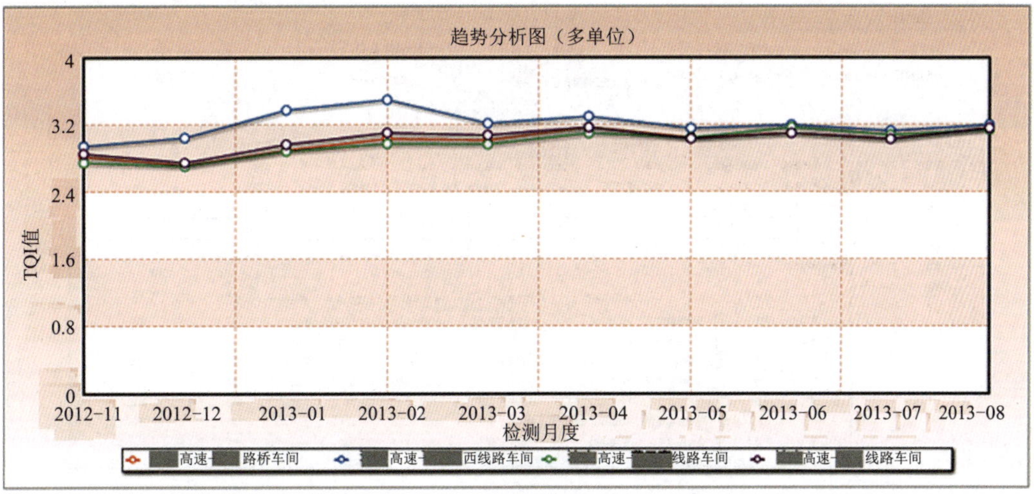

（a）轨道质量指数TQI

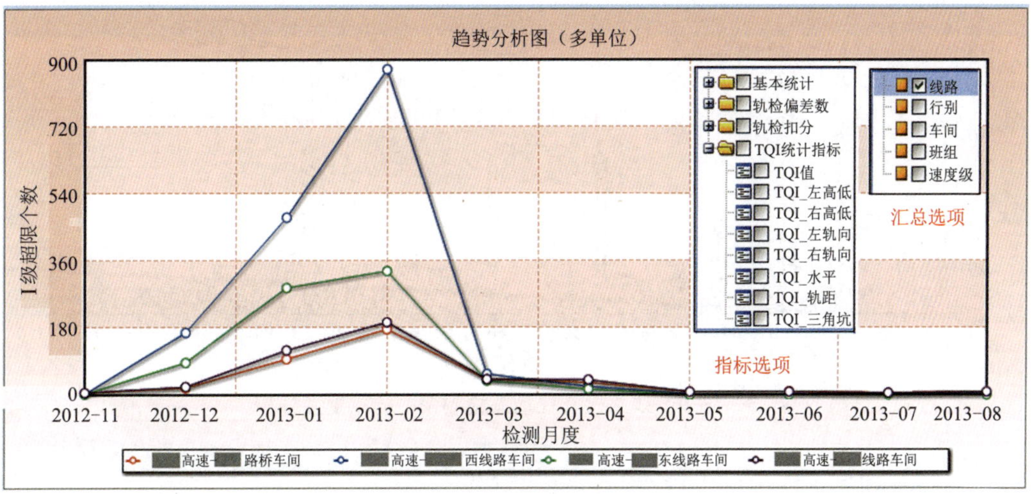

（b）轨道检测I级偏差数量

图3—1—7　轨道几何动态检测指标变化趋势绘图

（二）轨道偏差重复性分析

按照线路名称、行别、检测设备、线路速度等级、日期范围、里程范围查询条件确定统计轨道偏差重复次数。轨道偏差多次重复出现可认为是质量薄弱区段，如图3—1—8和图3—1—9所示。常用的轨道偏差数据包括轨道几何动态检测偏差、线路检查仪（车载式和便携式）动态检测偏差和轨道检查仪（轨检小车）静态检查偏差。

（三）幅值分布统计分析

通过统计分析偏差数据的幅值分布情况，可以掌握轨道几何状态整体水平。常用指标包括轨道偏差幅值和轨道质量指数（TQI）。图3—1—10给出了轨道偏差幅值的分布情况。

（四）设备质量偏差跟踪分析

针对线路设备周期性检查，建立设备质量的偏差履历，跟踪分析设备质量变化趋势，同时给出维修决策建议和安全状态预警，实现设备质量问题的闭环监控，包括“分析—处理—反馈—销记”等监控环节。

图 3—1—8　轨道几何动态检测偏差的重复性分析

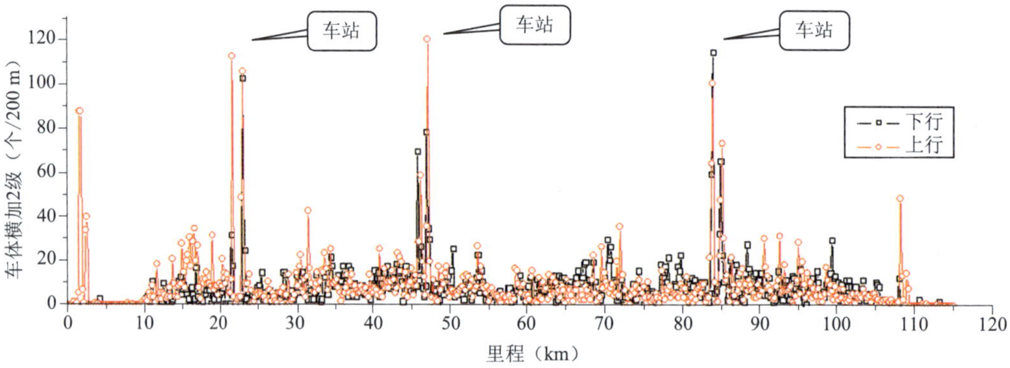

图 3—1—9　线路检查仪动态检测偏差的重复性分析

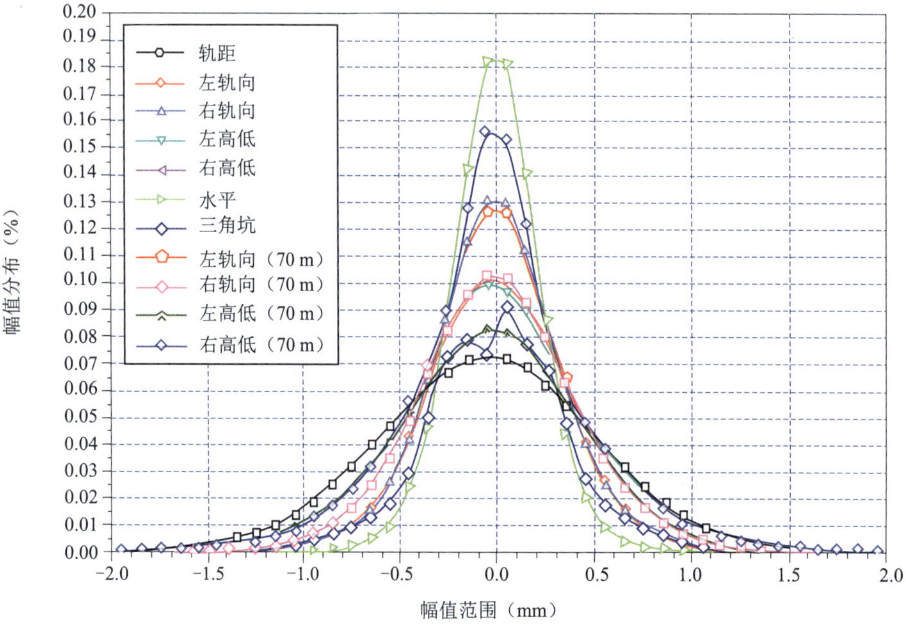

图 3—1—10　轨道偏差幅值分布统计分析

第二节　轨道检测图表识别

一、轨道检测报表解读

轨道几何动态检测数据报表主要包括检测偏差、公里小结、区段总结、曲线摘要、TQI 和 T 值报表等，见表 3—2—1 ~ 表 3—2—7。

表 3—2—1　检测偏差报表

位置		超限类型	峰值(mm 或 g)	长度(m)	超限等级	线形(直/缓/曲)	速度(km/h)	检测标准
公里	米							
1938	955	70 m 左高低	-9.40	46	2	直	243	[300,350]
1938	955	70 m 右轨向	6.18	5	2	直	243	[300,350]
1938	955	右高低	-8.10	16	2	直	243	[300,350]
1938	955	左高低	-9.81	21	2	直	243	[300,350]
1938	960	70 m 右高低	-8.04	42	2	直	242	[300,350]
1963	254	左轨向	-4.63	5	2	直	251	[300,350]
1963	533	右轨向	5.13	6	2	直	250	[300,350]
1963	537	左轨向	4.71	1	2	直	250	[300,350]
1963	557	右轨向	5.35	3	2	直	250	[300,350]
1964	726	左轨向	-4.75	7	2	直	250	[300,350]
1965	452	横向加速度	-0.10	12	2	缓	250	[300,350]
1987	837	横向加速度	-0.09	9	2	圆	250	[300,350]
2006	1007	左轨向	-4.35	7	2	直	250	[300,350]
2007	356	左轨向	-4.67	8	2	直	247	[300,350]

表 3—2—2　公里小结报表

公里	检测长度	高低				轨向				轨距				水平				三角坑				垂向加速度				横向加速度				70 m 高低				70 m 轨向				曲率变化率		轨距变化率		横加变化率		公里扣分	通过速度
		4	3	2	1	4	3	2	1	4	3	2	1	4	3	2	1	4	3	2	1	4	3	2	1	4	3	2	1	4	3	2	1	4	3	2	1	2	1	2	1	2	1		
1921	1000	0	0	0	0	0	0	0	0	0	0	0	6	0	0	0	0	0	0	0	0	0	0	0	0	0	0	0	0	0	0	0	1	0	0	0	0	0	0	0	0	0	0	7	252
1922	1000	0	0	0	0	0	0	0	0	0	0	0	0	0	0	0	0	0	0	0	0	0	0	0	0	0	0	0	0	0	0	0	0	0	0	0	0	0	0	0	0	0	0	0	250
1923	1000	0	0	0	0	0	0	0	0	0	0	0	0	0	0	0	0	0	0	0	0	0	0	0	0	0	0	0	0	0	0	0	9	0	0	0	0	0	0	0	0	0	0	9	250
1924	1000	0	0	0	0	0	0	0	0	0	0	0	0	0	0	0	0	0	0	0	0	0	0	0	0	0	0	0	0	0	0	0	0	0	0	0	0	0	0	0	0	0	0	0	250
1925	1000	0	0	0	0	0	0	0	0	0	0	0	0	0	0	0	0	0	0	0	0	0	0	0	0	0	0	0	0	0	0	0	1	0	0	0	0	0	0	0	0	0	0	1	243
1926	1000	0	0	0	0	0	0	0	0	0	0	0	0	0	0	0	1	0	0	0	0	0	0	0	0	0	0	0	6	0	0	0	0	0	0	0	0	0	0	0	0	0	0	7	244
1927	1000	0	0	0	0	0	0	0	0	0	0	0	0	0	0	0	0	0	0	0	0	0	0	0	0	0	0	0	0	0	0	0	0	0	0	0	0	0	0	0	0	0	0	0	241
1928	1000	0	0	0	0	0	0	0	0	0	0	0	0	0	0	0	0	0	0	0	0	0	0	0	0	0	0	0	0	0	0	0	2	0	0	0	0	0	0	0	0	0	0	2	239
1929	1000	0	0	0	0	0	0	0	0	0	0	0	2	0	0	0	0	0	0	0	0	0	0	0	0	0	0	0	0	0	0	0	0	0	0	0	0	0	0	0	0	0	0	2	241
1930	1000	0	0	0	0	0	0	0	0	0	0	0	0	0	0	0	0	0	0	0	0	0	0	0	0	0	0	0	0	0	0	0	3	0	0	0	0	0	0	0	0	0	0	3	243
1931	1000	0	0	0	0	0	0	0	0	0	0	0	0	0	0	0	0	0	0	0	0	0	0	0	0	0	0	0	0	0	0	0	0	0	0	0	0	0	0	0	0	0	0	0	251
1932	1000	0	0	0	0	0	0	0	0	0	0	0	0	0	0	0	0	0	0	0	0	0	0	0	0	0	0	0	0	0	0	0	0	0	0	0	0	0	0	0	0	0	0	0	251
1933	1000	0	0	0	0	0	0	0	0	0	0	0	0	0	0	0	0	0	0	0	0	0	0	0	0	0	0	0	0	0	0	0	0	0	0	0	0	0	0	0	0	0	0	0	250

注：(1)报告中的"通过速度"是指轨检车检查完成该公里时的即时速度，不是平均速度；

(2)公里小结报表中检查每公里的长度一般为 1000 m，但有时不足或有时超过 1000 m，表示该公里存在长短链。

表 3—2—3　区段总结报表 1

项目	四级	三级	二级	一级	个数			扣分			TQI								
					总计	个数/公里	百分比	总计	扣分/公里	百分比	平均指数			超标段数			超标百分比		
											左	总	右	左	总	右	左	总	右
高低	0	0	8	357	365	1.17	4.54	397	1.28	4.27	1.32	2.49	1.17	10	0	3	0.64	0.00	0.19
轨向	0	0	14	395	409	1.32	5.09	465	1.5	5.01	1.31	2.8	1.5	90	0	106	5.80	0.00	6.83
轨距	0	0	20	1257	1277	4.11	15.88	1357	4.36	14.61	0	1.79	0	0	815	0	0.00	26.24	0.00
水平	0	0	0	209	209	0.67	2.6	209	0.67	2.25	0	1.42	0	0	198	0	0.00	6.37	0.00
三角坑	0	0	42	953	995	3.2	12.37	1163	3.74	12.52	0	1.5	0	0	640	0	0.00	20.61	0.00
垂向加速度	0	0	0	1	1	0	0.01	1	0	0.01	0	0	0	0	0	0	0.00	0.00	0.00
横向加速度	0	0	38	889	927	2.98	11.53	1079	3.47	11.62	0	0	0	0	0	0	0.00	0.00	0.00
长波长高低	0	0	3	79	82	0.26	1.02	94	0.3	1.01	0	0	0	0	0	0	0.00	0.00	0.00
长波长轨向	0	0	48	223	271	0.87	3.37	463	1.49	4.99	0	0	0	0	0	0	0.00	0.00	0.00
曲率变化率	0	0	126	230	356	1.14	4.43	860	2.77	9.26	0	0	0	0	0	0	0.00	0.00	0.00
轨距变化率	0	0	12	2106	2118	6.81	26.33	2166	6.96	23.32	0	0	0	0	0	0	0.00	0.00	0.00
横加变化率	0	0	0	1033	1033	3.32	12.84	1033	3.32	11.12	0	0	0	0	77	0	0.00	2.48	0.00
总和	0	0	311	7732	8043	25.85	100.01	9287	29.86	99.99		10							

表 3—2—4　区段总结报表 2

累计检测:152 公里	
每公里扣分:9.1 分	
优良公里:150 公里	优良率:98.68%
合格公里:2 公里	合格率:1.32%
失格公里:0 公里	失格率:0%
每公里平均 T 值:5.46	
每公里平均 TQI:5.65	
均衡公里:143 公里	均衡率:94.08%
计划公里:5 公里	计划率:3.29%
优先公里:4 公里	优先率:2.63%

表 3—2—5　曲线摘要报表

曲线起点		曲线终点		曲线长度（m）	平　均				限速（75 mm 欠超高计算）				
公里	米	公里	米		半径（m）	超高（mm）	加宽（mm）	速度（km/h）	最高允许速度（km/h）	极限点		半径（m）	超高（mm）
										公里	米		
1925	207	1926	238	1031	14553	118	0	232	463	1926	75	12474	128
1940	62	1942	69	2007	13434	125	0	232	463	1941	36	12474	128
1953	218	1956	175	2957	13434	126	0	232	463	1956	13	12474	128
1960	3	1961	3	1000	15876	102	0	232	495	1960	73	15876	107
1965	58	1966	18	960	17464	−100	0	233	472	1965	165	14553	−106
1970	190	1971	196	1006	15876	113	0	233	488	1971	97	14553	118
1986	371	1990	221	3850	13434	−124	0	233	460	1989	134	12474	−125
1994	224	2006	24	11800	10273	123	0	234	403	2005	10	9702	123
2010	88	2016	132	6044	13434	−110	0	234	441	2012	78	12474	−109
2018	190	2022	162	3972	13434	−125	0	234	446	2020	114	11643	−127
2024	161	2027	206	3045	13434	127	0	235	462	2025	112	12474	127
2028	120	2033	127	5007	13434	127	0	235	462	2032	112	12474	127
2035	67	2039	213	4146	14553	−114	0	235	464	2036	178	13434	−114

注：(1) 曲线要素“平均”列是指统计曲线圆曲线段内每个采样点得到的曲率（或半径 R、正矢 f）、超高、加宽值的平均；

(2)“速度”是指通过曲线时，测得出圆曲线圆缓点处的即时速度；

(3)“限速”列是指统计曲线的最高允许速度、极限点里程、极限点的曲率（或半径 R、正矢 f）和超高等值，其中“极限点”是指圆曲线内的最不利点，“最高允许速度”是圆曲线范围内按允许的未平衡超高 75 mm 时计算极限点处的速度。

表 3—2—6　TQI 报表

里程	超限	轨　向		高　低		水平	轨距	三角坑	TQI		速度	标准
		左	右	左	右				数值	超标		
1921	无	0.49	0.55	0.49	0.48	0.51	0.34	0.63	3.49	未超过	247	[300,350]
1921.2	无	0.46	0.55	0.39	0.4	0.46	0.42	0.6	3.27	未超过	250	[300,350]
1921.4	无	0.48	0.48	0.5	0.39	0.43	0.42	0.49	3.2	未超过	252	[300,350]
1921.6	无	0.36	0.42	0.42	0.4	0.34	0.38	0.44	2.77	未超过	251	[300,350]
1921.8	无	0.4	0.41	0.42	0.33	0.31	0.42	0.4	2.71	未超过	250	[300,350]
1922	无	0.46	0.45	0.37	0.35	0.34	0.37	0.43	2.75	未超过	249	[300,350]
1922.2	无	0.51	0.46	0.48	0.36	0.39	0.38	0.47	3.05	未超过	249	[300,350]
1922.4	无	0.39	0.47	0.45	0.41	0.38	0.34	0.48	2.93	未超过	250	[300,350]
1922.6	无	0.51	0.42	0.49	0.42	0.33	0.45	0.41	3.04	未超过	250	[300,350]
1922.8	无	0.53	0.48	0.38	0.39	0.38	0.32	0.46	2.93	未超过	250	[300,350]
1923	无	0.49	0.45	0.37	0.37	0.37	0.33	0.42	2.81	未超过	250	[300,350]
1923.2	无	0.41	0.49	0.46	0.43	0.38	0.34	0.47	2.97	未超过	249	[300,350]
1923.4	无	0.58	0.67	0.49	0.49	0.42	0.46	0.51	3.63	未超过	248	[300,350]
1923.6	无	0.44	0.45	0.42	0.45	0.4	0.46	0.44	3.07	未超过	248	[300,350]

表 3—2—7　T 值报表

公里	标准	段数				T 值	评价
		未超标	超标	超标 10	超标 20		
1921	[300,350]	5	0	0	0	0	均衡
1922	[300,350]	5	0	0	0	0	均衡
1923	[300,350]	5	0	0	0	0	均衡
1924	[300,350]	5	0	0	0	0	均衡
1925	[300,350]	5	0	0	0	0	均衡
1926	[300,350]	5	0	0	0	0	均衡
1927	[300,350]	5	0	0	0	0	均衡
1928	[300,350]	5	0	0	0	0	均衡
1929	[300,350]	5	0	0	0	0	均衡
1930	[300,350]	5	0	0	0	0	均衡
1931	[300,350]	5	0	0	0	0	均衡
1932	[300,350]	5	0	0	0	0	均衡
1933	[300,350]	5	0	0	0	0	均衡
1934	[300,350]	5	0	0	0	0	均衡
1935	[300,350]	5	0	0	0	0	均衡

二、轨道检测波形软件

1. 轨道检测数据波形综合分析系统

轨道检测数据波形综合分析系统是一款专业、智能的轨道几何动态检测数据波形综合分析软件。系统支持将源于各种型号轨道检测系统的 GEO 格式波形转换为标准 CIT 格式，支持不超过 10 次历史检测波形的对比分析，能够智能识别两次历史检测波形幅值发生变化的区段。系统支持轨道检测波形里程智能校正和无效数据智能标记，同时可修正发布的轨道偏差里程和重新计算轨道质量指数（修正里程和剔除无效扰数据对 TQI 的影响）。此外，系统支持按照自定义的检测标准筛选轨道偏差，以及波形幅值测量、数值统计、显示通道和比例设置、缩放、打印等功能，如图 3—2—1 所示。

2. 检测波形综合展示系统

检测波形综合展示系统是一款兼容多专业检测数据波形综合分析软件，具备综合展示轨道几何动态检测波形、轨道刚度综合检测波形、接触网检测波形、离散的设备伤损数据、轨道外观巡检图像、工务设备台账等功能，如图 3—2—2 所示。

3. WinDBC 波形查看工具

WinDBC 波形查看工具能打开 GEO 格式检测波形，支持人工对比两次历史检测波形，可设置波形显示通道和显示比例，具有局部缩放和测量波形幅值等功能，如图 3—2—3 所示。

4. STE 波形查看工具

STE 波形查看工具能查看 STE 格式检测波形，支持人工对比两次历史检测波形，固定显示常用的波形通道,如图 3—2—4 所示。

5. Wavers 波形查看软件

Wavers 波形查看软件能打开 GEO 格式检测波形,支持人工对比两次历史检测波形,可设置波形显示通道和显示比例,具有局部缩放和测量波形幅值等功能,如图 3—2—5 所示。

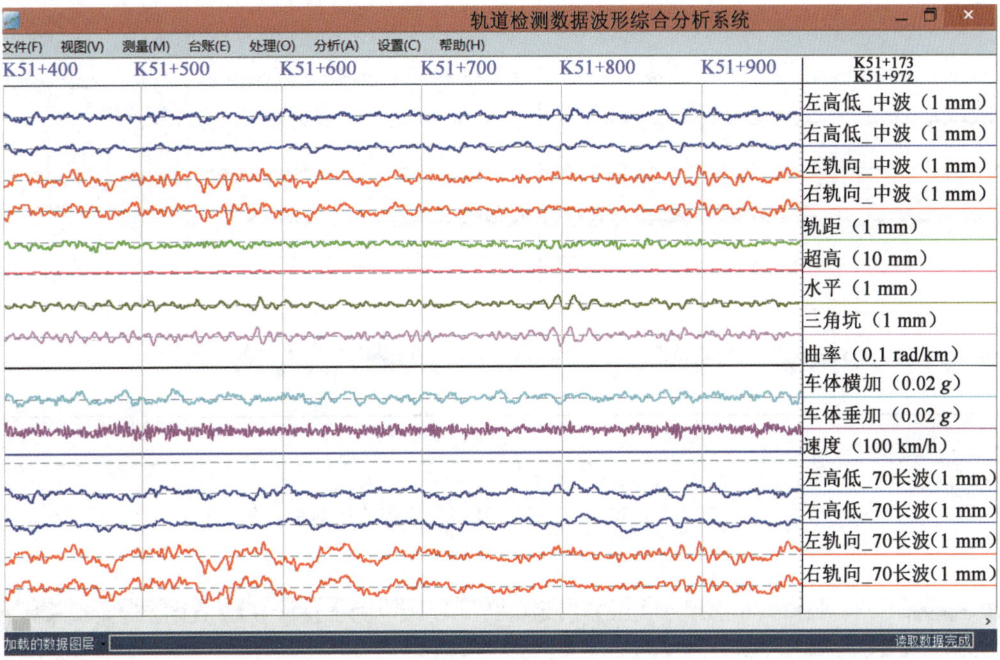

图 3—2—1　轨道检测数据波形综合分析系统界面

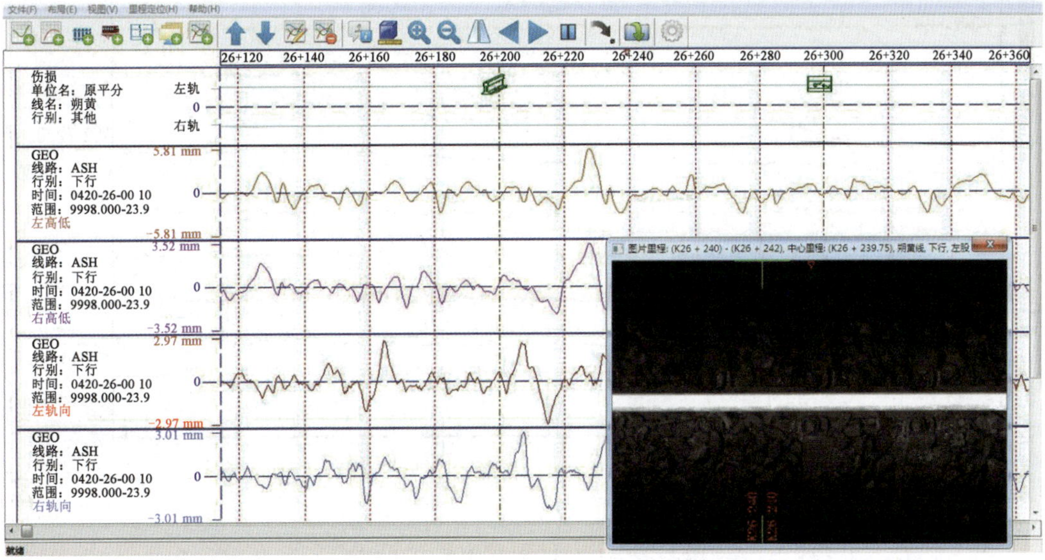

图 3—2—2　检测波形综合展示系统界面

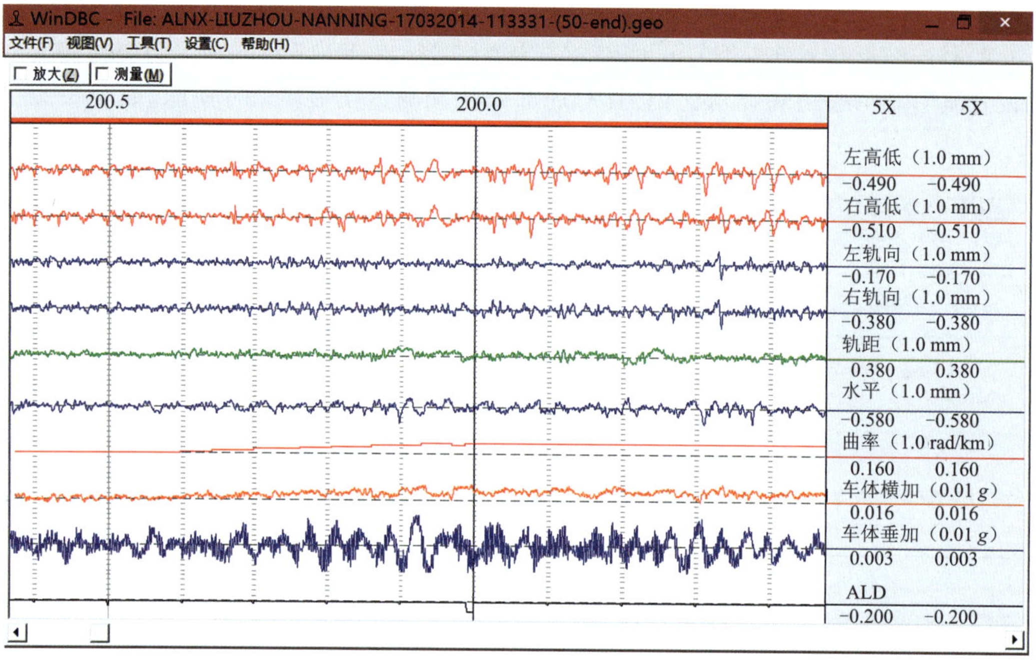

图 3—2—3 WinDBC 软件界面及检测原始数据导出

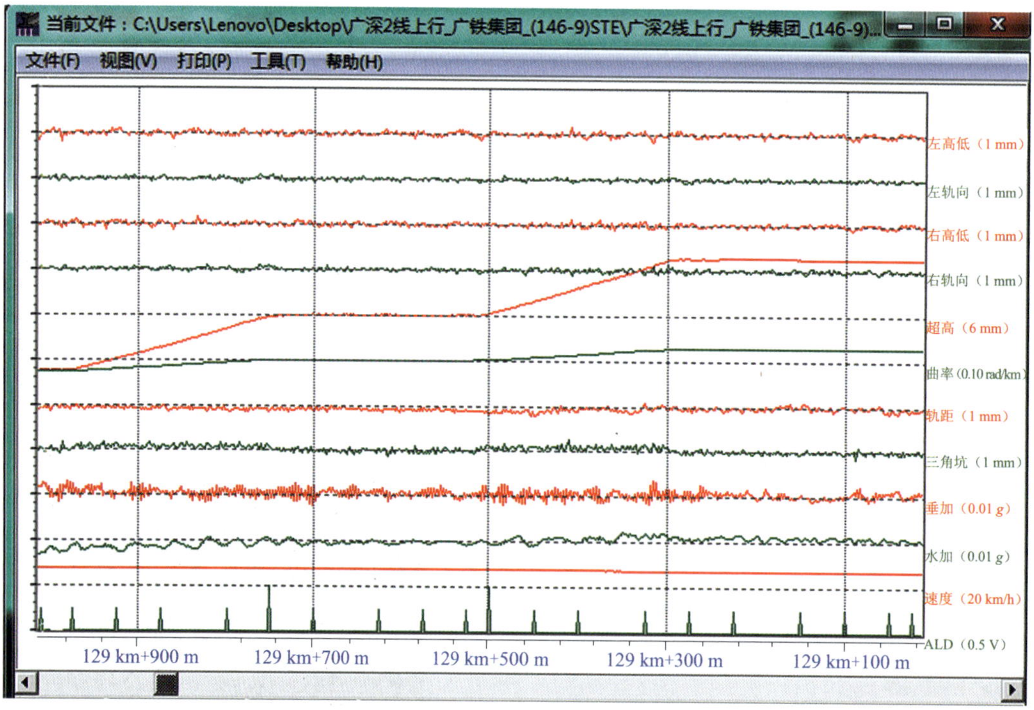

图 3—2—4 STE 波形查看工具界面

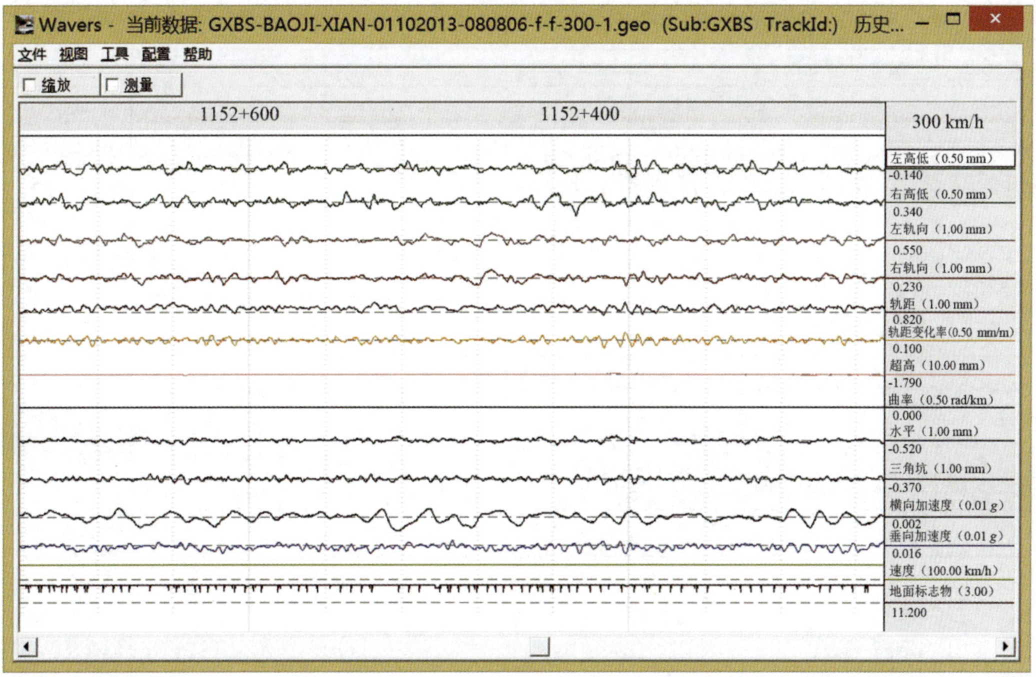

图 3—2—5　Wavers 波形查看软件界面

三、轨道检测波形识别

1. 波形图通道介绍

轨检车波形图主要显示通道有高低(左/右)、轨向(左/右)、轨距、水平、超高、扭曲、车体横向加速度、车体垂向加速度、轨距变化率、曲率、曲率变化率以及长波高低(左/右)、长波轨向(左/右)以及线路位置标志 ALD 等,如图 3—2—6 所示。看图软件可实现通道的任意增减、通道的顺序排列以及纵向间隔任意调整。

长波长高低和轨向的管理波长范围:160 km/h 以下为 1.5 ~ 42 m,160(含) ~ 250 km/h 为 1.5 ~ 70 m,250(含) ~ 350 km/h 为 1.5 ~ 120 m。

2. 检测数据“正负”含义

轨检车正向:检测梁位于轨检车二位端,定义二位端至一位端方向为轨检车正向,轨检车行驶方向与轨检车正向一致时的检测为正向检测,反之为反向检测。

轨距正负:测量轨距幅值大于标准轨距 1 435 mm 的偏差定义为正,图谱显示为基线上方,反之为负。

高低正负:高低图谱显示基线上方为正,现场表示钢轨向上凸起,反之为负。

轨向正负:沿轨检车正向运行方向,图谱显示基线上方为正,现场表示轨向向左,反之为负。

水平正负:沿轨检车正向运行方向,图谱显示基线上方为正,现场表示左侧钢轨高,反之为负。

曲率正负:沿轨检车正向运行方向,图谱显示基线上方为正,现场表示为右转曲线,反之为左转曲线。

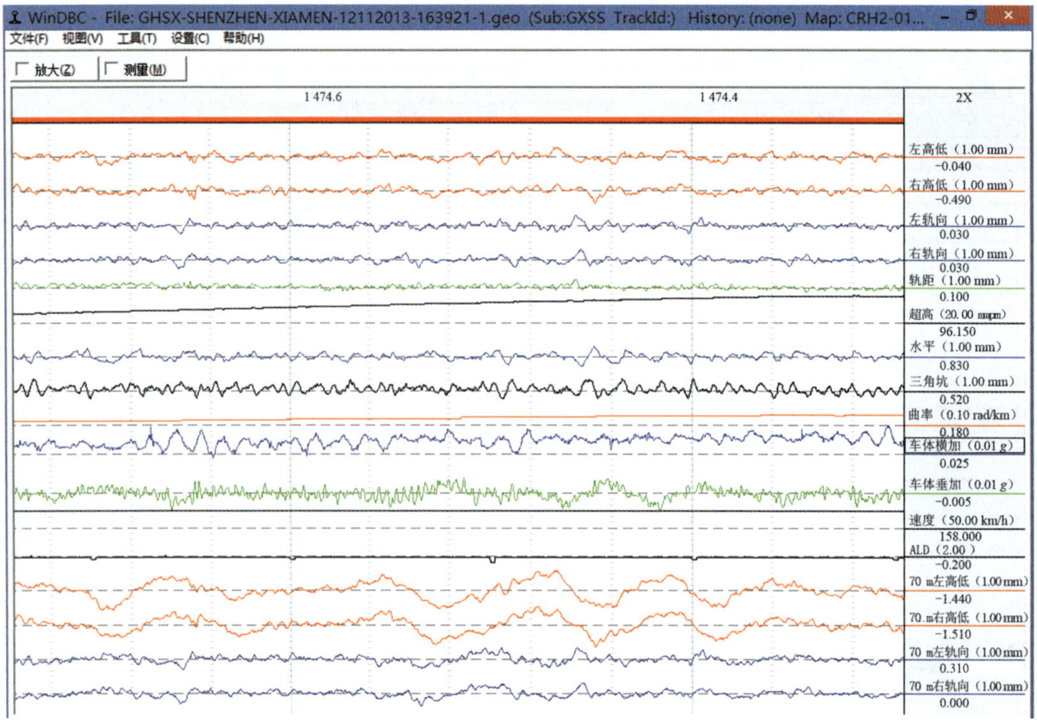

图 3—2—6　波形图通道

车体横向加速度：沿轨检车正向运行方向，图谱显示基线上方为正，即向左垂直于轨道方向为正，反之为负。

车体垂向加速度：垂直于车体地板，图谱显示基线上方为正，即向上为正，反之为负。

3. 波形通道显示比例和单位

波形通道显示比例可以调整。

几何项目的单位为 mm，车体加速度的单位为 g，曲率单位为 rad/km。

4. 偏差等级和长度

检测项目幅值评价偏差等级和长度的确定方法如图 3—2—7 所示。

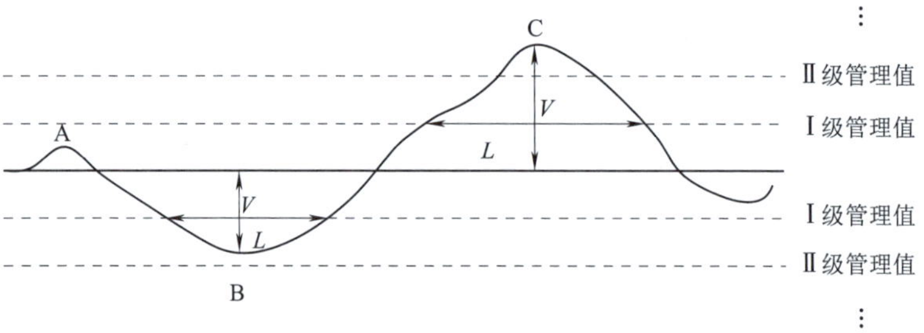

图 3—2—7　偏差等级和长度确定方法示意

偏差等级由检测波形超过Ⅰ级管理值的极值与管理值间的大小关系决定。如图 3—2—7所示，A 点幅值不超管理值，B 点偏差等级为Ⅰ级，C 点偏差等级为Ⅱ级，依此类推。B、C 点偏差幅值为相对于基线的极值大小 V。

偏差长度是指某偏差处所检测波形从超过Ⅰ级管理值开始到返回至Ⅰ级管理值为止间的距离。如图3—2—7所示，B、C点偏差长度为L。

四、无效检测数据识别

轨道几何动态检测过程中，由于传感器、气候环境、线路设备结构性缺陷、现场不明因素和数据传输等原因导致检测结果存在异常值，检测系统标定误差或惯性包漂移等原因也会使得水平、轨距信号产生基线偏移，影响计算机自动判断偏差，因此需要对异常超限数据进行识别。

目前，我国正在使用的轨检车有GJ-4、GJ-4G、GJ-5和GJ-6型等。不同类型的轨检车检测原理不完全相同，出现的异常波形也不同。下面主要结合GJ-5、GJ-6型轨检车检测波形简单介绍异常波形识别方法。

1. 道岔辙叉区处异常波形

对于固定型辙叉，轨检车通过叉心有害空间时，由于钢轨实际作用边不连续，对于图像测量方法，检测的轨距点和高低点实际是根据有害空间处翼轨计算得出，因此轨距、水平、扭曲和一单侧钢轨高低、轨向波形图出现尖刺。

对于GJ-4(G)型轨检车，高低仍采用接触式测量方法，车轮通过有害空间时，由于车轮半径较大，轨检车检测的高低、水平和扭曲不平顺波形连续、正常，但由于其轨距和轨向采用图像测量方法，这时激光点打到翼轨上，单边轨距异常。

对于可动心轨道岔，辙叉区不存在有害空间，检测波形正常。

2. 道岔尖轨处异常波形

受道岔尖轨处基本轨刨切的影响，检测轨距和一单侧轨向波形出现异常。

某些型号道岔尖轨处轨距设置加宽，对应轨道检测波形的轨距出现较大幅值。

3. 低速侧向过岔轨向异常波形

轨检车低速侧向通过道岔导曲线时，轨向波形异常。这是由于道岔导曲线不设超高，超高通道信号较小，同时导曲线半径一般较小，曲率信号较大，轨道检测时将小半径曲线的部分曲率成分当作轨向输出。

4. 小半径曲线轨距

根据《铁路技术管理规程(普速铁路部分)》(TG/01—2014)规定，半径为245(含)~295 m(不含)的小半径曲线轨距加宽为5 mm，半径为195(含)~245 m(不含)的小半径曲线轨距加宽为10 mm。检测小半径曲线时，根据测量的曲率自动识别曲线半径，按半径大小考虑扣除加宽量然后再进行超限判断。但由于曲率测量实际上会有误差，对于半径为轨距加宽临界值的曲线，轨检车对轨距的检测数据可能出现误判，如半径为245 m的曲线误判为半径245 m以下的曲线时，轨距会按加宽10 mm处理，被误判为小轨距。

5. 孤立超限判断方法

孤立的轨道不平顺超限主要是因为图像干扰引起。例如单侧钢轨断面检测图像受到干扰，其特征主要表现为轨距、水平、扭曲和单侧高低和轨向同时异常，且对应的加速度信号并无明显反应，如图3—2—8所示。

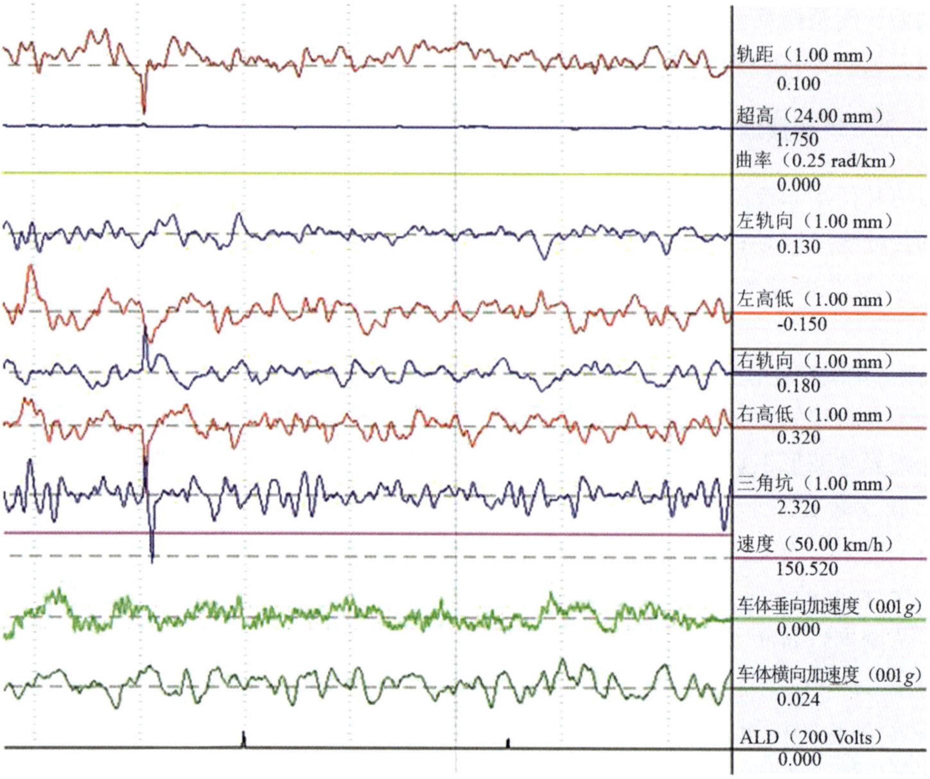

图 3—2—8　孤立干扰波形

6. 车体加速度辅助判断方法

一般，幅值较大的轨道不平顺可能引起较大的车体加速度响应，但受列车速度的影响，不同波长的轨道不平顺在不同速度下引起的车体加速度也不尽相同。高低和车体垂向加速度、轨向和车体横向加速度相关性较好，特别是轨道不平顺波长与车体敏感波长一致时，轨道不平顺与车体加速度能一一对应，只是相位不同。因此，可以利用车体加速度辅助识别无效数据，如图 3—2—9 所示。

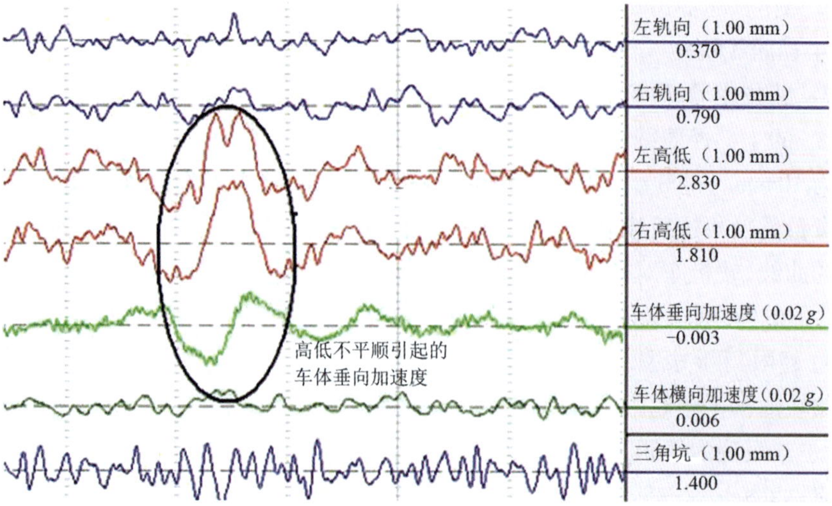

图 3—2—9　加速度辅助判断

7. 阳光干扰异常波形

对于采用激光摄像原理的轨检系统，当早晨和傍晚阳光斜照在轨面上时可能形成镜面反射，引起单侧轨道几何波形异常，如图 3—2—10 所示。

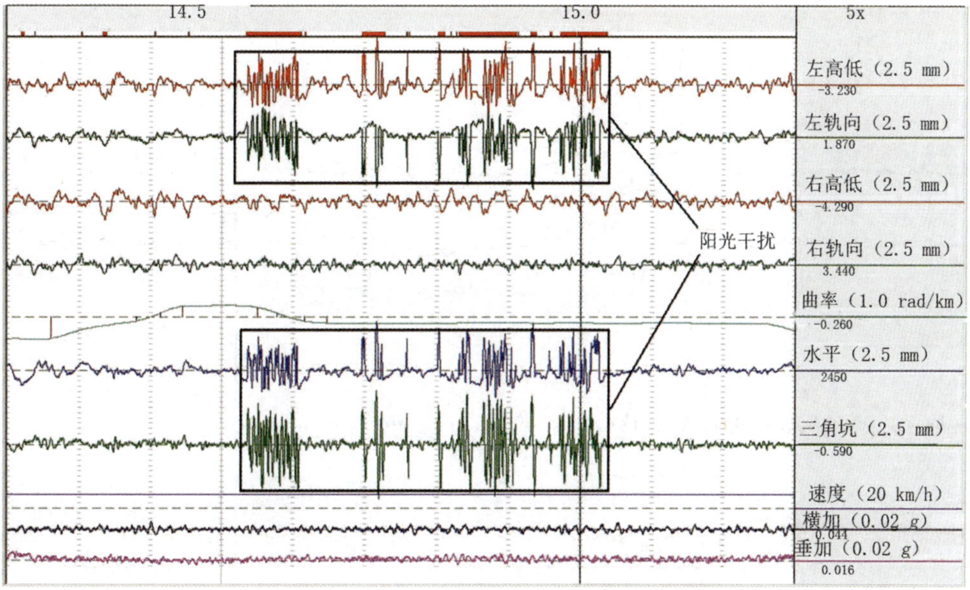

图 3—2—10　阳光干扰波形（GJ-5 型）

8. 其他干扰异常波形

对于采用激光摄像原理的轨检系统，因摄像机挂纸、泥沙、雨雪以及打磨后钢轨特别光亮等均可能引起检测波形异常。

总之，轨检车在实际检测时所发生的情况千变万化，对无效数据的识别与剔除需要工作人员平时多总结经验，特别是要多深入维修现场进行复核。

第三节　轨道检测波形分析

一、轨道几何尺寸波形

1. 高低

图 3—3—1 为某线路高低偏差波形图，现场复核该处为路桥过渡段，由于道床密实度不足、线路不均匀下沉引起了高低偏差。从图中可以看出，左右股均有下沉且幅度基本一致，虽然水平和扭曲偏差相对较小，但仍然引起较大的车体垂向振动。

高低偏差会增加列车通过时的冲击动力，可能使轨道结构和道床变形，对车辆设备、列车行车构成影响，其影响大小与高低的幅值、变化率成正比，与高低波长成反比。

产生高低偏差的主要因素包括：

（1）路基沉陷、道床捣固不良、扣件不紧、木枕腐朽、钢轨磨耗、暗坑、吊板等原因产生不均匀下沉，从而产生轨面高低偏差。

（2）道口、道岔、桥头、桥尾等出现下沉或严重空吊，是易出轨道高低大偏差的主要处所。

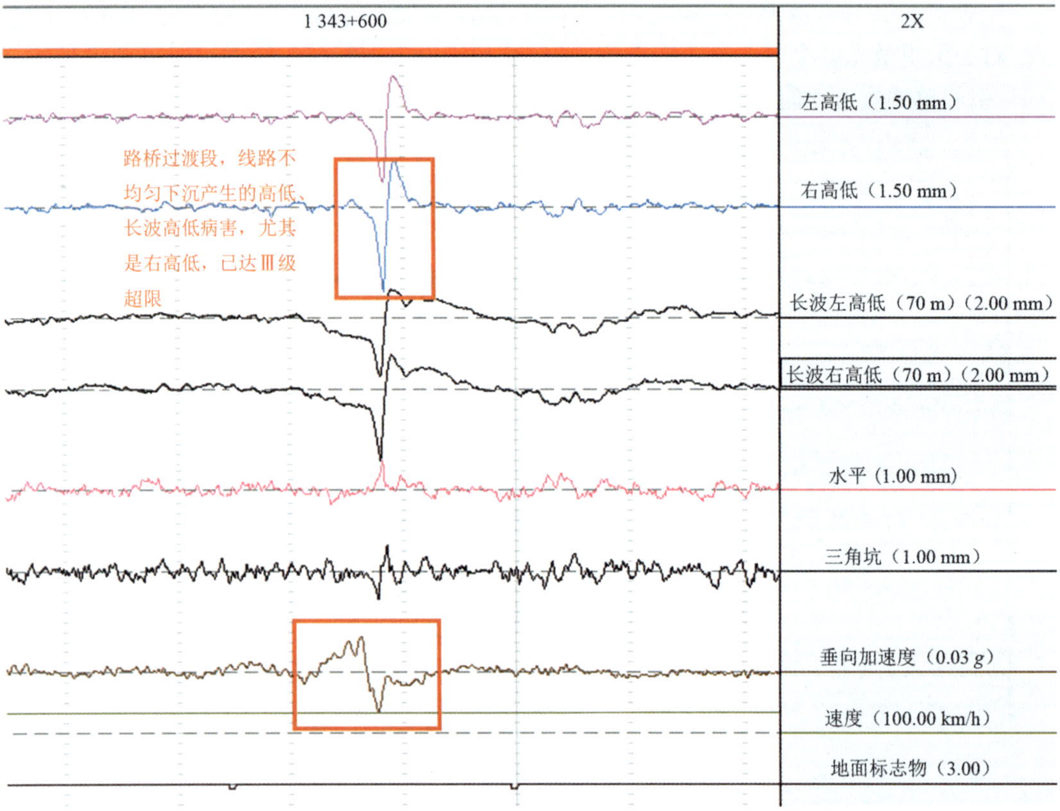

图 3—3—1　高低偏差波形

(3)线桥、线隧、路堤、路堑接合处，成段更换钢轨后钢轨接头部位等软硬不均的地段，是高低偏差容易出现的处所。

(4)道床脏污、翻浆冒泥、道床板结也能产生轨面高低偏差。

(5)高接头或低接头是造成轨道短波高低的主要原因。

高低偏差分为中短波与长波偏差，其分析和识别可结合水平、扭曲进行，以确定最佳维修作业方式。

2. 水平

图 3—3—2 为轨检车检测某线路的水平、扭曲偏差波形图，编号“1”方框所示水平、扭曲不良主要是由于缓和曲线地段超高顺坡不良引起。如放大图所示，红色的为虚拟超高线(理想平顺状态)与实际超高线最大差 9.3 mm，直接产生了编号“1”方框所示峰值为 9.5 mm 的水平Ⅰ级偏差，从而产生扭曲偏差。编号“2”方框所示为直缓点超高顺坡不良导致的水平、扭曲偏差。

水平偏差将使车辆产生侧滚振动，导致两侧车轮偏载。

水平偏差产生主要原因包括：作业不当产生的一侧水平、路基左右侧下沉量不一致、存在空吊或暗坑、缓和曲线超高顺坡不良。水平偏差不仅表现为静态的水平偏差，更多地表现为因轨道存在暗坑、吊板而造成的动态水平偏差。目前，暗坑、吊板只有在轨检车动态下才能准确测得，所以应充分利用动态检测数据进行查找、分析、整治。水平偏差要结合左右两股高低进行识别，并与两股方向相结合，防止水平与轨向逆向复合不平顺的发生。

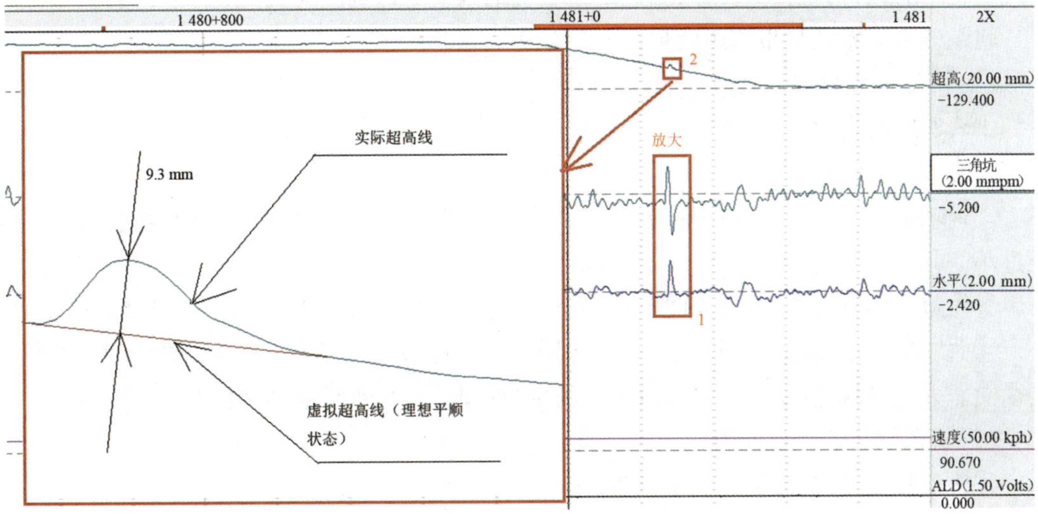

图 3—3—2　水平、扭曲偏差波形

3. 扭曲(三角坑)

扭曲是引起轮轨作用力变化，影响行车平稳性的原因之一。扭曲将使转向架出现三点支承，高点会使车轮出现侧滚，产生车体垂向加速度，低点会使车轮减载，当减载率较大时会影响行车安全。因此，要高度重视扭曲偏差的整治与预防。

暗坑、空吊、反向水平、曲线水平反超高、超高顺坡不良或岔心状态不良等是产生扭曲偏差的主要原因。

4. 轨距

图 3—3—3 为轨检车检测某线的轨距偏差波形图，方框内显示该曲线轨距偏差较大，最大值达 18 mm 左右，可能是由于钢轨侧磨引起。

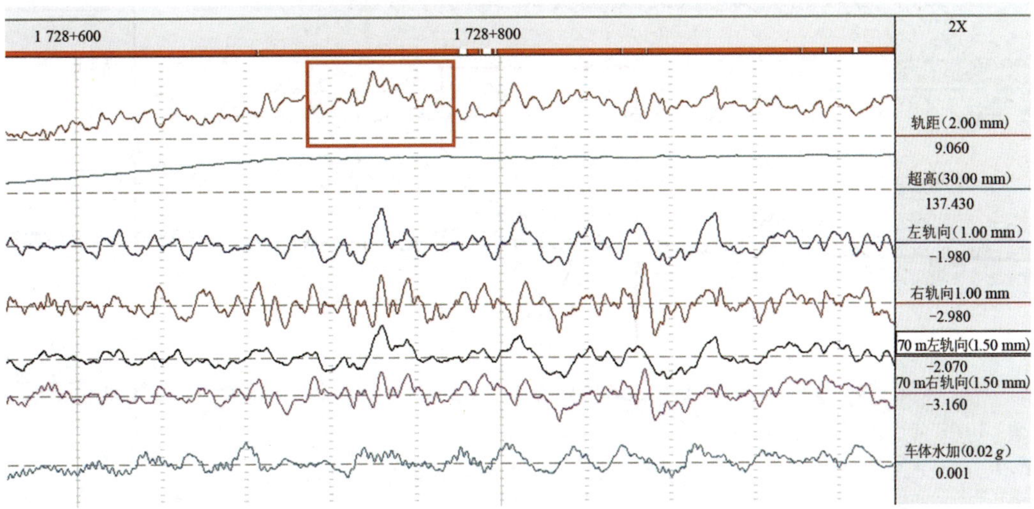

图 3—3—3　轨距偏差波形

轨距偏差形成的主要原因包括：轨枕、扣件失效等结构性病害，扣件扣压力不足，小半径曲线的轨距磨耗，钢轨接头支嘴，肥边吊挂。轨距偏差的识别应与轨向波形相结合。

轨距分为大轨距与小轨距两种情况。

(1)轨距扩大的主要原因

①轨枕连续失效、道钉磨耗、浮起和离缝、混凝土扣件失效，扣板爬上轨底、用错轨距挡板等均会造成轨距扩大。

②钢轨硬弯，接头错口或焊接钢轨时轨头位置没有对正，严重时一端轨距过大，一端轨距过小。

③线路一侧有暗坑，没有及时整治，列车长期通过时加大钢轨横向压力，造成轨距扩大。

④曲线半径小，轨道加强设备不足，特别是在超高设置不当、正矢不良受到列车车轮冲击横向压力时，轨距容易扩大。铺设木枕的小半径曲线，其轨距也容易扩大。

(2)轨距缩小的主要原因

①轨顶磨耗、压溃等易产生小轨距。

②在山区小半径曲线地段，常定期对钢轨进行现场涂油。这些油脂与线路上污垢相混合，在轨头以下形成较厚的油垢层，检测激光无法穿透这些油垢，将油垢厚度误认为轨距减小值。

③混凝土枕与木枕衔接处，由于轨底坡不一致，造成轨底倾斜，导致靠混凝土枕端的轨距检测结果容易偏小。

④肥边吊挂误测为轨距减小值。

5. 轨向

图 3—3—4 为轨检车检测某线路的轨向偏差波形图，方框内显示该处轨向可能为曲线正矢养护不良引起。

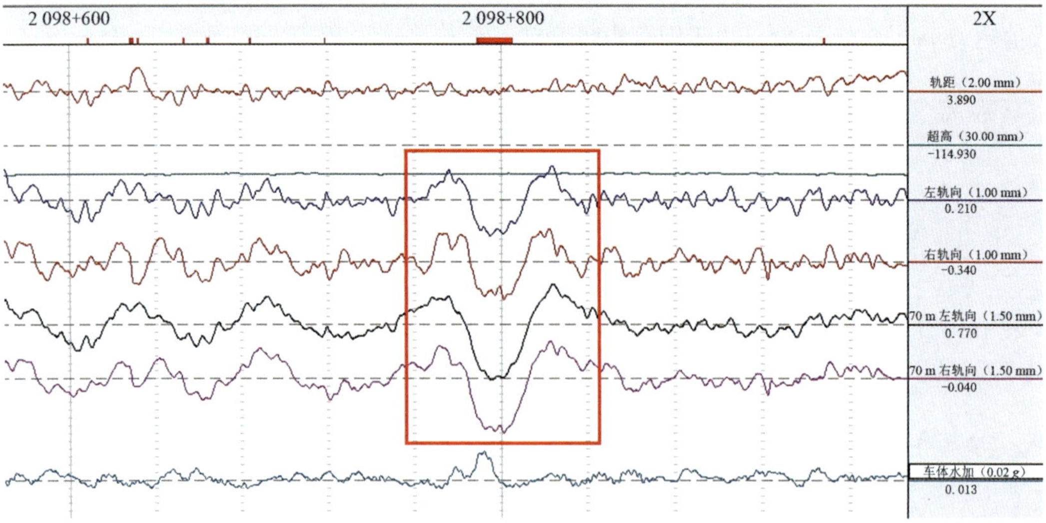

图 3—3—4　轨向偏差波形

轨向可评价直线轨道的平直度和曲线轨道的圆顺度，轨向过大会使车轮受到横向冲击，引起车辆左右晃动和车体摇摆震动，对列车平稳度和舒适度产生较大影响，加速轨道结构和道床变形。轨向波形的识别应与轨距和水平相结合。

线路产生轨向偏差的原因主要有以下几种：

(1)方向不良大多数是由于钢轨存在硬弯、碎弯造成的。

(2)轨距连续扩大或缩小、顺坡率大于2‰、接头"支嘴"等偏差都会造成轨向不良。

(3)对于小半径曲线及导曲线，由于弯度大，木枕道钉固定不住，出现接头"支嘴"，也是方向不良的一个原因。

(4)如果长期使用简易拨道法拨道，只将正矢误差均开，容易造成曲线半径变化，形成方向不良。

(5)曲线超高设置不合适。超高不合适不仅造成晃车，由于侧压力增大，也容易造成曲线变形，加速钢轨磨耗，从而产生方向不良。

二、车辆动态响应波形

车体振动加速度是机车车辆对轨道几何不平顺的动力响应，也反映机车车辆运行平稳性，它不能完全反映线路单项偏差的大小，其检测结果还与机车辆辆本身状态、列车运行速度等有关。因此，车辆动态响应是多种因素互相影响、互相叠加的结果，是反映轨道综合质量和车辆运行平稳性的一个重要指标。

1. 车体横向加速度

图3—3—5为轨检车检测某线路的车体横向加速度波形图，方框内显示该处车体横向加速度主要为曲线轨向不良引起。

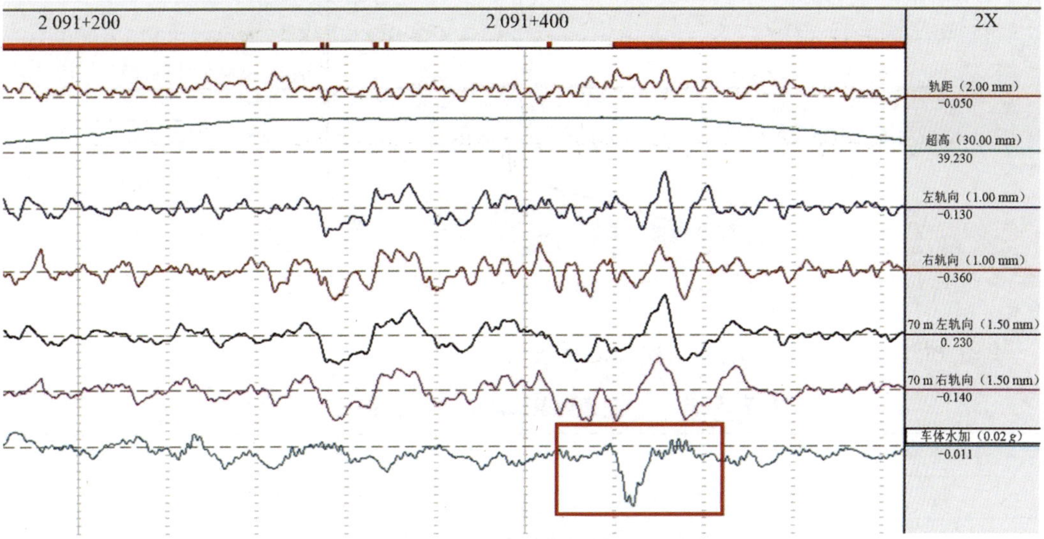

图3—3—5　车体横向加速度波形

车体横向加速度产生的原因如下：

(1)在列车运行图和曲线超高已定的情况下，曲线正矢不良是车体横向加速度产生的主要原因，整治车体横向加速度偏差的重点是在曲线正矢。

(2)列车运行速度对横向加速度的影响很大,建议轨检车等速检测,否则,车体横向加速度的扣分失准,影响轨检车对线路质量评定的科学性。另外,所挂列车的运行图的制定应科学合理,否则,将会增加工务线路养护的难度,同时影响旅客乘车的舒适度。

(3)曲线区段,曲线超高是重要因素。轨检车一般是通过加挂在特快或快速列车尾部来检测的,既有普速曲线普遍欠超高,因此欠超高引起车体横向加速度。曲线超高的设置应合理,但也不能片面地用抬超高的方法来减少车体横向加速度,否则,在客货混运且速度相差较大的情况下,将会缩短线路设备的使用寿命。

(4)缓和曲线区段,车体横向加速度主要与缓和曲线正矢与计划正矢差、超高顺坡率及缓和曲线的长度等有关。

(5)道岔区段,车体横向加速度主要与道岔养护不良而造成的轨向、高低、水平、扭曲,特别是与侧向过岔无超高设置或岔群间过渡线太短等有关。

(6)直线区段:车体横向加速度主要与连续小轨向、扭曲或一侧水平等有关。

2. 车体垂向加速度

随着无缝线路的大量铺设,钢轨接头数量大大减少,钢轨接头偏差也相对减少,轨检车检测的垂加分数也相应降低。

影响车体垂向加速度的主要因素有:短波长的大高低、小高低的谐振波形、小水平的谐振波形、扭曲、道床板结、有缝接头、线桥和线隧结合部等。一般,高低偏差容易导致垂向加速度,如图3—3—6所示。

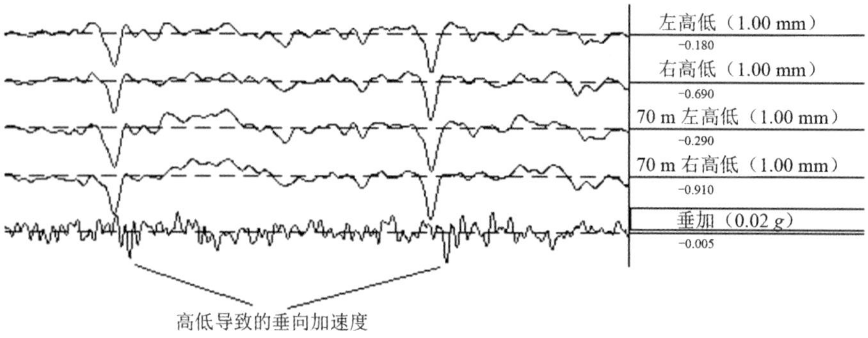

图3—3—6 高低偏差导致车体垂向加速度波形

综上所述,轨道偏差形成的主要原因见表3—3—1。

表3—3—1 轨道偏差形成的主要原因一览表

检测项目	偏差成因
高 低	起道过量,低扣、大轨缝、打塌、掉块、鞍磨,桥头、道口、隧道、涵洞等路基软硬接合部
水 平	一股钢轨抬高、路基左右侧下沉量不一致、空吊、暗坑、超高顺坡不良等
扭 曲	空吊、暗坑、超高顺坡不良、反撬水平
轨 距	轨距递减不顺、方向不良、肥边、硬弯、不均匀测磨、木枕失效、道钉浮离、轨撑或轨杆失效、扣件爬离、轨距挡板磨耗、道岔基本轨刨切、扣件扣压力不足、弹性挤开、轨距加宽设置差异等

检 测 项 目		偏 差 成 因
轨 向		直线不平直、曲线不圆顺(正矢不良)、轨距递减不顺、硬弯、钢轨磨耗、木枕失效、连续道钉浮离、扣件扣压力不足、不均匀弹性挤开等
车体加速度	垂向加速度	高低偏差、波浪磨耗、接头错牙、低扣、大轨缝、打塌、掉块、鞍磨、板结、翻浆、线桥(线隧、线道、线涵、新老路基)接合部、多种偏差叠加、偏差变化率、偏差分布等
	横向加速度	轨向偏差、正矢不良、道岔区连续小方向、轨距递减不顺、钢轨交替不均匀磨耗、逆向位复合不平顺(如水平、方向)、多种偏差叠加、偏差分布等

三、轨道几何偏差典型图谱

1. 连续接头高低

普速线路现场钢轨一般长度为 25 m,即每隔 25 m 有一个连接接头,如果在波形图的高低波形中有 25 m 周期性向下突起,说明现场区段内有连续的低接头,如图 3—3—7 所示。

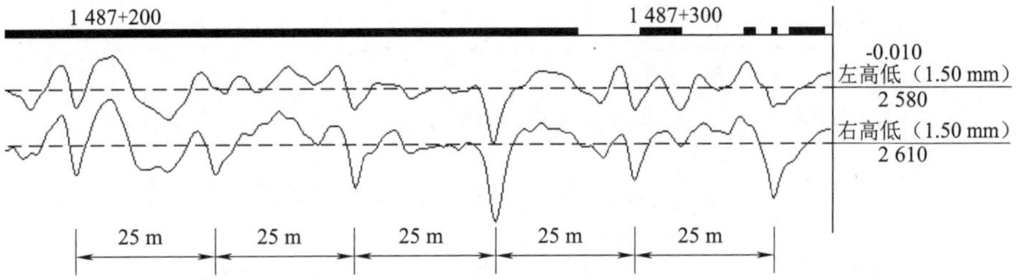

图 3—3—7 连续低接头波形

与连续低接头一样,如果在无缝线路上出现峰值点间隔相同的向下突起,说明现场的焊缝存在一定的病害,需进行整治。图 3—3—8 给出了比较典型的连续焊缝波形图,该线路是高速铁路,钢轨使用的是 100 m 定尺长轨,因此每 100 m 存在一个焊缝,经现场动静态核对,波形图上的高低偏差与现场情况吻合。

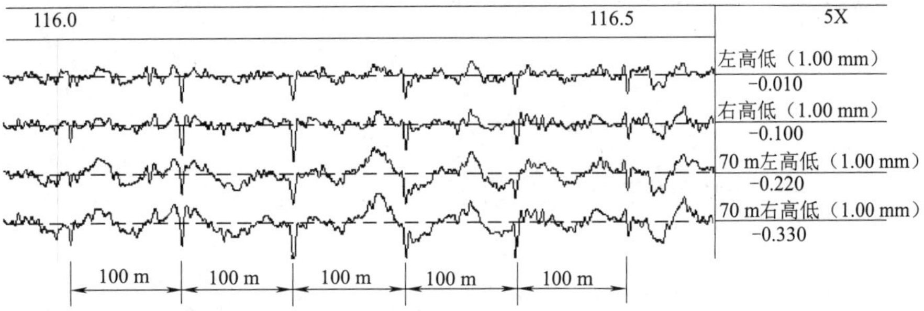

图 3—3—8 连续焊缝病害波形

此外,受动载下桥梁竖向挠曲变形或预应力混凝土梁徐变上拱的影响,连续等跨(或跨度接近)的桥上轨道高低波形呈显著周期性特性,且周期性波长与桥梁跨度一致,如图 3—3—9所示。

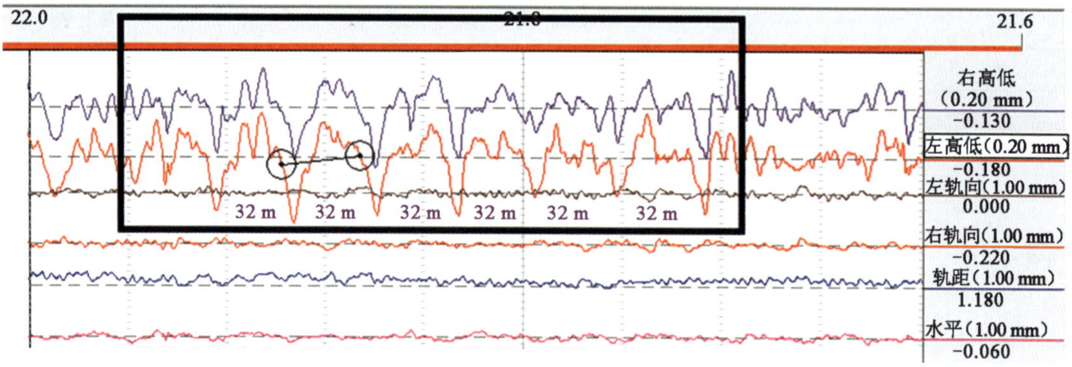

图 3—3—9　连续等跨(32 m)桥上轨道高低波形

2. 连续接头“支嘴”

在波形图中,轨向发生向曲线上股的突起,每个突起的间距约为 25 m,这样的图形可以判断为现场存在连续的接头“支嘴”,如图 3—3—10 所示。

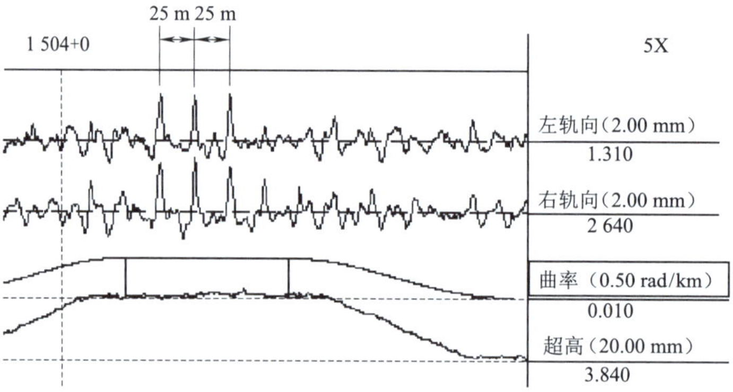

图 3—3—10　连续接头“支嘴”波形

3. 大轨向或曲线“鹅头”

线路的大轨向可以结合曲率的波形图来判断,如果直线上的曲率线出现偏移,一般情况下即可判断现场存在大轨向或曲线头存在“鹅头”,如图 3—3—11 所示。

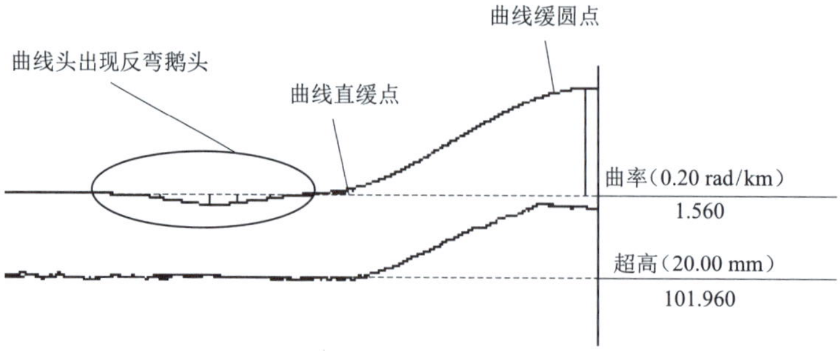

图 3—3—11　大方向或曲线“鹅头”波形

4. 曲线轨距扩大

钢轨侧磨、胶垫压溃或变形、扣件作用不良、扣板磨耗、轨枕挡肩磨损等是引起曲线轨距扩大的主要原因，如图 3—3—12 所示。

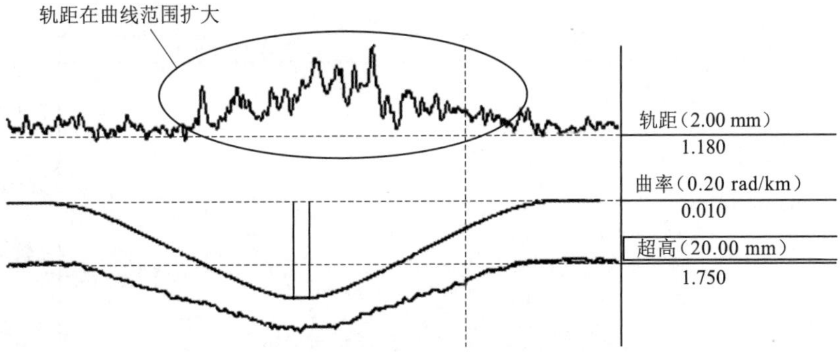

图 3—3—12　曲线轨距偏差变化波形

5. 过渡段不均匀沉降

由于路基与桥梁、路基与涵洞、路基与隧道的结构介质不同，运营后路基在过渡段可能出现不均匀沉降，导致线路高低发生变化，如图 3—3—13 所示。

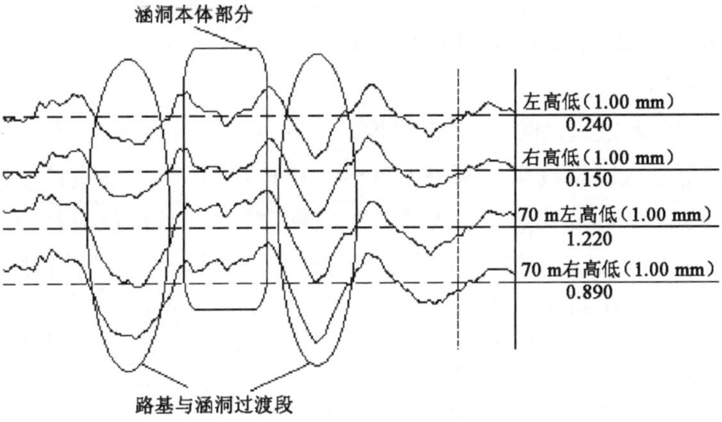

图 3—3—13　过渡段下沉病害波形

6. 连续多波轨向

连续多波轨向病害会导致列车运行时车体产生连续横向晃动，其车体横向加速度检测波形如图 3—3—14 所示。

四、轨道检测偏差现场复核

（一）直接复核法

根据轨检波形图、偏差报告表和编辑屏幕等检测信息资料所提供的偏差位置，或添乘仪等其他检测信息提供的线路偏差里程信息现场查找偏差。

（二）特征点复核法

利用轨检波形图提供的公里标（最近校对的里程）、道岔、道口、桥梁、轨距拉杆以及 25 m 或 100 m 钢轨接头可能出现的等距离高低等特征，推算出与需复核偏差的相对距离。在现场复核时，先找到上述特征点（特征点在现场相对容易定位），再根据检测波形图的相对位置确定偏差点的实际里程。

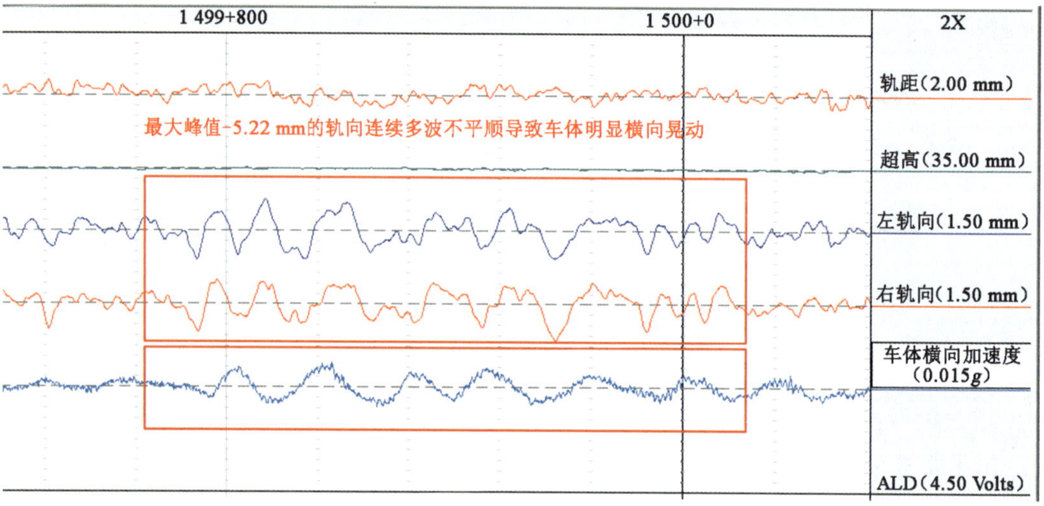

图 3—3—14　连续多波轨向偏差

1. 根据轨检车地面标志（ALD）查找轨道偏差

（1）道岔 ALD 标志识别

轨检车直向或侧向过道岔时，安装在轨检梁上的 ALD 传感器经过转辙器尖轨拉杆和导曲线钢轨或连接部分直股钢轨产生高电压信号。拉杆较细，ALD 反应持续时间短，ALD 信号表现为两根小刺；导曲线钢轨和连接部分直股钢轨较粗，ALD 反应持续时间较长，同时 ALD 通过轨迹斜交钢轨，因此 ALD 经过导曲线钢轨和连接部分直股钢轨时产生等边梯形信号曲线，如图 3—3—15 所示。

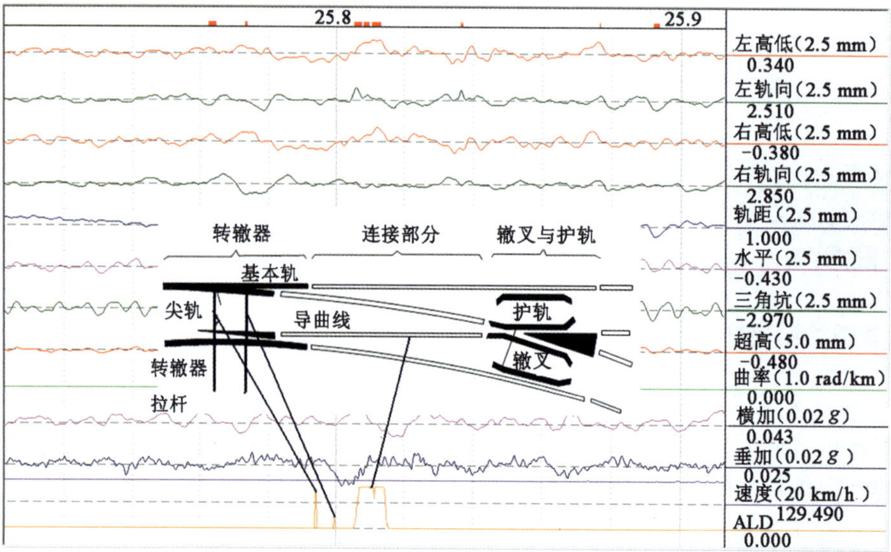

图 3—3—15　道岔 ALD 标志识别示意

(2)平交道口 ALD 信号识别

平交道口处在轨道中心,一般有钢筋混凝土板和钢板约束,当 ALD 传感器从上面经过时会感应产生高电压信号。平交道口日常较难维修,容易产生空吊,道口常见的偏差是高低,但有时在平交道口处因泥土覆盖轨距点,会产生虚假的小轨距超限,如图 3—3—16 所示。

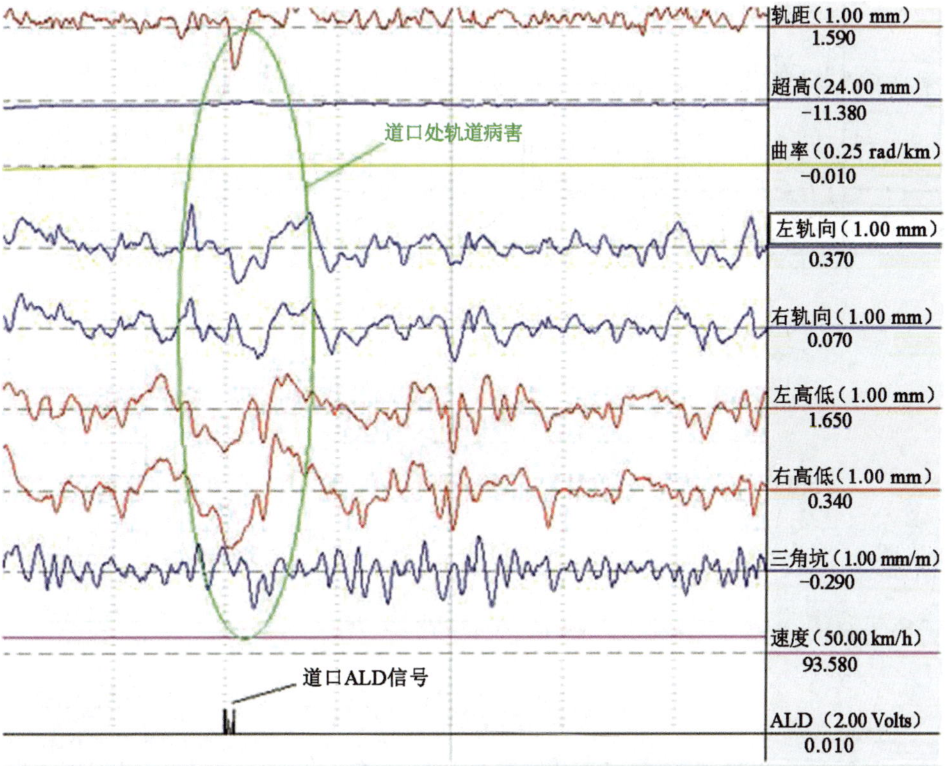

图 3—3—16　平交道口 ALD 信号识别

(3)桥头 ALD 信号特征

轨检车通过桥梁时,安装在轨检梁上的 ALD 传感器在通过桥两头护轨梭头时感应产生一对高电压信号,并且当 ALD 传感器偏离轨道中线较远时,ALD 还能感应到桥梁护轨产生的高电压信号。护轨处 ALD 信号波动是由于检测梁随转向架横向摆动而引起 ALD 与护轨距离变化产生的。许多新建桥梁无护轨,这时桥梁位置较难识别。桥头常见的轨道偏差是路桥过渡段不均匀下沉产生的高低偏差,特别是长波长高低偏差,如图 3—3—17 所示。

(4)电容枕 ALD

ALD 传感器通过电容枕时感应产生高电压信号,但持续时间较短,当 ALD 增益调节恰当时能检测到电容枕位置。电容枕一般等间距布置,根据电容枕位置也可以确定轨道偏差确切位置,如图 3—3—18 所示。

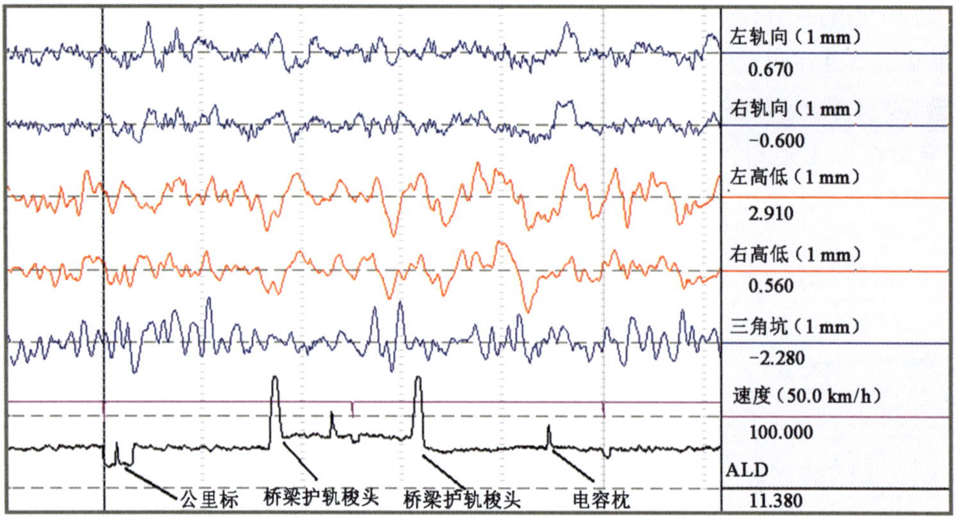

图 3—3—17　桥头 ALD 信号特征

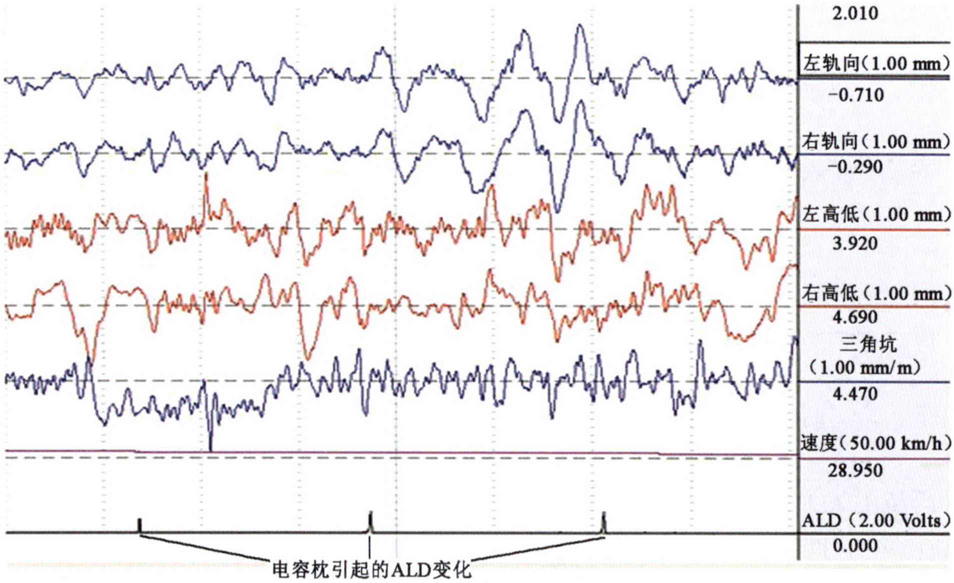

图 3—3—18　电容枕 ALD 识别

2. 根据曲率超高特征查找偏差

根据偏差相对于曲线起始点距离确定轨道偏差准确位置，如图 3—3—19 所示。

(三)参照复核法

在现场复核偏差时，可先查找幅值较大的、明显的、比较容易确定的偏差点(如高低、方向等)，再在轨检波形图上根据偏差点之间相对距离，在地面上查找复核其他偏差。

现场复核偏差时，上述三种方法可穿插交替使用。

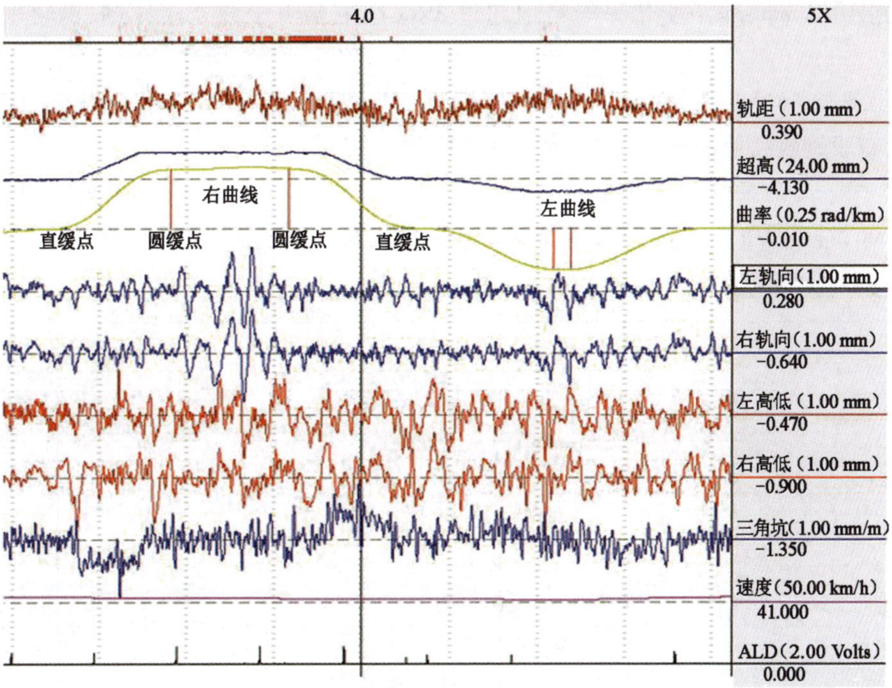

图 3—3—19　根据曲率超高查找偏差

第四节　轨道检测数据关联分析与应用

一、轨道几何动态检测项目关联性分析

（一）轨距、轨向及轨距变化率

某处左、右股钢轨轨向均向外偏导致轨距扩大、轨距变化率不良，如图 3—4—1 所示。

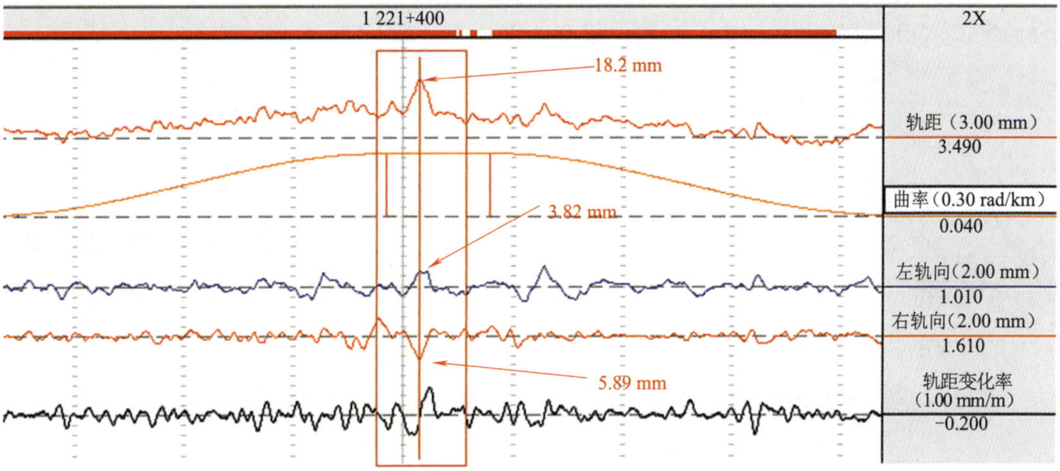

图 3—4—1　轨距扩大、轨距变化率不良波形

图 3—4—1 为某线路 K1221 区段曲线波形，圆曲线区段轨距不良，K1221＋406 处轨距

峰值达到 18.2 mm，轨距变化率峰峰值超过 3‰，这主要由于该处左、右股钢轨轨向外偏导致。

（二）高低、水平和扭曲

左、右股钢轨高低波形反向将导致水平和扭曲不良。

图 3—4—2 为某线路缓和曲线波形图，从图中可以看出，在 K1178 + 620 处，左高低 -7.21 mm，右高低 5.55 mm，导致水平 -4.01 mm，扭曲（三角坑）-8.87 mm。

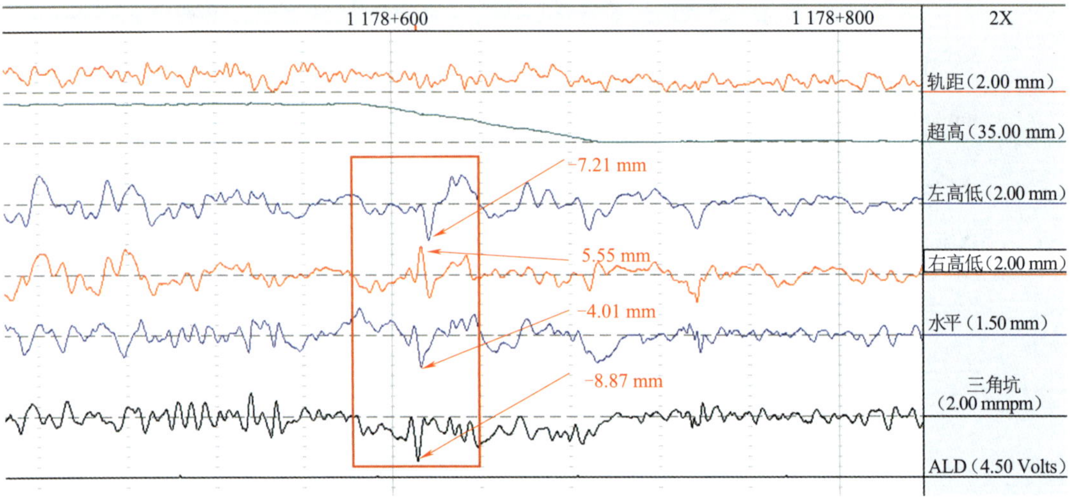

图 3—4—2　高低、水平和扭曲不良波形

（三）水平与轨向逆相位复合不平顺

水平与轨向逆向复合不平顺会导致轨向不良引起的车辆横向力和水平不良引起的车辆横向力作用方向相同，加剧列车侧滚、侧摆和车体横向摆动。水平与轨向逆向复合不平顺在现场存在较为普遍，曲线部位应严格控制，其组合形式如图 3—4—3 所示。图 3—4—4 是一处轨检车实际检测的水平和轨向逆相位复合不平顺。

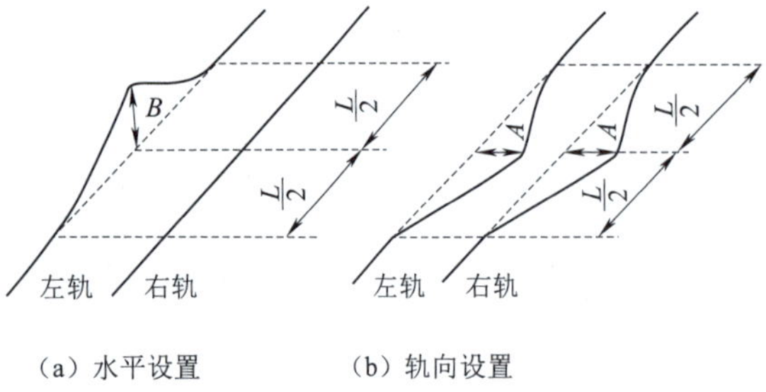

图 3—4—3　水平和轨向复合不平顺示意

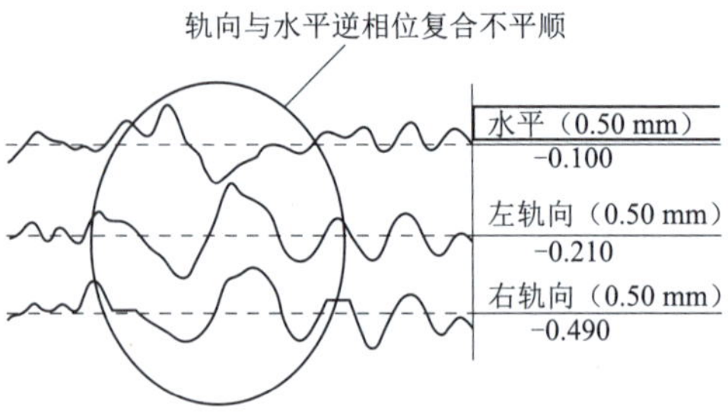

图 3—4—4　水平和轨向复合不平顺检测波形

二、轨道动静态检测数据关联分析

在对每类检测数据专业分析的基础上，有必要关联多源检测数据进行综合分析。从检测偏差数据或偏差问题出发，以关联的多源检测数据为基础，结合工务基础设施台账与检修

记录,诊断偏差成因,为制定维修措施和整修方案提供支持。

(一)轨道几何动、静态检查数据关联分析举例

综合分析线路基础台账信息、设备维护记录、轨道几何动静态检查数据、路基冻害自动监测数据、路基断面高程绝对测量等数据,可得出路基冻害变化规律,有助于控制路基冻害引起的轨道几何状态变化。

1. 问题偏差来源

某高速铁路下行 K777 +950 ~ K777 +980 段冬季添乘检查人体感觉不良。

2. 线路设备台账

该区段位于直线地段,坡度 -12‰,位于路堑地段,设置了渗水盲沟。

3. 轨道几何状态

轨道几何动态检测波形如图 3—4—5 所示,120 m 长波长高低最大值位于 C 点,峰值约为 9. 0 mm。

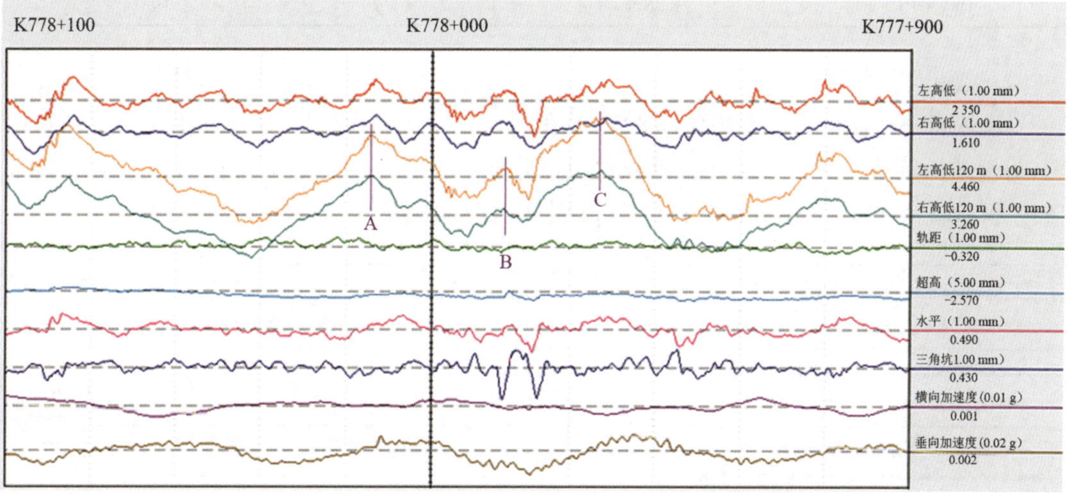

图 3—4—5 下行 K777 +900 ~ K778 +100 段轨道几何动态检测波形

现场轨道绝对高程绝对测量波形如图 3—4—6 所示。

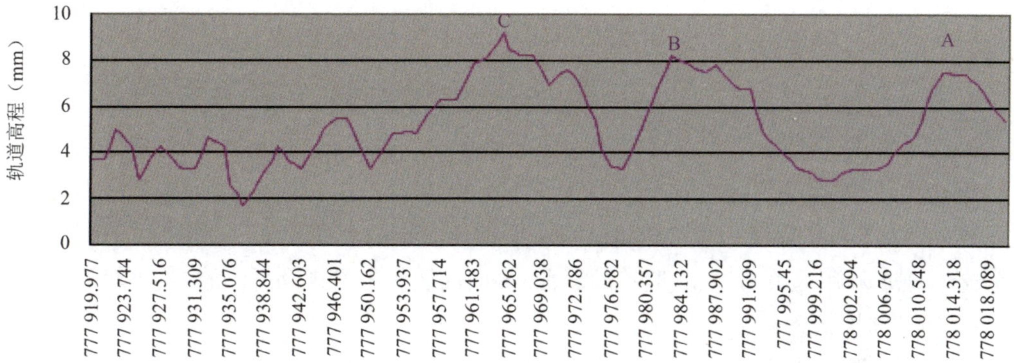

图 3—4—6 下行 K777 +920 ~ K778 +020 段轨道几何静态测量波形

通过比对，轨道几何动态检测波形标示的 A、B 和 C 点与现场轨道绝对高程测量波形中的 A、B 和 C 点对应；现场静态弦绳测量 C 点左股和右股冻高均为 5 mm，冻害线路长度 22 m。

4. 关联分析结果

综上所述，路基冻害引起的连续轨道高低是导致人体感觉不良的主要原因。根据轨道几何动态检测波形和现场轨道绝对高程测量波形即可针对性制定轨道高低调整方案。

（二）轨道几何、钢轨外观和轨道结构检查数据关联分析举例

1. 问题偏差来源

某高速铁路上行线路 K1205 +492 前后检查发现可用于指导轨道精调的动力学检测偏差 2 处，偏差详情见表 3—4—1。

表 3—4—1　用于指导轨道精调的动力学检测偏差表

项　　目	检测里程	幅值	速度（km/h）
脱轨系数	K1205 +474	0. 9	193. 4
轮轴横向力（kN）	K1205 +474	61. 2	193. 4

2. 轨道几何状态

图 3—4—7 给出了上行线路 K1205 +800 ~ +200 区段最近三次轨道检测波形叠加对比图，可以看出其重复性很好；幅值均很小，轨道几何状态很好，相应车体加速度很小。其中，蓝色为 2012 年 11 月 29 日数据，红色为 12 月 20 日数据，绿色为 12 月 28 日数据。

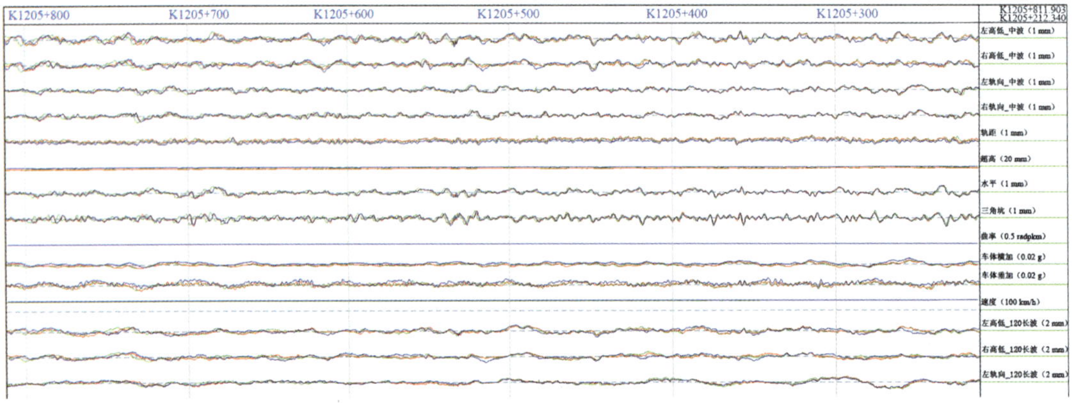

图 3—4—7　上行 K1205 +800 ~ +200 区段三次轨道检测波形叠加

3. 轨道外观状态

经现场复核，偏差前后现场静态检查数据如下：

钢轨光带：焊接接头处左股光带不良，长度 340 mm。

钢轨平直度：在焊缝一侧 460 mm 处轨面低 1. 0 mm；在焊缝另一侧 400 mm 处轨面高 0. 5 mm。现场利用弦线对左、右股钢轨轨面、导向面测量未发现高低、轨向突变处所。

4. 轨道结构状态

现场检查焊缝处轨道结构零配件状态完好，轨道板砂浆层无离缝。钢轨焊接接头如图 3—4—8 所示。

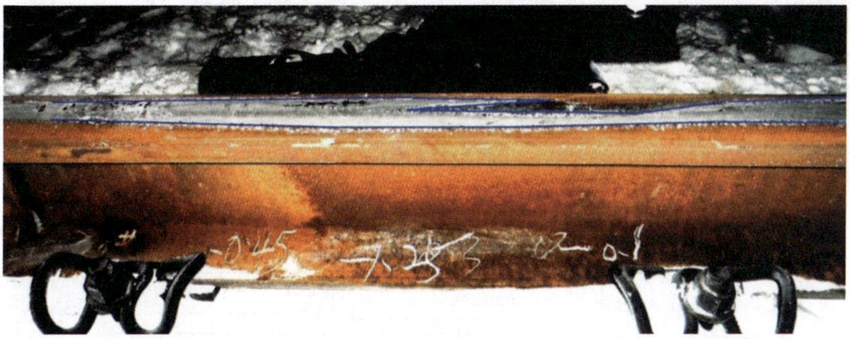

图 3—4—8　钢轨焊接接头

5. 关联分析结果

综上所述，上行线路偏差前后轨道不平顺状态和车体加速度响应均良好，左、右股钢轨轨面、导向面无高低、轨向突变，焊缝处零配件状态完好，轨道板与水泥乳化沥青砂浆无离缝，但钢轨焊接接头处光带异常，轮轨由一点接触变为两点接触，再变为一点接触。由此可见，应该是钢轨焊接接头处钢轨廓形变化，引起轮轨接触突变，这是导致动力学指标（脱轨系数和轮轴横向力）大于管理值的主要原因。

三、单元质量综合评价

单元质量综合评价是一种设备状态多指标综合评价方法，它以纳入轨道检测数据库的多源检测数据为基础，按照线路质量单元管理思想，综合评价线路单元质量，最终筛选出线路质量不良的单元区段。

（一）评价目标

明确综合评价的目标是评价工作的根本性指导方针和一切工作的出发点。明确综合评价目标，即清楚为什么要综合评价和评价设备状态的哪一方面，评价的精确度要求如何等，如常见的两个方面，一是轨道几何平顺状态，二是钢轨伤损状态（包括外观质量和内部伤损）。此外，常见的目标是评价结果能够支持维修作业组织决策，即按照对行车安全影响程度确定组织维修的优先顺序。

（二）评价方法

评价方法根据评价对象和评级目标的要求不同而有所不同。总的来说，优先选择成熟、公认的评价方法，重视评价方法与评价目标的匹配，注意评价方法的内在约束，尝试采用不同的评价方法从不同角度和途径综合评价对象。常见的多指标综合评价方法如图 3—4—9所示。

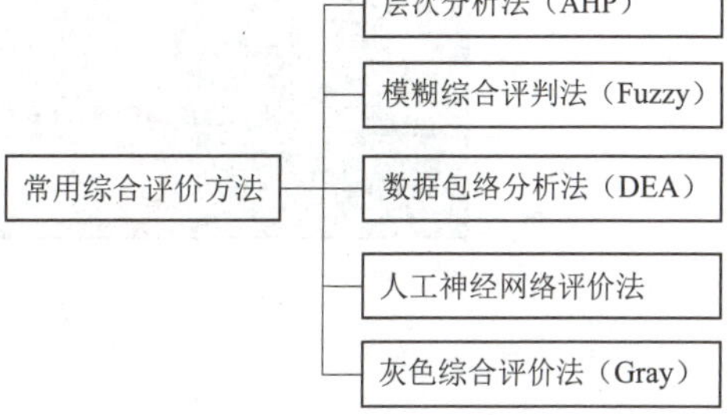

图 3—4—9　常见的多指标综合评价方法

（三）评价指标

评价指标是根据评价对象和目的，能够确定反映设备状态某一方面情况的特征依据。每个评价指标都是从不同侧面刻画设备状态所具有的特征。指标体系是指有一系列相互联系的指标所构成的整体。指标体系不仅受设备状态与评价目标的极度制约，也受评价者的价值观和知识体系的影响，还受是否有周期稳定检测数据影响。常用的轨道几何状态(中长波平顺性)评价的指标体系如图3—4—10所示。

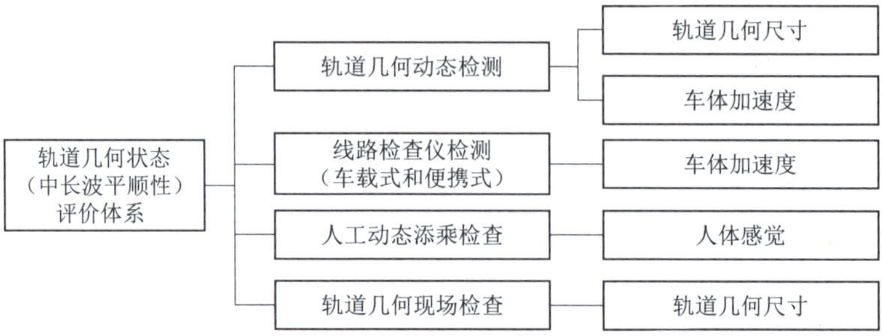

图3—4—10　常用轨道几何状态(中长波平顺性)评价指标体系示例

(四)评价步骤

1. 定义单元类型。按照设备特征可定义：曲线单元、直线单元、道岔单元等；按照维修机构的管界可划分每个工区为基本单元；可指定关注的线路区段为自定义单元，如路基冻害单元、沉降单元等。单元基本属性包括单元名称、单元类型、线路名称、行别、管辖单位、起点里程、终点里程等。

2. 以纳入管理的多源轨道检测数据为基础，采用专业的综合评价算法计算得出线路单元质量综合评分，并依据综合评分将单元划分为质量从高到低的Ⅰ、Ⅱ、Ⅲ三个等级。Ⅲ级单元由段进行管理，组织检查分析，制定整治方案，优先安排重点维修；Ⅱ级单元由车间管理，组织检查分析，制定保养计划并组织实施。

(五)评价结果

单元质量综合评价既可以得出线路质量不良区段列表，也可用于作业区段的质量验收，还可跟踪监控关注区段的质量变化趋势。图3—4—11所示的单元质量变化色阶图中，红色表示线路质量Ⅲ级单元，黄色表示Ⅱ级单元，绿色表示Ⅰ级单元。

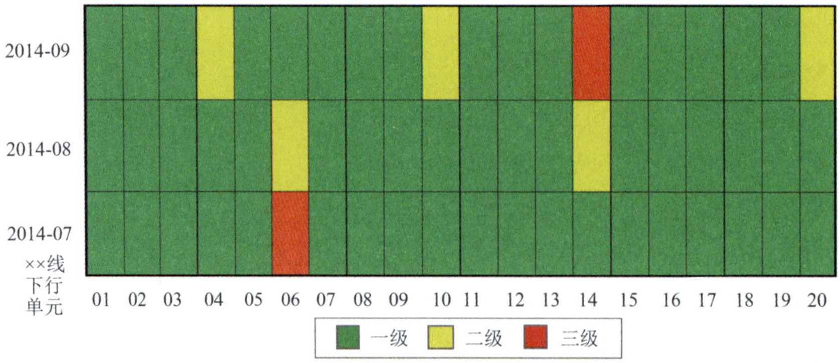

图3—4—11　线路单元质量变化色阶

第四章　控 制 测 量

铁路工务线路测量是指在线路养护维修中所进行的测量工作，即铁路运营维护阶段的所有测量，主要有各等级控制网的复测维护、地形测量或修测、线路里程测量、中线测量、中平测量、断面测量、轨道测量、既有设备和构筑物测量、各类构筑物变形监测、航测复测及建立铁路工务三维地理信息管理系统等工作，主要目的是维护轨道的平顺性和保证运营的安全。控制测量是沿线路方向建立平面和高程控制网，为勘察设计、建设施工、运营维护提供平面和高程基准的测量工作。本章主要介绍运营维护阶段的控制测量。

第一节　高速铁路精密控制测量

一、控制网的组成

根据《高速铁路工程测量规范》(TB 10601—2009)，高速铁路精密控制测量分为平面和高程控制测量。其分级原则为：统一勘测设计、施工、运营维护各个阶段的控制网，即"三网合一"；控制全线、统一布网、统一测量、整体平差；根据控制网作用和精度要求进行分级布网、逐级控制；满足高速铁路各阶段的测量控制点有足够精度和密度的需要。"三网合一"保证了勘测控制网、施工控制网、运营维护控制网坐标高程系统和起算基准的统一。

平面控制网在框架控制网(CP0)的基础上分三级布设，第一级为基础平面控制网(CPⅠ)，主要为勘测、施工、运营维护提供坐标基准；第二级为线路控制网(CPⅡ)，主要为勘测和施工提供控制基准；第三级为轨道控制网(CPⅢ)，主要为轨道铺设和运营维护提供控制基准。

高程控制网分二级布设，第一级为线路水准基点控制网，为高速铁路工程勘测设计、施工提供高程基准；第二级为轨道控制网(CPⅢ)，为高速铁路轨道施工、维护提供高程基准。

二、主要技术等级

高速铁路精密控制测量平面坐标系统一般采用国家大地坐标系，我国有 1954 北京坐标系、1980 西安坐标系、2000 国家大地坐标系，2008 年后逐渐统一过渡为 2000 国家大地坐标系。使用卫星定位测量时，采用世界大地坐标系(WGS84)。在 WGS84、国家大地坐标系的基础上，铁路平面坐标系统建立工程独立坐标系，在对应的线路轨面设计高程面上，坐标系统的投影长度变形值要求见表 4—1—1。

表 4—1—1　平面坐标系统投影长度变形值

设计速度值(km/h)	平面坐标系统投影长度的变形值
≥250 或无砟轨道	≤10 mm/km(1/100 000)
<250	≤25 mm/km(1/40 000)

高程系统采用1985国家高程基准,必要时可联测其他高程系统,以便进行换算和衔接。

高速铁路精密控制网应按逐级控制的原则布设,各级平面控制网的技术要求见表4—1—2,各级高程控制网的技术要求见表4—1—3。点位布设宜兼顾桥梁、隧道及其他大型构(建)筑物测量的需要,并按规范的规格埋设,深度不小于当地冻土线下0.3 m。

表4—1—2　各级平面控制网的技术要求

等级	设计速度值(km/h)	测量方法	测量等级	点间距	相邻点的相对点位中误差(mm)	备注
CP0		卫星定位	—	50 km	20	
CPⅠ	≥250	卫星定位	二等	≤4 km一对点或一个点	10	对点点间距≥800 m
	$200 \leqslant v < 250$	卫星定位	三等			
CPⅡ	≥250	卫星定位	三等	600~800 m	8	
		导线	三等	400~800 m		
	$200 \leqslant v < 250$	卫星定位	四等	600~800 m		
		导线	四等	400~800 m		
CPⅢ	≥250	自由测站边角交会	1.8″	50~70 m一对点	1	
	$200 \leqslant v < 250$	自由测站边角交会	2.5″	50~70 m一对点	1.5	

表4—1—3　各级高程控制网的技术要求

控制网	速度目标值(km/h)	测量等级	测量方法	点间距
线路水准基点控制网	≥250	二等	水准	≤2 km
	$200 \leqslant v < 250$	三等	水准	
			精密光电测距三角高程	
CPⅢ控制网	≥250	精密水准	水准或精密光电测距三角高程	50~70 m一对点
	$200 \leqslant v < 250$	三等		

三、测量要求

(一)CP0测量

在国家控制点不能满足平面起算要求时,需要建立CP0控制网。CP0控制网沿线路走向每50 km左右布设一个点,全线一次性布网,统一测量,整体平差。

使用标称精度不低于5 mm+1 ppm的双频卫星定位接收机进行观测,观测时段≥4,每时段有效长度≥300 min,同步接收机不少于4台。与国际卫星定位服务跟踪站(IGS站,The International GNSS Service)或国家A、B级大地控制点联测用于起算。

基线解算采用精密星历,使用适合长基线的高精度解算软件(如Gamit)进行。

(二)CPⅠ测量

CPⅠ控制网在勘察设计阶段建立,全线(段)一次布网,统一测量,整体平差。CPⅠ沿线路走向布设,采用边联结方式形成由三角形或大地四边形组成的带状网,并附合于CP0控制网上。用于CPⅠ观测的卫星定位接收机采用双频接收机,标称精度不低于5 mm+1 ppm。

卫星定位测量的基本技术要求见表4—1—4。

表4—1—4　各等级卫星定位测量作业的基本技术要求

项目 \ 等级		一等		二等	三等	四等	五等
		CP0	专用网				
静态测量	卫星截止高度角(°)	≥15		≥15	≥15	≥15	≥15
	同时观测有效卫星数	≥4		≥4	≥4	≥4	≥4
	有效时段长度(min)	≥300	≥120	≥90	≥60	≥45	≥40
	观测时段数	≥4	≥2	≥2	1~2	1~2	1
	数据采样间隔(s)	30	10~60	10~60	10~60	10~30	10~30
	接收机类型	双频		双频	双频	单/双频	单/双频
	PDOP或GDOP	—	≤6	≤6	≤8	≤10	≤10

CPⅠ的数据处理包括预处理、基线解算、网平差。外业观测结束后进行观测数据的全面检查和质量分析,采用广播星历,使用随机商用软件进行基线解算。对同一基线不同时段重复观测基线较差和最终基线环闭合差限差的规定见表4—1—5。

表4—1—5　基线质量检验限差

检验项目	限差要求			
	X坐标分量闭合差	Y坐标分量闭合差	Z坐标分量闭合差	环线全长闭合差
同步环	$w_x \leqslant \frac{\sqrt{n}}{5}\sigma$	$w_y \leqslant \frac{\sqrt{n}}{5}\sigma$	$w_z \leqslant \frac{\sqrt{n}}{5}\sigma$	$w \leqslant \frac{\sqrt{3n}}{5}\sigma$
独立环(附合路线)	$w_x \leqslant 3\sqrt{n}\sigma$	$w_y \leqslant 3\sqrt{n}\sigma$	$w_z \leqslant 3\sqrt{n}\sigma$	$w \leqslant 3\sqrt{3n}\sigma$
重复观测基线较差	$d_s \leqslant 2\sqrt{2}\sigma$			

注:(1)σ为相应等级规定的精度,$\sigma = \sqrt{a^2+(bd)^2}$,$a$为固定误差,$b$为比例误差系数,$d$为相邻点距离,当使用的接收机标称精度高于等级规定的a、b值时,采用接收机的标称精度计算σ;n为闭合环边数。

(2)当环由长短悬殊的边组成时,宜按边长和等级规定的精度计算每条边的σ,并按误差传播定律计算环闭合差的精度,以代替表中的$\sqrt{n}\sigma$,计算环闭合差的限差。

控制网平差分为无约束平差和约束平差。在基线的质量检验符合要求后,以三维基线向量及其相应的方差—协方差阵作为观测信息,以一个点的WGS84的三维坐标为起算数据,进行无约束平差。无约束平差结束后,提供各控制点在WGS84下的三维坐标,基线向量及其改正数和其精度信息。利用无约束平差后的可靠观测量,在国家坐标系或工程独立坐标系下,进行三维约束平差。平差后基线方位角中误差、距离相对中误差、最弱点中误差等主要技术指标见表4—1—6。

表4—1—6　各等级卫星定位测量控制网的主要技术指标

等级	固定误差 a(mm)	比例误差系数 b(mm/km)	基线方位角中误差(″)	约束点间的边长相对中误差	约束平差后最弱边相对中误差
CP0	≤5	≤0.2			1/2 000 000
一等	≤5	≤1	0.9	1/500 000	1/250 000

续上表

等级	固定误差 a(mm)	比例误差系数 b(mm/km)	基线方位角中误差(″)	约束点间的边长相对中误差	约束平差后最弱边相对中误差
二等	≤5	≤1	1.3	1/250 000	1/180 000
三等	≤5	≤1	1.7	1/180 000	1/100 000
四等	≤5	≤2	2.0	1/100 000	1/70 000
五等	≤10	≤2	3.0	1/70 000	1/40 000

注:当基线长度短于 500 m 时,一、二、三等边长中误差小于 5 mm,四等边长中误差小于 7.5 mm,五等边长中误差小于 10 mm。

(三)CPⅡ测量

CPⅡ控制点起闭于 CPⅠ控制点,并与 CPⅠ联测构成附合网,点间距 400 ~ 600 m。采用卫星定位观测时,CPⅡ的仪器设备、外业操作观测均与 CPⅠ相同,相应等级观测的基本技术要求见表 4—1—4。CPⅡ数据处理也基本与 CPⅠ相同,约束平差采用 CPⅠ起算进行整网或分段固定平差,精度指标见表 4—1—5 和表 4—1—6 中相应等级要求。采用导线测量时,使用满足导线精度等级的仪器进行。导线测量包括水平角观测、距离测量。水平角观测宜采用方向观测法。导线测量的主要技术要求见表 4—1—7,隧道洞内 CPⅡ导线测量的主要技术要求见表 4—1—8。平差计算时,水平距离根据坐标系统的投影参数进行归算和投影变形改正,CPⅡ导线在方位角闭合差、测角中误差及导线全长相对闭合差满足要求后,采用严密平差计算。

表 4—1—7 导线测量的主要技术要求

等级	测角中误差(″)	测距相对中误差	方位角闭合差(″)	导线全长相对闭合差	测回数			
					0.5″级仪器	1″级仪器	2″级仪器	6″级仪器
二等	1	1/250 000	$\pm 2\sqrt{n}$	1/100 000	6	9	—	—
隧道二等	1.3	1/250 000	$\pm 2.6\sqrt{n}$	1/100 000	6	9	—	—
三等	1.8	1/150 000	$\pm 3.6\sqrt{n}$	1/55 000	4	6	10	—
四等	2.5	1/80 000	$\pm 5\sqrt{n}$	1/40 000	3	4	6	—
一级	4	1/40 000	$\pm 8\sqrt{n}$	1/20 000	—	2	2	—
二级	7.5	1/20 000	$\pm 15\sqrt{n}$	1/12 000	—	—	1	3

注:n 为测站数。导线相邻边长不宜相差过大,相邻边长之比不宜小于 1:3。当导线平均边长较短时,控制导线边数不超过相应等级导线长度和平均边长算得的边数。

表 4—1—8 隧道洞内 CPⅡ导线测量主要技术要求

控制网级别	附合长度(km)	边长(m)	测距中误差(mm)	测角中误差(″)	相邻点位坐标中误差(mm)	导线全长相对闭合差限差	方位角闭合差限差(″)	对应导线等级	备注
CPⅡ	$L \leq 2$	300 ~ 600	3	1.8	7.5	1/55 000	$\pm 3.6\sqrt{n}$	三等	单导线
CPⅡ	$2 < L \leq 7$	300 ~ 600	3	1.8	7.5	1/55 000	$\pm 3.6\sqrt{n}$	三等	导线网
CPⅡ	$L > 7$	300 ~ 600	3	1.3	5	1/100 000	$\pm 2.6\sqrt{n}$	隧道二等	导线网

注:导线网独立闭合环的边数以 4 ~ 6 条边为宜。

（四）高程控制测量

高程控制测量是为铁路工程建立一个精度统一、便于各个阶段水准测量使用的高程控制网，也是各级高程控制测量的基础。高程控制网布设要考虑沿线地质条件和地面不均匀沉降变形的程度，分为基岩点、深埋水准点和普通水准点三种标石埋设形式。线路水准基点沿铁路线路布设，并起闭于国家高等级水准点，形成附合水准路线或闭合环，技术要求见表4—1—9。水准基点设在距线路中线50～200 m的范围内，一般地段每隔1～2 km设置一个，重点工程（大桥、长隧）地段根据需要增设水准点。

表4—1—9　高程控制网的技术要求

水准测量等级	每千米高差中数偶然中误差 M_{Δ}（mm）	每千米高差中数全中误差 M_{w}（mm）	附合路线或环线周长的长度（km）	
			附合路线长	环线周长
二等	≤1	≤2	≤400	≤750
精密水准	≤2	≤4	≤3	
三等	≤3	≤6	≤150	≤200
四等	≤5	≤10	≤80	≤100
五等	≤7.5	≤15	≤30	≤30

水准测量使用符合测量等级的水准仪，测量前对水准仪及水准尺进行常规检查并满足要求。水准测量的水准仪、水准尺、闭合差及观测方法按表4—1—10中相应等级测量进行。

表4—1—10　水准测量的观测方法及限差要求

等级	观测次数		往返较差或闭合差（mm）	观测方法
	与已知点联测	附合或环线		
二等	往返	往返	$\pm 4\sqrt{L}$	奇数站：后—前—前—后
				偶数站：前—后—后—前
精密水准	往返	往返 单程闭合环	$\pm 8\sqrt{L}$	奇数站：后—前—前—后
				偶数站：前—后—后—前
三等	往返/左右路线	往返/左右路线	$\pm 12\sqrt{L}/8\sqrt{L}$	后—前—前—后
四等	往返/左右路线	往返/左右路线	$\pm 20\sqrt{L}/14\sqrt{L}$	后—前—前—后或后—后—前—前
五等	往测	往测	$\pm 30\sqrt{L}$	后—前

注：L为往返测段、附合或环线的水准路线长度，单位为km。

水准测量观测技术要求、测站限差见表4—1—11和表4—1—12。

表4—1—11　水准观测的主要技术要求（m）

等级	水准仪类型	水准尺类型	视距		前后视距差		测段的前后视距累积差		视线高度		数字水准仪重复测量次数
			光学	数字	光学	数字	光学	数字	光学（下丝读数）	数字	
二等	DS1	因瓦	≤50	≥3且≤50	≤1.0	≤1.5	≤3.0	≤6.0	≥0.3	≤2.8且≥0.55	≥2次
精密水准	DS1	因瓦	≤60	≥3且≤60	≤1.5	≤2.0	≤3.0	≤6.0	≥0.3	≤2.8且≥0.45	≥2次

续上表

等级	水准仪类型	水准尺类型	视距		前后视距差		测段的前后视距累积差		视线高度		数字水准仪重复测量次数
			光学	数字	光学	数字	光学	数字	光学（下丝读数）	数字	
三等	DS1	因瓦	≤100	≤100	≤2.0	≤3.0	≤5.0	≤6.0	三丝能读数	≥0.35	≥1 次
	DS2	双面木尺 单面条码	≤75	≤75							
四等	DS1	双面木尺 单面条码	≤150	≤100	≤3.0	≤5.0	≤10.0	≤10.0	三丝能读数	≥0.35	≥1 次
	DS3	双面木尺 单面条码	≤100	≤100							
五等	DS3	单面木尺 单面条码	≤100	≤100	大致相等		—		中丝能读数	≥0.35	≥1 次

表 4—1—12　水准测量的测站限差（mm）

等级＼项目		基、辅分划［黑红面］读数之差	基、辅分划［黑红面］所测高差之差	检测间歇点高差之差	上下丝读数平均值与中丝读数之差
二等		0.5	0.7	1	3
精密水准		0.5	0.7	1	3
三等	光学测微法	1	1.5	3	
	中丝读数法	2	3		
四等		3	5	5	
五等		4	7		

在困难地区可使用光电测距三角高程测量，技术要求见表 4—1—13。仪器高和反射镜高采用专用测尺和测杆于测前、测后各测一次，两次互差不得超过 2 mm。

表 4—1—13　光电测距三角高程测量的主要技术要求

等级	仪器等级	边长（m）	观测方式	测距边测回数	垂直角测回数	指标差较差（″）	测回间垂直角较差（″）	对向观测高差较差（mm）
三等	1″	≤600	2 组对向观测	2	4	5	5	$\leqslant 25\sqrt{D}$
四等	2″	≤800	对向观测	2	3	7	7	$\leqslant 40\sqrt{D}$
五等	2″	≤1 000	对向观测	1	2	10	10	$\leqslant 60\sqrt{D}$

注：D 为测距边长，以千米计。

水准测量观测作业结束后，及时整理和检查外业观测记录，或将电子水准仪中电子记录传输至计算机进行数据预处理，然后计算闭合差。水准测量路线闭合差 W 的计算公式为

$$W = (H_0 - H_n) + \sum h' + \sum \varepsilon + \sum \lambda$$

式中　H_0，H_n——水准测量路线两端点的已知高程；

$\sum h'$——水准测量路线中各测段观测高差加入标尺长度改正数 δ_f、标尺温度改正 ∂ 后的往返测高差中数之和；

$\sum \varepsilon$——水准测量路线中各测段的正常水准面不平行改正数之和；

$\sum \lambda$——水准测量路线中各测段重力异常改正数之和。

以测段往返测高差不符值，计算偶然中误差 M_Δ，当闭合环或附合路线超过 20 个时，还需计算每千米观测高差的全中误差 M_w。水准网平差采用整网条件平差或间接平差，计算取位要求按表 4—1—14 进行。

表 4—1—14　水准测量数据取位要求

等　　级	往(返)测距离总和(km)	往(返)测距离中数(km)	各测站高差(mm)	往(返)测高差总和(mm)	往(返)测高差中数(mm)	高程(mm)
二等、精密水准	0.01	0.1	0.01	0.01	0.1	0.1
三等、四等	0.01	0.1	0.1	0.1	0.1	1

（五）轨道控制网（CPⅢ）测量

轨道控制网（CPⅢ）是沿线路布设的三维控制网，起闭于基础平面控制网（CPⅠ）或线路控制网（CPⅡ）及线路水准基点，当原控制网不能满足联测需要时，在桥梁、隧道地段需按相应要求增设 CPⅡ及水准基点，也称加密 CPⅡ及加密水准点测量。

1. 轨道控制网（CPⅢ）平面测量

（1）CPⅢ网的布设

时速 200 km 客货共线及高速铁路采用自由测站边角交会法布网。自由测站边角交会法布网 CPⅢ点沿线路成对布置，纵向间距宜为 60 m 左右，各 CPⅢ控制点设于设计轨道面以上 30 cm 处并大致等高。CPⅢ测量标志为强制对中标，用不易生锈及腐蚀的金属材料制作，一般由固定的埋设标和可以装卸的连接件组成，标志加工、安装精度满足规范要求。

CPⅢ点按照公里数递增进行编号，其编号反映里程数。

位于线路里程增大方向左侧的 CPⅢ点编号为奇数，位于线路里程增大方向轨道右侧的 CPⅢ点编号为偶数，在有长短链地段应注意编号不能重复，具体见表 4—1—15。

表 4—1—15　CPⅢ点名编号原则

点编号	含　　义	在里程内点的位置
0356301	表示线路里程 DK356 范围内线路里程增大方向左侧的 CPⅢ第 1 号点，“3”代表“CPⅢ”	（轨道左侧）奇数 1、3、5、7、9、11 等
0356302	表示线路里程 DK356 范围内线路里程增大方向右侧的 CPⅢ第 2 号点，“3”代表“CPⅢ”	（轨道右侧）偶数 2、4、6、8、10、12 等

桥梁上 CPⅢ点布置在桥梁固定端上方的防撞墙上，如图 4—1—1 所示。路基地段布置在接触网杆或接触杆基础上，也可布置在专门的钢筋混凝土辅助立柱上，如图 4—1—2 所示。隧道内一般布置在电缆槽顶面上方 30 ~ 50 cm 的边墙内衬上，如图 4—1—3 所示。

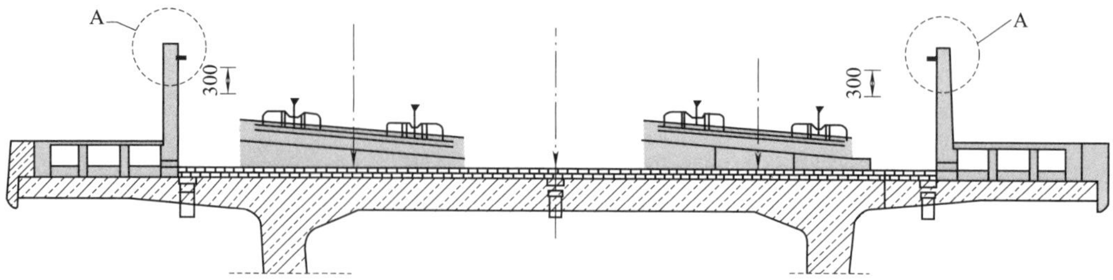

图 4—1—1　桥梁上 CPⅢ点埋设示意(单位:mm)

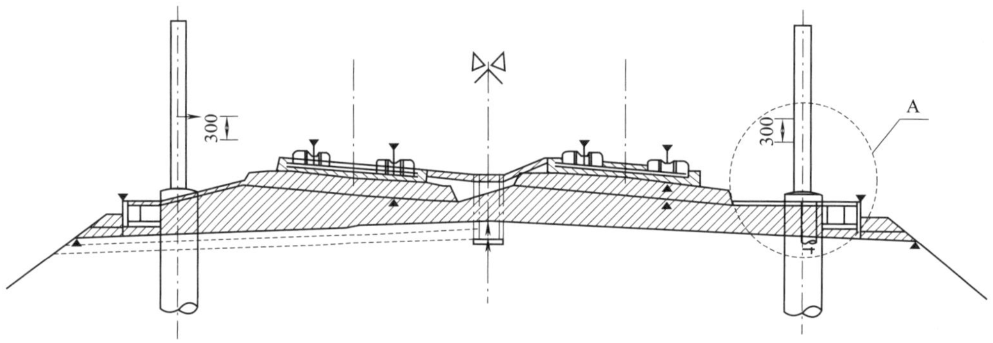

图 4—1—2　路基地段 CPⅢ点埋设示意(单位:mm)

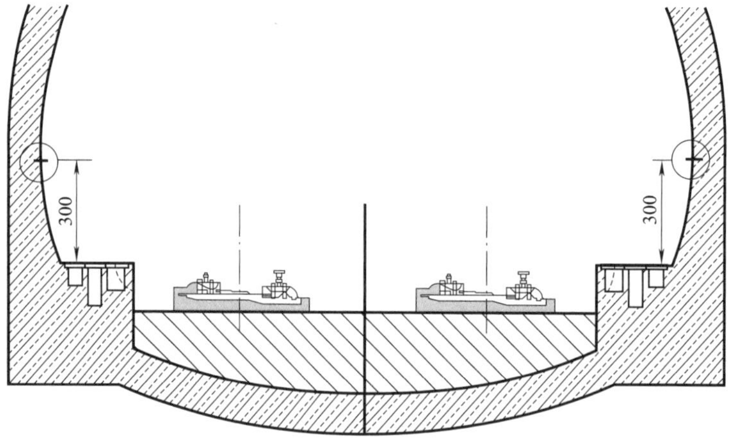

图 4—1—3　隧道内 CPⅢ控制点埋设示意(单位:mm)

(2)CPⅢ外业观测

CPⅢ外业观测采用自由测站边角交会的方法进行测量,使用的全站仪需具有自动目标搜索、自动照准、自动观测、自动记录功能,测角精度不低于 1″,测距精度不低于 ±1 mm + 2 ppm。边长观测需进行温度、气压等气象元素改正。

测量时每次置镜自由测站,以前后各 3 对共 12 个 CPⅢ点为测量目标,每站与上站重叠观测 4 对 CPⅢ点、递进 2 对 CPⅢ点,以保证每个 CPⅢ点被测量 3 次。一般选择无风的阴天或夜间进行观测,并测定每站测量时的温度和气压。CPⅢ控制网观测的自由测站间距一般约为 120 m,自由测站到 CPⅢ点的最远观测距离不大于 180 m。其测量网形式如图 4—1—4 所示。

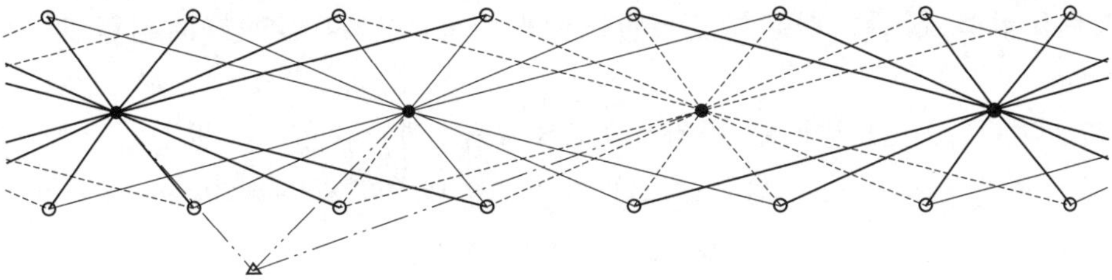

图 4—1—4　测站间距为 120 m 的 CPⅢ平面网构网形式

因施工干扰或受观测条件限制时，也可采用图 4—1—5 的构网形式，测站间距为 60 m 左右，观测前后各 2 对共 8 个 CPⅢ点，每个 CPⅢ点有 4 个测站的方向和距离观测量。

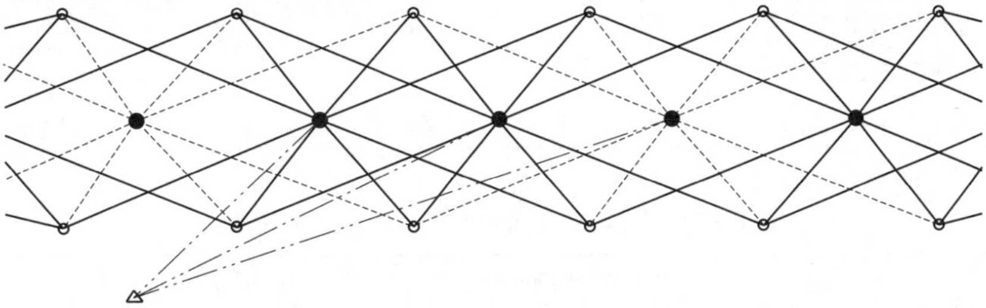

图 4—1—5　CPⅢ平面网构网形式

CPⅢ控制网水平方向采用全圆方向观测法进行观测，也可以采用分组全圆方向观测法。全圆方向观测技术要求见表 4—1—16。CPⅢ平面网距离测量技术要求见表 4—1—17。

表 4—1—16　CPⅢ平面网水平方向观测技术要求

控制网适用范围	仪器等级	测回数	半测回归零差	测回间同一方向 2C 互差	同一方向归零后方向值较差
时速 250 km 及以上铁路	0. 5″	2	6″	9″	6″
	1″	3	6″	9″	6″
时速 200 km 有砟轨道	1″	2	9″	15″	9″

表 4—1—17　CPⅢ平面网距离观测技术要求

控制网适用范围	测回数	盘左和盘右半测回距离较差	测回间距离较差
时速 250 km 及以上铁路	2	±1 mm	±1 mm
时速 200 km 有砟轨道	2	±2 mm	±2 mm

注：距离测量一测回是全站仪盘左、盘右各测量一次的过程。

(3) CPⅢ网数据处理

外业观测完成后，首先进行数据传输及预处理。将外业全站仪机载软件记录的数据传入计算机，进行数据整理、检查后，利用多测回测角测站平差计算软件，对方向观测法和分组方向观测法的测站数据进行测站平差和观测数据检核，然后进行坐标概算及距离改化，闭合差检验，剔除粗差，最后根据起算点兼容性检查结果，选取兼容性好的起算点进行平差计算。

平差后对验后单位权中误差、观测值改正数与精度进行检核。CPⅢ平面网观测主要技术要求见表4—1—18，平差成果精度要求见表4—1—19和表4—1—20。

表4—1—18 CPⅢ平面网观测主要技术要求

设计时速	方向观测中误差	距离观测中误差	相邻点的相对点位中误差
时速250 km及以上铁路	1.8″	1.0 mm	±1.0 mm
时速200 km有砟轨道	2.5″	1.5 mm	±1.5 mm

表4—1—19 CPⅢ平面网自由平差后方向和距离改正数限差

设计速度	方向改正数	距离改正数
时速250 km及以上铁路	±3″	±2 mm
时速200 km有砟轨道	±4.5″	±3 mm

表4—1—20 CPⅢ平面网约束平差后的主要精度指标

设计速度	与CPⅠ、CPⅡ联测		与CPⅢ联测		点位中误差
	方向改正数	距离改正数	方向改正数	距离改正数	
时速250 km及以上铁路	±4″	±4 mm	±3″	±2 mm	±2 mm
时速200 km有砟轨道	±6″	±6 mm	±4.5″	±3.0 mm	±3.0 mm

(4)CPⅢ网分段与测段衔接

CPⅢ可以根据需要分段测量，分段测量的测段长度不宜小于4 km。测段间重复观测不少于6对CPⅢ点，作为分段重叠观测区域以便进行测段衔接。测段之间衔接时，前后测段独立平差重叠点坐标差值满足≤±3 mm（时速200 km有砟轨道铁路为±4.5 mm）。满足该条件后，后一测段CPⅢ网平差，采用本测段联测的CPⅠ、CPⅡ控制点及重叠段前测段连续的1~3对CPⅢ点进行约束平差。

2. 轨道控制网（CPⅢ）高程测量

CPⅢ高程控制网观测采用水准测量或精密光电测距三角高程测量的方法进行，并附合于线路水准点或加密水准点，水准路线附合长度2 km左右。CPⅢ点与上一级水准点的高程联测，使用水准测量方式进行往返观测。

(1)轨道控制网（CPⅢ）水准测量

时速250 km及以上铁路采用精密水准测量，时速200 km有砟轨道铁路采用三等水准。

①联测网形

CPⅢ控制点间的水准路线可选以下水准路线形式中的一种进行。

往返观测：精密水准按图4—1—6所示往返测。每一测段至少与2个二等水准点进行联测，形成检核。联测时，往测时以线路一侧的CPⅢ点为主线贯通水准测量，另一侧的CPⅢ点作为中视点就近观测；返测时以另一侧的CPⅢ点为主线贯通水准测量，对侧的CPⅢ点作为中视点就近观测。

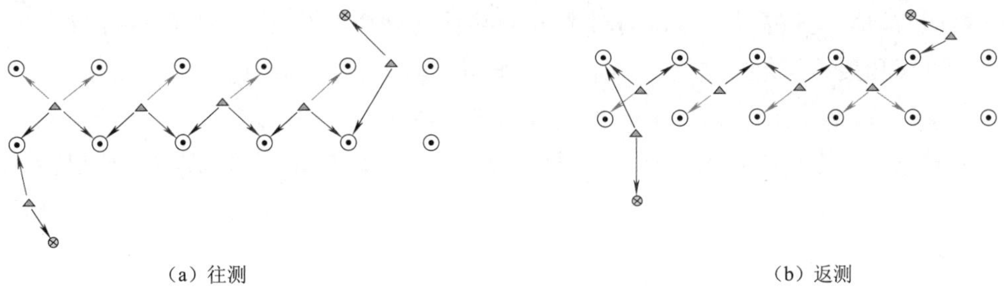

图 4—1—6 往返测水准路线示意

单程矩形闭合环:每个闭合环的 4 个高差均由 2 个测站独立完成,矩形闭合环如图 4—1—7 所示,对相邻 4 个 CPⅢ点构成的水准闭合环进行环闭合差检核,精密水准相邻 CPⅢ点的水准环闭合差≤1 mm,三等水准相邻 CPⅢ点的水准环闭合差≤2 mm。

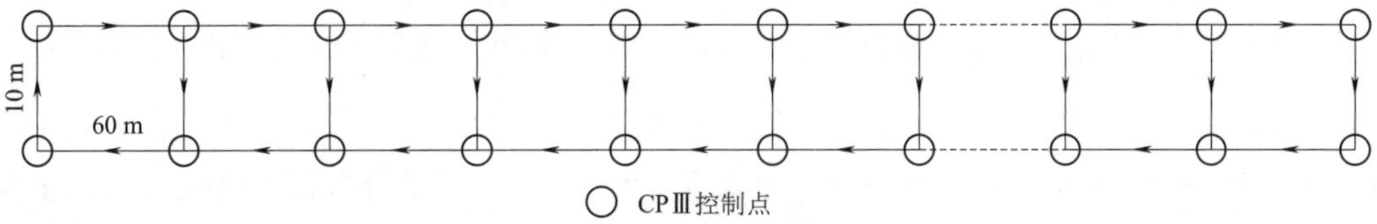

图 4—1—7 单程矩形闭合环

②外业观测技术要求

CPⅢ高程控制网水准测量及精度主要技术要求见表 4—1—21 ~ 表 4—1—23。

表 4—1—21 CPⅢ水准测量的主要技术要求

等级	附合路线长度(km)	水准仪最低型号	水准尺	观测次数	
				与已知点联测	环线
精密水准	≤3	DS1	因瓦	往返	单程
三等水准	≤3	DS3、DS1	因瓦 双面	往测 往返	单程

表 4—1—22 CPⅢ水准测量测站的主要技术标准

等级	前后视距差(m)	视线高度(m)	两次读数之差(mm)	两次读数所测高差之差(mm)
精密水准	≤2	≤2.8 且≥0.45	≤0.5	≤0.7
三等水准	≤3	≥0.35	≤1	≤1.5

表 4—1—23 CPⅢ水准测量精度限差要求(mm)

等级	每千米水准测量偶然中误差 M_Δ	每千米水准测量全中误差 M_W	限差			
			检测已测段高差之差	往返测不符值	附合路线或环线闭合差	左右路线高差不符值
精密水准	≤2.0	≤4.0	$8\sqrt{R_i}$	$8\sqrt{K}$	$8\sqrt{L}$	$6\sqrt{K}$
三等水准	≤3.0	≤6.0	$20\sqrt{R_i}$	$12\sqrt{K}$	$12\sqrt{L}$	$8\sqrt{K}$

注:K 为测段水准路线长度,L 为附合或环线的水准路线长度,R_i 为检测测段长度,单位均为 km。

当桥面与地面间高差大于3 m,水准测量直接传递到桥面CPⅢ控制点上有困难时,可采用不量仪器高和棱镜高的精密光电测距三角高程测量法传递,但需进行两次独立观测,两组高差较差≤2 mm,满足限差要求后,取两组高差平均值作为传递高差。

精密光电测距三角高程测量方法,就是在没有仪器高和棱镜高量取误差的情况下,求出点A和点B的高差。其测量原理如图4—1—8所示,也可在同一侧设置观测点,如图4—1—9所示。

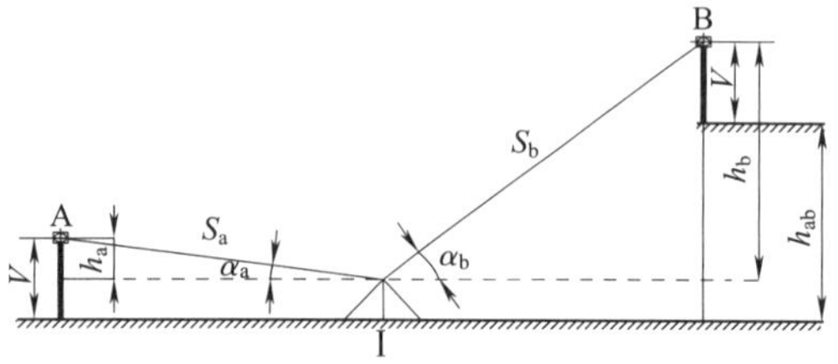

图4—1—8　中间设站三角高程测量原理示意

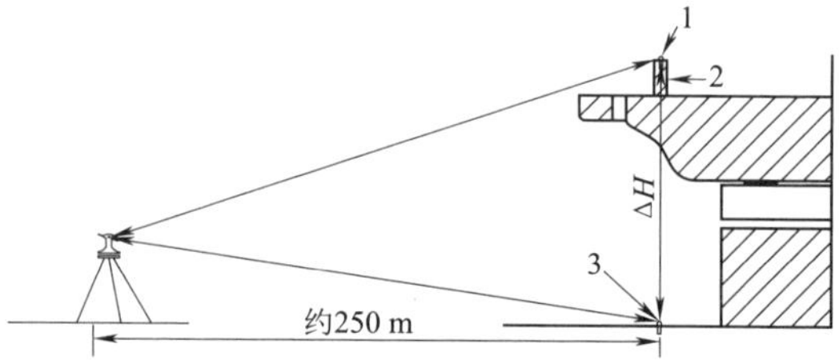

图4—1—9　一侧设站三角高程测量原理示意

精密光电测距三角高程测量的主要技术要求见表4—1—24。测量中,前后视为同一棱镜。观测时,棱镜高不变;仪器与棱镜的距离不宜大于100 m,最大不超过150 m。前、后视距尽量相等,一般距离差值不宜超过5m。

表4—1—24　中间设站三角高程测量外业观测技术要求

设计时速	测回数	垂直角测量		距离测量	
		指标差互差(″)	测回间较差(″)	测回内较差(mm)	测回间较差(mm)
时速250 km及以上铁路	4	5.0	5.0	2.0	2.0
时速200 km有砟轨道	4	7.5	7.5	3.0	3.0

③内业数据处理

CPⅢ高程网水准测量的外业观测数据全部合格后,方可进行内业平差计算。CPⅢ高程网采用联测的稳定线路水准基点的高程作为起算数据进行固定数据平差计算。

CPⅢ高程网外业观测成果的质量评定与检核的内容包括:测站数据检核和水准路线数据检核;CPⅢ水准网的环数超过20个时需进行每千米水准测量的高差全中误差的计算;相邻4个CPⅢ点所构成的水准闭合环进行环闭合差检核;区段之间衔接时,精密水准测量前后区段独立平差重叠点高程差值≤3 mm,三等水准测量≤4.5 mm。满足该条件后,后一区段CPⅢ网平差,采用本区段联测的线路水准基点及重叠段前一区段连续1~2对CPⅢ点高程成果进行约束平差。

精密水准测量的CPⅢ相邻点高差中误差≤0.5 mm,三等水准测量的CPⅢ相邻点高差中误差≤1 mm。

(2)自由测站三角高程测量

CPⅢ控制点高程测量也可采用自由测站三角高程测量方法与CPⅢ平面控制测量合并进行。除满足CPⅢ平面网的外业观测要求外,还要满足表4—1—25要求。CPⅢ自由测站三角高程网闭合差、每千米高差偶然中误差、每千米高差全中误差等各项指标同相应等级水准测量的要求。平差后的精度指标要求见表4—1—26。

表4—1—25　CPⅢ控制网自由测站三角高程外业观测的主要技术要求

设计时速	全站仪标称精度	测回数	测回间距离较差	测回间竖盘指标差互差	测回间竖直角互差
时速250 km及以上铁路	≤1″,1 mm+1 ppm	≥3	≤1 mm	≤9″	≤6″
时速200 km有砟轨道	≤1″,1 mm+2 ppm	≥2	≤2 mm	≤13″	≤9″

表4—1—26　CPⅢ控制网自由测站三角高程网平差后的精度指标

设计时速	高差改正数	高差观测值的中误差	高程中误差	平差后相邻点高差中误差
时速250 km及以上铁路	≤1 mm	≤0.5 mm	≤2 mm	±0.5 mm
时速200 km有砟轨道	≤2 mm	—	≤4 mm	±1.0 mm

CPⅢ自由测站三角高程网可分区段构网平差,区段长度不宜小于4 km,区段与区段之间重叠点不少于6对,重叠点的精密水准高程较差≤3 mm,三等水准高程较差≤4.5 mm,满足要求后,后一区段的平差采用本区段联测的线路水准基点及重叠段前一区段的1对CPⅢ点作为约束点进行平差计算。

四、复测与维护

控制网复测的方法与原控制网相同,测量精度等级不低于原控制测量等级。复测前检查标石的完好性,对丢失和破坏的标石按原测标准采用同精度内插方法提交新成果。复测较差符合规定要求时,采用原测成果;当较差超限,分析和查明原因,必要时进行二次检测,采用同精度内插方法更新成果,并在提交的复测成果中说明。复测频次根据《运营高速铁路精密测量控制网管理办法》(TW/GW 276—2015)有关规定进行。

(一)CPⅠ、CPⅡ及线路高程控制网复测

1. GNSS复测CPⅠ、CPⅡ

复测满足相应等级精度要求后,进行复测与原测成果的分析比较。复测与原测相邻点间约束平差后三维或二维坐标差之差的相对精度按式(4—1—1)计算,相对精度满足表4—1—27要求。

$$\frac{d_s}{S}=\frac{\sqrt{(\Delta X_{ij}^2+\Delta Y_{ij}^2+\Delta Z_{ij}^2)}}{S} \tag{4—1—1}$$

$$\Delta X_{ij}=(X_j-X_i)_{复}-(X_j-X_i)_{原};$$

$$\Delta Y_{ij}=(Y_j-Y_i)_{复}-(Y_j-Y_i)_{原};$$

$$\Delta Z_{ij}=(Z_j-Z_i)_{复}-(Z_j-Z_i)_{原};$$

式中　S——相邻点间的二维平面距离或三维空间距离;

ΔX_{ij},ΔY_{ij}——相邻点i与j间二维坐标差之差(m);

ΔZ_{ij}——相邻点i与j间Z方向坐标差之差(m),当只统计二维坐标差之差的相对精度时该值为零。

表 4—1—27　GNSS 复测相邻点间坐标差之差的相对精度限差

控制网等级	相邻点间坐标差之差的相对精度限差	控制网等级	相邻点间坐标差之差的相对精度限差
一等	1/180 000	四等	1/50 000
二等	1/130 000	五等	1/20 000
三等	1/80 000		

2. 导线法复测 CPⅡ

采用导线法复测 CPⅡ控制点时，满足相应等级精度要求后，对水平角、边长和坐标较差进行分析比较，较差限差见表 4—1—28。

表 4—1—28　导线复测较差的限差

控制网	等级	水平角较差限差（″）	边长较差限差（mm）	坐标较差限差（mm）
CPⅡ	三等	3.6	$2\sqrt{2}m_D$	15
	隧道二等	2.6	$2\sqrt{2}m_D$	15
	四等	7.0	$2\sqrt{2}m_D$	$2\sqrt{m_{原}^2+m_{复}^2}$
	一级	11.0	$2\sqrt{2}m_D$	

注：(1) m_D 为仪器标称精度。

(2) 当隧道洞内 CPⅡ控制测量的导线附合长度大于 7 km 时，导线等级为隧道二等。

(3) $m_{原}$、$m_{复}$ 为原测和复测点位中位误差。

3. 线路水准点高程复测

线路水准点高程复测满足往返测及偶然中误差要求后，对比水准点间的复测高差与原测高差之较差是否满足相应等级中检测限差的要求，满足要求时，采用原测成果。当较差超限时，进行二次检测，查明原因。对较差超限点和增补点采用同精度内插方法更新成果。

（二）CPⅢ复测

轨道控制网（CPⅢ）是线上系统养护维修测量的基准点，需定期进行复测维护，以保证基准的正确、准确、完整性。尤其对区域地面沉降段落、线下工程沉降不稳定段落以及大跨连续梁桥等特殊结构物上的 CPⅢ网点，需加密复测周期，对于移动、破坏的 CPⅢ点及时补设。CPⅢ控制网的复测采用与原测相同的方法和精度进行，复测联测上一级控制点的方法和数量与建网测量相同。

CPⅢ点复测与原测成果较差的限差见表 4—1—29，坐标增量较差按式（4—1—2）计算。

表 4—1—29　CPⅢ网的主要精度指标（mm）

设计时速	坐标较差	相邻点的复测与原测坐标增量较差	高程较差	相邻点的复测与原测高程增量较差
时速 250 km 及以上铁路	≤3	≤2	≤3	≤2
时速 200 km 有砟轨道	≤4.5	≤3	≤5	≤3

$$\Delta X_{ij} = (X_j - X_i)_{复} - (X_j - X_i)_{原}$$
$$\Delta Y_{ij} = (Y_j - Y_i)_{复} - (Y_j - Y_i)_{原} \qquad (4—1—2)$$

CPⅢ高程网复测采用的精度指标、计算软件及联测上一级线路水准基点的方法和数量均与原测相同。CPⅢ点复测与原测成果的高程较差限差见表4—1—28，高程成果增量较差按式(4—1—3)计算。

$$\Delta H_{ij} = (H_j - H_i)_{复} - (H_j - H_i)_{原} \quad (4—1—3)$$

复测完成后，对CPⅢ网复测精度进行评价，满足要求后，对复测数据和原测数据进行对比分析和评价，对超限的点进行二次检查，查明原因，并按同精度内插的方式更新CPⅢ点的坐标和高程成果。

五、轨道几何测量

轨道几何测量一般采用轨道几何状态测量仪和全站仪进行。轨道几何测量已广泛应用于高速铁路的轨道铺设、长轨精调和轨道静态检测作业。以铁路沿线布设的CPⅢ控制网为起算，对轨道里程、中线、轨面高程以及轨距、超高等几何状态进行全面测量，并可对轨道扭曲、轨向、高低、长短波等平顺性指标进行分析。

(一)准备工作

1. 全线CPⅢ控制网成果及点之记。

2. 线路设计文件，包括线路平面示意图、曲线五大桩坐标表、曲线要素表、断链表、坡度标对照表、曲线超高表、道岔设计数据等，对于双线铁路分上、下行分别收集整理。

3. 仪器设备检校及数据检核。测量前对轨道几何状态测量仪进行检查，对传感器进行校准。对采用的全站仪及配套棱镜进行检校，确保系统处于正常状态。对轨道控制网CPⅢ点的坐标成果、线路平面、纵断面设计参数、线路曲线超高设计值等基础数据检查校核无误后，输入到测量系统软件中。

(二)测量作业方法

对需要测量的线路，利用CPⅢ控制网进行全站仪设站，通过全站仪测量轨道几何状态测量仪上的棱镜，经过控制中心对倾角传感器、轨距传感器的一系列计算，对轨道的中线坐标和轨面高程等进行测量。测量作业工作流程具体如下：

1. 全站仪设站

对于CPⅢ控制网为点对布设的线路，轨道测量作业时，全站仪在靠近线路中心处自由设站，后视CPⅢ控制点，全站仪自由设站观测的CPⅢ控制点不少于4对，位于所观测的CPⅢ控制点的中间。更换测站后，相邻测站重叠观测的CPⅢ控制点不少于2对。全站仪自由设站时，测站东坐标、北坐标和高程的中误差不大于1 mm，方向的中误差在2″以内，否则需重新设站。

对于CPⅢ控制网为导线方式布设的线路，轨道测量作业时，根据CPⅢ点采用已知后视点方法进行设站。设站偏差不超过5 mm，否则重新设站。

2. 轨道测量

全站仪设站测量完成后，开始配合轨道几何状态测量仪进行轨道测量。对于无砟轨道线路，轨道几何状态测量仪与全站仪的距离控制在80 m以内；对于有砟轨道线路，轨道几何状态测量仪与全站仪的距离控制在150 m以内。轨道几何状态测量仪由远及近地推向全站仪,无砟轨道宜在每个轨枕上进行采集数据,有砟轨道不宜大于2 m采集一次数据。更换测站后,重复测量上一测站的最后6~10根轨枕。轨道测量作业方法如图4—1—10所示。

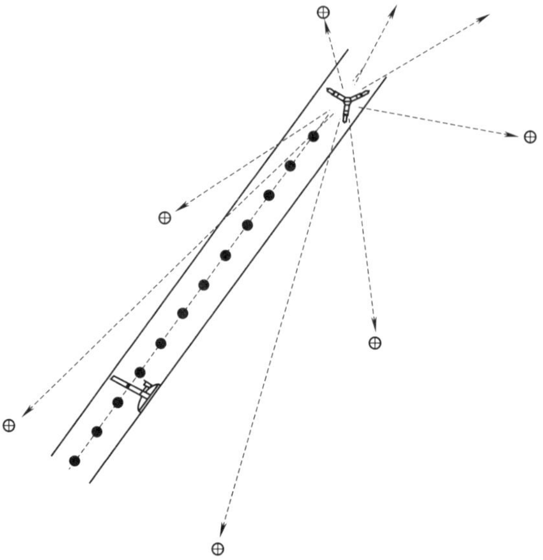

图4—1—10　轨道测量作业方法示意

(三)数据处理计算

测量完成后,可根据需要定义报表的输出界面,选择性输出轨道位置、轨距、水平、轨向、高低、轨面高程等几何参数。所有参数都以设计数据、实测数据和偏差值的形式输出。根据轨道几何状态测量仪的轨道静态几何数据,与设计数据进行比较,统计出差值,对线路平面位置与设计位置的一致性、线路相对位置平顺性、线路几何参数做出分析,计算每个检测轨枕的调整量,指导现场调整轨道。在数据处理分析过程中,线路正线及道岔的轨道静态平顺度允许偏差见表4—1—30和表4—1—31。

表4—1—30　高速铁路轨道静态平顺度允许偏差

序号	项　目	无砟轨道		有砟轨道	
		允许偏差	检测方法	允许偏差	检测方法
1	轨　距	±1 mm	相对于1 435 mm	±1 mm	相对于1 435 mm
		1/1 500	变化率	1/1 500	变化率
2	轨　向	2 mm	弦长10 m	2 mm	弦长10 m
		2 mm/8a(m)	基线长48a(m)	2 mm/5 m	基线长30 m
		10/240a(m)	基线长480a(m)	10 mm/150 m	基线长300 m
3	高　低	2 mm	弦长10 m	2 mm	弦长10 m
		2 mm/8a(m)	基线长48a(m)	2 mm/5 m	基线长30 m
		10/240a(m)	基线长480a(m)	10 mm/150 m	基线长300 m
4	水　平	2 mm	—	2 mm	—
5	扭曲(基长3 m)	2 mm	—	2 mm	—
6	与设计高程偏差	10 mm	—	10 mm	—
7	与设计中线偏差	10 mm	—	10 mm	—

注:(1)表中a为轨枕/扣件间距;

(2)站台处的轨面高程不低于设计值。

表4—1—31　高速铁路道岔(直向)静态平顺度允许偏差(mm)

项　目	高低	轨向	水平	扭曲(基长3 m)	轨距
幅　值	2	2	2	2	±1
弦　长	10		—		

第二节　普速铁路控制测量

一、控制网的组成

根据《铁路工程测量规范》(TB 10101—2009),普速铁路控制测量分为平面和高程控制测量。平面控制网在框架控制网(CP0)的基础上分三级布设,第一级为基础平面控制网(CPⅠ),主要为勘测、施工、运营维护提供坐标基准;第二级为线路控制网(CPⅡ),主要为勘测和施工提供控制基准;第三级为轨道控制网(CPⅢ),主要为轨道铺设和运营维护提供控制基准。CPⅠ、CPⅡ与高速铁路精密控制测量方式方法基本相同,不同的是测量等级上的差异,而普速铁路CPⅢ布设为导线,在测量方法上与高速铁路有所不同。

高程控制网分二级布设,第一级为线路水准基点控制网,为普速铁路工程勘测设计、施工提供高程基准;第二级为轨道控制网(CPⅢ),为普速铁路轨道施工、维护提供高程基准。

二、主要技术等级

坐标和高程系统的要求同高速铁路,工程独立坐标系在对应的线路轨面设计高程面上的投影长度变形值见表4—2—1。

表4—2—1　平面坐标系统投影长度的变形值

设计速度值(km/h)	平面坐标系统投影长度的变形值
≤160	25 mm/km(1/40 000)

控制网按逐级控制的原则布设,平面控制网的技术要求见表4—2—2,高程控制网的技术要求见表4—2—3。

表4—2—2　平面控制网的技术要求

等级	设计速度值(km/h)	测量方法	测量等级	点间距(m)	备　注
CPⅠ	v≤160	卫星定位	四等	≥800	≤4 km一对点或一个点
CPⅡ	v≤160	卫星定位	五等	400～600	
		导线	一级		
CPⅢ	v≤160	导线	一级	150～200	

注:无砟轨道均按≥250 km/h标准进行。

表4—2—3　高程控制网的技术要求

等　级	速度目标值	测量等级	测量方法	点间距
线路水准基点控制网	v≤160	四等	水准	≤2 km
			光电测距三角高程	
CPⅢ	v≤160	五等	水准测量或三角高程	150～200 m

三、测量要求

CP0、CPⅠ、CPⅡ及高程测量方法同高速铁路精密控制测量，其观测基本技术要求和各项精度指标均按不同等级要求进行，参见第一节测量要求中的（一）~（四）。

对于导线法 CPⅢ，由施工单位在轨道施工前布设，CPⅢ控制点距线路中线的距离宜为 2.5 ~4 m，间距宜为 150 ~200 m。路基地段可埋设在接触网基座方便观测的位置，桥梁上可埋设在挡砟墙顶，隧道内可埋设在电缆槽顶，埋设位置均应安全稳固、不受干扰。

CPⅢ导线采用附合导线形式进行构网，每 400 ~800 m 联测一次高等级的 CPⅠ或 CPⅡ点，每 4 km 进行一次方向闭合。导线测量按五等导线要求进行。CPⅢ复测采用的观测方法、精度指标与原测相同，相邻 CPⅢ点复测与原测连接角较差限差为 ±8″，边长较差限差为 ±8 mm，高差较差限差为 ±8 mm。当较差满足要求时，采用原成果；较差超限时，进行二次复测，查明原因，确认无误后采用同精度内插方式更新成果。

CPⅢ高程按五等水准测量要求进行，每 2 km 与线路水准基点闭合一次。

四、既有铁路线路维护控制测量

目前大量的既有普速铁路未建立控制网，或控制网等级不高、不完整，与新颁布规范及线路养护维修需要不相适应，给线路维护带来一定的困难，这就对既有铁路线路维护控制测量提出了新的需求。结合既有铁路特点及线路维护控制测量的需要，控制网的布设及测量可按如下方法进行。

（1）基础平面控制网及高程控制网点沿线路每 2 km 左右布设一个，埋设在涵洞帽石、既有水泥桩等方便观测且结构稳定的位置，平面控制网点和高程控制网点可共桩。

（2）基础平面控制网采用四等 GNSS 进行观测，利用国家三角点或 A、B 级大地点进行约束；高程控制网采用四等水准测量，附合在国家水准点上。

（3）轨道控制网点在隧道、有挡砟墙的桥梁和允许在电气化杆钻孔的地段与高速铁路轨道控制网点布设方法一致，其他的采用在电气化杆抱箍件方式进行埋设，如图 4—2—1 所示。

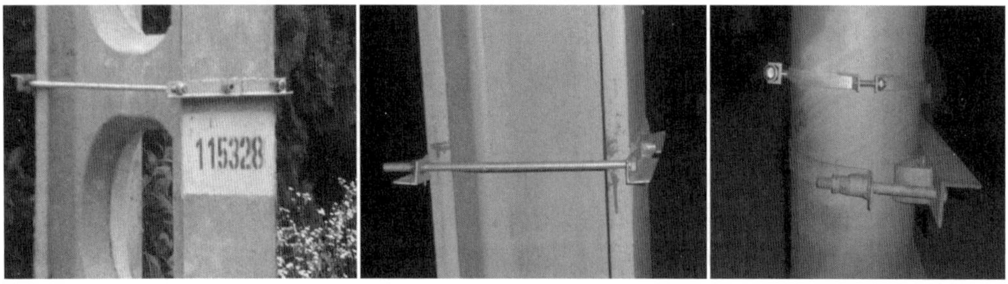

图 4—2—1　轨道控制网点在电气化杆抱箍件方式进行埋设

（4）轨道控制网的平面测量方法与高速铁路轨道控制网测量一致，各种精度要求与时速 250 km及以上铁路的轨道控制网（CPⅢ）的要求相比，可放宽到 2 倍。

（5）轨道控制网的高程测量与平面测量同时进行，采用光电测距三角高程测量，附合精度满足五等水准测量要求。

第三节　主要测量仪器设备简介

一、卫星定位系统

全球导航卫星系统 GNSS(Global Navigation Satellite System)最早起源于美国,1973 年 12 月,美国国防部批准其陆海空三军联合研制新的卫星导航系统 NAVSTAR/GPS,它是 Navigation Satellite Timing and Ranging/Global Positioning System 的缩写词,其意为卫星测时测距导航/全球定位系统,简称 GPS 系统。GPS 系统是以卫星为基础的无线电导航定位系统,具有全能性(陆地、海洋、航空和航天)、全球性、全天候、连续性和实时性的导航、定位和定时的功能,能为各类用户提供精密的三维坐标、速度和时间。

GNSS 除美国的 GPS 系统外,还有前苏联于 1996 年建成的格洛纳斯(GLONASS)全球导航卫星系统和欧盟于 2002 年开始建设的伽利略(Galileo)系统。我国于 2000 年底发射了两颗北斗导航试验卫星,开始建立我国的北斗卫星导航定位系统(BD 系统),截至 2016 年 6 月,已发射升空 23 颗卫星,北斗卫星导航定位系统在亚太区域的组网已经结束,2013 年已向亚太区域提供正式运营服务,并计划于 2020 年实现全球导航定位服务功能。

(一)定位原理

1. 相对定位原理

用两台接接收机分别安置在基线的两个端点,其位置静止不动,同步观测相同的 4 颗以上卫星,确定两个端点在协议地球坐标系中的相对位置,这就叫作静态相对定位。铁路 CP0、CPⅠ及 CPⅡ(除隧道内的 CPⅡ外)都用静态相对定位进行测量。

在高精度静态相对定位中,当仅有两台接收机时,一般考虑将单独测定的基线向量联结成向量网(三角网或导线网),以增强几何强度,改善定位精度。当有多台接收机时,采用网定位方式,可检核和控制多种误差对观测量的影响,明显提高定位精度。

2. 单点定位原理

精密单点定位的实质是采用一台 GNSS 接收机来独立确定其接收天线相位中心在 ITRF 框架中的绝对位置。采用单台双频 GNSS 接收机,利用 IGS 提供的精密星历和卫星钟差,基于载波相位观测值进行高精度定位。观测值中的电离层延迟误差通过双频信号组合消除,对流层延迟误差通过引入未知参数进行估计。

3. 动态定位测量

实时动态测量技术(Real Time Kinematic,简称 RTK)是以载波相位观测量为根据的实时差分 GNSS 测量。它的工作原理是在参考站上安置一台 GNSS 接收机,对所有可见 GNSS 卫星进行连续观测,并将其观测数据通过无线电传输设备实时发送给用户观测站。在用户站上,GNSS 接收机在接收 GNSS 卫星信号的同时,通过无线电接收设备接收参考站传输的观测数据,然后根据相对定位的原理,实时计算并显示用户站的三维坐标及其精度。

RTK 测量系统通常由三部分组成,即 GNSS 信号接收部分(GNSS 接收机及天线)、实时数据传输部分(数据链,俗称电台)和实时数据处理部分(GNSS 控制器及其随机实时数据处理软件),常用于勘测阶段野外数字化测图、新线定测中线测量、既有线中线测量、既有线中平测量等。

(二)GNSS 接收机

GNSS 接收机是接收全球定位系统卫星信号并确定地面空间位置的仪器,按用途分为导航型、授时型和测地型接收机。测地型接收机主要用于精密大地测量和精密工程测量,它定位精度高,仪器结构复杂,价格较贵。测地型接收机按接收载波信号的差异分为单频(L1)型和双频(L1、L2)型。接收机主要由天线单元、信号处理部分、记录装置和电源组成。

新购置的或经维修的 GNSS 接收机必须进行全面检验,使用的接收机需定期检验。经检定符合要求的由检定机构出具检定证书,对于不满足要求的出具检定结果通知书,注明不合格项目。检定周期一般不超过一年。每次开工前进行常规检验,常规检校包括:一般检视、通电检验、基准站与流动站的数据链联通检验、数据采集器与接收机的通信联通检验、对中器、水准器的检校。

二、全 站 仪

全站仪,即全站型电子测距仪(Electronic Total Station),是一种集光、机、电为一体的高技术测量仪器,是集水平角、垂直角、距离(斜距、平距)、高差测量功能于一体的测绘仪器系统,因其一次安置仪器就可完成该测站上全部测量工作,所以称之为全站仪。全站仪与光学经纬仪相比,将光学度盘换为光电扫描度盘,将人工光学测微读数代之以自动记录和显示读数,使测角操作简单化,且可避免读数误差的产生。全站仪的自动记录、储存、计算功能,以及数据通信功能,进一步提高了测量作业的自动化程度。全站仪与光学经纬仪区别在于度盘读数及显示系统。电子经纬仪的水平度盘和竖直度盘及其读数装置分别采用编码盘或两个相同的光栅度盘和读数传感器进行角度测量。电子全站仪由电源部分、测角系统、测距系统、数据处理部分、通信接口、显示屏、键盘等组成,并可开发安装各种机载测量程序。根据测角精度可分为 0.5″、1″、2″、3″、5″、10″等多个等级。

三、水 准 仪

水准仪是根据水准测量原理测量地面点间高差的仪器。水准仪是在 17 ~ 18 世纪发明了望远镜和水准器后出现的。20 世纪 50 年代初出现了自动安平水准仪,90 年代出现电子水准仪或数字水准仪。水准仪主要部件有望远镜、管水准器(或补偿器)、垂直轴、基座、脚螺旋,按精度分为精密水准仪和普通水准仪。水准仪的等级是按仪器所能达到的每千米往返测高差中数的偶然中误差这一精度指标划分的,共分为 4 个等级。水准仪型号都以 DS 开头,分别为“大地”和“水准仪”的汉语拼音第一个字母,通常书写也可省略为字母 D。其后“05”、“1”、“3”、“10”等数字表示该仪器的精度。DS3 级和 DS10 级水准仪又称为普通水准仪,用于三、四等水准及普通水准测量,DS05 级和 DS1 级水准仪称为精密水准仪,用于一、二等精密水准测量。

对于新购置的仪器及水准标尺需进行全面检验,新购仪器以及作业前与跨河水准测量所使用仪器的检验项目、方法和要求按《国家一、二等水准测量规范》(GB/T 12897—2006)与《国家三、四等水准测量规范》(GB/T 12898—1991)中的有关规定执行。其中,对所使用的仪器及水准尺的要求如下:

(1)水准仪视准轴与水准管轴的夹角 i,在作业开始的第一周内每天测定一次,i 角稳定后可每隔 15 天测定一次,DS05、DS1 级≤15″;DS3 级≤20″。

(2)水准尺上的米间隔平均长与名义长之差,因瓦标尺≤0.1 mm,木质标尺≤0.5 mm。

(3)采用补偿式自动安平水准仪时,其补偿误差 $\Delta a \leq 0.2''$。

四、轨道几何状态测量仪

轨道几何状态测量仪具备绝对测量功能,基于线路两旁建立的轨道控制网(CPⅢ)进行绝对定位测量,能够获取轨道的轨距、超高、水平、轨向、高低、扭曲、轨距变化率、平面坐标及高程(左轨、中线、右轨)等轨道内外部几何参数,从而指导轨道精调,其技术条件遵循《客运专线轨道几何状态测量仪暂行技术条件》(科技基〔2008〕86 号)。

(一)系统组成

轨道几何状态测量仪的结构形式主要有 T 型及 I 型两种,不同型号的轨道几何状态测量仪的构成大同小异。T 型轨道几何状态测量仪的硬件组成部分为:可拆卸纵横梁、轨距传感器、里程传感器、倾角传感器、棱镜支柱、电源、无线通信模块、三防笔记本电脑;I 型轨道几何状态测量仪的硬件组成部分与 T 型基本相同,只是横梁为整体结构,且用智能型手簿(PDA)代替了三防笔记本电脑。轨道几何状态测量仪如图 4—3—1 和图 4—3—2 所示。

图 4—3—1　国产轨道几何状态测量仪

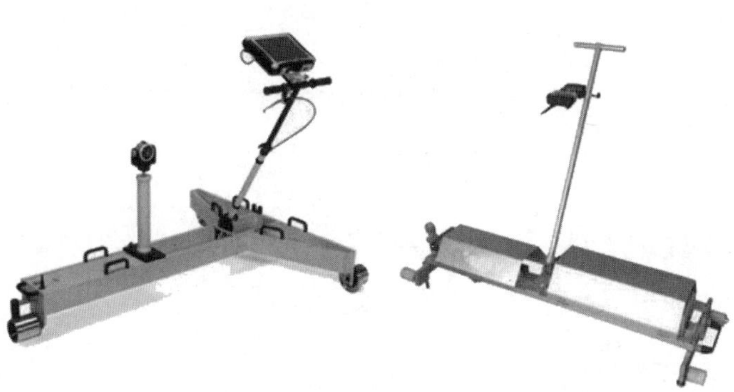

图 4—3—2　进口轨道几何状态测量仪

（二）工作原理

轨道几何状态测量仪与智能型全站仪配合使用，并搭配相应的数据采集与处理专业软件。

作业前进行基础数据准备，包括线路的设计平曲线（交点格式或五大桩格式）、设计竖曲线、设计超高及 CPⅢ点的三维坐标，CPⅢ点三维坐标应输入到全站仪中以用于自由设站，其余的线形数据应输入到配套软件的线路资料管理模块中。

轨道几何状态测量仪基于线路两旁建立的三维控制基准（点对或导线形式的 CPⅢ）进行绝对定位测量，其作业流程如图 4—3—3 所示。

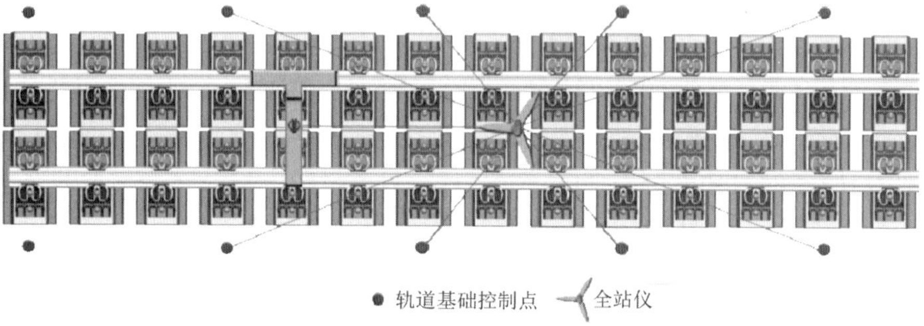

图 4—3—3　轨道几何状态测量仪作业流程

现场作业流程如下：将轨道几何状态测量仪组装上道，首先在直线段轨道的同一位置处进行轨道测量仪的正反向角度采集，以获取倾角传感器的零点；然后将智能型全站仪在距离轨道测量仪约 80 m（对于有砟高速铁路不大于 150 m）的地方架设整平，通过观测至少 8 个 CPⅢ控制点进行自由设站；再将全站仪瞄准轨道几何状态测量仪上的棱镜，即可通过轨道几何状态测量仪的远程控制，操作全站仪观测并将棱镜的三维坐标通过无线通信传输给轨道几何状态测量仪上的控制终端，再结合轨距、超高、里程等数据，计算出当前位置处的左轨、中线、右轨的平面位置及高程，并能与设计值进行比较，得到偏差信息。对于高速铁路无砟轨道线路，应对每一个扣件均进行数据采集，对于高速铁路有砟轨道线路，数据点的步长不宜大于 2 m。

当轨道几何状态测量仪距离全站仪 5 m 以内时，不应再继续测量，而应进行搬站操作。搬站后应至少重叠使用上一站的 4 个 CPⅢ点进行自由设站，并应重复测量上一测站测量的最后 6 ~ 10 根轨枕（承轨台）。搬站后的重叠测量如图 4—3—4 所示。

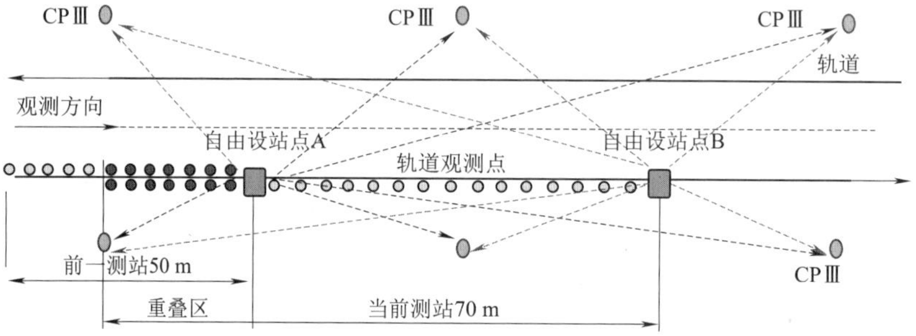

图 4—3—4　搬站测量示意

外业数据采集完成后即可进行内业数据分析。对于无砟轨道，根据《高速铁路工程测量规范》(TB 10601—2009)关于轨道精调的相关要求，进行轨道平顺性分析并得到调整量表，从而指导外业完成轨道调整；对于有砟轨道，利用轨道测量成果中的里程信息、平面偏差及高程偏差，即可提供起、拨道量数据给捣固车进行线路捣固作业。轨道平面偏差及高程偏差的波形如图4—3—5所示。

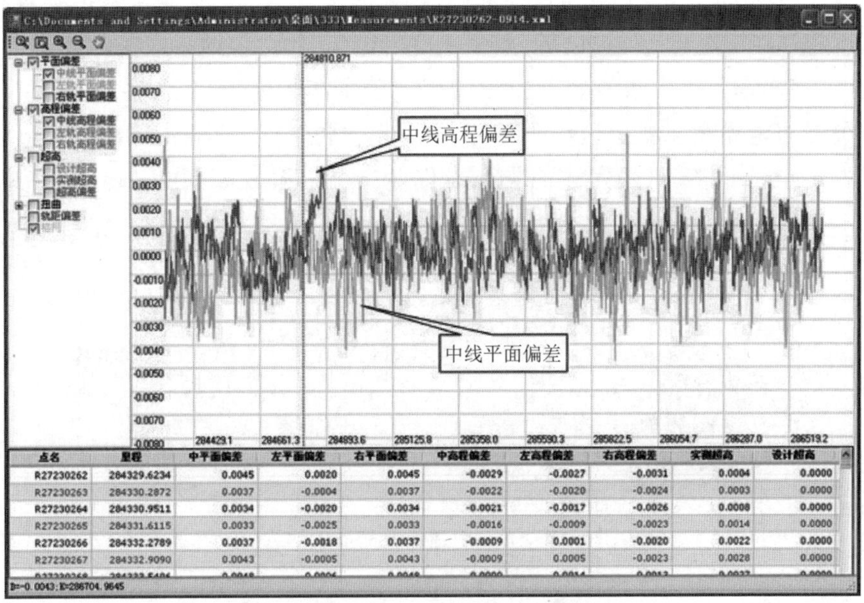

图4—3—5　轨道平面偏差及高程偏差波形

各型号轨道几何状态测量仪的技术参数大体相同，见表4—3—1。

表4—3—1　轨道几何状态测量仪的配置信息及技术参数(mm)

坐　标	轨　距		超　高		配套软件	配套全站仪
	范围	精度	范围	精度		
±3	−25 ~ +35	±0.3	±225	±0.3	专业数据采集与处理软件	智能型全站仪

专业数据采集与处理软件主要包括轨道线形数据编辑、外业数据采集、数据处理、轨道平顺性分析及扣件调整量分析、图形显绘及报表输出等功能，安装在笔记本电脑或PDA上。

五、轨道作业测量车

(一)系统组成

轨道作业测量车(GZC-120)可分为两大部分：测量主车和卫星小车。

测量主车由车架及车钩缓装置、动力及传动系统、前后转向架、司机室、动力间、工作装置和操纵控制系统等组成。全车采用两台两轴转向架，最大自行和连挂运行速度为120 km/h。车架通过心盘连接在转向架上。全车设有前、后两个司机室；司机室内装有用于行驶的各种操纵装置和控制仪表等，可双向运行。此外，前司机室内还装有作业所需的计算机系统和相关操纵装置和控制仪表等，可完成测量作业。车架中部布置有动力间，其中安放动力传动系统，通过传动轴连接的发动机、变矩器、动力换挡箱、分动箱、车轴齿轮箱及轮对等，实现区间高速走行和作业低速走行。在车架前端上部装有卫星小车升降装置，并为卫星小车安放预留空间。在车架前端下部装有测量小车，其上装备完成测量作业所需的各种核心装置和仪器，如激光接收器等。

卫星小车是一个相对独立的单元，由小车架、司机室、走行系统等组成。卫星小车装有小型车轮，由电瓶提供动力，可在钢轨上进行短距、低速运行。小车司机室内装有测量作业所需的测量装置和仪器及其调控装置，如激光发射器等，并可容纳一名工作人员进行操控。不作业时，卫星小车由主车收放装置收起并固定于主车的前上部，与主车组成一体，由主车对小车电瓶充电和高速载运。作业时，由主车收放装置放下并置于钢轨上，由小车的走行系统进行短距离低速运行，完成前导测量作业。全车组成如图 4—3—6 和图 4—3—7 所示。

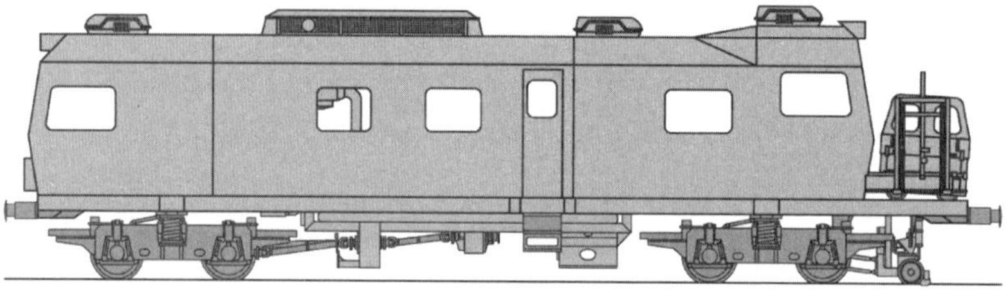

图 4—3—6　轨道作业测量车示意

图 4—3—7　轨道作业测量车整车

（二）工作原理

轨道作业测量车通过对轨道进行测量以获取线路的实际几何状态，并与线路已知的理论几何状态进行比较，输出里程间隔为 5 m 的轨道偏差值，作为捣固车前端起、拨道偏移量，指导捣固车作业。轨道作业测量车在进行测量作业时必须依赖于固定桩系统，固定桩系统是布设在线路接触网杆或挡墙上的控制点标志，通过控制点标志与轨道之间的支距及高差来实现对轨道的测量控制，如图 4—3—8 所示。

轨道作业测量车的工作原理如下：测量工作开始前，线路的理论几何曲线要素和固定桩处钢轨上相应点到固定桩的理论支距和高差必须已知（这些数据由中央数据库管理），并已输入主车计算机系统。测量时,将主车和卫星小车分别开行到两相邻固定桩处,对准固定桩,测出主车和卫星小车相对于固定桩的实际支距与高差,即以固定桩为基准定位;在卫星小车激光发射器和测量主车激光接收器之间建立一束激光(激光弦);测量主车按测量速度向前开行,里程测量传感器测出主车位置,激光接收器跟踪激光弦并测出轨道平面及高程的实际位置,实时输入测量计算机系统,与计算机内已经存在的理论数据进行比较,最终得到线路各点实际线路与理论线路的偏差数据。当主车测量走行到卫星小车所在位置时停止,完成本段两固定桩间测量,卫星小车向下一固定桩开行、对位,如此周而复始地进行大区段作业。整个测量工作以固定桩为基准,所以测得的偏差数据是线路相对于绝对坐标系的偏差。测量成果用于评估轨道的平顺性状态,或是输入捣固车的作业系统,指导捣固车进行捣固作业。测量原理如图 4—3—9 所示。

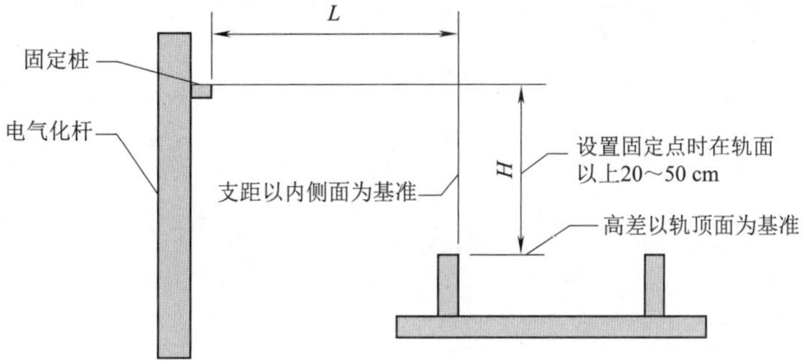

图 4—3—8　支距及高差示意

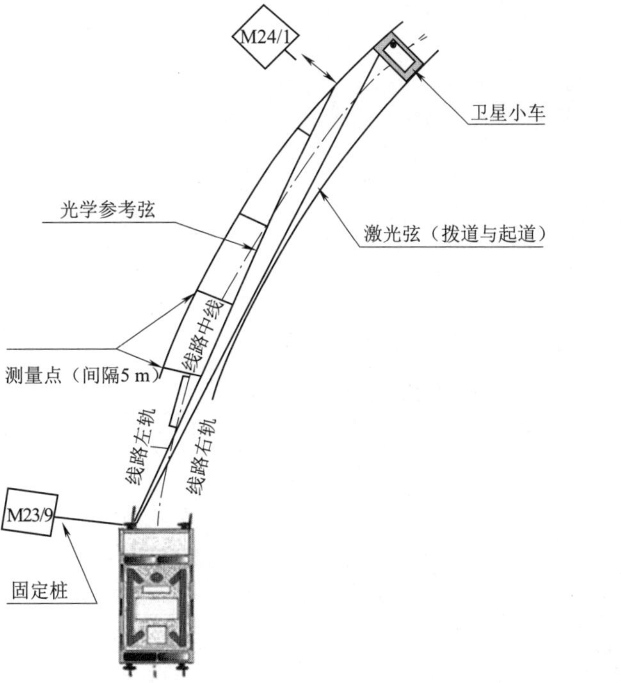

图 4—3—9　轨道作业测量车工作原理示意

轨道作业测量车的主要技术参数见表4—3—2。

表4—3—2　轨道作业测量车主要技术参数

<table>
<tr><td rowspan="2">测量参数</td><td>平面测量范围（mm）</td><td>高程测量范围（mm）</td><td>超高测量范围（mm）</td><td>激光弦最大距离（m）</td><td>测量时运行速度（km/h）</td><td>水平精度（mm）</td><td>轨距精度（mm）</td><td>里程精度</td></tr>
<tr><td>1 000</td><td>400</td><td>180</td><td>250</td><td>2.5～7</td><td>±1</td><td>±1</td><td>0.1 m/100 m</td></tr>
<tr><td rowspan="2">整车参数</td><td>总长（mm）</td><td>总宽（mm）</td><td>总高（mm）</td><td>总重（t）</td><td>功率（kW）</td><td colspan="2">制动方式</td><td>最大自行速度（km/h）</td></tr>
<tr><td>16 052</td><td>3 020</td><td>3 970</td><td>50</td><td>370</td><td colspan="2">空气制动及手制动</td><td>120</td></tr>
</table>

第五章　线路复测

线路复测是对既有铁路的线路、站场的平面、纵断面现状及构筑物、设备的空间位置进行调查、丈量和测绘，主要包括里程测量、中线测量、高程测量、设备调查、地形测量。本章主要介绍普速铁路线路复测。

第一节　里程测量

线路里程测量是沿既有线路进行纵向距离测量，建立全线的里程系统，定出公里标、百米标及设备加标，为既有线中线测量、曲线测量、高程测量、设备标注等提供全线贯通的里程基准。里程测量的方法主要包括钢卷尺量距法及全站仪坐标测距法。

里程测量前需对既有资料进行收集与准备，包括既有线平纵断面图、工务设备台账（车站综合图、线路配线图、各种工务设备表格）。

一、钢卷尺量距法

钢卷尺量距法里程测量是采用钢卷尺配合测量方尺沿线路中心进行距离测量。测量时，沿着既有线路逐段丈量整尺段，最后丈量零尺段，如图 5—1—1 所示。

图 5—1—1　钢卷尺里程测量

（一）钢卷尺的检定和比长改正

里程测量采用的钢卷尺需检定合格或与标准钢卷尺比长，也可与检定合格的全站仪或光电测距仪所测距离比长。当尺长相对误差大于1/10 000时，在量距时加入改正值改正。

（二）测量方尺的制作与检校

测量方尺为T型结构，一般用干燥坚硬的木材制作，短边长度不小于0.5 m，长边尺不短于1.6 m，自短尺外侧量取0.718 m刻线或钻孔（插放测量棱镜），以便确定钢轨的线路中心位置，如图5—1—2所示。

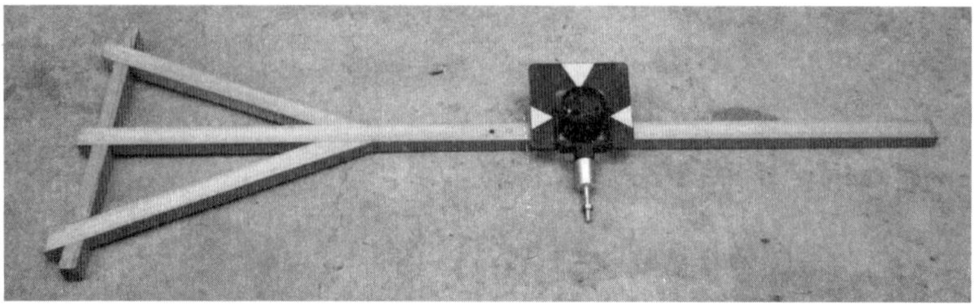

图5—1—2　测量方尺

测量方尺使用时需进行垂直性检校，检校时将T型方尺平放在地面上，用铅笔沿短尺外缘和长尺两边缘划线，然后翻转180°，仍以短尺外缘对准原来划线重新划长尺边缘线。若长尺划线端部错开大于5 mm，则此尺垂直性不合格，需重新调整。

（三）钢卷尺里程测量作业方法

里程应使用钢卷尺丈量两次，第一次丈量在前为主测，第二次丈量在后为复核。相对误差在1/4 000内时取第一次丈量的里程为准。

直线地段的里程测量沿左轨轨面进行，将钢尺平铺在轨顶上，后尺将零位置对准丈量起点，前尺在轨顶划线，并在枕木上写出里程。曲线地段使用方尺丈量线路中心位置的里程，方尺的大头紧密贴住外轨内侧，前尺在20 m处的轨顶划线，并在枕木上写出里程。

二、坐标测距法

坐标测距法里程测量是采用全站仪或GPS-RTK对线路中线进行加标点坐标测量，通过线路加标点坐标推算出线路贯通里程，然后依据特征加标点里程采用钢尺对线路设备进行补充测量，标出线路百米标、公里标，如图5—1—3所示。

坐标测距法里程测量可与中线测量同时进行。测量时，首先对线路中线进行加标点坐标测量，直线地段每50～100 m左右加1点，曲线地段每20 m左右加1点，对于公里标、半公里标、桥头、桥胸、桥尾、隧道进出口、岔首、曲线五大桩、坡标等主要线路设备进行加标。线路加标点设置在线路中心，可采用专业连接杆安装在测量方尺中心。

根据线路加点坐标数据，进行线路里程推算。线路里程推算完成后，依据公里标、半公里标、桥头、桥尾等线路设备的推算里程，采用钢尺丈量进行现场复核并把涵、跨线、道口等需要加标点补齐。

当既有线纵坡大于12‰时，用坐标测距法测量推算的平距应进行坡度改正后计算出斜距，再用改正后斜距推算连续里程。

图 5—1—3　全站仪测量线路中线加标点

三、里程测量的技术要求

（一）里程测量起点确认

里程测量的起点需根据测量范围从既有车站（候车室或运转室中心）、岔首、岔尾、桥梁中心或隧道进出口及其他永久性建筑物中心的既有里程引出，经核对后按原有里程方向连续测量。

（二）里程测量的主要原则

1. 既有双线段的里程一般沿下行线进行测量，并行直线地段采用下行线向上行线投影，曲线地段分别丈量里程，并在曲线终点外 40 ~ 80 m 的直线上设投影断链。

2. 当上行线为绕行地段时单独丈量，所产生的断链设在绕行线终点外 40 ~ 80 m 的直线上。

3. 单线、复线下行线需里程贯通，不设断链。

（三）线路加标

里程贯通测量时，曲线范围内一般为每 20 m 设加标，直线段每 50 m 加标，并对主要线路设备进行加标。需要加标的主要线路设备有：公里标、半公里标、百米标、大中桥两端的桥台及桥梁中心五处（桥头、胸墙、桥中、胸墙、桥尾）、20 m 以下小桥的头中尾、隧道进出口、立体交叉中心、道口中心、信号机、道岔岔首和岔尾、跨越铁路的各种电线、路局分界、工务段分界等。

（四）现场写标

公里标、百米标、50 米标、道岔的岔首、岔尾、车站中心、地道中心、大中桥的头中尾、小桥中心、涵渠中心、立体交叉中心、隧道进出口，区间及进站信号机、车挡等用白色油漆在钢轨左轨外侧轨腰上划位、写标。曲线加标写在外轨内侧轨腰，道口中心写在起端左侧轨外腰。公里标、半公里标写全里程，百米标及加标可不写加号前的公里数，加号的竖线表示里程位置。写标一律字体朝上，字体大小不小于 5 cm。

（五）里程测量记录

里程测量时填写《里程测量记录手簿》，按里程增长方向，记录所有加标位置的里程和属性，并及时进行数据检查复核和相关签署。

第二节　中 线 测 量

既有线中线测量是基于线路平面控制网,对线路中线位置以及曲线段半径、缓长、偏角等曲线要素进行测量和计算。中线测量的内容包括平面控制测量、线路中线加点测量。

一、平面控制测量

(一)导线点布设与测量

导线点一般沿铁路路肩敷设,边长在500 m左右,相邻点间相互通视。点位选在稳固可靠、视野开阔且便于观测的地方。临时性导线点可采用长25 ~40 cm,4 ~5 cm见方的木桩,在桩顶钉入小钉作为导线点的准确位置。较永久性的导线桩,可在木桩周围用混凝土加固。永久性的导线桩可埋设混凝土桩,采用专用金属标志,顶部刻有十字。

导线点测量按照一级导线的要求进行测量,导线附合在高等级平面控制点上,附合路线长度宜为4 ~5 km。导线平差计算时进行测距边长的归化投影计算,并严密平差。对于不满足相应等级要求的导线需返工重测。

(二)外移桩布设与测量

外移桩尽量设置在线路的同一侧,直线地段设在百米标处的左侧路肩上,曲线地段设在百米标处的外侧路肩上。外移桩距线路中心的距离宜为2.5 ~3.5 m,同一线路的外移距宜为等值。中线转点或外移桩间的距离:直线地段不大于500 m,曲线地段不大于200 m。

外移桩测量的技术要求按二级导线的标准执行,与高等级控制网进行联测布设成附合导线,且附合长度不大于5 km。

二、线路中线测量

线路中线测量需连续贯通,直线地段可沿线路中心、外移桩或与外移桩同侧钢轨中心测量。曲线地段沿线路或外轨中心测量。由外移桩转至线路或钢轨中心进行测量时在直线上换侧。中线测量主要采用全站仪、GPS-RTK的坐标法,早期采用偏角法。

(一)采用全站仪的坐标法中线测量

全站仪法中线测量是以既有的线路平面控制网为基准,在导线点或外移桩上架设全站仪,对线路中线加标点进行坐标测量,如图5—2—1所示。根据线路中线坐标,利用专业软件进行直线和曲线计算,计算曲线偏角、半径、缓长等曲线要素以及线路拨道调整量。全站仪法中线测量时,可同时进行线路里程测量。

中线加标点直线段一般50 ~100 m设置一个。曲线上加标点一般每20 m设置一个,当曲线半径过小或曲线长度过短时,需适当加密加标点。圆曲线内不少于三个加标点。曲线上的直缓、缓圆、圆缓、缓直各点,均以现场的三角桩或枕木上的正矢标志判定。站线曲线较短时,加密至10 m或5 m一个点。复心曲线必须多设测点,每个半径所对应的圆弧内不少于三个加标点。

中线加标点测量的距离及竖直角单向观测一测回,两次距离读数较差满足±2 mm时取平均值,竖直角两半测回间较差小于20″时取平均值。水平角正倒镜各测一次,较差在20″以内时取平均值。垂直角观测一测回，指标差之差不得超过15″。

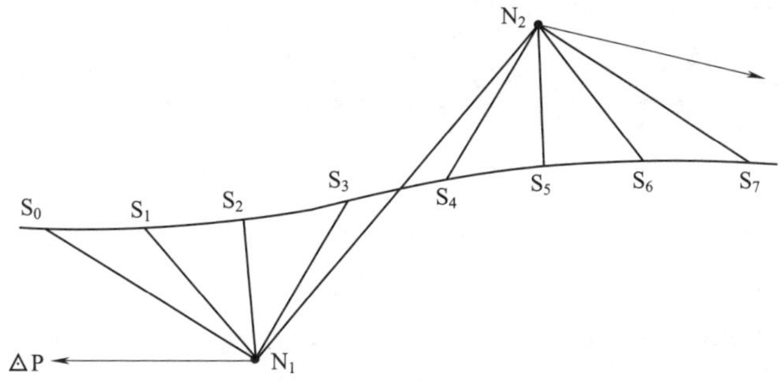

图5—2—1　全站仪法中线测量示意

正线、站线上的曲线，在主导线点或支导线点上测量，一条曲线宜在一个测站上完成，对较大曲线测站不宜超过3个，测距边长不宜大于300 m。联络线、安全线、支线上的曲线可使用自由设站测设。

（二）采用GPS-RTK的坐标法中线测量

GPS-RTK(Real Time Kinematic)技术是建立在载波相位观测值基础上的实时动态差分定位技术，目前已广泛应用于铁路航测外控、铁路新线勘测工作中。在既有线测量中，通过GPS-RTK技术进行作业，可提高作业功效、减少作业成本，并能降低既有线上作业安全风险。

GPS-RTK测量前，分区段计算GPS-RTK坐标转换参数，导入GPS-RTK测量手簿，供外业测量使用。每个测段的长度不大于20 km。相邻两个测段间至少有两个公共控制点参与计算各自测段的转换参数。

GPS-RTK参考站宜设在测区中部附近的等级平面控制点上，或有利于作业的其他临时固定点上。参考站对中误差不大于1 mm。GPS-RTK作业前需利用流动站进行已知点检核，并提供坐标复核数据和坐标系匹配残差数据，作业区域距离参考站不超过5 km。

采用GPS-RTK流动站配合测量方尺对线路加标点进行测量，如图5—2—2所示。测量时将方尺摆放到位，GPS-RTK对中杆对准方尺中心小孔，测存点位须保证气泡居中。平面点测量残差小于15 mm。

图5—2—2　GPS-RTK法中线测量

外业采集的数据首先进行复核控制点的检查,保证所有加点测量数据都为精度合格的固定解。检查合格后,编辑形成数据坐标文件。

(三)偏角法中线测量

直线段中线测量,在导线点、外移桩或线路中心转点上置镜,测量线路中线加点的偏角。在线路中心置镜时,按里程测量的百米标标记,用轨道方尺恢复中心位置。

偏角法测绘曲线是依据里程测量的整 20 m 的加标和构筑物加标与曲线测量起点的里程差,得出各加标点的曲线长度,以测量起点端直线(切线)方向为基准,在设定的中线转点置镜观测各加标点的偏角,计算曲线上各测点的坐标或既有渐伸线长度。曲线测量前根据既有资料或现场标志,估推直缓、缓圆、圆缓、缓直点的里程,在直缓、缓直两端 40 m 以外的直线上设曲线测量的起终点,在靠近缓圆、圆缓的整 20 m 加标处设两个转点,在圆曲线段适当位置设转点。中线加标点偏角测量时,在各转点测量分转向角前,依次测量转点中间各整 20 m加标点的偏角。

中线加点水平角测量采用全站仪正倒镜各测一次,两次较差在 30″内时取均值。

(四)数据处理与曲线计算

数据处理与曲线计算时,根据线路测量成果,计算中线加标点的里程和坐标。曲线计算首先选用台账上或现场曲中标上的曲线要素进行试算,以各点拨道量最小为宜,且内外拨道量均匀分布、曲线起终点拨道量为零。线路中心与桥梁中心的偏差应符合规定:钢梁不大于 50 mm,圬工梁不大于 70 mm,120 km/h < 速度 v < 200 km/h 时,两者均不得大于 50 mm。所有拨道量需满足限界、线间距要求。当计算拨道量过大时,考虑重新选择曲线要素并满足相关规定要求。相邻曲线不得相互侵入,曲线不得侵入道岔。

第三节　高 程 测 量

既有线线路复测高程测量是在全线线路水准网的基础上,对线路所有百米标加标点位置的轨道顶面高程进行测量,为线路纵断面评价和设计提供基础数据。高程测量可采用几何水准测量或光电测距三角高程测量的方法进行,高程测量的内容主要包括高程控制测量(基平)和线路轨面高程测量(中平)。

高程测量前,收集既有铁路沿线附近国家或地方高等级水准点成果,包括控制点点之记、点位高程以及成果等级、高程系统等资料说明;收集既有线路水准点成果,包括施测年代、点位说明、点位高程、成果等级以及高程系统等资料说明。

一、高程控制测量(基平)

线路复测高程测量需在全线既有线路水准基点或 CPⅢ高程网的基础上进行。对于未建立线路水准基点或 CPⅢ高程网的线路,按照第四章的技术要求布设全线线路水准基点高程网。

线路水准基点高程网的测量方法和测量等级见表 5—3—1。

表 5—3—1　高程控制网测量等级及测量方法

测量等级	测量方法	点间距
四等	几何水准	≤2 km
	光电测距三角高程	

高程控制网宜全线统一布网，与国家水准点进行联测，构成附合水准路线。四等及以上水准测量在全线测量贯通后采用严密平差，精度需满足四等水准测量要求。

二、轨面高程测量（中平）

（一）测量方法

轨面高程测量，根据线路水准点或 CPⅢ高程网，对丈量加标点的钢轨顶面高程进行测量，如图 5—3—1 所示。轨面高程测量采用几何水准测量或光电测距三角高程测量方法，起闭于线路水准点，中间设测量转点，在测量转点上进行加标点轨面高程测量。

轨面高程测量时，直线地段测左股轨面，曲线地段测内股轨面，并测量两次。

图 5—3—1　线路轨面高程测量

（二）测量精度

轨面高程测量精度按照五等水准测量要求进行。高程路线起闭于水准点，水准线路闭合差满足精度要求后，按转点个数平差后推算中桩高程。轨面高程两次测量较差应小于 ±20 mm，满足要求后轨面高程以第一次测量值为准。

（三）测量位置

轨面高程测量按里程丈量时所设的公里标、百米标和加标处施测轨面高程。特殊位置进行加标测量，具体如下：

1. 坡度标、曲中点、钢梁桥头中尾、隧道进出口、道口中心、道岔岔首和岔尾等控制线路标高的重点位置均需加标测量，小半径曲线及坡度大于 12‰时需适当加测测点。

2. 站内线路的中桩高程测量，除 50 米标、百米标外，还需测量基线桩顶及重要建筑物和设备的高程，如转车盘盘顶、转车盘盘底、轨道衡、高站台站台顶、站台脚等。

3. 驼峰线路的峰顶每 2 m 加标，峰顶至加速坡末端间每 5 m 设加标，压钩坡起点至峰顶和加速坡末端至中间坡末端每 10 m 设加标，其余地段每 20 m 设加标；站内其他较短的单独线路宜每 20 m 设加标。

三、高程数据处理及纵断面设计

基平高程测量按照四等水准测量要求，检查观测数据测段往返测高差不符值、闭合差、偶然中误差，当闭合环或者附合线路超过 20 个时，还需要计算每公里观测高差的全中误差。在检查的各项指标都满足规范要求后，采用整网严密平差计算各基平高程控制点的高程成果。

中平高程测量以每测段联测的基平控制点为平差起算点，在测段闭合差满足五等水准测量要求后进行测段水准平差，计算测点轨面的高程。

利用测量的轨面高程进行纵断面设计时，参照原有台账，需要重新设计时，应根据运营时速合理选择最小坡段长度，合理设计竖曲线和选择竖曲线类型，竖曲线不得与缓和曲线及圆曲线重叠，竖曲线不得侵入道岔及无砟桥梁。

第四节　设 备 调 查

线路设备调查是指详细准确地统计既有线的设备内容、数量、类型、现状。调查整理的各种成果图表是测绘地形平面图、纵断面图和编制技术设备履历书的依据。调查的内容主要包括桥梁、涵渠、隧道、立体交叉、道口、跨路电线、电气化铁路主要专用设备、车站、工区以及车站内的股道、信号、道岔、站界、行车设备和其他机务、车务设备。

调查工作充分利用已收集的既有资料，进行现场核对，凡需要丈量的必须实地丈量，并在现场写出丈量和调查记录。

一、桥涵、隧道调查

（一）桥梁调查

调查项目包括桥梁名称、结构类型、孔数、跨度、桥梁全长等。桥梁名称按原有名称填写，中心里程指两端挡砟墙间的中心。孔数在现场核对。跨度调查使用钢尺逐孔丈量核对，相差在 0.1 m 以内时，按原资料数据填表。梁、拱结构式样逐孔察看。桥梁全长即桥的两端桥台最外端（包括托盘及基础）之间的距离，复测时与原资料相差在 0.5 m 以内时按原长度填表，但等量调整两端丈量的记录，并在丈量本上简要说明原因。

（二）涵洞、明渠、水管调查

调查项目包括中心里程、结构类型、孔径、孔数、长度及交叉角。

（三）隧道调查

调查项目包括隧道名称、起讫里程、长度、分段衬砌情况、避车洞及限界。起迄里程按丈量的进口、出口里程填写。隧道长度指线路中心两洞口的距离。新测长度与原有长度相差在 1/2 000 以内时，按原有长度填表，并在丈量记录本上将两洞口里程等量调整，同时做简略说明。分段衬砌情况按该隧道的断面式样及其衬砌资料，在变化处量出里程填入表。避车洞填写该洞的中心处里程、宽、深、高及在线路的左右侧。

二、跨线及车站调查

（一）跨线调查

调查项目包括中心里程、名称或种类、交叉角、杆位到线路中心距离。中心里程指穿越铁路中心的交叉处里程（复线指下行）。名称或种类分为高压线、电力线、通信线。非正规电线不填表，绕行线分别填表，站场内与正线无关的电线不填表，交叉角与涵渠相同填法。

（二）车站调查

调查项目包括车站名称、工区名称、中心里程、站内的股道名称、编号、所有信号机、道岔、警冲标、站台等。股道名称和编号一般以工务提供配线图为准，并在现场认真核对。划分股道要求不重复、不漏线。股道全长及有效长计算考虑丈量时的断链改正。实地调查道岔的开向，整铸还是组合辙叉。所有信号机都必须现场调查核对，注明信号机的种类、位置、里程朝向。警冲标现场无标的要做调查记录，利用警冲标计算有效长度时，可按道岔号数与警冲标设置规定，计算警冲标里程。站台调查包括站台的种类，是旅客站台还是货物站台，每个站台在两端量取宽度，在站中量取高度。

第五节　地 形 测 量

地形测量是对线路路基边坡以内的建筑物、设备和线路状态，以及边坡以外的自然地形、地物和地貌进行测量，并以地形图表示，地形图比例尺一般为1∶2 000。地形测量可采用航空摄影测量法和全站仪法、GPS-RTK法等数字化测图方法进行。

航空摄影测量法数字化测图是目前既有铁路地形图测量优先采用的方法，具体在第六节阐述。

全站仪、GPS-RTK数字化测图以线路平面和高程控制网为控制基准，采用全站仪边角测量法或GPS-RTK法测设图根点，进而对测图范围内的地形、地物特征点等地形碎部点进行测量，采用专业地形图图例符号进行地形图表示。

一、图根点测量

在进行地形碎部点测量前，需要以线路平面和高程控制网为控制基准，进行图根点测量。地形测量图根点可用附合导线法、支导线法和GPS-RTK法测设，起闭于导线点或GPS点。图根点相对于邻近控制点，平面点位中误差不大于图上0.1 mm，高程中误差不大于1/10基本等高距。

二、地形碎部点测量原则

1. 地形碎部点的密度根据测区内地物、地貌的情况而定。特征地形点选在地物轮廓的起点、终点、弯曲点、交叉点、转折点上以及地貌的山顶、鞍部、山脊线、山谷线及其他地面坡度变换或方向变换之处。一般地形点的选取根据图面每方格网高程点分布密度要求，在已有特征地形点的基础上内插进行选取。地形点的密度一般为图上约每隔2～3 cm一个，且尽量布置均匀。

2. 测量人员在测量作业时，本着不遗漏特征点的原则，依照地物、地貌形状，由近及远、再由远及近，按顺序进行。多组同时作业时，按照分区做好接边工作。

3. 现场草图由专人进行绘制，并做到随测随绘。草图上所有线划、符号和注记，均在现场完成，并严格遵循看不清不描绘的原则。

三、全站仪法地形碎部点测量

采用全站仪法进行碎部点测量的主要作业流程包括全站仪设站、全站仪定向、碎部点测量、草图绘制等。地形碎部点测量可采用支导线法测量，宜以外移桩点、导线点或钢轨中心作测站，必要时可设置地形转点，但不宜连续设置2个以上的转点。在测站上作业前，核对后视点的距离和高程，并检验已测的明显地物点或测点，观测时间较长及移站前均检查后视方向。全站仪仪器对中误差不得大于5 mm，仪器高和棱镜高量至0.01 m。

数据采集开始前和结束后，对后视点的距离和高程进行检核，距离较差不大于图上0.1 mm，高程较差不大于1/6基本等高距。

四、GPS-RTK 法地形碎部点测量

在地势开阔的地区，可采用 GPS-RTK 作业方法测量地形碎部点，其测量速度比全站仪更快。根据实践经验，1个 GPS-RTK 流动站的作业速度是1台全站仪作业速度的2～4倍。

GPS-RTK 测量碎部点的作业模式可分为点模式和线模式两种。采用点模式作业时，测量一个点需进行一次数据记录。对于公路、水渠、田埂等线状地物或连续地形，采用线模式将具有更高的作业效率。

数据采集前，检测不低于图根点精度的1个已知点。平面较差不大于图上0.2 mm，高程较差不大于1/5基本等高距。

根据测图比例尺的精度要求在 GPS 控制器上设置精度指标，当测点的精度满足精度指标时存储测量点成果。在测量记录各个点时，输入测量点的属性（点号、代码），必要时在现场绘制地形草图，标明点的连接关系。

GPS-RTK 直接得到了地形碎部点的坐标和相应测量精度，内业数据处理主要包括删除含有粗差的观测值及进行数据存储格式的标准化转换。一般根据测图精度要求和 RTK 测量结果中的中误差来删除含有粗差的观测值。数字化成图软件都有其规定数据格式，根据成图软件的需要对观测数据进行格式转换。

五、内业数字化成图编辑

根据外业地形测量控制点坐标文件、碎部点文件及图形文件，采用专业数字化成图软件进行内业地形图编辑。图形编辑时根据编辑样图和草图，按照铁路行业标准或国家标准进行分层编辑和相关层编辑。

六、地形图的质量检查

地形图的数据检查主要包括空间参考系、位置精度、属性精度、完整性、逻辑一致性、表征质量和附件质量七个方面。地物点在图上的点位中误差需符合表5—5—1的规定，高程

中误差需符合表 5—5—2 的规定。

表 5—5—1　地物点位中误差

地形图比例尺	点位中误差(mm)
1∶500、1∶1 000	1.6
1∶2 000	Ⅰ、Ⅱ级地形:1.0; Ⅲ、Ⅳ级地形:1.2;困难时:1.6

表 5—5—2　高程注记点和等高线的高程中误差(m)

地形等级	Ⅰ		Ⅱ		Ⅲ		Ⅳ	
误差类别 / 地形图比例尺	高程注记点	等高线	高程注记点	等高线	高程注记点	等高线	高程注记点	等高线
1∶ 500	0.20	0.25	0.40	0.50	0.60	0.75	0.80	1.00
1∶ 1000	0.40	0.50	0.60	0.75	0.80	1.00	1.20	1.50
1∶ 2000	0.60	0.75	0.96	1.20	1.60	2.00	2.00	2.50

第六节　铁路航空摄影测量

在铁路工程建设勘测设计中,航空摄影测量起重要的作用,利用航空摄影手段可以快速获取所需的各种比例尺地形图,为铁路勘测设计提供基础地形数据。在铁路运营维护阶段,航空摄影测量同样起着极其关键的作用,利用航空摄影手段可以快速测绘沿线的各种比例尺地形图,制作数字正射影像图册,建立既有铁路三维可视化管理系统,满足运营维护管理和铁路信息管理的需要。

一、航空摄影测量技术

摄影测量经历了模拟摄影测量、解析摄影测量和数字摄影测量三个发展阶段。航空摄影测量航摄仪也从最初的手控照相机,经历了胶片式(如 RMK 型、LMK 型、MRB 型、RC 型)航摄仪后,向数码框幅式航摄仪(如 DMC、UCD、UCX、SWDC)和数码线阵式航摄仪(如 ADS40、ADS80、ADS100)以及三维激光雷达(LIDAR)、合成孔径雷达(INSAR)、机载成像光谱仪等航空遥感仪器发展。

(一)常规航空摄影测量

常规航空摄影测量是数字摄影测量时代与全数字摄影测量时代的划分标识,其最主要的特点在于常规航空摄影测量中航摄仪获取的影像信息承载于胶片内,需经过数字化后与数字摄影测量系统进行对接。常规航空摄影仪主要由物镜、快门、光圈、暗盒(胶片)、机械传动装置等组成。曝光后的底片只是目标的潜影,须经过摄影处理后才能显示影像。常规航摄仪的成像原理与普通相机相同,在空间摄站上摄影的瞬间,地面上视场范围内的目标的辐射信息一次性地通过镜头中心后在焦平面上成像。

用于航空摄影的摄影仪有 RC 系列摄影仪(如 RC-30)、LMK 系列摄影仪(如 LMK2000)、RMK 系列的 TOP 摄影仪以及 HS2323 摄影仪。比较新型的航摄仪都带有 GPS 自动导航和自动曝光控制系统,它能自动控制飞机按预先设计航线飞行和控制摄影机按一定间隔曝光,并能及时记录曝光时刻的摄站坐标。RC-30 航摄仪作为常规航空摄影的典型代表,使用 RC30 航摄仪获得的资料是航摄底片,获得用于测图的数字影像需经过冲洗、打号和扫描工序,从而与后续数字摄影测量作业流程进行对接。

(二)数字航空摄影测量

数字航空摄影与常规航空摄影测量的最大区别在于其直接获取数字化影像,不需要中转于胶片,减少了照片显影以及扫描的过程,从而略去了因显影、压平扫描等操作带来的一系列误差。也就是说,数字摄影测量中,不仅产品是数字的,而且中间数据的记录以及处理的原始资料均是数字的。

数码摄影机就是采用影像传感器来形成影像的模拟电流信号,经过模拟/数码转换处理后记录在影像存储卡上,形成数码影像文件。当前主流的影像传感器有 CCD(Charge-coupled Device,电荷耦合元件)和 CMOS(Complementary Metal Oxide Semiconductor,互补性氧化金属半导体)。传感器是决定数码影像质量的关键因素。

数字航空摄影按摄影仪的不同可分为面阵数字航空摄影、线阵数字航空摄影和激光航空摄影。面阵 CCD 航空摄影仪如 DMC、UCD、SWDC 等,线阵 CCD 的航空摄影仪如 ADS40/ADS80 等,激光摄影系统(LIDAR,Light Detection And Ranging)如 ALS50 系统、ALTM 系统等。

(三)无人机低空摄影测量

无人机低空摄影是利用遥控航模搭载非量测型普通数码相机进行摄影,具有快速、灵活、低成本、高影像分辨率等特点。它适用于人工无法进入的危险区域或面积较小的区域作业,以及各类灾害的应急监测和灾区重建等工作。但无人机低空摄影的影像受飞行质量影响,影像处理比较复杂,数据处理大多采用专业软件。

无人机飞行系统由无人机飞行平台、传感器、飞控系统、地面监控系统以及地面保障系统五部分组成。飞行平台由机体、操控系统、通信系统和动力系统组成;传感器为经过精确检校后的小型数码相机;飞控系统由机载 GPS、惯导系统、气压传感器和飞行控制系统等部件组成,可以实现无人机按设计航线自主飞行;地面监控系统包括地面工作站、监控软件系统、通讯系统和维护系统;地面保障系统主要由运输车和后勤安全保障车组成。

(四)IMU/GPS 辅助航空摄影测量

航空摄影测量中的一个关键环节是获取影像数据的外方位元素来确定摄影瞬间摄影仪的位置和姿态,从而恢复被摄范围的立体模型。全球定位系统 GPS(Global Positioning System)可以确定物体的空间位置信息,称为定位。惯性测量单元 IMU(Inertial measurement unit)可以确定物体的姿态信息,称为定姿。IMU/GPS 的组合可以获取航空摄影测量中影像数据的初始外方位元素,直接作为观测值引入摄影测量区域网中进行带权平差,经采用统一的数学模型来整体确定地面目标点位和像片方位元素,并对其质量进行评定,这种技术称为 IMU/GPS 辅助航空摄影。由于 IMU 设备昂贵,并非每种航空摄影系统都配有 IMU,往往只配有 GPS 数据。将 GPS 数据单独作为观测值引入平差模型中进行计算,称为 GPS 辅助航空摄影测量技术。

IMU/GPS 的集成系统被称为 POS(Position and Orientation System)系统,该系统可与传统框幅式相机 RC30、RMK/TOP、数码相机、ADS40/ ADS80/ ADS100 和 Lidar 等摄影设备配套使用,实现高精度航空摄影的定位与定姿测量,用于精确测量摄影瞬间摄影仪的位置和姿态,免去或减少外业控制点的布设和测量,加快地形图和影像图制作的周期和效率。

二、航空摄影地形图测绘

航空摄影地形图测绘可用于制作各种比例尺的地形图,主要包括航空摄影申请、航空摄影计划书编制、航空摄影实施、航空摄影验收、外业控制测量、外业像片调绘、内业空中三角测量、内业测图与编辑等工作内容。

(一)航空摄影申请

进行航空摄影地形图制作时,需要进行航飞以获取大比例尺影像,在执行航飞任务前1~2个月时间,必须按照相关的流程和手续申请并办理航飞权,然后才能进行飞机转场、雷达设备及地面人员进场、实施航飞任务等工作。

(二)航空摄影计划书编制

航空摄影是航空摄影测量作业获取原始影像信息的主要手段,也是航测作业中非常重要的一道工序。在航空摄影进行之前,需要制定航空摄影计划书。航摄计划书的编制主要是为了确定切实可行的技术方案,保证航测产品符合技术标准和用户要求。航摄计划书主要根据地形图比例尺、DEM 高程精度、DOM 平面精度等要求确定飞行任务的周期、飞行高度、飞机机型选择、飞行区域和航线划分、点云的密度、点间距、影像地面分辨率等技术标准。

(三)航空摄影实施

航空摄影实施过程主要包括设备的安装、调试与检查、飞行操作与数据采集。在设备抵测区现场之后,首先需要进行检查,完整无误后方可进行设备安装、调试。在飞行过程中,航摄员必须记录此次飞行的起飞时间、降落时间、空中情况等信息,做好当天的航摄记录表。飞行任务完成后,不要立即撤销飞行计划,需要现场检查数据,确保资料合格。如果存在问题,需再次组织航飞,直到整个任务结束。

(四)航空摄影验收

航空摄影验收是指对航空摄影成果进行质量检查,主要包括数据完整性和数据质量两方面的验收。检查内容主要包括航向重叠度、旁向重叠度、像片倾角、像片旋偏角、航线弯曲度、航摄漏洞、影像分辨率、影像清晰度、影像层次、影像反差、影像色调、云影等,如果航空摄影成果为胶片,则需按照规范要求检查底片的平均密度、灰度密度、最小密度、最大密度、像点位移误差、是否损毁等内容。

航摄验收完成后及时编写验收报告,报告的主要内容包括:航摄工作概况、航摄技术标准、验收的依据、航摄仪技术参数、完成的航摄面积、对成果资料质量的基本评价、存在的问题及分析处理意见等。

(五)外业控制测量

以已知的高等级控制点为基准,在实地测定航测内业空中三角测量或测图所需控制点的平面位置和高程的工作,称为外业控制测量。除进行大比例尺测图或工点成图时所需的控制点采用全部在外业实测外(全野外控制测量),在大多数情况下,只在野外测量必须的控制点,以此为依据,在室内利用解析空中三角测量方法,加密出测图所需的全部控制点。

外业控制测量需要根据航摄资料、地形等级、成图比例尺等因素确定,选取合理的布点方法进行外业控制点的布设和测量。典型布点方法有航线网布点、区域网布点、全野外布点和特殊情况布点。由于铁路航空摄影测量是带状测图,大多数采用航线网布点,如图 5—6—1 所示,局部地段(多方案、特大站场、枢纽、特大桥)是多航线,则采用区域网布点。航线网布点有:六点法、双五点法、五点法三种布设形式。

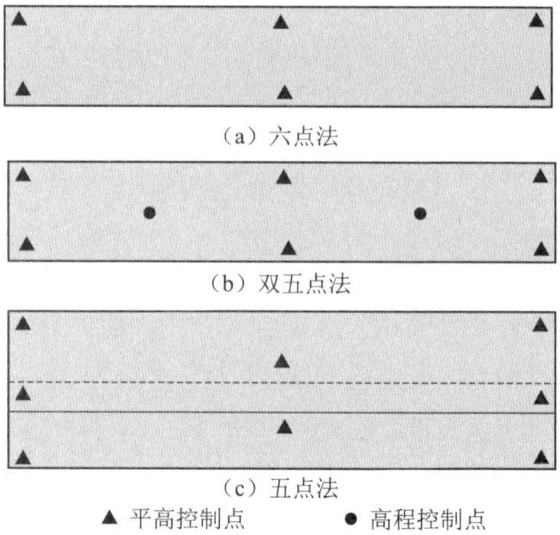

图 5—6—1　航线网布点

外业控制测量一般采用 GPS 快速静态进行测量,如图 5—6—2 所示,如果布设的控制点在 GPS 接受信号不满足要求时,采用全站仪进行测量,如图 5—6—3 所示。测量同时需在相应像片上进行刺点并绘制草图或拍摄测量时的像片供内业使用判别。

图 5—6—2　GPS 像控点测量

图 5—6—3　全站仪像控点测量

(六)外业像片调绘

航摄像片真实记录了地面上的大量信息,不仅有丰富的地形图要素,还包含有多种专业,诸如地质、水文等信息。像片调绘就是通过像片的判读和实地调查,将地物、地貌等各种地形要素,按规定的符号,绘制在像片上,供内业测图使用。像片调绘包括资料和工具准备、绘制调绘范围线、室内判读、实地调绘、室内整饰等内容。

1. 资料和工具准备:1∶50 000 军用图、调绘作业片、图示符号、立体镜、放大镜、绘图工具(玻璃铅笔、直尺、绘图笔、墨水等)、透明纸。

2. 绘制调绘范围线:自由边用黑色表示,上下左右的接边线用红色表示,并写接边片号,测段接边写测段号 + 航线号 + 片号(如 N5-3 5112)。

3. 室内判读:根据军用图标注地名或大的水系、道路名、境界;借助立体镜对调绘区的地貌进行判读;选定合理的调绘路线。

4. 野外调绘：居民地、厂矿、新增地物、独立地物、电力线和管线、道路、水系、境界、植被和密林区植被高度、地貌的实地调查和确认。

5. 室内整饰：将野外调绘的实际内容用符号、线型、文字说明表示在像片上。

6. 绘制调绘片拼接示意图，注明绘制者、日期。

7. 调绘片检查，资料返回，成果提交。

（七）空中三角测量

空中三角测量就是利用航空摄影影像与所摄目标之间的空间几何关系，通过立体模型的量测，利用布设和测量的像片控制点作为约束点，平差计算出加密点的平面和高程及像片外方位元素的测量方法。现在一般采用全数字摄影测量工作站进行空中三角测量工作，其基本原理与解析摄影测量相同。数字摄影测量可利用影像匹配代替人工量测，避免了粗差，提高了空中三角测量的精度和效率。空中三角测量作业流程如图 5—6—4 所示。

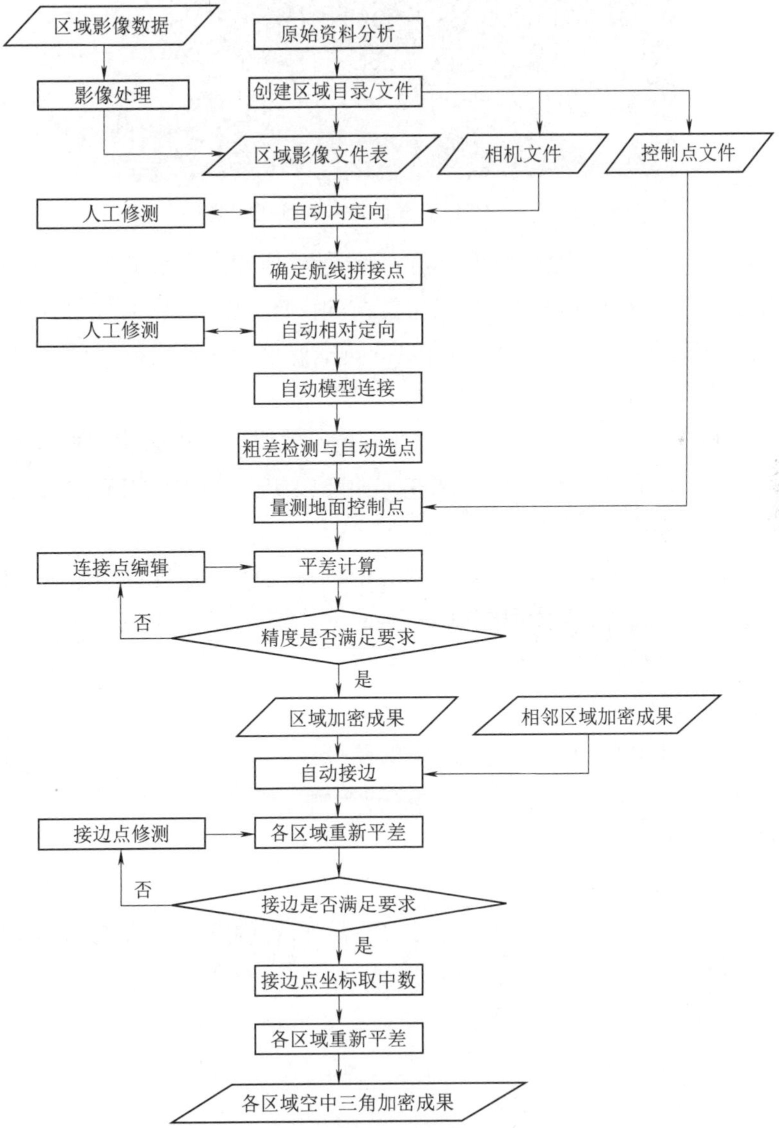

图 5—6—4　空中三角测量作业流程

(八)内业数字测图与编辑

1. 数字化测图

航测数字化测图是指利用航空摄影资料在专业的数字摄影测量系统中,以数字形式分层采集和记录地形地貌元素,通过图形编辑,生产出全要素地形图,既可绘制线划地形图又可用磁介质提供数字地形图产品,如图 5—6—5 所示。

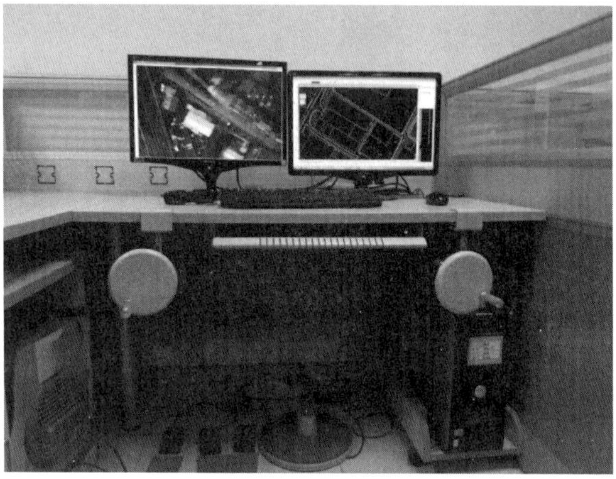

图 5—6—5　数字化测图设备—数字摄影测量系统

数据采集需要准备的资料包括空中三角测量成果、像控点测量成果、调绘像片以及扫描影像(或数字影像)等。作业前需要进行技术方案的设计,包括定向和地物采集的精度指标,数据格式,地物地貌的分类、分层,线型和符号的特殊要求等。地物符号库、线型库和汉字库按规定的图式符号和制图标准建立。

通过像对内定向、相对定向和绝对定向建立立体模型。数据采集原则是“外业定性,内业定位”,当外业调绘确有错误时,内业可根据立体模型进行纠正。采集的地物、地貌元素做到无错漏、不变形、不移位。

相邻像对之间的采集数据必须在测图过程中进行连接和接边。相邻像对地物、地貌的接边在立体模型上进行,接边差合理配赋,配赋时注意避免地物、地貌变形。每个像对测完后,根据采集要求进行检查。

2. 数字化图编辑

航测内业数字化图编辑是在数字化测图的基础上,根据外业测量及调绘、调查的结果,遵照国家标准和行业标准图式规范,按照一定的编辑原则,对所采集的图形数据进行修改、增删和编排工作。

既有线地形平面图是通过既有线复测和航空摄影测量的方法,对既有铁路的线路状态、设备、技术性能及线路两侧的地形、地物进行测绘调查,经内业图形采集、编辑制作成的地形图。地形平面图附有车站内道岔、股道、主要行车设备、站曲线等重要要素,它是既有铁路测量的重要成果,是掌握既有线路设备技术状态的主要依据。因此,要求从事既有线地形平面图编辑人员熟练掌握编辑软件应用,符号线型运用恰当、地物地貌表示合理、无错漏,既能保证图面精度,又能做到图面美观、清晰。

编辑完成的图形文件需与相邻图形文件进行接边处理,接边后按照规定的图幅分幅,最后输出地形图成果,进行质量检查后提交成果。数字化图成果如图 5—6—6 所示。

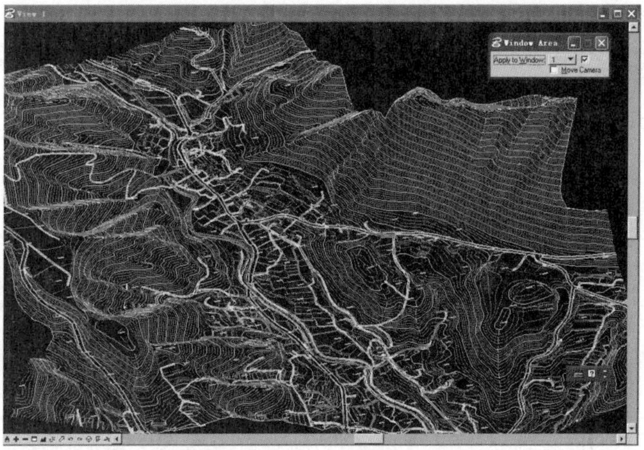

图 5—6—6　数字化图成果

三、铁路正射影像图册制作

铁路正射影像图册制作是基于航空或航天摄影数字影像,采用专业软件制作铁路沿线数字高程模型(DEM)、正射影像图(DOM),并对沿线采集的地形图进行编辑,将矢量地形图与正射影像图进行叠合形成铁路正射影像图册,分幅后打印装订成册。铁路正射影像图册主要用于铁路既有线沿线现状、铁路设备等的查询和管理。

(一)数字高程模型(DEM)制作

数字地形模型(DTM,Digital Terrain Model)是一个用于表示地面特征的空间分布的数据阵列,是地形表面形态属性信息的数字表达,是带有空间位置特征和地形属性特征的数字描述。数字地形模型中地形属性为高程时称为数字高程模型(Digital Elevation Model,简称 DEM),如图 5—6—7 和图 5—6—8 所示。DEM 通常用地表规则网格单元构成的高程矩阵表示,广义的 DEM 还包括等高线、三角网等所有表达地面高程的数字表示。在地理信息系统中,DEM 是建立 DTM 的基础数据,其他的地形要素可由 DEM 直接或间接导出,如坡度、坡向、断面等。DEM 的表达形式有多种,体系较为复杂,在工程应用中,主要采用不规则三角网和规则格网两种方式表示 DEM。

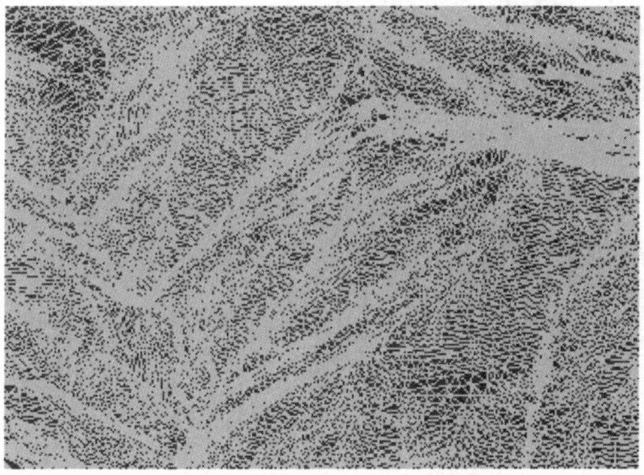

图 5—6—7　DEM 网格图

图 5—6—8　DEM 渲染图

DEM 的建立主要有以下几种方法：

1. 数字摄影测量方法

这是 DEM 数据采集最常用的方法之一。利用数字摄影测量系统，通过自动匹配并利用匹配结果进行人工或半自动量测方式生成 DEM 数据。

2. 矢量数据生成

提取数字地形图的数据或扫描纸质地形图矢量化生成的数据。

3. 空间传感器

利用全球定位系统 GPS，结合航天雷达和激光测高仪等进行数据采集，或利用机载激光雷达系统获取地形数据。使用机载激光雷达，可以快速获取大范围区域 DEM，激光雷达获取 DEM 具有速度快、精度高、信息丰富、自动化程度高等特点。

4. 地面测量

利用全站仪、GPS-RTK 等在野外进行实地测量。这种方法适用于小范围的 DEM 数据采集，或是对既有 DEM 数据进行补充。

（二）数字正射影像图制作

数字正射影像图（Digital Orthophoto Map，简称 DOM）是将扫描数字化（或直接以数字方式获取）的航空像片（或航天影像），利用数字高程模型，经数字微分纠正、数字镶嵌，再根据图幅范围裁切生成的影像数据集。数字正射影像图具有直观、易于判读、地形图数学精度和影像特征、易于快速更新、从中可提取丰富的资源信息和社会发展信息等优势，如图 5—6—9所示。

制作正射影像图的关键在于数字微分纠正。根据相关的参数与数字高程模型，利用相应的构像方程式或按一定的数学模型利用控制点进行解算，从原始非正射投影的数字影像获取正射影像。这种过程是将影像化为很多微小的区域逐一进行，且使用的是数字方式处理，所以称为数字微分纠正。目前，常用的数字摄影测量系统都提供自动进行数字微分纠正制作正射影像图的模块，只是在操作上有些差别。进行制作时，需要对测区内地形、植被、水域、行政划分、县镇、水利设施、交通等信息进行搜集，对原始影像进行全面质量检查。

图 5—6—9　数字正射影像图

数字正射影像图制作通常有以下两种方法：

1. 航空摄影测量制作 DOM

利用工作范围内的空中三角测量资料，基于数字摄影测量系统中的 DOM 制作模块，引入编辑后的 DEM 进行作业，达到消除地形起伏引起的投影差，同时进行影像增强与色彩平衡，使得产品达到良好的视觉效果。正射影像进行镶嵌时，需要注意影像的接边及灰度平衡、几何处理，此外，还需考虑线状地物和面状地物的完整性，实现邻接正射影像的无逢拼接。

2. 航天遥感测量制作 DOM

通常是基于单景影像进行，要求卫星遥感影像 DOM 的点位中误差不大于 2 个像元，黑白影像灰阶不低于 8 bit，彩色影像灰阶不低于 24 bit，灰度直方图呈正态分布。影像应纹理清晰、层次丰富、反差适中，目视效果好；融合后的影像色彩接近真实自然，色彩均衡一致，无明显偏色与拼接痕迹。

（三）矢量地形图编辑

制作正射影像图册需将矢量图与正射影像进行叠合，当矢量图的比例尺与正射影像图册的输出比例尺不一致时，需要将带状图中的各种符号、线型、注记等进行缩放。由于带状图内容繁多，有些信息不需要在图册中表示，因而需根据要求删减不必要的地物、地貌。矢量图编辑工作需要在专业的矢量图形处理软件系统下完成。

1. 矢量地形图删减

根据任务要求，通常需要保留以下内容。

（1）地貌

只保留与铁路正线有关地貌，包括铁路正线、进站信号机、区间信号机、桥梁、道口、涵洞、地道、天桥、倒虹吸、输水槽、河流流向、行政区划界线等主要地貌。

（2）地貌注记

城镇及村庄名称、重要单位名称、街道及公路名称、水系名称（河流、湖泊、水库等）、行政区划界线注记等。

（3）既有线资料注记

只保留与正线有关的注记，包括铁路正线公里标、信号机属性与里程、桥涵及道口结构与里程、天桥及地道名称与里程、立交的名称与里程、倒虹吸及输水槽名称与里程、车站名称与里程、养路工区名称、工务段分界、铁路局分界、断链等重要注记。

2. 矢量地形图缩放

矢量图删减完成后，要对其进行缩放。矢量地形图的缩放以基点为原点进行。

（四）图册分幅及输出

矢量地形图编辑完成后，将正射影像与矢量地形图的叠合生成正射影像图册，如图 5—6—10所示，然后进行分幅输出。矢量地形图与正射影像调整重合后，开始布置图幅，根据生成的像册比例尺和打印用的纸张，确定图幅参数，设置完成后打印输出图册，如图 5—6—10所示。

四、铁路工务三维地理信息管理系统

铁路工务三维地理信息管理系统采用先进的图形学理论、计算机软件技术、图形图像显示技术，在三维 GIS 平台上利用航空摄影获取的铁路沿线 DEM、DOM 数据建立铁路真三维模型，实现铁路构筑物三维直观展现、快速浏览和定位查询，并可以进行各种量测和计算，同时根据系统建立的海量数据库，可对铁路沿线的地形图、地界图、综合图、纵断面图、设备诸表、精密工程测量控制网进行管理和查询。

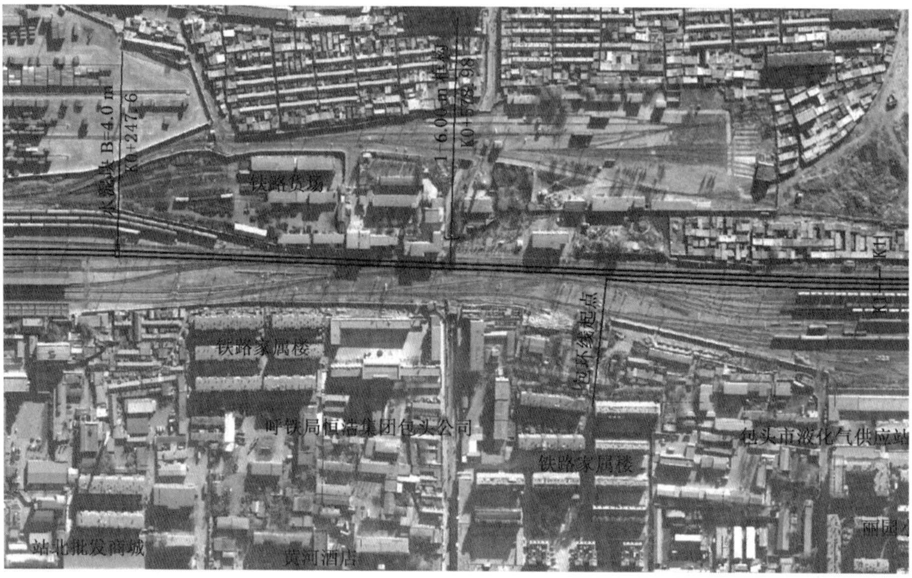

图 5—6—10　正射影像图册

（一）基础数据准备

1. 根据航空摄影测量数据，获取铁路沿线数字高程模型（DEM）和数字正射影像（DOM），用于铁路沿线三维景观地面模型建立。用带有地理信息的数字高程模型表达铁路沿线地形起伏及地貌状态，纠正并制作本区域的正射影像图，构建基于地理坐标的真三维地面景观模型。

2. 铁路沿线的地形图、地界图、综合图、纵断面图、设备诸表、精密工程测量控制网根据系统数据库的建库要求，建立全线数据库。

（二）系统实现主要功能

1. 铁路三维可视化信息管理系统

系统支持大范围三维地形场景的动态调度，提供多尺度、多角度的三维再现和无缝漫游，具有矢量地形图加载、地形和模型层操作、批量添加标注、双向查询、量测分析、坐标定位、淹没分析、填挖方计算、视域分析等功能，如图 5—6—11 所示。

2. 铁路地形图查询

可按图号、铁路线路中心里程或铁路线路的起讫里程查询所需的地形图，用户可根据自己业务需要选择显示所需的信息。

3. 复测资料查询

对复测的各设备如车站、股道、道岔、水准基点、涵渠、坡度、曲线、桥梁、隧道、道口、立交等工务设备属性数据按给定条件进行查询，在权限许可下可编辑属性数据，可把查询的结果形成标准的 Excel 表格。

图 5—6—11　铁路三维可视化信息管理系统

4. 纵断面和综合图的自动形成及查询

自动形成是根据给定的起终里程直接从数据库提取所需的数据直接绘成纵断面图或综合图,对于已经绘制完成且存放在数据库里的纵断面图和综合图可根据相应的里程浏览查询。

5. 精密工程测量控制网查询

可按点号或铁路线路起讫里程查询精测网的成果资料,显示控制点所在位置和点位周围图片,可把查询的结果形成标准的 Excel 表格。

第六章　线路变形监测

第一节　监 测 内 容

铁路建设期主要关注工程建筑本体的变形以及潜在地质灾害区的监测，主要有线下工程沉降观测及评估、区域地面沉降监测、隧道量测监控、大桥监测、基坑开挖监测等内容。运营期间对受运营或周边建设影响的桥梁、路基、隧道等构筑物和受运营影响的周边地表、建筑物、管线等的变形需要进行监测，主要监测内容有：沿线区域地面沉降监测、沿线地质灾害监测、路桥隧等特殊构筑物变形监测、轨道变形监测等。

一、沿线区域地面沉降监测

铁路下部建筑物的沉降直接影响到线桥设备的质量状态，而只有通过全面、细致、高精度的运营监测，才能掌握线桥结构的具体变化情况，尤其是对处在区域地面沉降范围内的线桥结构进行实时监测显得尤为重要，它对于确保铁路运行的安全平稳性和舒适度具有十分重要的意义。

目前的监测方案以水准测量为主，水准沉降观测网基准点为基岩点；工作网点由深埋点、普通水准点、地面监测点、差异沉降区桥墩加密监测点组成，沿线路方向布设，在线路两侧一定范围增加监测点，形成条带状的监测网，按二等水准测量标准进行施测。由于水准测量点位密度及线状因素所代表区域地面具有一定的局限性，还可结合应用 InSAR 技术进行宏观大范围监测，以增加区域性面状数据，更加方便直观地对区域地面沉降进行分析。

二、沿线地质灾害监测

铁路选线设计时一般会选择在地质条件较好的地区，但是有时不良地质区域也不能完全避开，影响较大的主要有高危边坡、滑坡、地裂缝、采空区等沿线地质灾害。

(一)高危边坡、滑坡监测

由于我国山区地形条件困难、地质结构复杂，在铁路建设过程中，深挖高填工程十分普遍，高危边坡以及潜在的滑坡对铁路的安全影响成为一个重要的问题。边坡稳定是一个复杂的、多参数岩土力学问题，除采取工程措施外，对其现场监测也是保证工程安全的重要措施之一。对高危边坡、滑坡进行地表的变形测量分两部分进行，一部分为平面位移测量，另一部分为垂直位移测量。

由于边坡、滑坡分布在线路一侧或两侧，其平面和垂直位移一般均向下垂直铁路线路中线方向进行，根据其变形特点，可以将平面位移变形测量传统的测角、测距简化为以距离测量为主来进行。垂直位移监测使用高精度水准测量来进行，即可准确测量出其沉降情况。

(二)地裂缝监测

由于地质构造活动或地下水开采引起的不均匀沉降引发的地裂缝,地裂缝带的未来活动极有可能会引起铁路路基的混凝土基础开裂、轨道变形和桥梁的桥柱倾斜、桥墩不均匀沉降和错位及桥梁面板的挤压变形等工程结构病害,这将会对铁路的安全运营构成严重影响,因此,很有必要对铁路穿越地裂缝带的结构进行变形监测。变形监测分水平位移和垂直位移两个方面,水平位移采用位移计自动化监测或采用光电测距技术进行,垂直位移以水准测量结合应用 InSAR 技术进行监测。

地裂缝按重点监测地段和一般监测地段采用监测断面方式进行点位布设。重点监测地段在地裂缝出露明显区垂直地裂缝设置测线,对地裂缝的主变形带、影响带、稳定带埋置标志点进行观测,在与线路相交段落的线位两侧设置测线,埋置标志点。水平位移监测主要采用光电测距精密导线结合水平位移计自动监测进行。利用光电测距监测位移,或用坐标测量的方法测得地裂缝两侧监测点的坐标,分析地裂缝的位移趋势。对于活动较大的安装水平位移计和沉降计进行自动监测。

(三)采空区监测

在铁路运营过程中,需要随时掌握采空区的变化情况及其变化规律,以便及时采取有效工程措施确保铁路运营过程中的安全,因此,对沿线地下采矿的控制和对采空区进行变形测量是十分必要的。由于采空区巷道分布错综复杂,多为不规则的形状,大体呈面状,区域分布范围较大,如果对采空区整体进行变形监测,工作量十分巨大。对于铁路来说,将交叉处线路附近一定范围内地面区域及穿跨越采空区的线路建(构)筑物作为重点监测的区域和对象,即可将监测的变形体分为两部分看待:一是线路与采空区交叉的地面,即采空区;二是铁路建(构)筑物。对采空区宜采用 InSAR 技术进行监测,对建(构)筑物变形监测采用水准测量方法更为可靠。

三、路基、桥梁、隧道等特殊构筑物的监测

在精密工程测量控制网基础上,建立沉降变形监测网,对全线桥梁、路基、隧道等构筑物进行沉降普查性监测,根据不同情况制定有针对性的监测技术方案,通过定期、不定期的普查性监测,先初步掌握全线的变化规律后,对于变化不确定及具有突发性可能的严重影响运营安全的重点工点,可通过日常常规监测加安装自动化传感器监测相结合的方式进行。综合沉降变形监测数据及精测网复测等相关数据对线路工程等进行沉降变形评估分析,并对沉降变形趋势做出预测,定位可能出现安全隐患的地段。对变形速率大的重点工程地段宜采用诸如静力水准测量能够实现自动监测的系统,由自动化监测系统实现远程控制和数据处理、报表,形成全天候、适时、自动监测、自动报警的自动化监测。对各种监测建立变形监测数据库,与线、桥、路等各设计专业对接进行监测分析,并结合动、静态检测结果综合分析,提出综合性建议、意见及解决方案。

铁路构筑物需要重点监测的有以下几种情况:

(1)存在区域地面沉降地区的构筑物;

(2)膨胀岩土、湿陷黄土、岩溶发育区等不良、特殊地质区段的构筑物;

(3)经过建设期监测确定后续可能存在继续沉降的构筑物;

(4)线路附近或周边有异常如开矿、打井等行为的地段；
(5)路桥、路隧等不同构筑物过渡段和存在差异性沉降较大的区域；
(6)大跨桥梁、长大隧道。

四、轨道变形监测

为了实时掌握轨道几何状态情况，进行动态及静态检测工作。动态检测是应用轨检车进行局部不平顺和线路区段整体不平顺的检测工作。动态检测的特点是快速检测线路轨道的不平顺，但不能给出准确的轨道精调量。静态检测主要是应用轨道几何状态测量仪进行轨道质量静态平顺度检查工作，对动态检测出的不平顺段落，用静态方法精确测量。轨道几何状态检测的内容主要包括轨距、轨向、高低、水平、扭曲以及轨道中线三维坐标。在铁路运营维修过程中，针对线路状态病害区段，可以利用线上 CPⅢ控制网，使用轨道几何状态测量仪对轨道的中线坐标和轨面高程、轨距、水平、轨向、高低等静态几何参数进行检测。根据检测成果对轨道的平顺性进行分析，并计算出轨道扣件的调整量，指导现场轨道调整和养护维修，以保证轨道几何状态的稳定，满足轨道运行平顺性的要求。

第二节　监 测 方 法

一、变形监测主要方法

根据监测项目的特点、精度要求、变形速率以及监测体的安全性等指标，可采用一种或几种不同的监测方法进行。可采用几何测量、物理传感器测量、卫星定位测量、近景摄影测量和三维激光扫描等方法，主要监测方法见表 6—2—1。

表 6—2—1　变形监测方法

类　别	监　测　方　法
水平位移监测	三角形网、极坐标法、交会法、GNSS 测量、正倒垂线法、视准线法、激光准直法、精密测距、伸缩仪法、多点位移计、倾斜仪等
垂直位移监测	水准测量、液体静力水准测量、光电测距三角高程测量、InSAR 等
三维位移监测	全站仪自动跟踪测量法、卫星实时定位测量法(RTK)、三维激光扫描测量法、摄影测量法等
主体倾斜	经纬仪投点法、差异沉降法、激光准直法、垂线法、倾斜仪等
监测体裂缝	精密测距、伸缩仪、裂缝计、位移计、三维激光扫描测量法、摄影测量法等
轨道平顺性	轨道几何状态测量仪、轨面高程测量等

二、变形监测网

(一)变形监测精度等级

铁路变形测量的内容包括路基、涵洞、桥梁、隧道、车站以及道路两侧高边坡和滑坡地段的垂直位移监测和水平位移监测。变形监测网可采用独立坐标和高程系统，按工程需要的精度等级建立，并一次布网完成。

铁路变形监测的精度等级按监测量的中误差小于允许变形值的 1/10 ~ 1/20 的原则进

行设计，见表6—2—2等级要求。变形监测频率根据监测目的、变形量的大小和变形速率等因素进行设计。变形监测频率既要系统地反映变形过程，不遗漏变形的时刻，又要科学制定以降低监测的工作量。

表6—2—2　变形测量等级划分及精度要求(mm)

变形测量等级	垂直位移测量		水平位移观测
	变形观测点的高程中误差	相邻变形观测点的高差中误差	变形观测点的点位中误差
一等	0.3	0.1	1.5
二等	0.5	0.3	3.0
三等	1.0	0.5	6.0
四等	2.0	1.0	12.0

(二)变形监测基准网

变形监测网由基准网和观测网组成，基准网分为水平位移监测基准网和垂直位移监测基准网。

水平位移监测基准网可采用独立坐标系统一次布设；控制点宜采用有强制归心装置的观测墩；照准标志采用强制对中装置的觇牌或红外测距反射片。水平位移监测基准网的主要技术要求见表6—2—3。

表6—2—3　水平位移监测网的主要技术要求

等级	相邻基准点的点位中误差(mm)	平均边长(m)	测角中误差(″)	测边中误差(mm)	水平角观测测回数		
					0.5″级仪器	1″级仪器	2″级仪器
一等	1.5	≤300	0.7	1.0	9	12	—
		≤200	1.0	1.0	6	9	—
二等	3.0	≤400	1.0	2.0	6	9	—
		≤200	1.8	2.0	4	6	9
三等	6.0	≤450	1.8	4.0	4	6	9
		≤350	2.5	4.0	3	4	6
四等	12.0	≤600	2.5	7.0	3	4	6

垂直位移监测基准网布设成闭合环状、结点或附合水准路线等形式。水准基点埋设在变形区以外的基岩或原状土层上，亦可利用稳固的建筑物、构筑物设立墙上水准点。垂直位移监测基准网的主要技术要求见表6—2—4。

表6—2—4　垂直位移监测网的主要技术要求(mm)

等级	相邻基准点高差中误差	每站高差中误差	往返较差、附合或环线闭合差	检测已测高差较差	使用仪器、观测方法及要求
一等	0.3	0.07	$0.15\sqrt{n}$	$0.2\sqrt{n}$	DS05型仪器，视线长度≤15 m，前后视距差≤0.3 m，视距累积差≤1.5 m。宜按国家一等水准测量的技术要求施测

续上表

等级	相邻基准点高差中误差	每站高差中误差	往返较差、附合或环线闭合差	检测已测高差较差	使用仪器、观测方法及要求
二等	0.5	0.15	$0.3\sqrt{n}$	$0.4\sqrt{n}$	DS05 型仪器，宜按国家一等水准测量的技术要求施测
三等	1.0	0.30	$0.6\sqrt{n}$	$0.8\sqrt{n}$	DS05 或 DS1 型仪器，宜按二等水准测量的技术要求施测
四等	2.0	0.70	$1.40\sqrt{n}$	$2.0\sqrt{n}$	DS1 或 DS3 型仪器，宜按等水准测量的技术要求施测

基准点建立或选设在变形影响范围以外便于长期保存的稳定位置，宜选用 CPⅠ、CPⅡ控制点以及线路水准基点，其平面控制点一般设有强制归心装置，高程基准点宜使用基岩点、深埋水准点。当需要增设基准点时，按照线路水准基点的要求增设基准点。使用时作稳定性检查与检验，并以稳定或相对稳定的点作为测定变形的参考点。每个独立的监测网设置不少于 3 个稳固可靠的基准点，且基准点的间距不宜大于 1 km。

(三)变形监测观测网

观测网由工作基点和监测点组成，其测量精度同基准网。

工作基点选在比较稳定的位置。对观测条件较好或观测项目较少的工程，可不设立工作基点，在基准点上直接测量变形观测点。

监测点设立在变形体上能反映变形特征的位置，并与建筑物稳固地连接在一起，不但要求设置牢固，便于观测，还要求形式美观，结构合理，且不破坏沉降变形体的外观和使用。

沉降变形点的布设原则如下：

线路上需要监测的构筑物：监测点沿线路方向按一定的密度在线路纵、横断面上布设，纵断面上的间隔因监测的需要而定。

路基监测包括路堤、路堑及滑坡监测，路基每个断面的观测点分布在轨道、路肩、路堤或路堑上。一般铁路采用四等、高速铁路采用三等垂直位移观测精度进行。高路堤、深路堑及沿线滑坡监测时，监测点布设在滑坡体上，并按滑动方向及特征布设若干断面，并在影响路基段加密布设观测断面。

桥梁变形监测的精度根据桥梁的类型、结构、用途等因素综合确定，一般铁路特大型桥梁的监测精度不宜低于二等，大型桥梁不宜低于三等，中小型桥梁可采用四等；高速铁路桥梁变形监测不宜低于三等。监测点布设在能反映变形特征的部位，需要监测的墩身上埋设 1 ~4个垂直位移观测点，分设于墩身底部高出地面或常水位 0.5 m 左右的位置，点位宜布置成对角形式。梁体监测点设置在支点和跨中截面，每孔梁的测点数量不少于 6 个。也可布设倾角计、静力水准仪等自动化监测传感器进行监测。

隧道监测点布设在不良地质、断层、衬砌结构裂缝较多等地段，一般采用三等变形测量精度进行。监测点布设在隧道顶部、底部、两腰，以及相应段落内的轨道。也可采用三维激光扫描、收敛计、裂缝计等手段进行。

三、水准观测

水准观测一般进行往返观测，形成闭合或附合水准路线，对于监测点，也可采用中视法进行。为保证观测精度和数据的连续性，每周期的变形观测，宜采用“五固定”原则，即采用相同的图形或观测路线和观测方法，使用同一仪器和设备，固定观测人员，固定基准点和工作基点，在基本相同的环境和观测条件下工作。

四、全站仪观测

利用全站仪观测水平位移，主要有构网法（如导线网、三角网、边角网、测边网）、交会法、极坐标法以及自动跟踪测量。采用交会法、极坐标法和自动跟踪法时，测站采用有强制对中装置的观测台或观测墩上，变形观测点采用观测棱镜或反射片。

五、卫星定位测量

卫星定位测量有静态和动态测量，主要可用于基准点的稳定性监测，以及沿线地质灾害的水平位移监测。静态测量一般有两种监测模式，一种同控制测量，在变形体上设置观测点，定期逐点采集数据，通过后处理获得各期之间的变形，另一种是在每个监测点上都安置一台 GNSS 接收机或 GNSS 天线阵列变形监测系统，实现全天候、全自动化监测及自动处理和分析。系统由 GNSS 接收机、GNSS 多路天线共享器、GNSS 信号放大器、无线通信设备、计算机网络、系统控制与数据处理软件、网络数据库、变形分析与预报软件等组成。可实现实时监测、自动传输、远程处理。

动态测量由于其精度的限制，只能对变形较大（厘米级以上）的变形体进行监测。

六、三维激光扫描测量

地面激光扫描仪主要由激光测距仪、垂直角度传感器、水平角度传感器、垂直方向的步进电机、水平方向的步进电机、倾斜补偿器及数据存储器等组成。其本质上也是一种测距测角仪器，通过极坐标和交会原理快速地获取物体的三维坐标，扫描原理如图 6—2—1 所示，可用于桥梁梁体变形，隧道限界、裂缝等的监测。

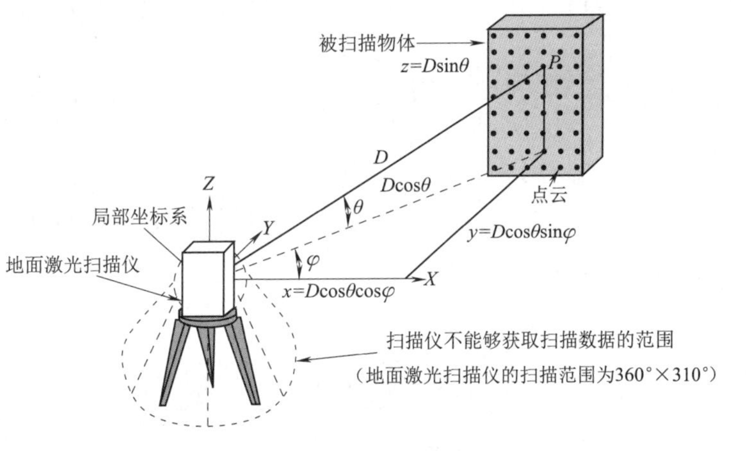

图 6—2—1　地面激光扫描仪的扫描原理

地面激光扫描仪的激光测距仪发射一束强度足够的激光束至被测的物体上，经过被测物体表面的反射后，激光测距仪获得仪器至投射点之间的距离，在记录距离值的同时，仪器也同时记录由角度编码器获取的水平角度和垂直角度。由步进电机驱动仪器的上补和激光束转向镜分别绕垂直轴和水平轴旋转,实现激光束在地面激光扫描仪的扫描范围内旋转,达到对被测物体不同位置扫描的目的。

对变形体进行周期性的三维激光扫描来监测其变化,三维激光扫描数据处理主要步骤有点云坐标转换、点云过滤、数据裁剪与拼接、点云去噪、高程值平滑、建模(DEM)、对比分析。

七、自动化监测

人工变形监测存在较多的缺点,不能适应变形速度太快或监测点太多;难以实现同一时刻获得许多个测点上的变形;有时监测间隔太短,变形过程需要大量短时间间隔的观测数据描述;监测环境太恶劣,噪声、高压、高热、高磁场或人无法到达;监测不能影响生产和运行管理等。这就促使变形监测自动化。自动化监测技术是20世纪60年代随着计算机技术、网络通信技术的发展而发展起来的一种全新的监测技术,由于监测系统的各个环节都可以实现自动化,因此,自动化监测有多种含义。一是数据处理自动化,俗称“后自动化”;二是实现数据采集自动化,俗称“前自动化”;三是实现在线自动采集数据、离线资料分析,俗称“全自动化”。自动化监测主要包括数据采集自动化、数据传输自动化、数据管理自动化和数据分析自动化等内容。

自动化监测系统根据布置形式主要有集中式监测系统、分布式监测系统、混合式监测系统及网络集成式监测系统。监测系统由传感器、电缆、采集站、监测分站、监测总站、管理控制中心组成。

传感器是感应建筑物变形等各种物理量的仪器设备,它将距离、角度、高差、倾角等几何量及其微小变化转化为电信号输送到采集站,传感器种类有振弦式、电阻式、电容式、光纤光栅式等。常用的传感器有倾角计、位移计、静力水准、伸缩仪、裂缝计、倾斜仪等。将这些传感器安装在监测系统中,通过数据获取、信号处理、数据转换与通信,可将成百上千个测点上的数据传送到数据处理中心,实现持续监测和数据的自动记录、传输与处理,即变形监测自动化。

较为常用的有在桥梁上使用的倾角计,在路基和桥墩上使用的静力水准仪。

(一)倾角计

倾角计的构造如图6—2—2所示。两个光纤光栅分别布置于组件的中间并与两端相互连接。其中,左端为可动端,右端为固定端。光纤光栅倾角计的两侧各连接刚性杆并固定。当光纤光栅倾角计的左侧刚性杆相对右侧刚性杆产生一个相对转角时,安装于传感器中的两个光纤光栅的波长将发生变化,通过波长的变化量,可以推算出转角角度。光纤光栅倾角计工作原理如图6—2—3所示。

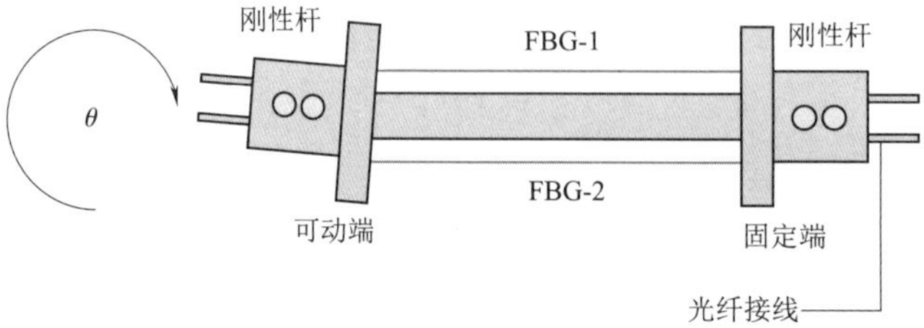

图6—2—2　光纤光栅倾角计构造示意

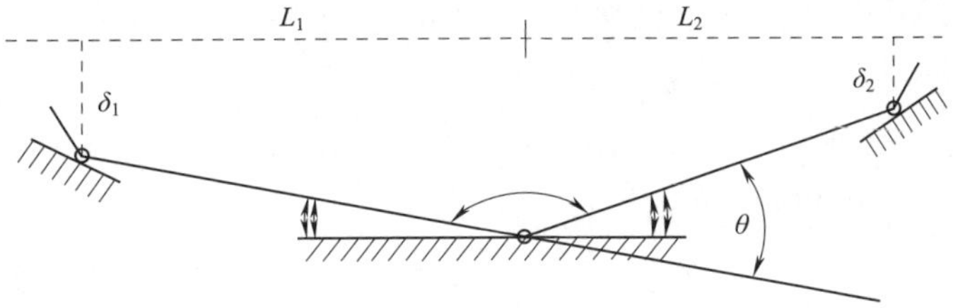

图 6—2—3 光纤光栅倾角计工作原理

对于需要监测的桥梁,可以使用自动化监测方式进行监测,将弯曲式传感器布置于简支箱梁内,监测简支梁的竖向变形;将倾角计布置于两孔简支梁接缝处,用于监测两相邻梁面之间的相对转角。传感器测点布置如图 6—2—4 所示。

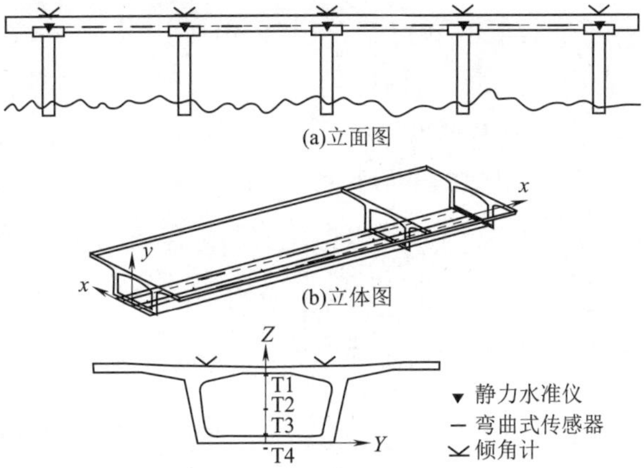

(a)立面图

(b)立体图

(c)截面图

图 6—2—4 传感器测点布置

(二)静力水准仪

静力水准仪是一种精密液位测量系统,该系统设计用于测量多个测点的相对沉降。使用中,一系列传感器容器使用通液管连接,每一容器的液位由一精密振弦式传感器测得。传感器下挂有一个浮筒,当容器液位发生变化时,浮筒所受浮力即被传感器感应。其系统组成如图 6—2—5 所示。

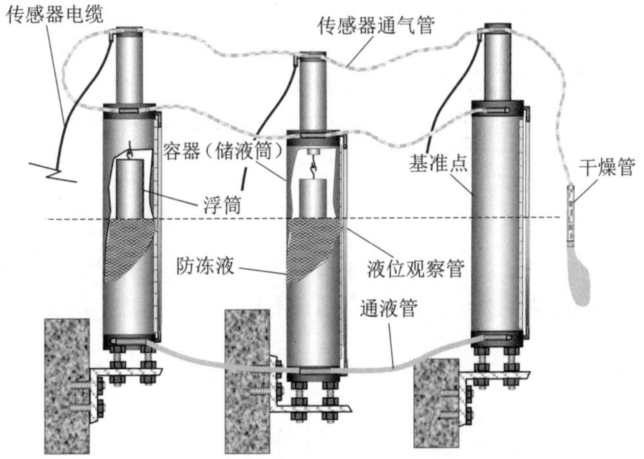

图 6—2—5 静力水准仪系统组成示意

在多点系统中，所有传感器的垂直位移均是相对于其中的一点（这一点又叫基准点或参照点）的变化，基准点的垂直位移是相对稳定的或者是可用其他人工观测手段来确定，以便能精确计算静力水准系统各测点的沉降变化。系统可实现自动数据采集及 GPRS 通信模块进行无线通信，实时采集数据及进行数据处理。

静力水准仪可用于路基、桥梁地段及过渡段处，实时监测结构物差异沉降。路基地段一般布置在路肩上，对于桥墩的差异沉降可以在桥墩上直接安装静力水准仪。

（三）阵列式位移传感器（SAA）

阵列式位移传感器（SAA，Shape Accel Array）是可以被放置在一个钻孔或嵌入结构内的变形监测传感器，它由多段连续节串接而成，内部由微电子机械系统（MEMS）加速度计组成，采用微机电感应方式和阵列式计算原理，实时获取连续变形曲线，是一种新型的监测系统。SAA 每 8 个节段组成一个基本单元（八位组或分阵列）。每个基本单元由 1 根电缆、7 个关节和 8 根传感器节段组成，每个传感器节段均配备加速度计和微处理器，其中第 4 根节段还增加了温度传感器。它具有精度高（1 根 24 m 的 SAA 测量精度优于 ±1 mm）、稳定性高、可重复使用、量程大（20 cm 以上的变形量程）、自动化、抗干扰能力强、免维护等特点，可安装在隧道衬砌上，进行全断面实时监测，也可在滑坡监测、桥梁挠度测量、路基沉降监测中应用。

八、合成孔径雷达干涉测量（InSAR）技术

InSAR 是 20 世纪 60 年代末发展起来的，利用合成孔径雷达的相位信息提取地表的三维信息和高程变化信息的一项技术。进入 90 年代，ERS1/2、JEAR、RADARSAT-1 的成功发射为 InSAR 的研究提供了星载 SAR 数据，InSAR 的研究也从纯理论研究阶段跨入实用研究阶段。

由于水准测量点位密度及线状的局限性，结合应用 InSAR 技术进行监测，会大大增加区域性面状数据，及时掌握铁路沿线的沉降情况以适时调整观测周期，核定重点监测区域。基于 InSAR 技术可实现对铁路全线的区域性地面沉降监测，同时结合水准测量资料和精密复测资料，可使得铁路施工运营监测的工作量大大减少。

在铁路工程中，实施区域沉降监测方式分为两种，一种是进行铁路工程全线的区域沉降监测，获取全线的概略沉降情况，预测其沉降趋势，寻找重点监测区域。这种大范围的区域监测尺度达几百千米，具备连续性，其沉降监测精度约为 5 ~ 10 mm，该方法数据源通常采用中低分辨率的 SAR 数据，如 Envisat、ERS、ALOS 等，这些数据价格低廉，覆盖范围广，性价比较高，但较低的影像分辨率不足以实现对铁路线上具体目标的解析，难以实现对点目标的精确定位。另一种是对重点里程和线上目标的沉降监测，该方法数据源采用高分辨率的 SAR 数据，如 TerraSAR-X，Cosmo-skymed 等，其沉降监测精度可达 5 mm 以上，这些数据最高分辨率达到 1 m 以上，能够精确实现对铁路线上既定目标的监测，便于与传统水准、精测方法融合、互补。

九、地面微波干涉雷达

地面微波干涉雷达是一种新型对地变形监测技术，采用步进频率连续波、合成孔径雷达和干涉测量等三项先进技术。它与 InSAR 具有相同的技术原理，但与 InSAR 相比，具有更高

的时间分辨率和空间分辨率；与卫星定位测量、全站仪等测量技术相比，它具有空间连续覆盖的优势。它对地面目标的监测具有长测程、高精度和高时间分辨率等特点，可实现对大型站房、桥梁、边坡等工程的微小位移变化监测。国外主要设备有欧洲委员会的 LISA、意大利的微变形监测系统 IBIS 等。

十、轨道几何状态测量系统

轨道几何状态测量系统由轨道几何状态测量仪、测量机器人（伺服全站仪）、计算机及软件系统等组成，轨道几何状态测量仪由计算控制中心、高精度倾角传感器、高精度轨距传感器、供电电池、滚轴、精密棱镜、蓝牙等组成，可以对轨道的中线坐标和轨面高程、轨距、水平、轨向、高低、扭曲、里程等静态几何参数进行检测，利用 CPⅢ控制网进行自由设站，通过全站仪测量轨道几何状态测量仪的棱镜，经过控制中心对倾角传感器、轨距传感器的一系列计算，计算出轨道轨道中线坐标和轨面高程，监测线路变形情况。

第三节　数 据 处 理

一、数据处理方法

变形监测数据分析主要包括两方面内容：一是对变形进行几何分析，即对空间变化给出几何描述，二是对变形进行物理解释。几何分析的成果是判断影响铁路安全运营状态正常与否的基础。常用的分析方法有作图分析、统计分析、对比分析和建模分析。

（一）作图分析

通过绘制各种观测量的过程线及特征原因量下的效应量过程线图，考察效应量随时间的变化规律和趋势，常用的是将观测资料按时间顺序绘制过程线，如沉降等值线图、沉降曲线图（图 6—3—1）等。

图 6—3—1　沉降曲线

（二）统计分析

对各观测量在一定时期内的最大值和最小值、变幅、周期、平均值及单位时间变化率等进行统计、分析，以考察各观测量之间在数量变化方面是否具有一致性、合理性，以及它们的重现性和稳定性等。这种方法具有定量的概念，使分析成果更具有实用性。

（三）对比分析

比较各次、同类观测值的变化规律或发展趋势，是否具有一致性和合理性；将监测成果与理论计算或模型试验成果相比较，观察其规律和趋势是否具有一致性和合理性；并与工程的某些技术警戒值相比较，以判断工程的工作状态是否异常。

（四）建模分析

对观测资料建立数学模型，用以分离影响因素，研究观测量的变化规律，进行实测值预报和实现安全控制。这种方法能够定量分析，是长期观测资料进行系统分析的主要方法。常用的数学模型有统计模型、确定性模型、混合模型，近年来又发展了灰色系统模型、时间序列分析模型、神经网络模型等。

1. 统计模型

统计模型是主要以回归分析法处理实测资料建立的模型。回归分析法是数理统计中处理存在着相互关系的变量和因变量之间关系的一种有效方法，是变形监测资料分析中常用的方法。统计分析模型有一元线性回归模型、多元线性回归模型、逐步回归分析模型等。

2. 确定性模型

确定性模型主要以有限元计算和最小二乘法处理实测资料建立的模型。

3. 混合模型

一部分用统计模型，一部分用确定性模型。

二、运营监测管理系统

由于变形监测资料需要保存的时间长、数据量大且使用频繁，尤其在使用自动化监测和适时监测分析预报技术后，监测数据的处理和管理就不能仅依靠人工或简单的计算机辅助管理，而要形成运营监测管理系统。系统主要由采集集成系统、数据处理软件集成系统组成，如图6—3—2所示。通过运营监测管理系统，实现对运营监测的全天候、适时、自动化监测、报警，远程控制和数据处理、报表等系统管理。

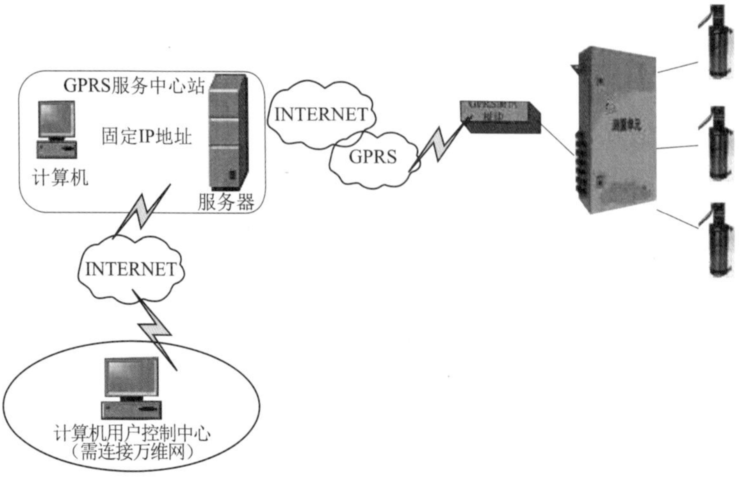

图6—3—2　运营监测远程管理系统

中　篇

钢轨伤损检测

概　　述

无损检测是一种非破坏性的检测方法，可用于产品在生产阶段的质量监督检验和使用过程中的安全监督检查，是现代工业不可缺少的质量和安全保证手段。

常规无损检测技术有五种，即超声技术、磁粉技术、射线技术、渗透技术和涡流技术，还有多种非常规无损检测技术，如声发射、超声波衍射时差（TOFD）、导波和红外检测技术等。钢轨及焊缝探伤主要使用常规超声探伤技术，超声相控阵和 TOFD 技术也有一定的研究；在钢轨表面伤损检测时，也使用磁粉、渗透和涡流等技术。

无损检测技术从 20 世纪 20 年代初期起步，40 年代得到快速发展。我国铁路是国内最早开展无损检测工作的部门之一，早在新中国成立之前，一些铁路工厂或部门即开展了磁粉探伤工作。1950 年，铁道部进口瑞士共振式超声波探伤仪检查钢轨，是我国超声波探伤的开端。1951 年 10 月，铁道部铁道研究所（中国铁道科学研究院前身）研制出我国第一台脉冲反射式超声波探伤仪，随后又制造出三台试用型仪器到现场试用，并在钢轨上进行了实验，取得较好效果。之后在实验室完成了对前苏联 УРД-52、УЗД-55 型超声波探伤仪的仿制，这是我国自主制作超声波探伤仪和开展超声波探伤技术研究的开始。

钢轨超声波探伤主要检查钢轨在使用过程中产生的各种疲劳缺陷以及在制造过程中的材质缺陷等。由于大多情况下，被检测对象钢轨处于铺设的在役状态，因此钢轨探伤具有其特殊性。为不影响运输秩序，探伤作业只能在天窗时间或利用行车间隔进行，并且要求从踏面一次性扫查就能检出轨头、轨腰及其延伸部位的危害性缺陷。这就要求探伤设备必须具有便携性、移动性和多功能的特点，所以设备和工艺紧密结合、相互依存，并彼此促进。设备须满足工艺要求，工艺又要依靠设备得以实施，二者构成一个有机整体。

20 世纪 50 年代，我国钢轨探伤主要处于研究、探索和试用阶段，探伤仪多为进口或仿制。60 年代开始自主研发和生产探伤仪，主要是手持式单通道仪器，携带三只探头进行探伤。70 年代探伤仪由手持式改为手推式，通道数增加到 2 个，携带 5 只探头进行检测，探伤能力明显提高。80 年代是钢轨探伤飞速发展和逐步成熟的 10 年，1984 年研制的 JGT-3 型钢轨探伤仪，具有 4 个通道，携带 5 只探头并可组合成多种探伤方式。小车部分增加了前后翻板，解决了多探头安装、上下道搬运和不同情况下的推行问题，且拉开了报警声的间距，适用于现场使用，该结构现已基本成为我国钢轨探伤仪的固定结构模式。80 年代后期研制出 GT-1 型钢轨探伤仪，具有 5 个独立通道，0°探头增加了进波报警功能，完善了钢轨探伤方法，尤其研究了超声波在钢轨中的传播规律和螺孔裂纹的反射规律等，使钢轨探伤从试验认知上升到理论分析阶段，为探伤设备及作业标准的制定奠定了基础。90 年代我国先后颁布了钢轨探伤仪标准、探头标准和钢轨探伤作业标准，标志着我国钢轨探伤逐步走向规范化。2006 年以来，我国自主研发并逐步推广使用了数字式钢轨超声波探伤仪，仪器通道增至

9 个,并带有 A 型和 B 型两种显示方式,探伤结果可存储、回放和查询,钢轨探伤的可靠性得到显著提高。

我国从 1989 年 5 月开始逐步从国外引进钢轨探伤车,以加强钢轨探伤工作,提升钢轨探伤的技术水平。除第一台从澳大利亚引进外,其他探伤车皆从美国引进,至今已近 60 台。由于我国铁路运输繁忙,行车密度大,在探伤车选型和使用时都特别强调探伤速度,以尽量减小探伤作业对运输秩序的影响。我国早期探伤车的探伤速度为 40 km/h,后来达到 60 km/h,最新的可达 80 km/h。钢轨探伤车和钢轨探伤仪在作业上互相补充,技术上互相借鉴。

在钢轨探伤中,焊缝探伤是重要组成部分。焊缝部位是线路最薄弱的环节之一,加强焊缝探伤,是减少断轨、确保安全直接和有效的技术手段。焊缝探伤难度大,主要是钢轨为异形截面,形状复杂,需要分区进行扫查,焊缝缺陷和焊缝轮廓面都集中在一个很小的区域,各种反射波相互干扰,不易分辨,易造成误判,尤其是有些缺陷反射很弱,易造成漏检。因此,如何防止漏检和误判是焊缝探伤的技术难点。

钢轨焊缝中的平面状缺陷要用双探头法进行探测,扫查时两探头须相对或相背等速移动,一般需借助专门的扫查装置或使用阵列探头进行扫查。值得一提的是,我国研究的钢轨焊缝不停顿探伤法近些年得到推广。该方法利用电子切换技术,对复合式阵列探头进行有序组合,实现了对钢轨焊缝轨腰及其延伸部的分段探测,可以做到像钢轨探伤仪一样,在推行中完成对钢轨焊缝的连续扫查。

经过 60 多年的努力,我国钢轨探伤技术得到长足发展,为铁路运输安全做出了积极贡献。随着铁路运输业的不断进步,尤其是高速铁路的发展,钢轨探伤技术还需不断深化研究,以更好地满足铁路事业不断发展的需要。

第七章　钢轨伤损及超声检测原理

第一节　部位、伤损及检测相关术语和定义

一、部位名称及定义

(一)钢轨横截面

钢轨横断面各部位名称及位置如图7—1—1所示。

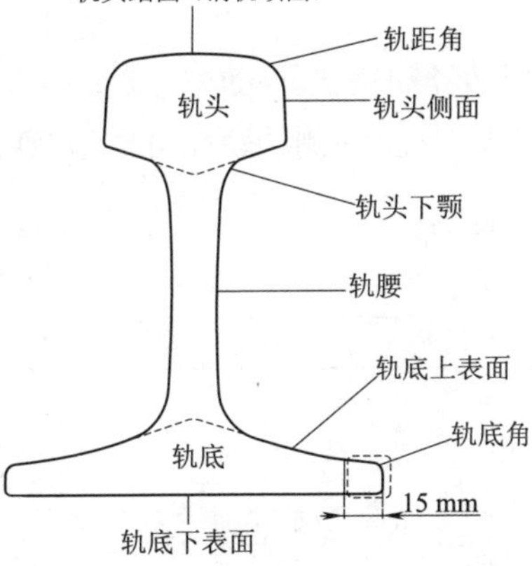

图7—1—1　钢轨横截面各部分名称

轨头外侧:远离车轮轮缘的一侧。
轨头内侧:与车轮轮缘接触的一侧。
轨距角:钢轨工作边圆弧部分。
(二)钢轨平面
钢轨水平面、垂直面和横截面定义如图7—1—2所示。

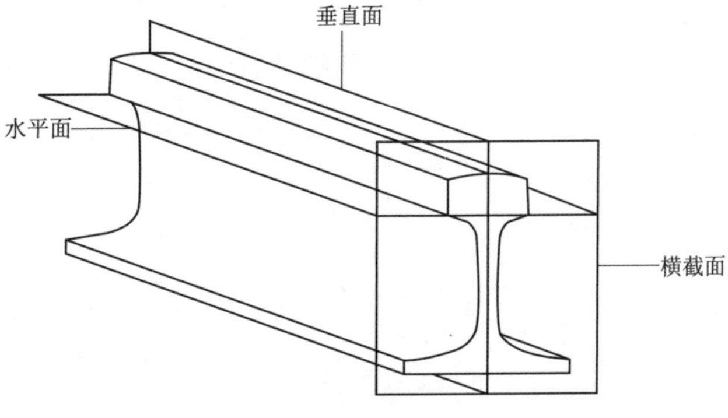

图7—1—2　钢轨平面定义

(三)钢轨长度方向

钢轨长度方向各部位名称及位置如图 7—1—3 所示。

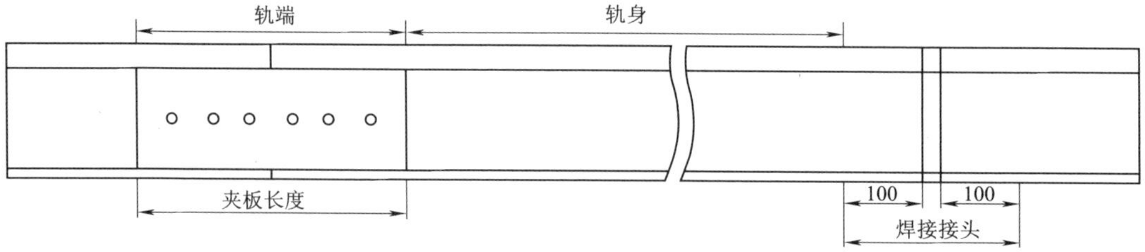

图 7—1—3　钢轨长度方向各部位的名称(单位:mm)

(四)左股和右股

站在两轨中间,面向里程增加方向,左手侧钢轨为左股,右手侧钢轨为右股。

(五)接头轨端、螺孔及伤损位置

1. 轨端

以轨缝或焊缝为分界线,以线路里程大小分轨端。如图 7—1—4 所示,位于“小里程”一侧的轨端可称为“X 端”,位于“大里程”一侧的轨端可称为“D 端”。

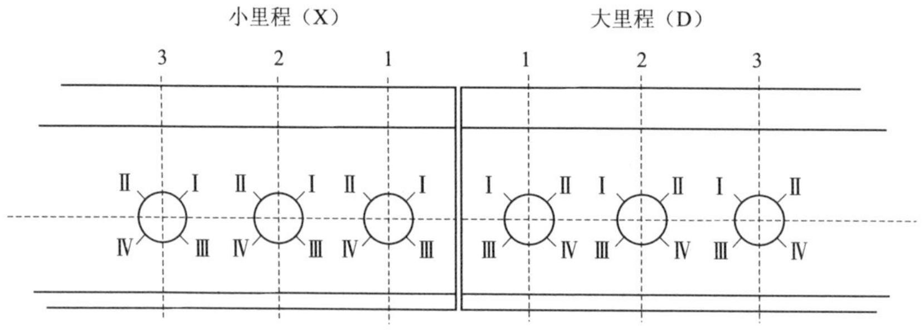

图 7—1—4　钢轨螺孔裂纹位置定义

2. 螺孔编号

以轨缝或焊缝为分界线,由轨端向轨身方向分别为 1、2、3 孔。

3. 伤损位置

自螺孔向轨端上方为“Ⅰ”位,向轨身上方为“Ⅱ”位,向轨端下方为“Ⅲ”位,向轨身下方为“Ⅳ”位。

例:“D-1-Ⅰ”表示接头“大里程”轨端距离轨端最近的 1 号螺孔向轨端上方的位置。

二、相关术语和定义

(一)钢轨伤损相关术语和定义

1. 不连续

连续性的缺失。

2. 缺陷

认为应被记录的不连续。

3. 钢轨伤损

钢轨发生折断、裂纹及其他影响和限制钢轨使用性能的各种不连续。

4. 钢轨折断

有以下四种情况之一称作钢轨折断：

(1)钢轨全截面断裂；

(2)裂纹贯通整个轨头截面；

(3)裂纹贯通整个轨底截面；

(4)引起钢轨失效的严重掉块。

5. 钢轨裂纹

钢轨表面或内部的部分金属发生分离。

6. 焊接接头伤损

目前的主要焊接方式有固定式闪光焊接、移动式闪光焊接、铝热焊接、大型气压焊轨车焊接等，伤损主要有推凸不良、电极灼伤、打磨灼伤、灰斑、光斑、过烧、未焊合、接头错边、气孔、夹杂、未融合、热裂等焊接伤损，以及核伤等疲劳伤损。

7. 钢轨其他伤损

除折断、裂纹和焊接伤损外，影响钢轨使用性能的磨耗、压溃、压陷(或凹陷)波浪磨耗、弯曲变形、腐蚀等伤损。

8. 伤损程度

指伤损的轻重，分为轻伤、重伤、折断三类。

(二)钢轨伤损检测相关术语和定义

1. 换能器

又称晶片、原件，探头的有功原件，可将电能转换成超声能或相反。

2. 探头

电—声转换器件，通常由一个或多个以发射或接收或既发射又接收超声波的换能器组成。

3. 直探头/直射探头

声波传播方向与检测面成90°传播(声束轴线垂直于入射面)的探头。

4. 斜探头/斜射探头

声束入射角不是0°的探头。

5. 双换能器探头/双晶探头/双探头

由两个用隔声层隔开的换能器装在一个外壳中组成的探头，一个换能器用于发射超声波，另一个用于接收。

6. 轮式探头/探轮

将一个或多个换能器安装在注满液体的柔韧轮胎(外膜)中，超声束通过轮胎的滚动接触面与检测面相耦合的一种探头。

7. 盲区

盲区是指声束未覆盖的区域或超声覆盖但无法形成有效反射的区域，以及靠近检测面下的部分区域。在这些区域中,有意义的反射体不能被有效检测并显示出来。

8. 灵敏度

超声检测系统所具有的探测最小缺陷的能力。

9. 检测灵敏度/缺陷检测灵敏度

超声探伤时调整灵敏度至给定水平,以便在给定的应用条件下检出存在的缺陷,用最小检出反射体来确定。

10. 灵敏度余量

超声波探伤系统中,以一定电平表示的标准缺陷探测灵敏度与最大探测灵敏度之间的差值。

11. 分辨力

能够区分相距最近的两个缺陷的能力,通常用能够分辨的两个反射体的最小距离来确定。

12. 校准试块/标准试块

具有规定的化学成分、表面粗糙度、热处理及几何形状的材料块,可用以评定和校准超声检测设备、器材。

13. 参考试块/对比试块

与受检件或材料化学成分相同或相似,含有意义明确参考反射体的试块,用以调节超声检测设备的幅度和(或)时间分度,以将所检出的不连续信号与已知反射体所产生的信号相比较。

14. A 扫描显示

用 X 轴代表时间,Y 轴代表幅度的超声信号显示方式,如图 7—1—5 所示。

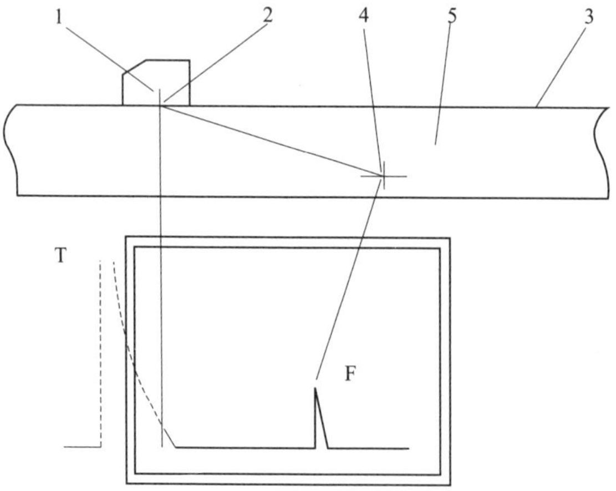

图 7—1—5　A 扫描显示

1—斜探头;2—探头入射点;3—检测面;4—不连续/缺陷;5—受检件;
T—发射脉冲指示;F—缺陷/不连续回波

15. B 扫描显示

以幅度在预置范围内的回波信号的声程与探头仅沿一个方向扫查时声束轴线位置之间

的关系而绘制的受检面的横截面图,如图 7—1—6 所示。

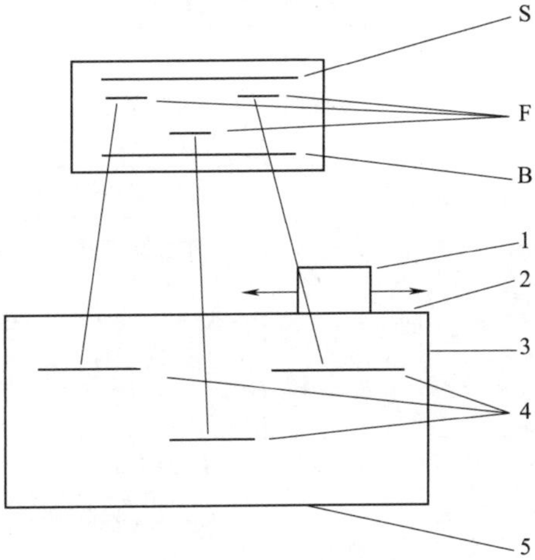

图 7—1—6　B 扫描显示

1—直探头沿直线扫描;2—检测面;3—受检件;4—不连续/缺陷;5—背面;
S—表面回波指示;F—缺陷回波指示;B—背面回波指示

16. C 扫描显示

受检面的二维平面显示,按照探头扫描位置,绘制幅度或声程在预置范围内的回波信号的存在,如图 7—1—7 所示。

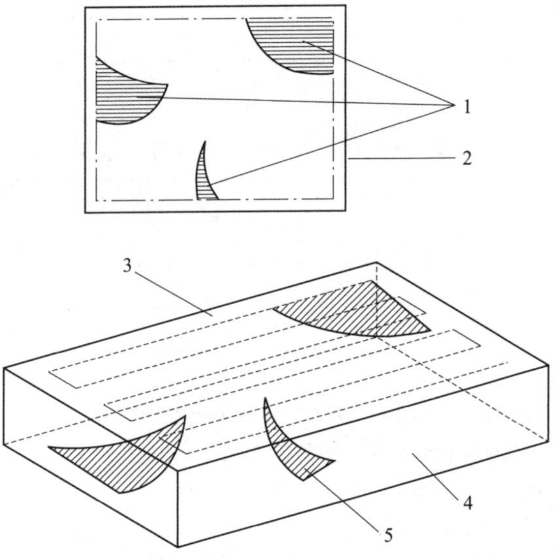

图 7—1—7　C 扫描显示

1—缺陷面积指示;2—荧光屏图像代表俯视图;3—探头沿平行线扫描;4—受检件;5—不连续/缺陷区域

(三)钢轨轻重伤评判标准

1. 高速铁路钢轨轻、重伤评判标准

高速铁路钢轨轻伤和重伤标准见表 7—1—1 ~ 表 7—1—3。

表 7—1—1　高速铁路钢轨轻伤和重伤评判标准

伤损项目		伤损程度		备　注
		轻　伤	重　伤	
钢轨头部磨耗		磨耗量超过表 7—1—2 所列限度之一者	磨耗量超过表 7—1—3 所列限度之一者	
钢轨顶面擦伤		200 ~ 250 km/h:深度大于 0.5 mm	200 ~ 250 km/h:深度大于 1 mm	
		有砟:250(不含) ~ 300 km/h:深度大于 0.35 mm 无砟:250(不含) ~ 350 km/h:深度大于 0.35 mm	有砟:250(不含) ~ 300 km/h:深度大于 0.5mm 无砟:250(不含) ~ 350 km/h:深度大于 0.5 mm	
剥离掉块		—	有	
波形磨耗		—	谷深≥0.2 mm	
焊接接头低塌		0.2 mm < 低塌 < 0.4 mm	低塌≥0.4 mm	1 m 直尺测量
钢轨表面裂纹		—	出现轨头下颚水平裂纹(透锈)、轨腰水平裂纹、轨头纵向裂纹、轨底裂纹等	不含轮轨接触疲劳引起的轨顶面表面或近表面的鱼鳞纹
超声波探伤缺陷	焊接及材质缺陷	焊接缺陷或钢轨内部材质缺陷未达到判废标准,但与判废标准的差值小于 6 dB	焊接缺陷或钢轨内部材质缺陷达到判废标准	
	内部裂纹	—	横向、纵向、斜向及其他裂纹和内部裂纹造成的踏面凹陷(隐伤)	
钢轨锈蚀		—	经除锈后,轨底厚度不足 8 mm 或轨腰厚度不足 12 mm	

注:谷深为相邻波峰与波谷间的垂直距离。

表 7—1—2　高速铁路钢轨头部磨耗轻伤标准(mm)

名　称	总磨耗	垂直磨耗	侧面磨耗
区间钢轨、导轨	9	8	10
基本轨、翼轨	7	6	8
尖轨、心轨、叉跟尖轨	6	4	6

注:(1)磨耗 = 垂直磨耗 + 1/2 侧面磨耗。

(2)对于导轨、翼轨及尖轨、心轨、叉跟尖轨全断面区段,垂直磨耗在钢轨顶面宽 1/3 处(距标准工作边)测量;对于尖轨、心轨、叉跟尖轨机加工区段,垂直磨耗自钢轨头最高点测量。

(3)侧面磨耗在钢轨踏面(按标准断面)下 16 mm 处测量。

(4)磨耗影响转换设备安装时,按重伤处理。

(5)基本轨、翼轨、尖轨、心轨磨耗会影响密贴及轨件高差,磨耗的轻重伤标准应较区间钢轨严格。

表 7—1—3　高速铁路钢轨头部磨耗重伤标准(mm)

名　称	垂直磨耗	侧面磨耗
区间钢轨、导轨	10	12
基本轨、翼轨	8	10
尖轨、心轨、叉跟尖轨	6	8

2. 普速铁路钢轨轻、重伤评判标准

钢轨轻伤和重伤标准见表 7—1—4 ~ 表 7—1—6。探伤人员、线路(检查)工长认为钢轨有伤损时,也可判为轻伤或重伤。

表 7—1—4 普速铁路钢轨轻伤和重伤标准

<table>
<tr><td rowspan="3">伤损项目</td><td colspan="6">伤损程度</td><td rowspan="3">备注</td></tr>
<tr><td colspan="3">轻伤</td><td colspan="3">重伤</td></tr>
<tr><td>v_{max} > 160 km/h</td><td>160 km/h ≥ v_{max} > 120 km/h</td><td>v_{max} ≤ 120 km/h</td><td>v_{max} > 160 km/h</td><td>160 km/h ≥ v_{max} > 120 km/h</td><td>v_{max} ≤ 120 km/h</td></tr>
<tr><td>钢轨头部磨耗</td><td colspan="3">磨耗量超过表 7—1—5 所列限度之一者</td><td colspan="3">磨耗量超过表 7—1—6 所列限度之一者</td><td></td></tr>
<tr><td>轨端或轨顶面剥落掉块</td><td>长度超过 15 mm 且深度超过 3 mm</td><td>长度超过 15 mm 且深度超过 3 mm</td><td>长度超过 15 mm 且深度超过 4 mm</td><td>长度超过 25 mm 且深度超过 3 mm</td><td>长度超过 25 mm 且深度超过 3 mm</td><td>长度超过 30 mm 且深度超过 8 mm</td><td></td></tr>
<tr><td>钢轨顶面擦伤</td><td>深度超过 0.5 mm</td><td>深度超过 0.5 mm</td><td>深度超过 1 mm</td><td>深度超过 1 mm</td><td>深度超过 1 mm</td><td>深度超过 2 mm</td><td></td></tr>
<tr><td>钢轨低头</td><td>超过 1 mm</td><td>超过 1.5 mm</td><td>超过 3 mm</td><td>超过 1.5 mm</td><td>超过 2.5 mm</td><td>超过 3.5 mm</td><td>用 1 m 直尺测量最低处矢度;包括轨端轨顶面压伤和磨耗在内</td></tr>
<tr><td>波浪形磨耗</td><td>谷深超过 0.3 mm</td><td>谷深超过 0.3 mm</td><td>谷深超过 0.5 mm</td><td></td><td></td><td></td><td></td></tr>
<tr><td>钢轨表面裂纹</td><td></td><td></td><td></td><td>有</td><td>有</td><td>有</td><td>包括螺孔裂纹、轨头下颚水平裂纹(透锈)、轨腰水平裂纹、轨头纵向裂纹、轨底裂纹等(不含轮轨接触疲劳引起轨顶面表面或近表面的鱼鳞裂纹)</td></tr>
<tr><td>钢轨内部裂纹</td><td></td><td></td><td></td><td>有</td><td>有</td><td>有</td><td>包括核伤(黑核、白核)、钢轨纵向裂纹等</td></tr>
<tr><td>钢轨变形</td><td></td><td></td><td></td><td>有</td><td>有</td><td>有</td><td>轨头扩大、轨腰扭曲或鼓包等,经判断确认内部有暗裂</td></tr>
<tr><td>钢轨锈蚀</td><td></td><td></td><td></td><td colspan="2">经除锈后,轨底厚度不足 8 mm或轨腰厚度不 14 mm</td><td>经除锈后,轨底厚度不足 5 mm 或轨腰厚度不足 8 mm</td><td></td></tr>
</table>

表 7—1—5　普速铁路钢轨头部磨耗轻伤标准

钢轨(kg/m)	总磨耗(mm)				垂直磨耗(mm)				侧面磨耗(mm)			
	v_{max} > 160 km/h 正线	160 km/h ≥ v_{max} > 120 km/h 正线	v_{max} ≤ 120 km/h 正线及到发线	其他站线	v_{max} > 160 km/h 正线	160 km/h ≥ v_{max} > 120 km/h 正线	v_{max} ≤ 120 km/h 正线及到发线	其他站线	v_{max} > 160 km/h 正线	160 km/h ≥ v_{max} > 120 km/h 正线	v_{max} ≤ 120 km/h 正线及到发线	其他站线
75	9	12	16	18	8	9	10	11	10	17	16	18
75 以下 ~60	9	12	14	16	8	9	9	10	10	12	14	16
60 以下 ~50			12	14			8	9			12	14
50 以下 ~43			10	12			7	8			10	12
43 以下			9	10			7	7			9	11

注:(1)总磨耗 = 垂直磨耗 + 1/2 侧面磨耗。

(2)垂直磨耗在钢轨顶面宽 1/3 处(距标准工作边)测量。

(3)侧面磨耗在钢轨踏面(按标准断面)下 16 mm. 处测量。

表 7—1—6　普速铁路钢轨头部磨耗重伤标准

钢轨(kg/m)	垂直磨耗(mm)			侧面磨耗(mm)		
	v_{max} > 160 km/h 正线	160 km/h ≥ v_{max} > 120 km/h 正线	v_{max} ≤ 120 km/h 正线及到发线及其他站线	v_{max} > 160 km/h 正线	160 km/h ≥ v_{max} > 120 km/h 正线	v_{max} ≤ 120 km/h 正线及到发线及其他站线
75	10	11	12	12	16	21
75 以下 ~60	10	11	11	12	16	19
60 以下 ~50			10			17
50 以下 ~43			9			15
43 以下			8			13

(四)钢轨内部伤损超声探伤判定标准

钢轨内部伤损超声探伤评判标准分轻伤和重伤两种(现场还有一种标识是“轻伤有发展”,是指上一次检测判定为“轻伤”,本次相对上一次有发展但仍没有达到“重伤”的判定标准,因此,“轻伤有发展”仍然是轻伤)。

1. 超声检测轻伤

钢轨内部伤损超声探伤检查中发现以下情况之一可以判为轻伤。

(1)材质缺陷虽未达到相关技术条件规定的钢轨报废程度,但与判废标准规定值相差不超过 6 dB;

(2)焊接缺陷虽未达到《工务作业 第 21 部分 钢轨焊缝超声波探伤作业》(TB/T 2658.21)规定的焊缝判废程度,但与判废标准规定值相差不超过 6 dB。

2. 超声检测重伤

钢轨内部伤损超声探伤检查中发现以下情况之一可以判为重伤。

(1)在规定的探伤灵敏度下发现疲劳裂纹;

(2)达到或超过相关技术条件规定的钢轨报废程度的内部材质缺陷;

(3)达到或超过《工务作业 第21部分 钢轨焊缝超声波探伤作业》(TB/T 2658.21)规定的焊缝判废程度的焊接伤损。

(五)钢轨伤损标记

发现伤损钢轨后应在缺陷处按表7—1—7所规定的方法作标记。

表7—1—7 钢轨伤损标记

伤损种类	伤损范围及标记		说　明
	连续伤损	一点伤损	
轻　伤	|←△→|	↑△	用白铅油作标记
轻伤有发展	|←△△→|	↑△△	用白铅油作标记
重　伤	|←△△△→|	↑△△△	用白铅油作标记

第二节 伤损分类

本节主要从钢轨伤损检测的角度出发,列举了最常见的一些钢轨伤损,目的是认识钢轨伤损,进而了解如何进行检测。钢轨踏面伤损(也称钢轨顶面伤损)和钢轨轨头内部伤损同属于轨头伤损,但这两种伤损的检测方式完全不同,本节按不同伤损类型介绍。同理,焊接伤损与内部疲劳伤损同是内部伤损并且同样采用超声检测,但这两种伤损形式有着本质的不同,检测工艺和检测标准也不同,因此按不同伤损类型介绍(实际检测中,焊缝探伤工艺仅用于钢轨焊缝伤损的检测,钢轨探伤工艺不仅用于钢轨探伤还同时用于焊接区域伤损检测,因此在介绍疲劳伤损时含有焊接形成的疲劳伤损,但最终焊接区域伤损的判定以焊接工艺的检测标准为最终判定依据)。

一、钢轨伤损分类

钢轨伤损分类及编号规则、结构应参照《钢轨伤损分类》(TB/T 1778—2010)执行。

二、焊接伤损

(一)闪光焊焊接伤损

钢轨在闪光焊焊接过程中产生伤损的原因主要有:灰斑(图7—2—1)、非正常熔融(图7—2—2)、冷却不当导致的热裂、推凸不良、电极灼伤、打磨灼伤等。

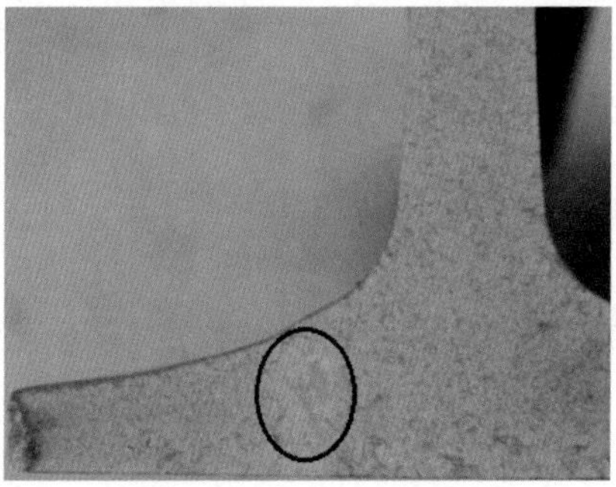

图7—2—1 闪光焊灰斑

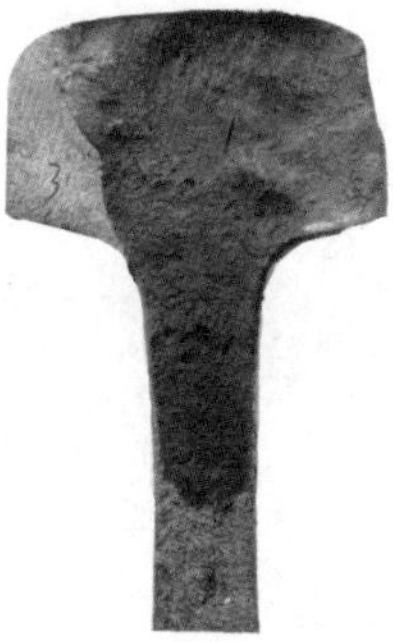

图7—2—2 闪光焊未焊合

(二)铝热焊焊接伤损

钢轨在铝热焊焊接过程中产生伤损的原因主要有:气孔(图7—2—3)、夹渣、夹砂、疏松、缩孔、未焊合(图7—2—4)、冷却不当导致的热裂、焊接工艺不当引起的金相组织异常等。

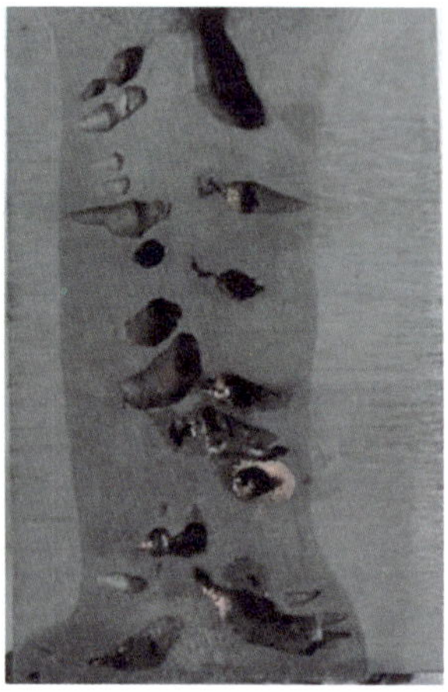

图7—2—3　铝热焊气孔

图7—2—4　铝热焊未焊合

(三)气压焊焊接伤损

钢轨在气压焊焊接过程中产生伤损的原因主要有:未焊合(图7—2—5)、光斑、过烧、推凸不良等。

图7—2—5　气压焊未焊合

三、内部疲劳伤损

(一)轨头伤损

1. 轨头水平裂纹

水平裂纹一般发生在轨头的上部,平行于踏面发展,可在轨头一侧或两侧看到裂纹,如图7—2—6所示。

2. 轨头垂直裂纹

这是一种纵向裂纹,垂直于踏面发展,如图7—2—7所示。

图 7—2—6　轨头水平裂纹

图 7—2—7　轨头垂直劈裂

3. 轨头横向伤损

横向伤损是发生在轨头内部的横向裂纹(俗称轨头核伤),有多种不同的钢轨横向伤损,有些是由其他缺陷发展而成的,如图 7—2—8 ~ 图 7—2—10 所示。

4. 复合型核伤

复合的意义是伤损至少存在于两个平面中,例如一个复合型核伤可能是一个水平伤损向上或下发展而成的,如图 7—2—11 所示。

图 7—2—8　轨头核伤(靠近轨距角)

图 7—2—9　轨头核伤

图 7—2—10　轨头核伤(居中)

图 7—2—11　由轨头磨耗、鱼鳞纹、水平裂纹、核伤形成的复合型伤损

(二)轨腰伤损

1. 轨颚水平裂纹

这种裂纹发生在颚部沿水平纵向发展,如图 7—2—12 和图 7—2—13 所示。

图 7—2—12　轨颚水平裂纹

图 7—2—13　轨颚水平裂纹、轨腰斜裂纹

2. 轨腰水平、斜裂纹

即腰部的水平裂纹、斜裂纹、垂直裂纹以及由多种取向复合型轨腰伤损,如图 7—2—13 ~ 图 7—2—16 所示。

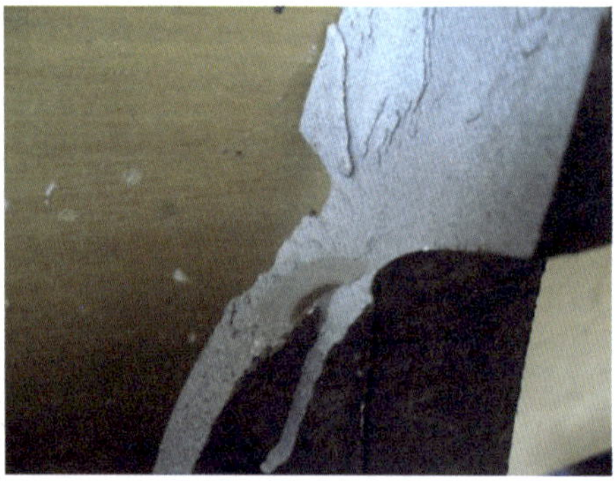

图 7—2—14　轨腰核伤

图 7—2—15　轨腰水平裂纹

图 7—2—16　轨腰水平裂纹

3. 轨腰垂直劈裂

此类缺陷是轨腰内部的缩孔。如果在钢坯中有大气孔,轧制过程中,此气孔被压扁和拉

长而形成如图 7—2—17 所示的缺陷。

4. 导线孔裂纹

由于导线孔没有倒角等而造成,如图 7—2—18 所示。

图 7—2—17　轨腰垂直劈裂

图 7—2—18　导线孔裂纹

5. 螺孔裂纹

由于螺孔边缘的应力而产生螺孔裂纹,一般螺孔裂纹是不可见的,除非卸下夹板,如图 7—2—19所示。

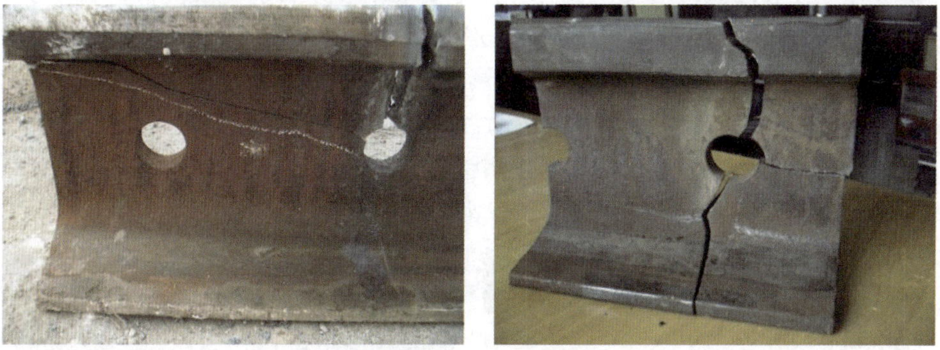

图 7—2—19　螺孔裂纹

(三)轨底横向裂纹

任何发生在轨底的裂纹统称为轨底横向裂纹,它可能是沿轨腰根部的裂纹,也可能是裂到轨底边缘的裂纹,如图 7—2—20 和图 7—2—21 所示。

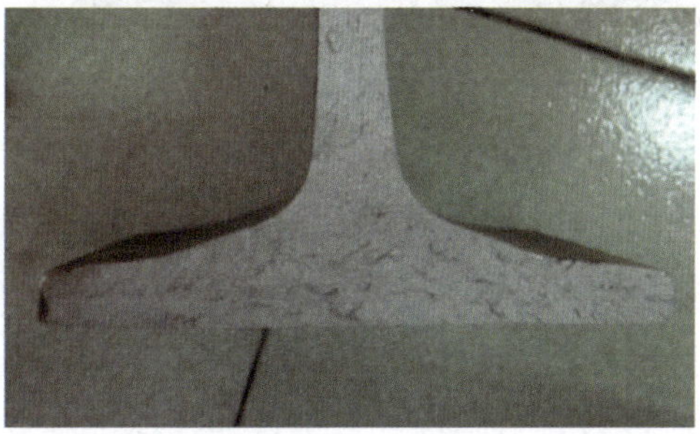

图 7—2—20　轨底伤损

图 7—2—21　轨底裂纹

（四）结合部位裂纹

这是在钢轨的头腰结合部、腰底结合部产生的伤损，如图 7—2—22 和图 7—2—23 所示。

图 7—2—22　头腰过渡区核伤

图 7—2—23　腰底过渡区核伤

四、顶面伤损

（一）踏面擦伤

车轮空转或抱死会造成钢轨踏面局部产生擦伤痕迹，一般情况下在左右股钢轨上成对出现。机车车轮空转造成的擦伤一般呈凹陷状，擦伤严重或多次重复擦伤则会导致踏面碎裂掉块或横向疲劳断裂。在列车轴重大、行驶速度高、坡度大的路段，当列车减速时，个别轮对抱闸行驶会造成钢轨踏面纵向连续擦伤，形成纵向划痕和表层碎裂掉块。在小半径曲线上，列车减速行驶时，轮轨接触面有相对滑动，也可能导致踏面轻微擦伤。此外，其他自轮运转设备也可造成钢轨踏面的擦伤。车轮擦伤踏面会使轮轨接触面发生热机械作用，在钢轨踏面表层形成硬而脆的白层状马氏体组织。典型的钢轨踏面擦伤如图 7—2—24 所示。

图 7—2—24　钢轨踏面擦伤

（二）波浪磨耗

钢轨波浪磨耗是指钢轨轨头踏面沿长度方向出现周期性的不均匀塑性变形和磨耗，使钢轨轨头踏面沿长度方向呈现波浪形状的不平顺。波浪磨耗的波谷处有明显的塑性变形，使踏面辗宽或出现辗边，轮轨接触光带变宽；波峰处踏面的塑性变形量明显小于波谷，接触光带较窄。波浪磨耗使列车运行品质劣化，严重时导致轨道结构其他部件的伤损。波浪磨耗如图 7—2—25 所示。

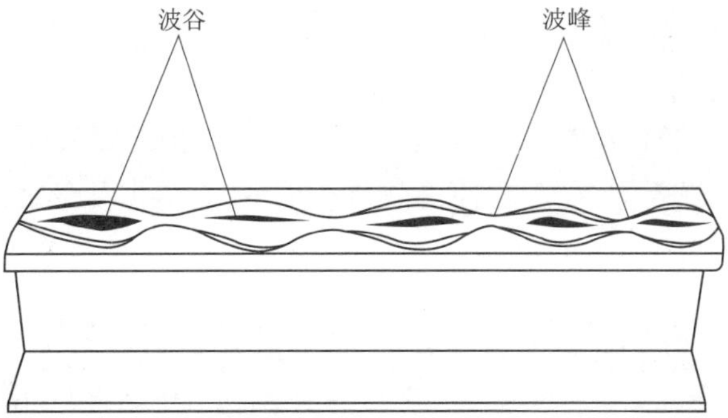

图 7—2—25　波浪磨耗示意

（三）轨头磨耗

轨头磨耗是钢轨与车轮接触时轨头表层金属发生磨损和塑性变形，使轨头断面的几何形状发生变化。轨头磨耗伤损主要有曲线段钢轨轨头磨耗和直线段钢轨交替不均匀侧面磨耗。钢轨磨耗如图 7—2—26 所示。

（四）踏面斜裂纹（鱼鳞纹）

表层裂纹是沿钢轨轨头表面的疲劳裂纹，它可能转向发展成为核伤，如图 7—2—27 所示。

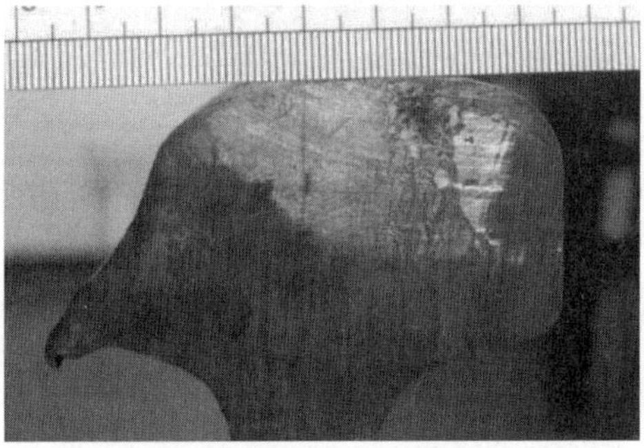

图 7—2—26　钢轨磨耗

图 7—2—27　钢轨踏面斜裂纹

（五）剥离掉块

剥离是钢轨踏面近表面的裂纹，继续疲劳扩展形成剥离掉块，如图 7—2—28 所示。

图 7—2—28　剥离掉块

五、道岔轨件伤损

因道岔轨件(包括尖轨、基本轨、心轨、翼轨等)存在的内部或表面制造缺陷、机械加工控制不严、螺栓孔倒棱不规范等,在车轮冲击载荷作用下,逐步扩展形成表面擦伤或疲劳裂纹等伤损。图 7—2—29 为道岔轨件伤损。

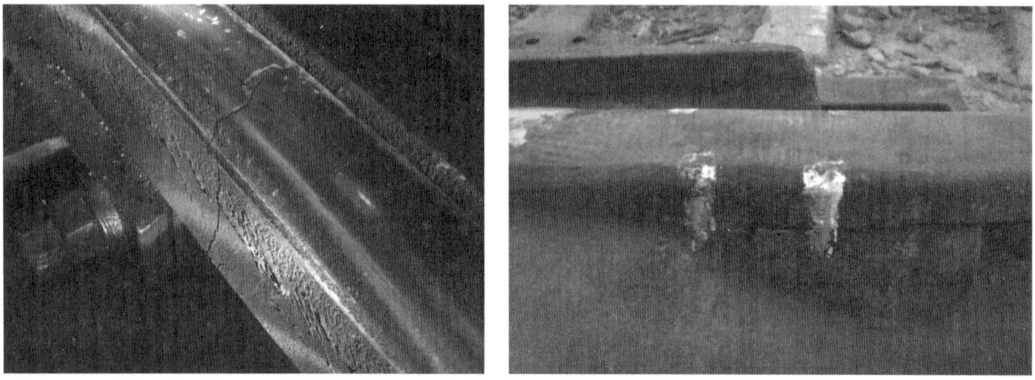

(a) 尖轨伤损　　(b) 锰钢岔心裂纹

图 7—2—29　道岔轨件伤损

第三节　超声检测原理

超声检测(探伤)是应用最广泛的无损检测方法之一。质点的机械振动和振动的传播构成了超声探伤的物理基础。

一、振动和波

物体(或质点)沿着直线或曲线在某一平衡位置附近作往复周期性的运动称为机械振动。机械波是机械振动在弹性介质中的传播过程。声波是指人耳能感受到的波,频率范围为 16 ~ 20 kHz。低于 16 Hz 称为次声波,高于 20 kHz 称为超声波。

超声波是由机械振动源在弹性介质中激发的一种机械振动波,以应力波形式传递振动能量,必要条件是要有振动源和能传递机械振动的弹性介质。它能透入物体内部并在物体中传播。利用超声波在物体中的多种传播特性,例如反射与折射、衍射与散射、衰减、谐振以及声速等的变化,可以测知物体的尺寸、表面与内部缺陷、组织变化等。

超声波主要参数有波长 λ (m)、频率 f (Hz)和波速 C(m/s)。同一波线上相邻两振动相位相同的质点间的距离称为波长 λ ,波源或介质中任意一质点完成一次全振动,波正好前进一个波长的距离。波动过程中,任一给定点在 1 s 内所通过的完整波的个数称为频率 f。波在单位时间内所传播的距离称为波速 C。

由上述定义可得: $C = \lambda \cdot f$,即波长与波速成正比,与频率成反比。

二、超声波的特点

超声波可在气体、液体、固体、固熔体等介质中传播；指向性良好，在异质界面产生反射、折射和波型转换；在传播过程中还有干涉、叠加、绕射等现象；可传递很强的能量，在金属材料中传播速度很快，穿透能力强、衰减小。

三、超声波的波形

超声波在弹性介质中传播，视质点振动形式与超声波传播方向的关系，分为以下几种常见波形。

（一）纵波

纵波是指弹性介质质点的振动方向与超声波的传播方向相同，纵波在固、液、气三种介质中均能传播，质点受交变拉压应力作用，质点间产生伸缩变形，构成疏密相间的质点排列，亦称压缩波、疏密波，如图 7—3—1 所示。

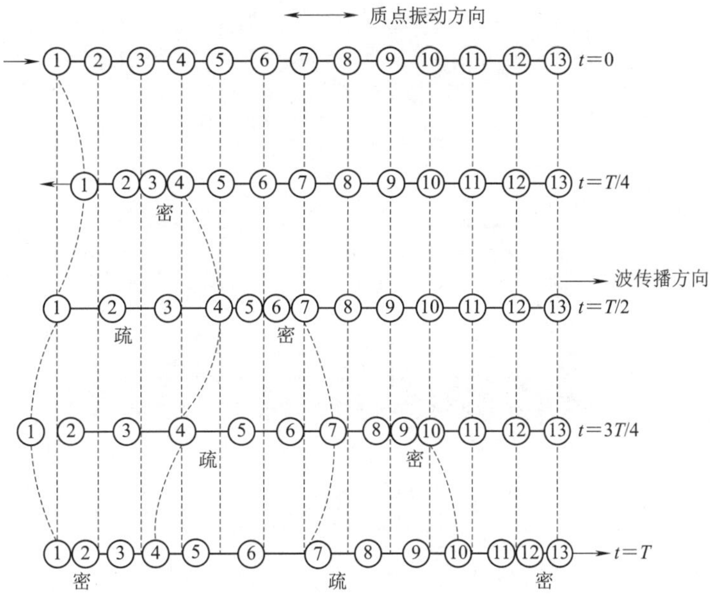

图 7—3—1　纵波示意

（二）横波

横波是指弹性介质质点的振动方向与超声波的传播方向垂直，质点受交变剪切应力的作用，故亦称切变波、剪切波，如图 7—3—2 所示。液体和气体不能够承受剪切应力，故无横波传播。

（三）表面波

超声波沿介质表面传递，质点沿椭圆形轨迹振动，表面波在介质的有效透入深度只有一个波长的范围，因此只能用于检查介质表面的缺陷，如图 7—3—3 所示。

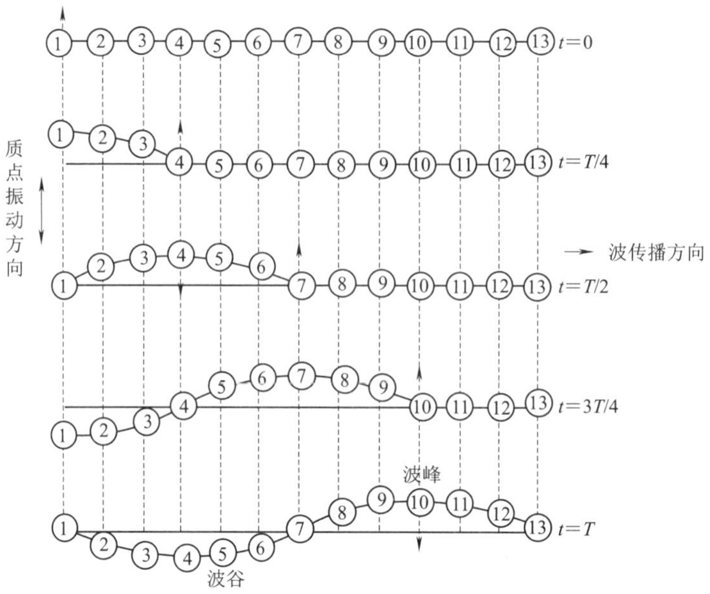

图 7—3—2　横波示意

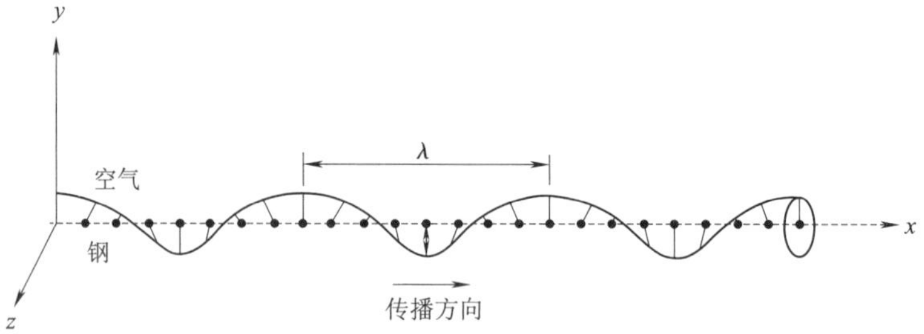

图 7—3—3　表面波示意

四、超声波的产生与接收

原则上,凡是能将其他能量转换成超声振动方式的能量都可以产生超声波,如机械方法、热效应法、磁伸缩法和电磁声法等。产生和接收超声波最常用的是晶体材料的压电效应。

(一)压电效应

某些晶体材料在交变拉压应力作用下产生交变电场,称为正压电效应;当晶体材料在交变电场作用下产生伸缩变形,称为逆压电效应,如图 7—3—4 所示。超声探头压电晶片(图 7—3—5)具有压电效应,当高频电脉冲激励压电晶片时,发生逆压电效应,将电能转换为声能(机械能),探头发射超声波。当探头接收超声波时,发生正压电效应,将声能转换为电能,探头接收超声波。超声波探头实现了电能和声能的相互转换,因此常把探头称为换能器。

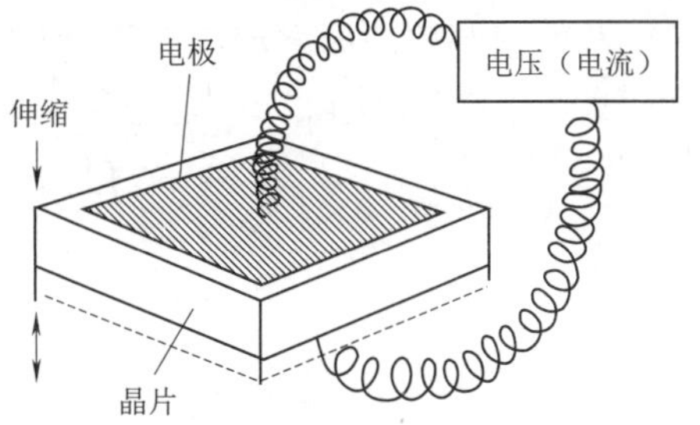

图 7—3—4　压电效应

图 7—3—5　压电晶片

(二)探头的种类和结构

常用探头类型有直探头、斜探头、双晶探头等，如图 7—3—6 所示。直探头用于纵波探伤，探测体积型或与探测面平行的面积型缺陷。斜探头可分为纵波斜探头、横波斜探头和表面波斜探头，常用的是横波斜探头，主要用于探测与探测面垂直或成一定角度的缺陷。双晶探头有两块压电晶片，分别用于发射、接收超声波，主要用于探测近表面缺陷。

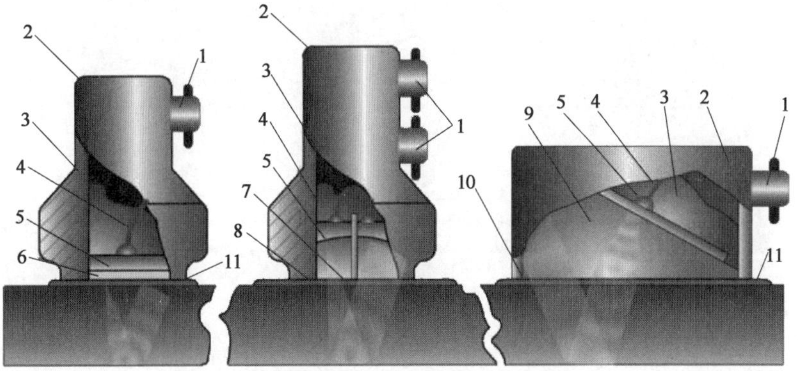

图 7—3—6　超声波探头的结构及工作方式示意图

1—接插件；2—外壳；3—阻尼吸收快；4—引线；5—压电晶片；6—保护膜；7—隔离层；8—延迟块；9—有机玻璃斜楔块；10—工件；11—耦合剂

五、超 声 场

超声波所占空间称为超声场，包括近场和远场两个部分，如图 7—3—7 所示。

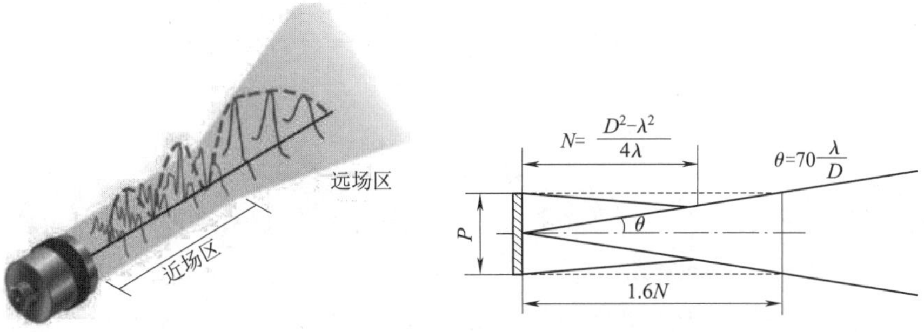

图 7—3—7　超声场及近场长度、扩散角示意

近场区(N为近场长度,mm)中的声压分布不均匀,远场区中的声压随着距离的增大呈单调下降变化。近场区的长度与换能器的晶片直径D(mm)和超声波的波长有关,波束呈收敛状态,在近场区末端,亦即从近场区进入远场区的过渡点上声束直径最小,进入远场区后声束将以一定角度发散,声束边缘的斜度以半扩散角θ(°)表示,声束的半扩散角同样与换能器的晶片直径和超声波的波长有关。

六、超声波的反射与折射

在弹性介质中传播的超声波遇到异质界面时会发生反射与折射,并有波型转换发生,如图7—3—8所示。利用超声波在界面上的折射特性可以达到波型转换的目的,例如将一般压电晶体产生的纵波转换成横波、瑞利波、兰姆波等,以适应不同工件及不同情况下的检测,其转换条件与界面两侧介质的声速比和入射、折射角度相关。

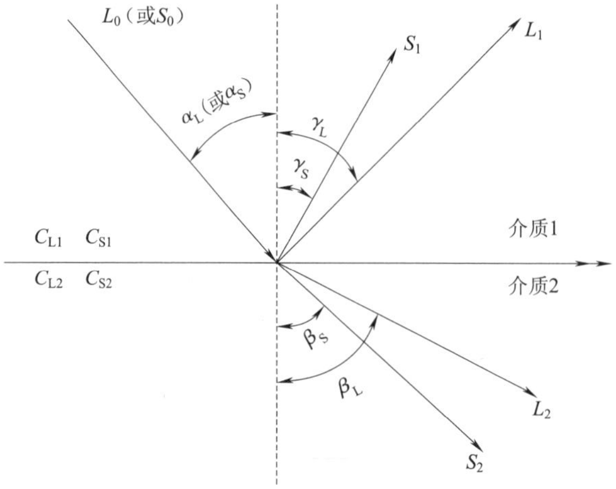

图7—3—8 超声波斜入射时在异质界面的反射、折射和波型转换

超声波的反射、折射遵循菲涅尔折射定律。

$$\frac{\sin\alpha_L}{C_{L0}}=\frac{\sin\alpha_S}{C_{S0}}=\frac{\sin\beta_L}{C_{L2}}=\frac{\sin\beta_S}{C_{S2}}=\frac{\sin\gamma_L}{C_{L1}}=\frac{\sin\gamma_S}{C_{S1}} \tag{7—3—1}$$

式中 L_0,S_0,L_1,S_1,L_2,S_2——入射纵波、入射横波、反射纵波、反射横波、折射纵波、折射横波;

α、β、γ——入射角、折射角、反射角;

C_{L1}、C_{L2}——第一、二介质中的纵波声速;

C_{S1}、C_{S2}——第一、二介质中的横波声速。

七、超声波的衰减

超声波在介质中传播时,其幅度将随距离的增大而逐渐减小,这种现象称为衰减。

(一)由声束扩展引起的衰减

在声波的传播过程中,随着传播距离的增大,非平面声波的声束不断扩展增大,因此单位面积上的声能(或声压)随距离的增大而减弱,称为扩散衰减。

（二）由散射引起的衰减

实际材料不是绝对均匀的，导致声阻抗不均，引起声的散射。被散射的超声波在介质中沿着复杂的路径传播，最终变成热能，声能被消耗，声强（或声压）被减弱，称为散射衰减。

（三）由介质的吸收引起的衰减

因介质的黏滞性造成质点之间的内摩擦，使一部分声能转变成热能；介质的热传导导致声能的损耗，以及因分子弛豫造成的吸收，这些是介质的吸收现象，称为吸收衰减。

八、通用设备器材

（一）通用超声波探伤仪

1. 工作原理

模拟超声波探伤仪工作原理：高频脉冲电路产生高频脉冲振荡电流施加到超声探头的压电晶片上，激发出超声波并传入被检工件。超声波在被检工件中传播时，若在声路上遇到缺陷，将在界面上产生反射。反射回波被探头接收转换成高频脉冲电信号输入探伤仪的接收放大电路，经过处理在显示屏上显示出与回波声压大小成正比的回波波形，如图 7—3—9 所示。

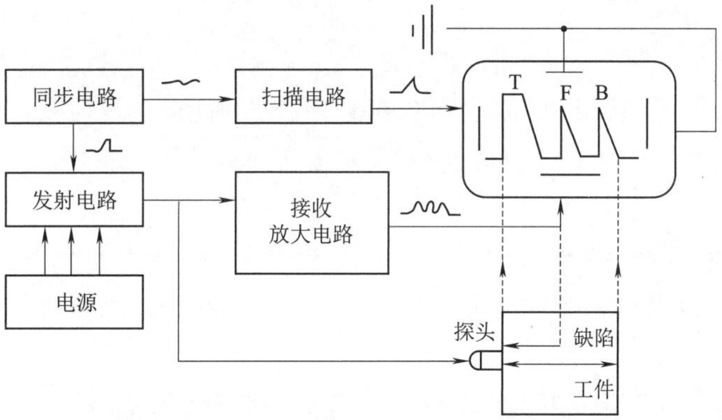

图 7—3—9　模拟超声波探伤仪工作原理

数字超声波探伤仪还可实现动态波形的采集、存储和回放，可实现与计算机通信、数据转存及打印等功能，如图 7—3—10 所示。

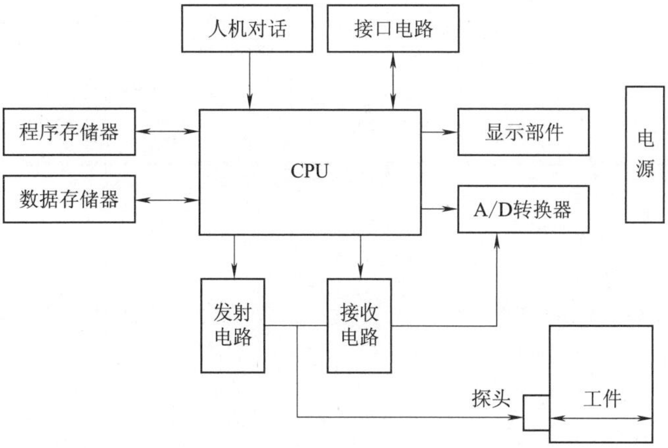

图 7—3—10　数字超声波探伤仪工作原理

2. 显示方式

根据探头扫查方式及屏幕显示方式的不同,常分为 A 型、B 型、C 型、S 型(扇形)等显示类型,如图 7—3—11 所示。A 型是波形幅度与声时(声程)的关系;B 型是工件纵剖面的情况;C 型是工件横剖面(投影)的情况;S 型是工件某一扇形区域纵剖面的情况。

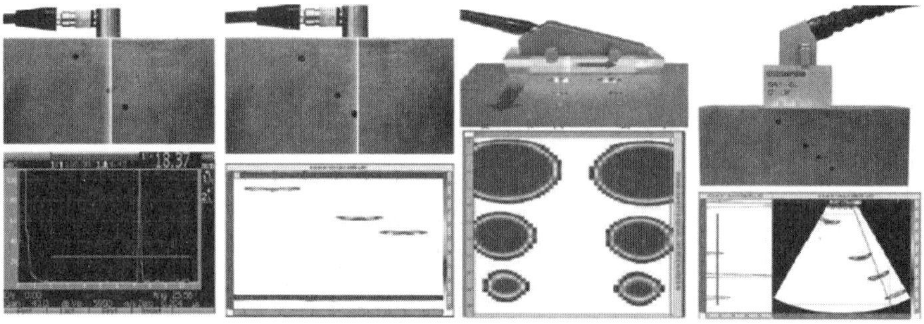

(a) A型显示　(b) B型显示　(c) C型扫查　(d) S型扫查

图 7—3—11　显示方式

(二)超声波探伤试块

1. 标准试块

标准试块主要用于测试超声波探伤仪、探头的基本性能或综合性能。

铁路工务系统常用标准试块包括:CS-1-5、CSK-ⅠA 或ⅡW 试块等。

2. 对比试块

对比试块外形、材质与被检工件相同或相近,根据工件检测要求在具代表性的位置人工制作平底孔、横通孔或刻槽等模拟缺陷。对比试块主要用于测试工艺方法的检出效果、校准探伤灵敏度等。

铁路工务系统常用对比试块包括:WGT-3 试块和阶梯试块等。

钢轨探伤实物对比试块:GTS-60、GTS-60C 试块等。

钢轨焊缝探伤对比试块:GHT-1 试块、GHT-5 试块。

第八章　钢轨探伤仪探伤

钢轨探伤仪(以下简称探伤仪)是目前我国铁路在役钢轨的主要探伤设备,已基本实现数字化。本章以目前铁路工务系统采用的数字钢轨探伤仪为例,介绍钢轨探伤技术,钢轨探伤仪的工作原理、结构组成、主要性能参数和数据分析功能,并给出探伤作业的一些基本要求。

第一节　钢轨探伤技术

对新制和在役钢轨进行无损探伤是保证钢轨质量和铁路运输安全的重要技术措施。我国高铁钢轨探伤已形成钢轨探伤仪、钢轨探伤车相互配合的检测模式,普速铁路目前仍是以探伤仪为主、探伤车为辅的检测模式,对在役钢轨实施周期性探伤检测。

一、新制钢轨探伤

新制钢轨探伤主要检查钢轨中的材质缺陷和制作缺陷,如夹杂、疏松、气孔、白点和各种表面裂纹等。新制钢轨内部缺陷主要使用超声波法探测,表面及近表面缺陷主要使用涡流法探测。新制钢轨探伤在钢轨生产厂家进行,一般使用多通道自动探伤设备进行探伤。

(一)超声探伤

一般使用 4 ~5 MHz 的超声纵波从轨头踏面、侧面、轨腰和轨底面探测内部缺陷。使用超声横波从轨底斜面上探测轨底纵向裂纹,如图 8—1—1 所示。所用方法应确保被检测的最小横截面面积为:轨头部分不小于 70%;轨腰部分不小于 60%;轨底部分如图 8—1—2 所示。

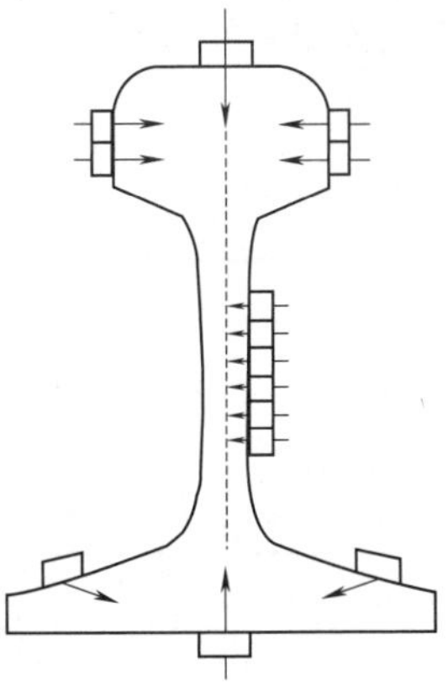

图 8—1—1　新制钢轨超声探伤示意

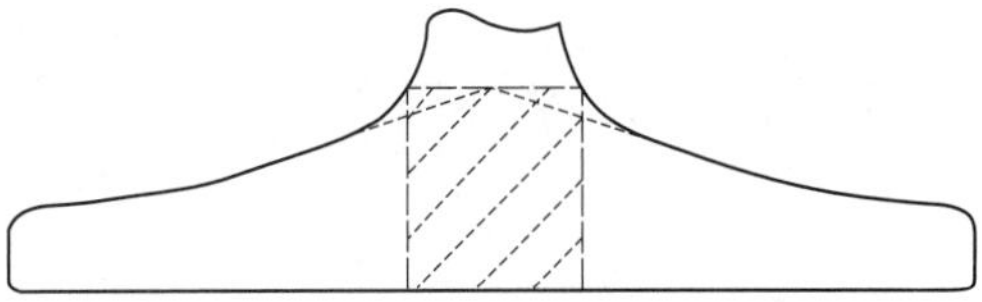

图 8—1—2　钢轨轨底超探区域(阴影部分)

（二）涡流探伤

钢轨表面及近表面缺陷主要使用涡流法进行探测，有时也可使用磁粉探伤法探测。

涡流探伤的主要特点是：探伤灵敏度高、探测速度快、不需要耦合，是一种非接触式的探伤方法，易于实现自动化。由于趋肤效应，涡流探伤只能探测表面及近表面缺陷。受表面状态的影响，如果钢轨表面过于粗糙，会产生过多的干扰信号而无法进行正常探伤。

（三）质量要求

如果发现超过探伤灵敏度相对应当量的缺陷，钢轨应报废或将有缺陷的部分切除。

二、在役钢轨探伤

在役钢轨探伤主要是检查钢轨在使用过程中产生的疲劳缺陷，即各种疲劳裂纹，主要是轨头核伤、螺孔裂纹和其他方向的裂纹，还包括一些钢轨出厂漏检的材质缺陷，如严重的纵向夹杂等。因缺陷类型、位置、方向等有很大区别，需多只不同角度的探头进行扫查。

由于在役钢轨处于铺设状态，探伤作业只能在现场进行，主要使用钢轨探伤仪进行探伤。这种钢轨探伤仪一般有 9 个通道，具有较完善的报警功能，能够在钢轨上和陆地上推行，可以利用行车间隔上道作业。

（一）轨头核伤

钢轨核伤多发生在钢轨头部，为轨头横向疲劳裂纹，多呈椭圆形，一般距踏面 8 ~ 12 mm、距内侧 5 ~ 15 mm，也有位于轨头中部的核伤。钢轨核伤与轨头侧面近乎垂直，与踏面多呈 10° ~ 25°夹角（单行线上）或近乎垂直（复行线上）。核伤在未发展到外表面时肉眼不可见，没有和外界空气接触时，称为白核；已扩展到外表面时，因氧化变为黑色，称为黑核。

1. 核伤成因

钢轨核伤产生的主要原因是在钢轨生产中，轨头内部已存在有白点、气泡或非金属夹杂缺陷等，使用中在机车车辆的动荷载重复作用下，某些细微的缺陷逐渐扩大而形成疲劳斑痕，导致核伤的产生，这些缺陷被称为疲劳源。其次，钢轨头部的接触疲劳和轨面擦伤可形成黑核。

2. 探伤方法

国内外对核伤均采用折射角为 65° ~ 70°的超声横波探头进行探伤。根据核伤多出现在轨头靠近轨距角的特点，且采用一次波检测近表面伤损难度较大，我国铁路多年来一直采用二次波法，即将探头偏转 14° ~ 20°，利用经轨颚反射后的二次波进行检测，如图 8—1—3 所示。

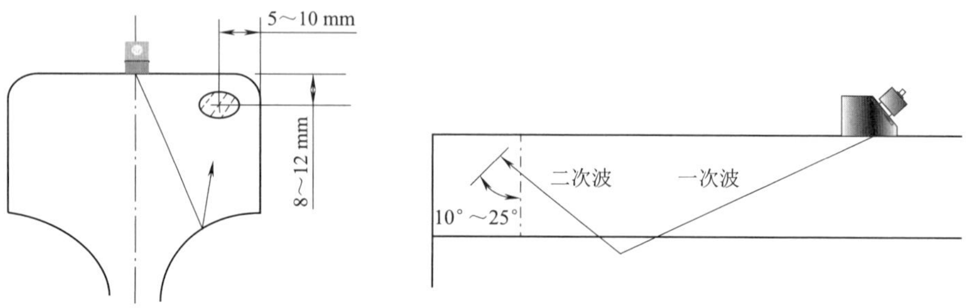

图 8—1—3　钢轨核伤的探测示意

（二）螺孔裂纹

螺孔裂纹是从螺孔周边开裂发展而成的疲劳缺陷，一般与水平线呈0°～45°夹角。由孔向轨端上部或向轨身上部的螺孔裂纹称为螺孔裂纹上裂，简称上裂；由孔向轨端下部或向轨身下部的螺孔裂纹称为螺孔裂纹下裂，简称下裂。

1. 螺孔裂纹成因

（1）螺孔未倒棱或加工时周边有毛刺、缺口等，形成应力集中，导致螺孔裂纹的产生。

（2）螺孔位置偏差或钢轨和接头夹板的制造误差，引起螺栓与孔壁接触，形成疲劳源产生螺孔裂纹。

（3）线路养护不良造成低接头、暗坑、吊板等，导致冲击力加大，致使螺孔周边局部应力过高而产生裂纹，尤其是列车经常制动地段、绝缘接头、异型接头以及长大隧道等地段。

2. 探伤方法

应用37°斜探头探测螺孔斜裂纹，0°直探头探测螺孔水平裂纹，如图8—1—4所示。

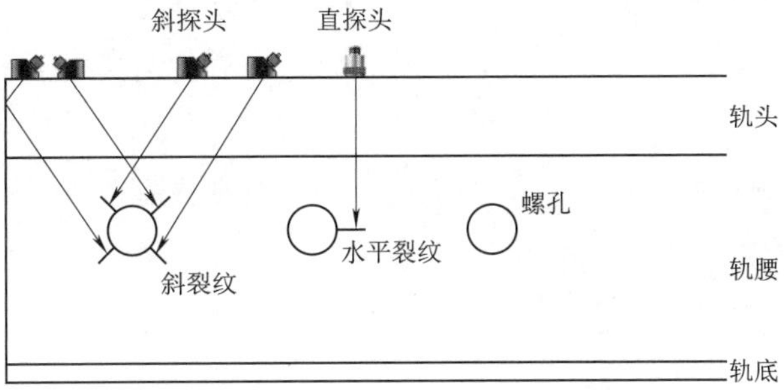

图8—1—4　螺孔裂纹的探伤方法示意

（1）螺孔裂纹的反射规律

钢轨探伤仪前、后37°探头探测正常螺孔时的回波显示规律：因为前37°为单探头，后37°为与0°组合的探头，受探头结构和探测方向的影响，两个探头的出波位置有所差异。后37°探头的入射点比前37°后移约10 mm。由于探测方向不同，其波形在小方门内显示过程相反。

①裂纹反射幅度与深度的关系

裂纹在5～6 mm以下时，随裂纹深度变化，反射波高变化很快；裂纹在7～8 mm以上时，随裂纹深度变化，反射波高变化趋缓，之后基本上不随深度变化，如图8—1—5所示。

②裂纹反射幅度与倾角的关系

随着裂纹倾角的变化，反射波有四个明显的峰值，如图8—1—6所示，其中，Ⅱ、Ⅳ象限37°附近的两个峰值是由于裂纹与声波垂直反射造成的，而其他两个峰值则是由于螺孔参与裂纹的反射造成的。

裂纹的反射机理可近似分为两种形式：裂纹的直接反射和散射、裂纹和螺孔面构成的近似垂直的直角反射。当声波与裂纹垂直时，反射最强，前者起主导作用。当裂纹倾角变化时，相当于在裂纹上的入射角从0°～90°变化。对于前者，反射能量将单调降低；对于后者，反射能量将首先降低，当入射角约为30°时达到极小值，然后又迅速增大到极大值，直到入射角增大到约为60°时，反射能量又逐渐降低，于是便出现了Ⅱ象限70°以后和Ⅳ象限0°附近的两个峰值，如图 8—1—6 所示。

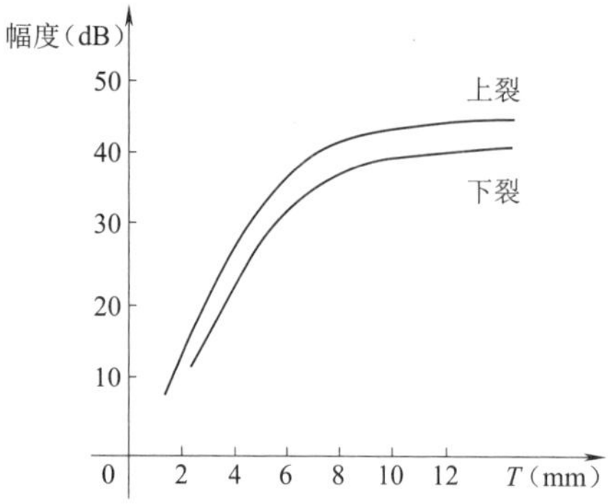

图 8—1—5　裂纹反射幅度与深度的关系

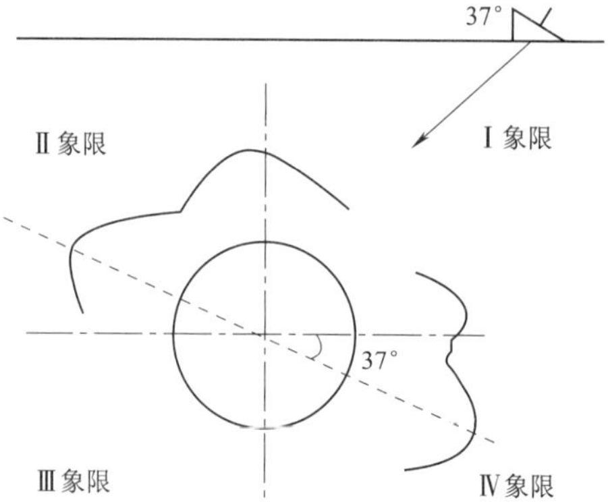

图 8—1—6　裂纹反射幅度与倾角的关系

(2)裂纹波与螺孔波的游动规律

37°斜探头、0°直探头在探伤扫查过程中，裂纹波与螺孔波的游动规律如图 8—1—7 所示。

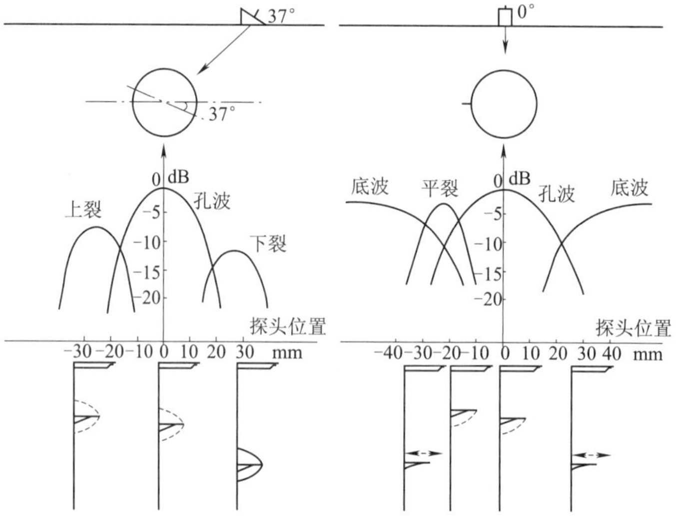

图 8—1—7　裂纹波与螺孔波的游动规律

(3)一孔裂纹的探测

图 8—1—8 为探测第一螺孔Ⅰ、Ⅲ象限裂纹的探测示意图，上裂和螺孔是“正打”的，而下裂则是“倒打”的。为得到一定宽度的声束入射、避免高低接头及轨头冲击痕迹等带来的不利影响，b_+、b_- 和 b_0 都应保持足够的值，以使探头离接头尽量远一些。由于 b_+ 总是大于 b_0，当 b_0 能满足探伤要求时，b_+ 就自然满足探伤要求，因此，在选择探头角度和探测条件时，只要考虑 b_- 和 b_0 的大小即可。

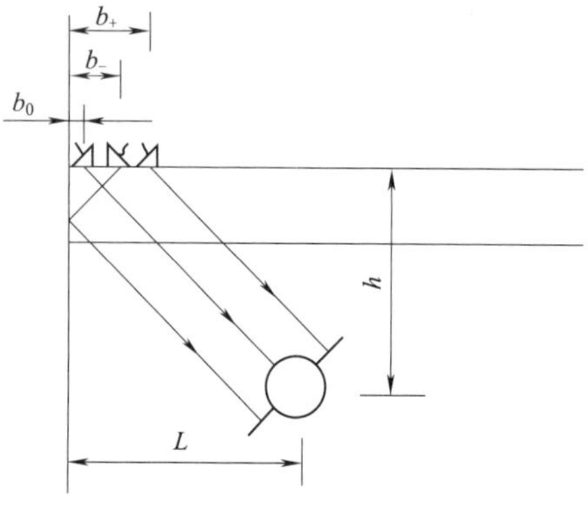

图 8—1—8　一孔裂纹的探测

$$b_{+} = L + R\cos\alpha - (h - R\sin\alpha)\tan\beta \quad (8—1—1)$$

$$b_{-} = (h + R\sin\alpha)\tan\beta + R\cos\alpha - L \quad (8—1—2)$$

$$b_0 = L - h\tan\beta \quad (8—1—3)$$

$$b_{-} + b_0 = R(\sin\alpha\tan\beta + \cos\alpha) \quad (8—1—4)$$

式中 L——第一螺孔中心与轨端的距离(mm);

h——第一螺孔中心与钢轨踏面的距离(mm);

R——第一螺孔的半径(mm);

α——螺孔裂纹与水平线的夹角(°);

β——斜探头入射角(°);

b_0——斜探头正打第一螺孔时,探头入射点与轨端的距离(mm);

b_{-}——斜探头倒打第一螺孔下裂时,探头入射点与轨端的距离(mm);

b_{+}——斜探头正打第一螺孔上裂时,探头入射点与轨端的距离(mm)。

可以看出,对于螺孔或上裂,要求 β 尽量小,而对于下裂,要求 β 尽量大,因此很难同时满足。可使用0°探头兼顾螺孔上裂和小倾角的下裂。斜探头的角度可适当选得大些,以尽量满足倒打下裂的需要。一般75轨可用折射角为40°~42°的探头,而其他轨型可用38°~40°的探头。

(4)0°探头的使用

0°探头可用于检测缺陷,也可用于监视耦合条件和仪器的工作状态。0°探头的底波失波报警功能主要用于发现较大的缺陷和监视仪器及探头的工作状态,而伤波进波报警功能,则可用来发现各种较小的缺陷。当灵敏度合适时,0°探头不仅能检出0°~45°的螺孔上裂,还能检出0°~10°范围内的下裂,是对37°探头很好的补充。

第二节 钢轨探伤仪工作原理

钢轨探伤仪是指能在钢轨上推行并对钢轨内部质量进行检测的小型探伤设备。我国钢轨探伤仪经过数十年的发展,具有机动、灵活、方便、实用的特点,可利用行车间隔或天窗时间上道作业。

一、探伤原理

运用超声检测的方法来检测工件内部缺陷的仪器称之为超声波探伤仪。超声检测方法通常有脉冲反射法、穿透法、串列法等。钢轨超声波探伤仪一般采用脉冲反射法和穿透法。

超声波探伤仪工作原理详见第七章第三节。

二、仪器主要组成及其作用

(一)同步电路

同步电路又称触发电路,是整个探伤仪的“中枢”,用来触发探伤仪扫描电路、发射电路等,使之按设定的时序工作。

(二)扫描电路

扫描电路又称时基电路,用来产生锯齿波电压,使荧光屏上的光点沿水平方向作等速移动,产生一条水平扫描时基线。

(三)发射电路

发射电路是利用闸流管或可控硅的开关特性,产生几百伏至上千伏的电脉冲,施加于发射探头,激励压电晶片振动,使之产生超声波。

(四)接收电路

接收电路由衰减器、射频放大器、检波器和视频放大器等组成。它将来自探头的电信号进行放大、检波,最后在荧光屏上显示回波信号。

(五)显示电路

显示电路主要由显示器及外围电路组成,用来显示探伤图形。

三、工作过程

同步电路产生的触发脉冲同时加至扫描和发射电路,扫描电路受触发产生锯齿波电压,在荧光屏上产生一条水平扫描线。同时,发射电路受触发产生高频窄脉冲,加至探头,激励压电晶片振动,在工件中产生超声波。超声波在工件中传播,遇缺陷或底面发生反射时,被探头中的压电晶片接收、转变为电脉冲,经接收电路放大和检波,加至水平扫描线的相应位置上产生缺陷波和底波,根据缺陷波的幅度可以估算缺陷的当量大小。如果将显示器扫描线的扫描速率同步于超声波在被测工件中的传播速度,则根据回波的水平显示位置可以确定缺陷的位置。

较小缺陷可以根据回波强度和对比试块的模拟缺陷回波的幅度对比来判断缺陷的当量大小;大缺陷则根据回波的幅度和探头位移量来判断缺陷的当量大小。图 8—2—1 为用直探头检测被测工件中无缺陷、小缺陷、大缺陷的显示原理图。

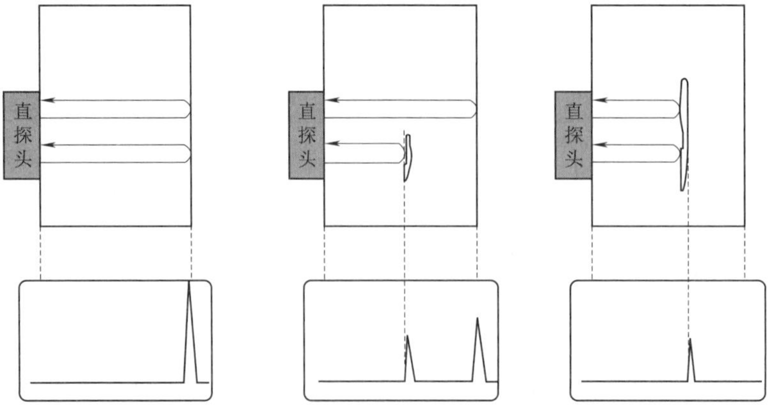

(a) 无缺陷　　(b) 小缺陷　　(c) 大缺陷

图 8—2—1　直探头检测被测工件显示原理

第三节 钢轨探伤仪结构组成

数字钢轨探伤仪主要由探伤仪主机、探头、耦合剂容器、小车构成。

一、整体结构

钢轨探伤仪是多通道超声波探伤设备,包括仪器(含电源)、显示器、探头、编码器,以及可在轨道上推行的小车(带耦合液水箱)等部分,如图 8—3—1 所示。

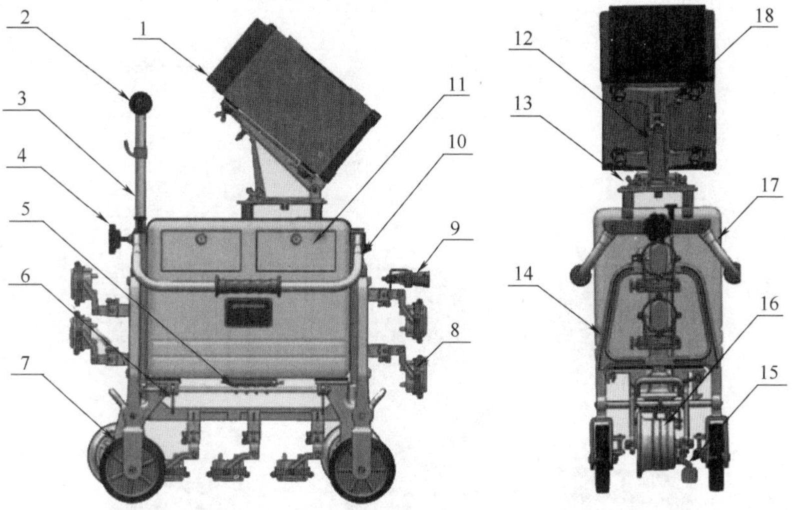

图 8—3—1 钢轨探伤仪结构组成

1—主机;2—标记键;3—推手;4—推手紧固丝;5—水阀;6—翻板挂钩;
7—橡胶轮;8—探头及探头架;9—水刷;10—抬手;11—工具箱;12—俯仰紧固螺丝;
13—旋转紧固丝;14—翻板;15—侧轮;16—尼龙轮;17—抬手;18—主机固定丝

二、各组成部分功能

(一)仪器(主机)

数字式探伤仪较模拟式探伤仪功能全面,具有人机对话键盘、数据采集模块、存储器、导出探伤记录的 USB 接口、编码器、主控模块和同步与处理模块,显示器具有 A、B 型显示区域,有些厂家的设备还具有卫星定位功能,探伤记录与地理信息匹配功能。电源部分提供各种直流电压供各单元使用。数字钢轨探伤仪主机的组成如图 8—3—2 所示。

(二)显示器

显示器多采用 LCD 液晶显示器、EL 场致发光显示器。A、B 型图像可同屏分区显示,这种显示方式需要较大的屏幕尺寸,给现场的探伤分析带来极大的方便。

(三)探头

1. 基本技术参数

钢轨超声波探头由双晶片构成,工作频率多为 2 MHz,晶片材料为锆钛酸铅,晶片尺寸

8 mm × 12 mm。其他技术指标在《钢轨超声波探伤仪》(TB/T 2340)中做出了详细的规定。常见的钢轨探伤仪探头实物如图 8—3—3 所示。

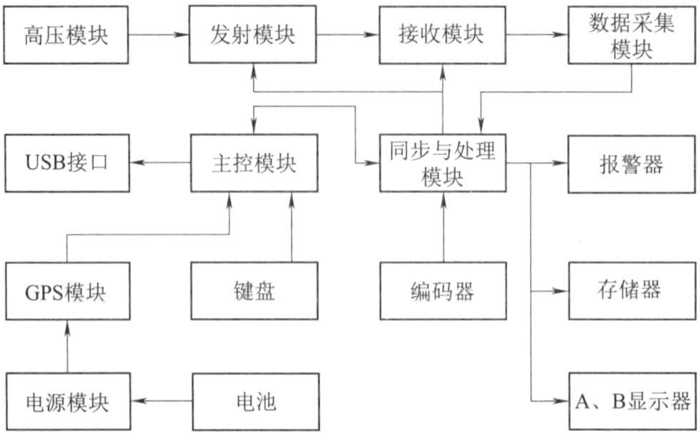

图 8—3—2　数字钢轨探伤仪主机组成

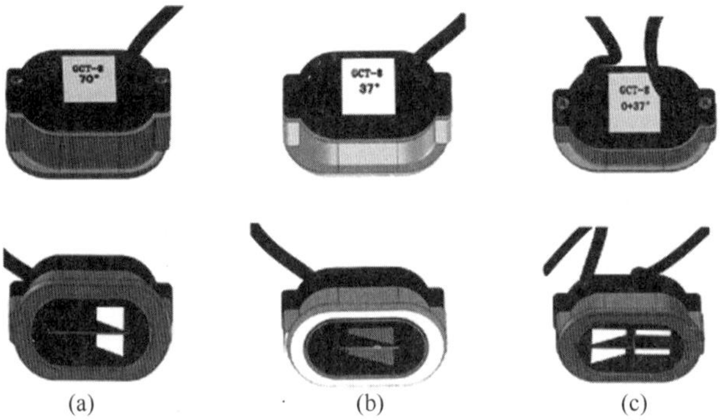

图 8—3—3　常见的钢轨探伤仪探头实物

2. 探头基本配置模式

现有钢轨超声波探伤仪的探头基本配置模式为 9 个探测通道。其中,0°通道 1 个,37°通道 2 个(前 37°、后 37°),70°通道 6 个(前 70°、后 70°、前内 70°、前外 70°、后内 70°、后外 70°)。探头基本配置如图 8—3—4 所示。

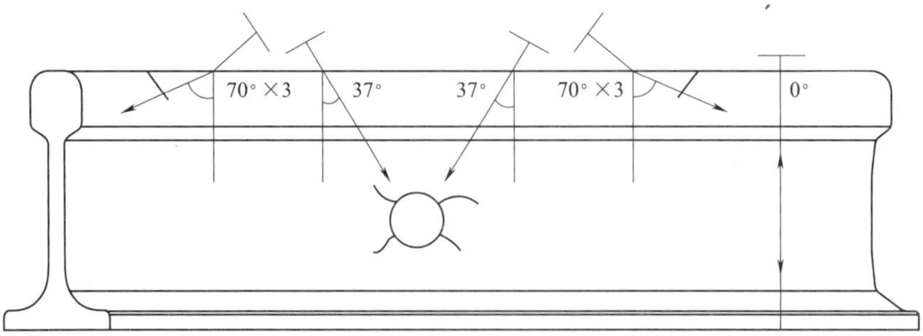

图 8—3—4　钢轨探伤仪的探头配置示意

(1)0°通道

0°通道检测范围如图 8—3—5 所示,主要用于检测螺孔裂纹、水平裂纹、纵向劈裂等缺陷，也可通过底波情况监视耦合条件和仪器的工作状态。

(2)37°通道

37°通道检测范围如图8—3—6所示，主要用于检测螺孔裂纹、轨底横向裂纹等缺陷。

(3)70°通道

70°通道检测范围如图8—3—7所示。前70°、后70°声束在轨头中心及轨腰上部传播，用于检测轨头中部核伤等。前内70°、前外70°、后内70°、后外70°声束自踏面入射，传播至轨颚经过反射，再传播至踏面，用于检测轨头两侧核伤等。

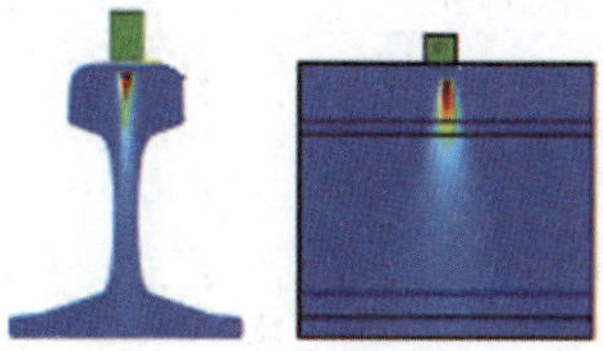

图8—3—5　0°探头检测范围

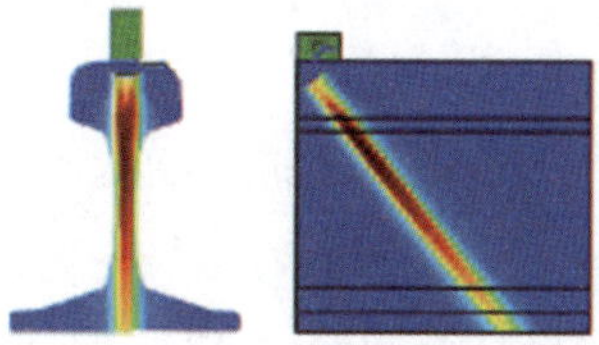

图8—3—6　37°探头检测范围

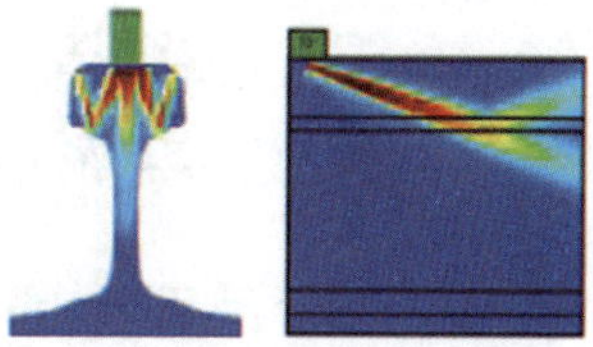

图8—3—7　70°探头检测范围

(四)编码器

编码器分为光电编码器和磁性编码器两种，其中磁性编码器与尼龙轮轴组合在一起，易于安装、可靠性高，精度可以达到256～1 024个脉冲/转。图8—3—8和图8—3—9为光电、磁性编码器的实物图。

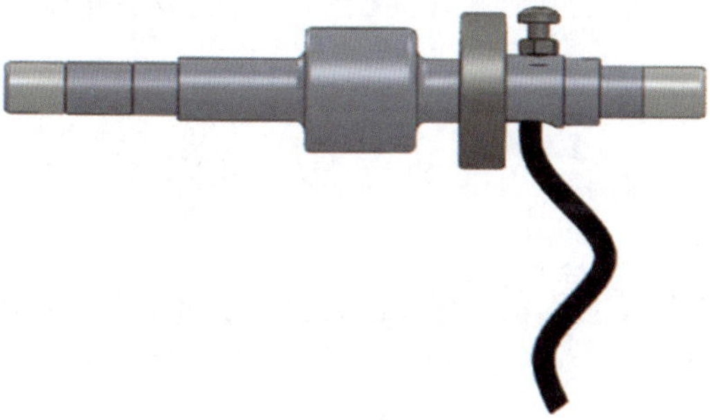

图8—3—8　光电编码器

图8—3—9　磁性编码器

(五)小车和水箱

小车用于安装探伤或作业时使用的所有零部件，包括主机托架、探头架、翻板、水阀、水刷、探头尼龙轮、陆地行走轮、推手、抬手等。耦合剂容器(水箱)安装到小车上，并附加工具箱。

第四节　钢轨探伤仪性能指标

钢轨探伤仪应具备《钢轨超声波探伤仪》(TB/T 2340)、《钢轨超声波探伤仪》(JJG(铁道)130)等标准和检定规程中的功能，并满足相关性能参数要求。

一、基本性能指标

1. 能适用于43～75 kg/m在役钢轨的超声波探伤作业；有同时探测轨头、轨腰和轨底横向疲劳裂纹、其他部位裂纹（包括纵向垂直裂、斜裂、纵向平裂和螺孔裂纹等）的能力（自轨面入射的超声束无法射及的部位除外）。

2. 携带多个（一般为9个）探头同时工作，一般为1个0°探头，2个折射角35°～45°探头，6个折射角70°探头（2个直打、2个外偏、2个内偏）。70°探头具有相对走行方向偏斜14°～20°范围内的角度调整能力。

3. 应有音响报警装置，各通道的音响易于分辨，音量满足野外作业需要，并配备遮光罩。报警方式、闸门位置和闸门宽度的调节应能与钢轨各探测方式相适应。

4. 应具备衰减器；蓄电池供电时，电池的容量应能满足探伤仪连续工作8 h的需要；应有连接校正探头用的插座或接头。

5. 探伤仪的供水系统应能保证每个探头耦合良好，阀门易于调节；水箱应耐腐蚀，容量不小于10 L。

6. 探伤小车应是重量轻的框架结构，可在平地上推行和直立，能承受正常使用情况下的冲击和振动。在线路上推移时，滚动轮应具有横向限位轮缘。所有与轨面接触部分都应采用电绝缘材料制作。车架上有便于上下道的抬手柄，车体设计应便于在旅客列车上搭乘。

7. 探伤仪外观无伤损，器件、部件无破损，各开关、旋钮性能稳定，指示灯、示波管或显示屏等显示正常。

8. 同型号探伤仪的零部件应有互换性。

9. 数字钢轨探伤仪应有测速、数据回放、超速报警，并能按照指定的数据格式导出数据等功能。

二、综合性能指标

（一）重复频率

单个通道脉冲的重复频率不应低于400 Hz。测量值与标称值之差应在标称值的±10%以内。

（二）增益控制范围

总量不小于60 dB。在规定的工作频率范围内，衰减器每12 dB的工作误差不超过±1 dB。

（三）动态范围

抑制最小时，不低于16 dB；抑制最大时，2～6 dB。

（四）放大器频率响应

中心频率f_0应在标称值的±10%以内。放大器频带宽度应在标称值的±10%带宽以内，并且不小于探头标称中心频率的40%。

（五）水平线性误差

水平线性误差不大于2%。

（六）垂直线性误差

垂直线性误差不大于15%。

（七）阻塞范围

阻塞范围不大于20 mm。

（八）抑制状态对测量结果的影响

仪器的抑制处于不同状态时，幅度差为10 dB±2 dB，两个回波差值的变化ΔM不大于2 dB。

（九）灵敏度余量

1. 0°探头

探测 WGT-3 试块 110 mm 底面，当波高达到 80% 时的灵敏度余量不小于 36 dB。

2. 37°和 70°探头

探测 WGT-3 试块上深 65 mm 处 ϕ3 mm 横通孔，当波高达到 80% 时的灵敏度余量不小于 40 dB。

（十）距离幅度特性

横波探头探测同孔径、不同声程的横通孔；0°探头探测不同声程的大平底，其反射波高的差值 ΔW 应满足以下要求。

1. 0°探头

在深度 20 mm 到距离幅度特性曲线最高点范围内，$\Delta W \leqslant 12$ dB；在距离幅度特性曲线最高点到深度 150 mm 范围内，$\Delta W \leqslant 8$ dB。

2. 37°探头

在深度 20 mm 到距离幅度特性曲线最高点范围内，$\Delta W \leqslant 12$ dB；在距离幅度特性曲线最高点到深度 150 mm 范围内，$\Delta W \leqslant 8$ dB。

3. 70°探头

在相当于探测深度 10 ~ 70 mm 范围内，$\Delta W \leqslant 12$ dB。

（十一）信噪比

1. 0°探头

在 GTS-60C 试块上探测底面，当波高达到 80% 时的静态灵敏度余量大于或等于 24 dB；信噪比不小于 16 dB。

2. 37°探头

在 GTS-60C 试块上探测螺孔和 37°倾角的 3 mm 的上裂，使两波等高，并使波高达到 80% 时的静态灵敏度余量大于或等于 22 dB；信噪比不小于 8 dB。

3. 70°探头

在 GTS-60C 试块上，用二次波探测 ϕ3 mm 平底孔，当波高达到 80% 时的静态灵敏度余量大于或等于 20 dB；信噪比不小于 10 dB。

（十二）缺陷检出能力

探伤仪调整到实际钢轨探伤状态，探伤灵敏度适当，在正常探伤速度下推行，应能检出 GTS-60C 试块上除 15°下裂以外的各种人工缺陷，并能正常报警。

三、数字探伤仪相关性能

数字钢轨探伤仪还应具备以下相关性能。

（一）B 型显示

综合了回波信号的幅度、位置和探头位移三个参数，显示方式是在探伤仪显示屏上以纵坐标显示反射回波的深度（以超声波传播时间为基础），横坐标显示超声波探头在探测面上的移动位置，从而构成了被检材料的纵向剖面图形。

1. B 型显示的特点

(1)多个通道的信息进行整合汇总;

(2)充分利用探头位移量的信息;

(3)可以提高检测速度和准确性;

(4)B 型图像易保存信息;

(5)可实现信息共享和再分析;

(6)提高检测人员整体判伤水平;

(7)与 A 型显示互补,提高疑难伤损判别的准确率。

2. 提高缺陷发现能力

B 型图像对检测结果的可视化显示,帮助检测人员提高缺陷的发现能力。

(1)鱼鳞伤

检测鱼鳞伤地段时,核伤回波往往被鱼鳞伤回波淹没,检测人员要从杂乱繁多的波形中发现核伤回波,难度极大,稍有不慎就会造成漏检。使用 B 型显示时,轨面轮廓线下有大量散乱的点状鱼鳞伤损信号,一旦轨面轮廓线下出现一长条线状信号,就极有可能是掩藏于鱼鳞伤损下的核伤。

(2)轨底横向裂纹

对于钢轨及其焊缝的轨底Ⅱ区伤损,B 型显示会在钢轨底部显示一个明显“八”字,易判别。

(3)上斜裂纹

37°螺孔回波和上斜裂纹有明显的双线。当螺栓孔出现向上斜裂纹时,B 型图像会在螺栓孔图形上重复显示一条弧线。

(4)接头和焊缝附近的核伤

70°探头检测接头(或焊缝),距离接头端面几十毫米范围之内的缺陷回波难以辨别,易造成误判,B 型图像可以清晰的显示两条线。

(二)数据存储功能

数字钢轨探伤仪具有探伤记录存储功能,有一定容量的存储空间。这些数据可以导出,上传至数据分析管理系统。探伤记录的内容包括:

1. 作业参数

机号、使用单位、线名、执机人、行别、股别、起始里程数、里程变换方式等。

2. 动态参数

探伤速度、日期、时间、作业里程、电池电压等。

3. 回波记录

各个探测通道的回波数据。

(三)回放分析功能

数字钢轨探伤仪有配套的回放分析软件。软件对探伤记录内容进行读取,然后以动画、图表和曲线等形式直观地在计算机上显示,重现探伤过程,可以生成探伤报告,实现伤损的分析和对探伤作业过程的检查。

另外,数字式钢轨探伤仪可实现的相关功能还有探头自动检测、探伤灵敏度记录、卫星定位等。

第五节　数 据 分 析

在探伤仪数字化的基础上，不仅可以实现探伤数据的存储和回放，也可通过计算机数据回放分析软件实现探伤作业标准化的监控以及伤损的二次检出，具有可追溯性。

一、概　　述

钢轨探伤仪的数据回放分析是将探伤作业过程中执机人对仪器进行的参数调整、作业的推行轨迹、推行速度及检测结果等内容，通过专门的回放软件在计算机上进行回放再现。

数据回放分析是探伤检测的重要辅助手段。实践证明，数据回放能够及时发现一些现场作业时漏检的伤损，提高伤损的检出率。数据回放更有利于探伤标准化作业的监督管理，通过数据回放可以监督现场的探伤灵敏度设置、探头耦合状态、作业时间、推行速度等，使探伤作业具有统一的标准和要求。

数据回放分析是提高伤损检出率的重要方法，但检测人员不能过分地依靠数据回放分析来拾遗补漏。探伤作业要求探伤人员第一时间发现伤损，并及时采取措施，这是防止断轨事故的关键。

二、分析界面

图 8—5—1 为一组钢轨探伤数据回放分析界面，浅色区域是回放软件的主要功能按钮及仪器参数、作业参数显示。深色区域是检测钢轨的 B 显图像显示区。

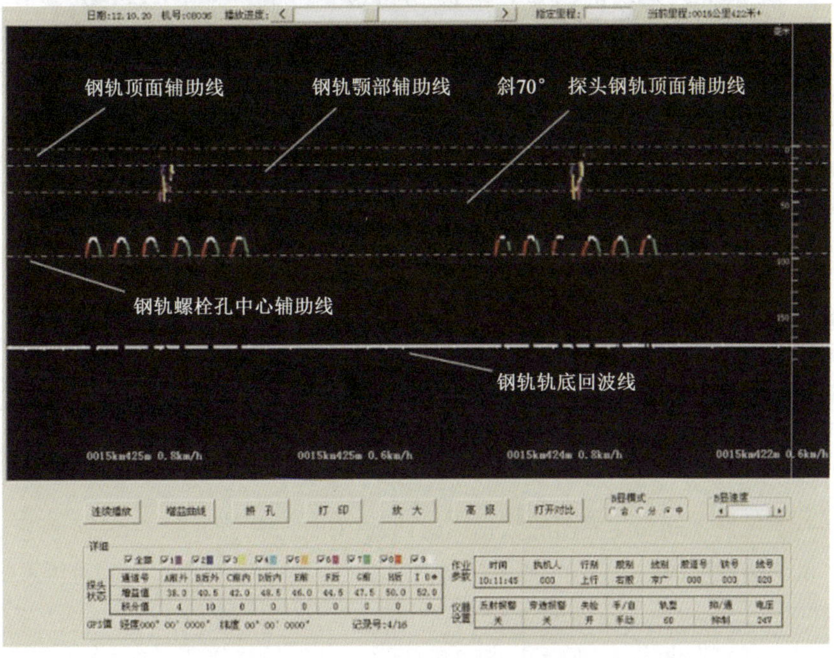

图 8—5—1　探伤数据回放分区显示

（一）功能按钮

功能按钮包括播放进度条、指定里程、连续播放/暂停播放、增益曲线、拼孔、打印、放大、高级（过滤、标记点、积分值、人员交接、设置、作业概况、轨迹、人员、超速、倒车、班组）、对比、B 显模式、播放速度等。

（二）仪器参数

仪器参数包括增益值、积分值、报警设置、失检设置、轨型、抑制、仪器电压等。

（三）作业参数

作业参数包括作业日期、时间、执机人、线名、行别、股别、股道号、道岔号等。

三、主要功能

（一）增益曲线

纵坐标为增益分贝值，横坐标为探测里程值，用不同颜色表示各个通道的增益曲线，如图 8—5—2 所示。增益曲线可监控探伤作业全过程仪器各通道的增益调节情况。

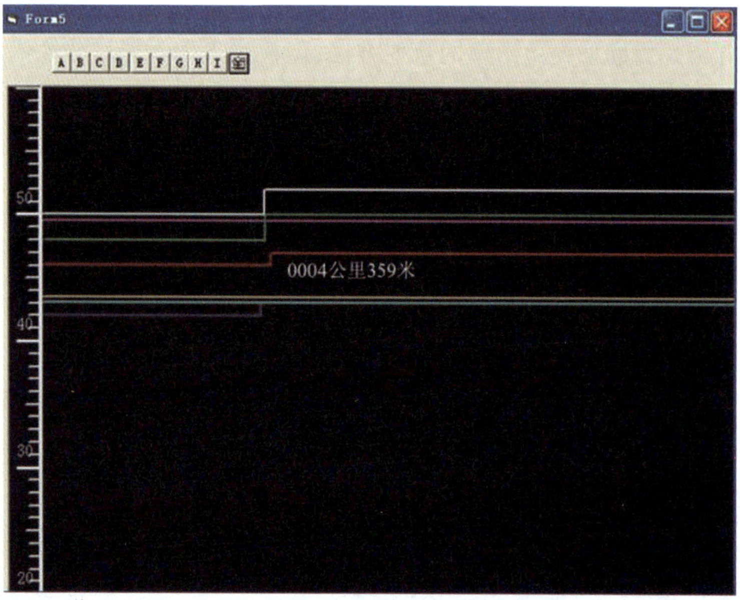

图 8—5—2　不同颜色曲线表示对应通道的增益曲线

（二）探伤行走轨迹

仪器通过接收卫星定位信号生成探测时的推行轨迹曲线，如图 8—5—3 所示。曲线上每两个黑点的距离为 100 m。通过曲线可清楚了解线路的基本情况，对小半径曲线进行特别监控。回放时，还可以直接选中要检测的区段进行数据回放，具有较强的实用性。

（三）新旧数据对比

将同一探测区间不同探测周期的数据同时回放、对比分析，如图 8—5—4 所示，有利于伤损确认及了解伤损发展的一般规律，如伤损发展速率与运量、线路条件、时间等因素的关系。

（四）打印

回放软件可生成伤损报告，如图 8—5—5 所示。报告包含仪器参数、作业参数及伤损位置、伤损的 B 显图像和 A 显脉冲波形等信息。

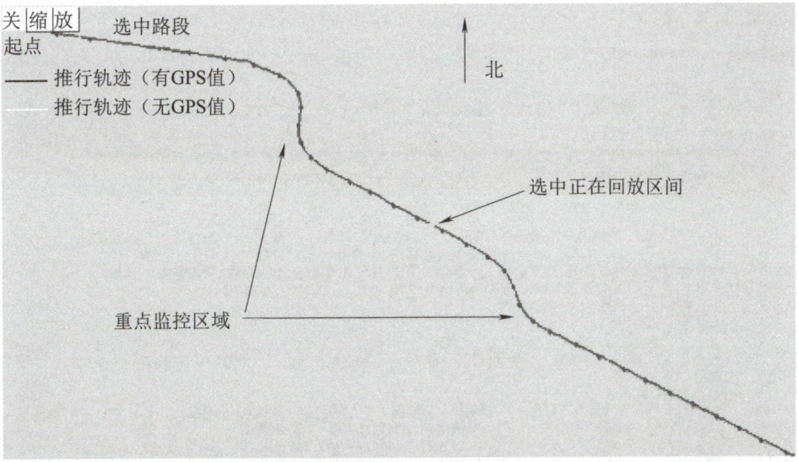

图 8—5—3　卫星定位探测时推行轨迹曲线

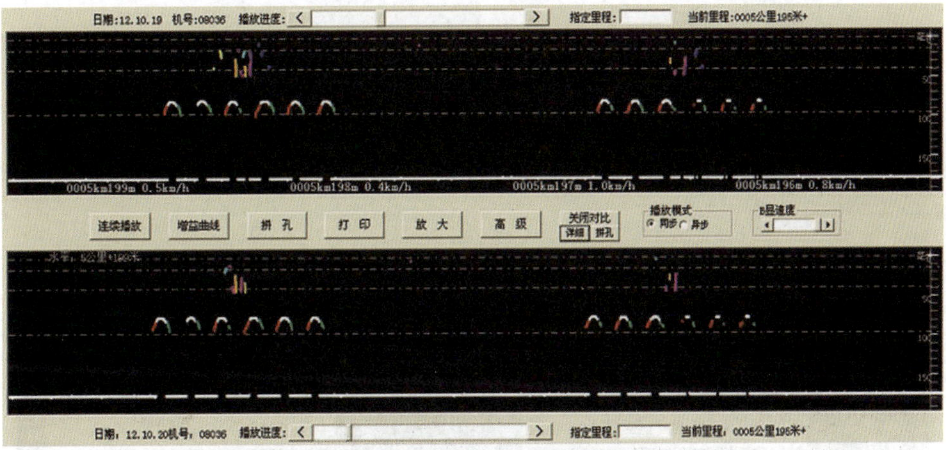

图 8—5—4　数据对比

伤损报告

工务段：　　线 别：　　日 期：　　机 号：　　分析人：　　分析日：

B型显示图

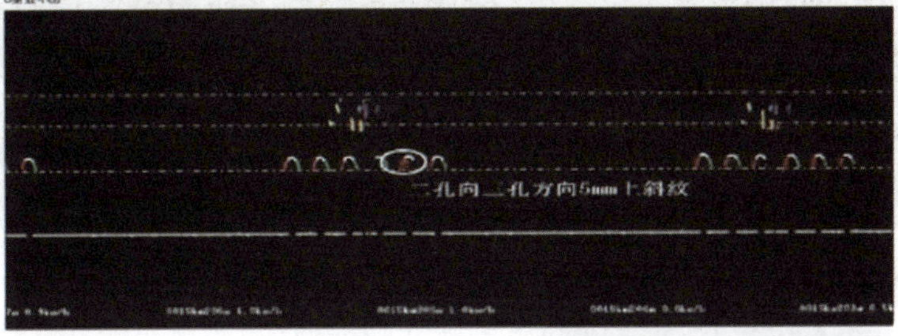

探头状态

通道号	A前外	B后外	C前内	D后内	E前	F后	G前	H后	1 0°
增益值	41.0	42.0	43.5	44.0	43.5	46.0	48.5	53.0	51.0
积分值	10	56	0	0	6	2	2	0	66

作业参数

时间	执机人	行别	股别	线别	股道号	铁号	线号
08 29 14	200	上行	右股	京广	000	000	020

仪器设置

反射报警	穿透报警	失检	手/自	轨型	抑/通	电压
关	关	开	手动	60	抑制	24V

GPS数值：经度000°00'0000" 纬度 00°00'0000"　　探测速度：0.0km/h

H通道A型显示

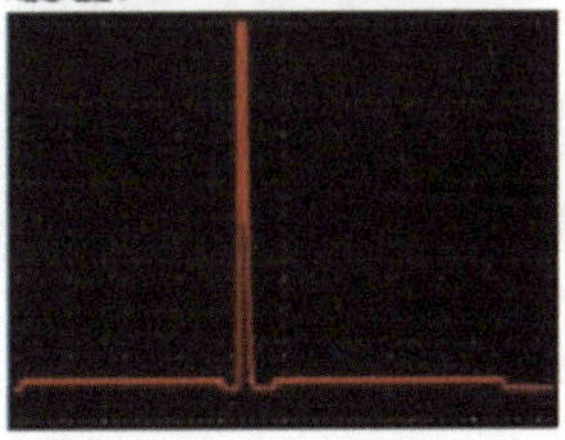

图 8—5—5　伤损报告

(五)作业速度检查

数据分析软件可对全程检测作业速度进行分析，如图 8—5—6 所示，可将探伤作业时超速的时间、里程、执机人及超速的速度进行逐一统计。

	A	B	C	D	E	F	G	H	I
1	钢 轨 探 伤 作 业 质 量 汇 总								
2	工区班组	作业日期	仪器编号	执机人	作业线别	行别	股别	轨型	作业区间
3		13.07.01	11110	092号 32	京广	上行	右股	75	
4	作业到发线	起始里程	结束里程	上道时间	下道时间	工作里程	作业用时	平均速度	反射
5		0501公里7	0493公里4	6时04分	10时11分	8.312	4时07分	2	开
6	穿透	失检	超速次数						
7	开	开	8						
8	A	B	C	D	E	F	G	H	I
9	40	40	39.5	80	40	40	51	50.5	54.5
10									
11	超速详情								
12	线别	行别	班组	日期	时间	里程	执机人	速度	
13	上行	右股		13.07.01	6:47:11	500	38测试	1.84	
14	上行	右股		13.07.01	7:24:14	498.545	30测试	1.96	
15	上行	右股		13.07.01	7:34:24	498.044	30测试	1.84	
16	上行	右股		13.07.01	8:07:16	497.114	32测试	1.84	
17	上行	右股		13.07.01	8:51:16	496.232	32测试	1.84	
18	上行	右股		13.07.01	9:33:33	495.127	30测试	1.84	
19	上行	右股		13.07.01	9:35:21	495.025	30测试	1.88	
20	上行	右股		13.07.01	9:40:21	494.723	30测试	1.84	
21									

图 8—5—6　钢轨探伤作业质量汇总

(六)A 显校对

数据分析软件可对 B 型图像进行 A 显脉冲校对，有单通道校对模式和全通道校对模式，如图 8—5—7 所示。

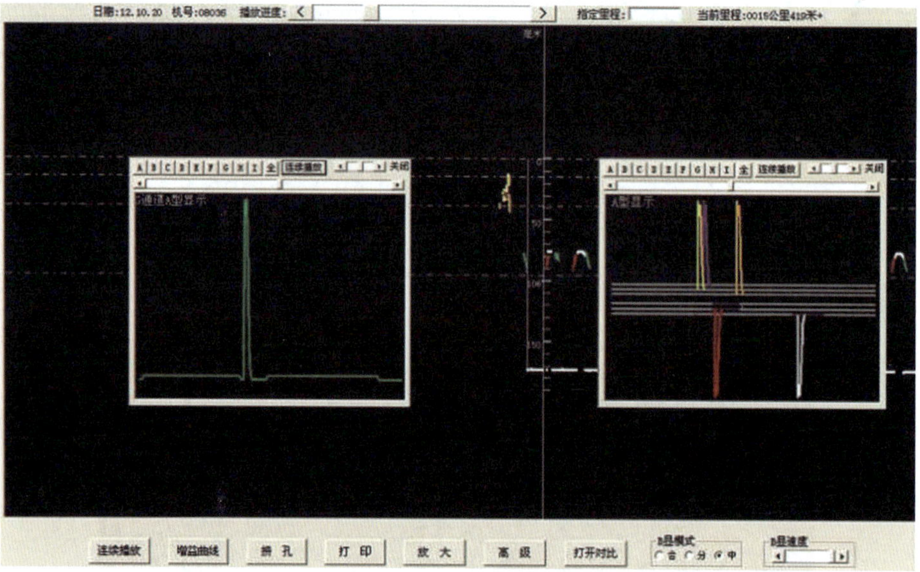

图 8—5—7　校对模式

(七)常见标记符含义

在探伤作业过程中，现场执机人员要对某些特定位置进行标记，如焊缝、道岔、整公里标记、开机点等，在数据回放分析时会在 B 显回放区域显示，便于数据分析员进行分析判断。

四、试块伤损图例

使用探伤仪探测 GTS-60C 加长试块，可直观显示出 B 显图像与钢轨试块示意图的对应关系，如图 8—5—8 所示。试块伤损包含了螺栓孔上斜裂纹、下斜裂纹、水平裂纹、第一孔的倒打下斜裂纹、轨底横向裂纹和轨头核伤等人工缺陷。

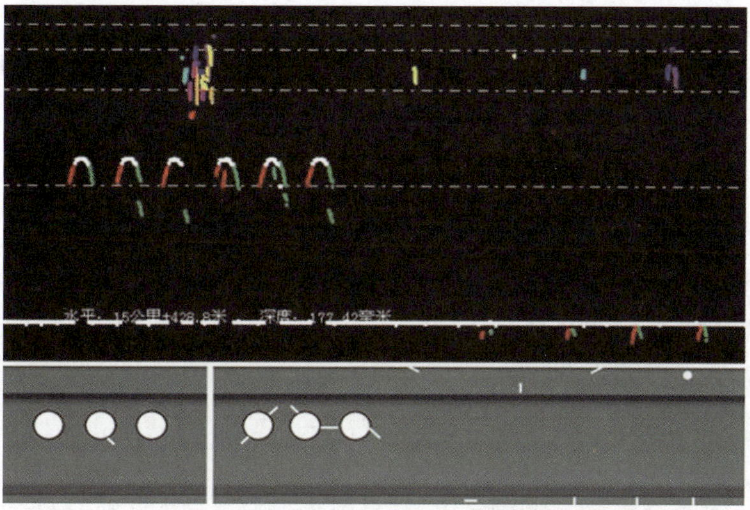

图 8—5—8　B 显图像与钢轨试块示意

第六节　典型伤损分析

一、焊缝伤损

（一）焊缝轨头核伤

某线上行右股接触焊缝核伤，伤损尺寸 30 mm × 20 mm，斜 70°探头有效检出，如图 8—6—1 所示。

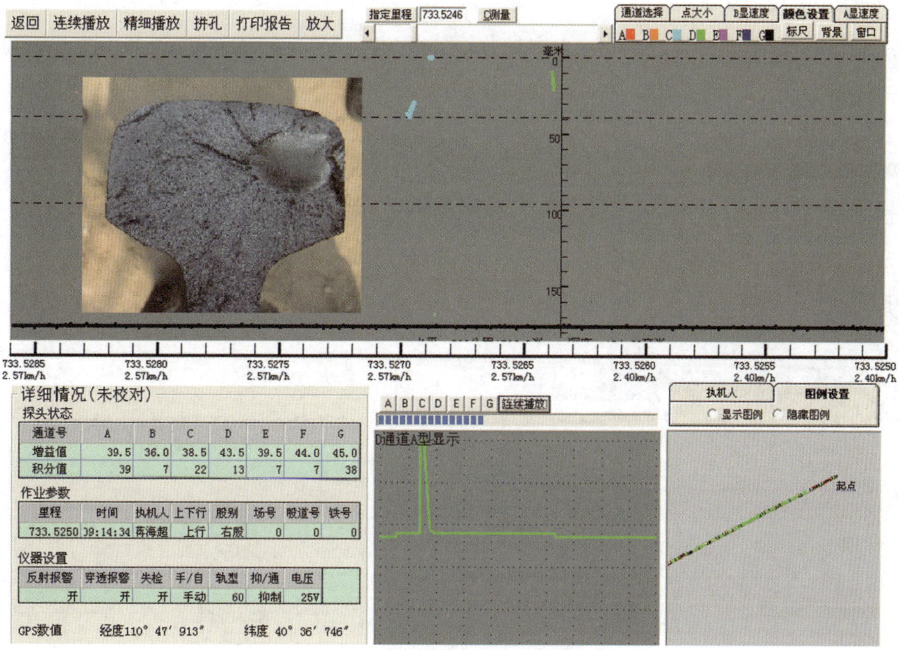

图 8—6—1　焊缝轨头核伤探伤仪 B 型伤损

(二)焊缝轨颚部位核伤

某线下行右股焊缝轨颚部位,伤损尺寸 15 mm ×4 mm,斜 70°探头有效检出,如图 8—6—2 所示。

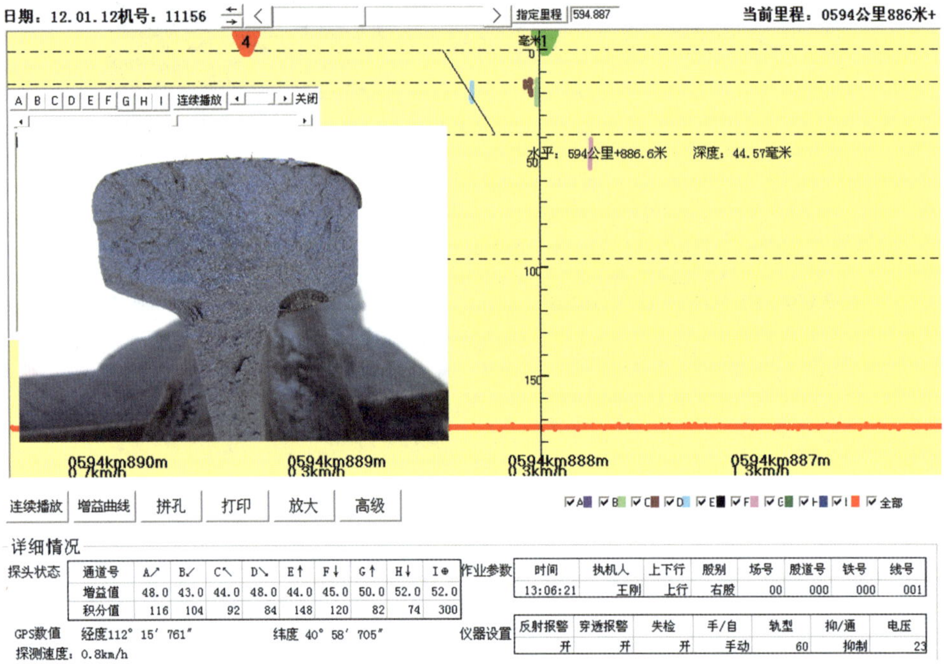

图 8—6—2　焊缝轨头颚部核伤探伤仪 B 型伤损

二、轨头核伤

(一)轨距角核伤

某线下行右股钢轨轨头轨距角部位核伤,伤损尺寸 16 mm ×8 mm,斜 70°探头有效检出,如图 8—6—3 所示。

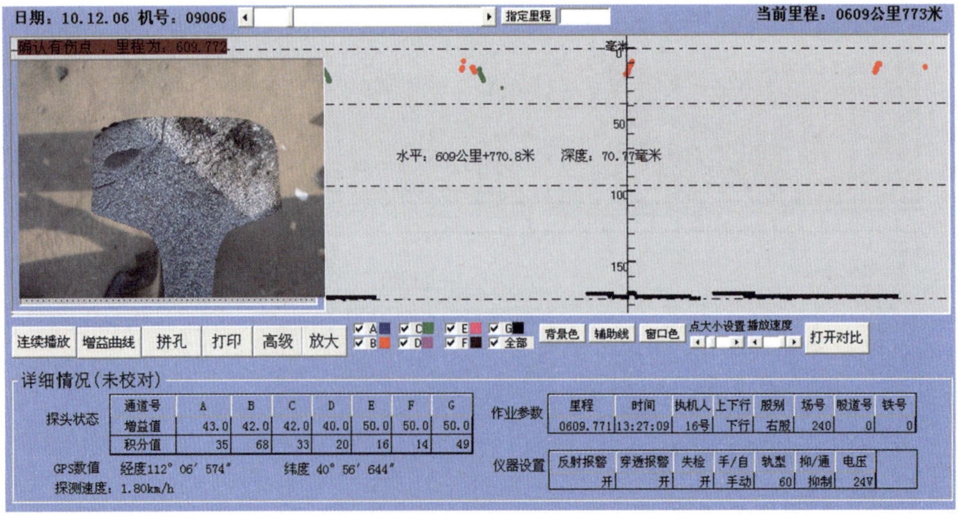

图 8—6—3　轨头轨距角部位核伤探伤仪 B 型伤损

（二）轨头水平核伤

某线下行右股钢轨轨头水平核伤，伤损尺寸 90 mm × 45 mm，直探头有效检出，多次反射，并造成底波消失，如图 8—6—4 所示。

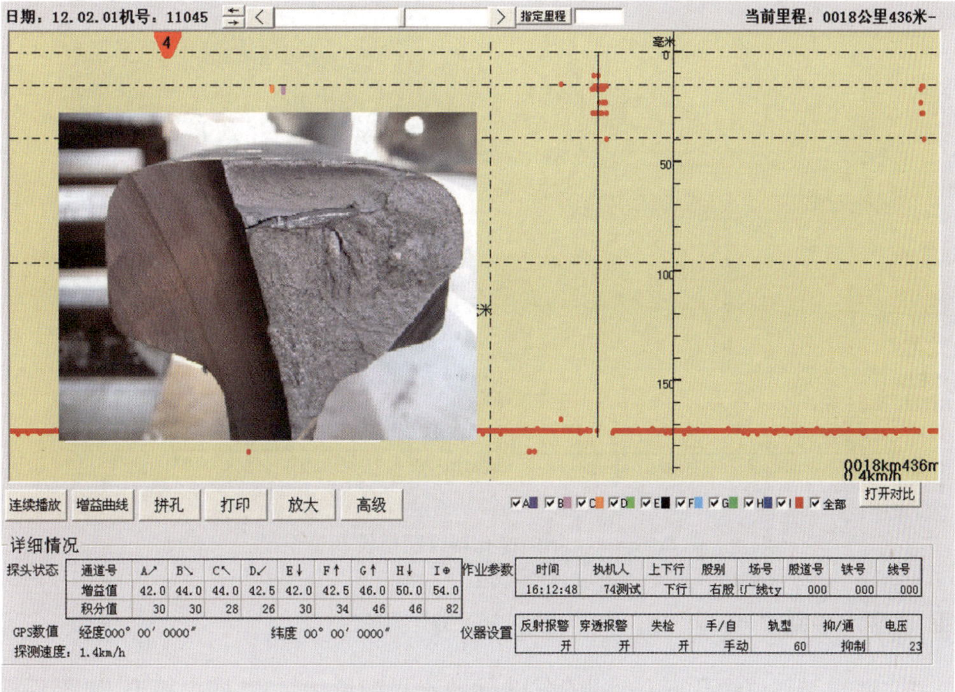

图 8—6—4　轨头水平核伤探伤仪 B 型伤损

三、螺孔裂纹

（一）上裂螺孔裂纹

某线上行右侧 1 号孔上裂，与水平夹角小于 30°，37°探头检出，如图 8—6—5 所示。

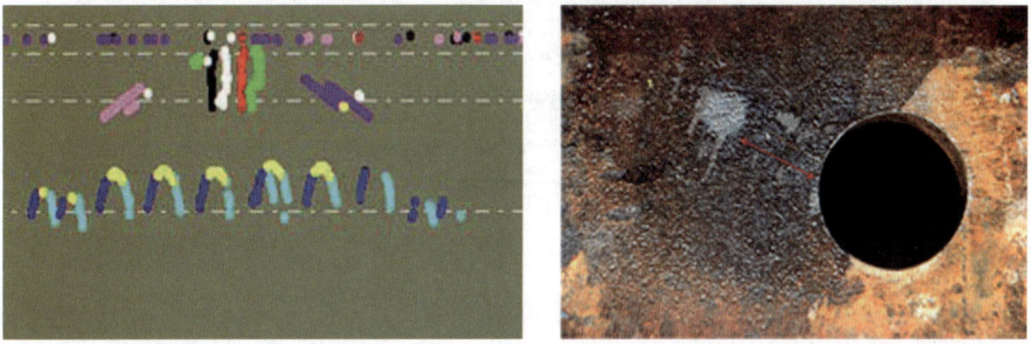

图 8—6—5　上裂螺孔裂纹探伤仪 B 型伤损

（二）下裂螺孔裂纹

某线左股螺孔下裂 8 mm，37°探头有效检出，如图 8—6—6 所示。

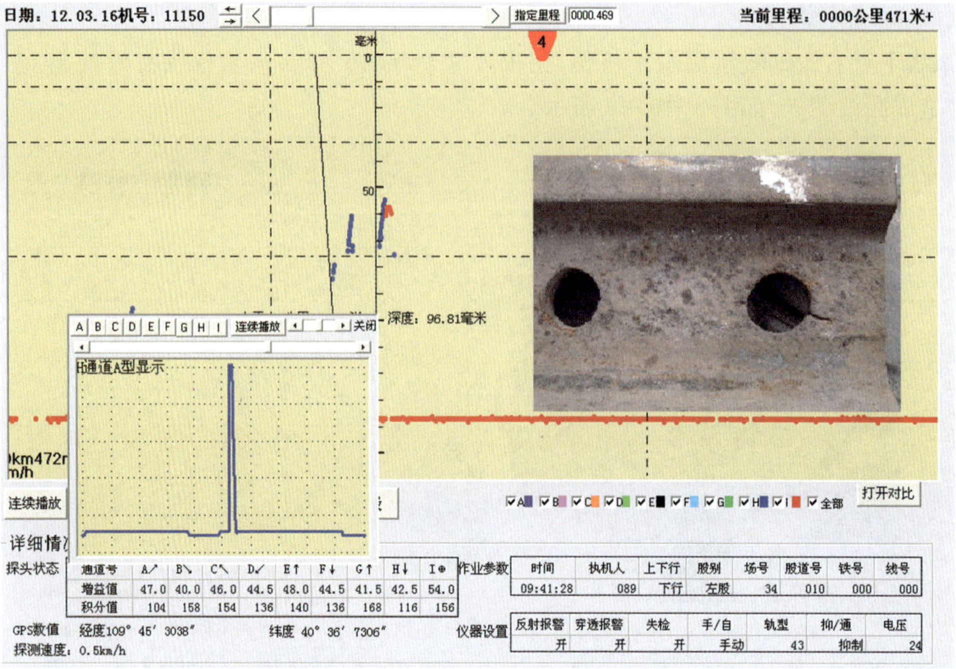

图 8—6—6　下裂螺孔裂纹探伤仪 B 型伤损

四、轨腰水平裂纹

某线右股轨腰部位螺孔下方轨端至第 3 螺孔水平裂纹，0°、37°探头检出，如图 8—6—7 所示。

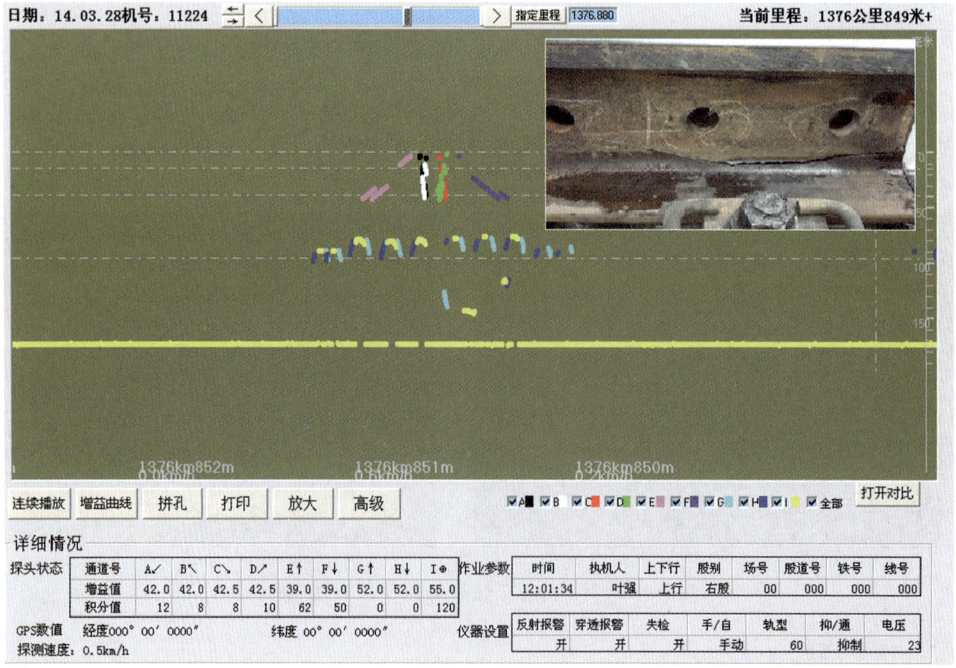

图 8—6—7　轨腰水平裂纹探伤仪 B 型伤损

五、轨底横向裂纹

某线 K78 +217.2 处轨底横向裂纹，前后 37°正“八”字显示，如图 8—6—8 所示。

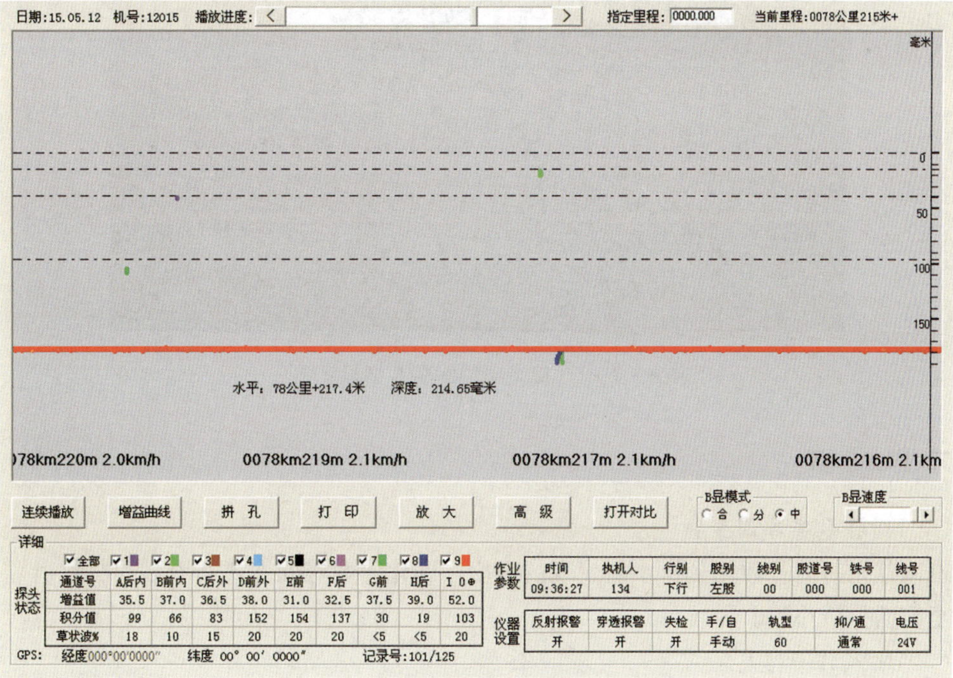

图 8—6—8 轨底横向裂纹探伤仪 B 型伤损

第七节 探 伤 作 业

一、班前调试

（一）仪器检查及调整

检查并调整仪器各部位的组装、连接；调整探头位置和耦合状态；调整仪器工作状态。

（二）加换探头耦合油

探头加油前先检查探头与胶盖尺寸是否匹配，不能过松、过紧，将探头和胶盖两接触面擦干净。将耦合油均匀涂在探头上，扣上胶盖双手均匀施压，耦合油从胶盖四周溢出，确认探头与胶盖间无杂质、气泡。均匀上紧两颗固定螺丝，不得上紧一颗再上另一颗。

（三）探伤灵敏度校准

按《钢轨探伤管理规则》（TG/G W204-2006）规定，校准探伤灵敏度：

0°探头通道：反射法 5 mm 水平裂纹当量；穿透法 136 mm 处 ϕ6 mm 通孔或 6 dB 底波降低。

37°（或 35°至 45°之间的其他角度）探头通道：3 mm 螺孔裂纹当量。

70°探头通道：ϕ4 mm 平底孔当量。

（四）B 型显示拼图调整

拼图要在动态缺陷检出能力试块上进行，现场调整也可参照标准钢轨接头。拼图原则为图形易于分辨，减缓视力疲劳，如图 8—7—1 所示。

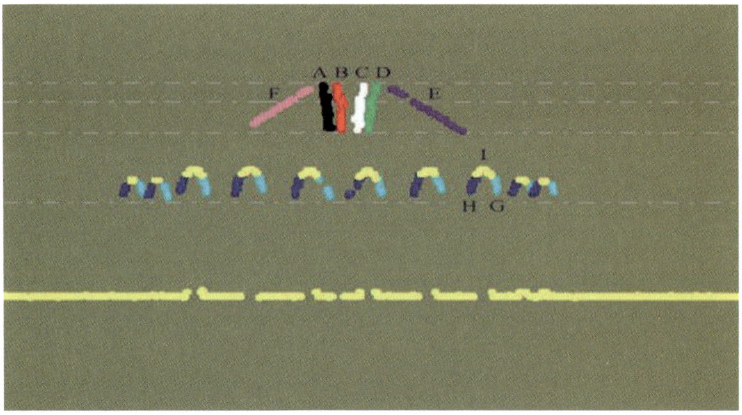

图 8—7—1　接头部位标准 B 型显示图形

二、作业准备

(一)问题数据原因查找

班前首先对前日数据分析小组发现的违反标准化作业等问题进行查找、排除，并将结果反馈至数据分析小组。

(二)输入作业信息

包括线名、行别、股别、执机人编号；设置作业起始里程、里程变化方式、探头组合方式；站场作业输入股道号、道岔号；打开仪器报警开关及失检报警开关；检查左、右手设置是否正确。

(三)作业负责人确认

作业前作业负责人检查每台仪器工作状态，确认探头位置、耦合、探伤灵敏度、输入信息等无误，并在记录本上签认后，方可进行作业。无缝线路检测中遇准轨接头和铝热焊缝时，检测人员要对仪器工作状况进行调整、确认，保证仪器状态良好。

三、现场调整

钢轨探伤作业中要根据现场情况对仪器、探头做出适当调整，作业中严禁超速。

(一)现场探伤灵敏度调整要求

1. 现场探伤灵敏度 B 显要求

(1)四个偏角 70°探头通道在正常钢轨端面上 A 型显示应在 1 ~ 9 格连续显示，在无杂波干扰情况下可适当提高探伤灵敏度，使接头端面回波位移长、波幅高，有利于较小缺陷的检出，各相应通道 B 显线型应笔直、连续。

(2)前、后直 70°在正常钢轨端面上 B 型显示各自线型显示要笔直且连续，回波显示在 1.0 ~ 5.0 格。

(3)A 型显示螺孔波显示在 3.7 ~ 4.2 格间，B 型图圆顺。正常螺孔波在无轨端纵波反射情况下适当提高探伤灵敏度；无缝线路地段探伤应采用高灵敏度(提高 6 ~ 10 dB)，加强对轨底中心横向裂纹的检测。

(4)0°探头在满足正常接头螺孔检测、钢轨底部反射前提下,应适当降低探伤灵敏度,以利于对轨底、轨腰纵向缺陷的检出。遇轨面不良、侧磨严重等不利因素影响时,探伤灵敏度应首先满足轨底、螺孔检测的需求。

2. 探伤灵敏度的调整和修正

(1)正常探伤灵敏度的调整和修正:在保证探伤仪状态(含探头耦合、水量)良好前提下,上道后应参照钢轨端面和螺孔进行探伤灵敏度调整;灵敏度调整应遵循“二高一低”原则,即70°和37°探头反射式在无杂波干扰情况下适当提高;0°探头穿透式探伤适当降低。同时,作业过程中根据B型图显示情况及时进行探伤灵敏度修正。

(2)无缝线路无准轨接头时探伤灵敏度修正:70°探头参照正常铝热焊、气压焊颚部焊筋以及A型显示噪声值(A型显示,抑制“小”时,杂波高度达到15%~20%为宜);37°参照轨底焊筋、轨腰电务导线孔。

(3)在检查尖轨、拼装和可动心辙叉时,仪器必须最大限度检测通过岔心、尖轨尖端,避免岔心、尖轨尖端部位伤损漏检。

(4)遇可疑图形进行校对倒车时,后退距离应不少于3 m,以保证各探头位置正确和图形完整。

(二)里程校准

1. 探伤作业到整公里标时,按“km”键,对里程进行一键校准。

2. 仪器显示的公里数与实际公里数误差超过±200 m时,需进入里程调节选项进行调节。

(三)伤损标记

作业过程中,要对非伤损异常显示、轻伤、重伤及焊缝等特殊部位进行打标确认,为数据分析人员提供判读依据。

(四)特殊情况下探伤灵敏度修正

探伤灵敏度应根据钢轨状态及时合理地进行修正。

(五)探头位置调整

探头应位于钢轨轨面中心部位,如遇下列情况必须及时调整:

1. 曲线地段遇轨头侧磨严重时探头向内侧调整;

2. 垂磨地段偏角70°探头向内侧调整,保证主声束到达轨头下颚;

3. 当直70°探头在轨面带角度或未居中时会造成焊筋轮廓波的出现;

4. 失检报警时应立即停止作业,排查失检报警原因,倒车重新检测。

四、数据分析内容

通过对探伤数据进行回放、分析,加强对探伤各个环节的有效控制和管理,确保探伤数据管理体系得到有效落实,针对各级对探伤数据的分析管理,完善逐级负责制,查遗堵漏,不断提高管理水平和探伤质量。数据分析内容包括:

1. 对当日作业信息进行确认、登记。

2. 对当日探伤数据各探头耦合情况进行检查。

3. 打开“显示全部倒车记录”项目，检查拼图，拼图不规范时，可进行再次拼图。

4. 动态缺陷检出能力和现场探伤灵敏度进行比较。

5. 全程动态检查反射报警、穿透报警、失检、手/自、轨型、抑/通、电压等。

6. 重点检查各探测通道探伤灵敏度及其修正情况。

7. 认真研读每一处图形（波形），伤损判定时，应标注其附近明显参照物。数据分析判定的伤损要定性、定量，标明伤损距钢轨接头、焊缝、导线孔、道岔等明显参照物的距离。

8. 根据伤损图形显示的特性和伤损在钢轨上分布情况向校对人员提出校对方法建议。

9. 数据分析员根据以上项目、综合仪器全程显示情况对当日探伤作业质量进行综合评定。

五、设备保养

每日作业完毕后应对仪器进行保养，故障仪器及时送修，以确保次日工作的正常进行。保养仪器应包括：擦洗仪器、数据导出、上紧各紧固件、及时充电、检查探头耦合是否良好、检查仪器走行部分、检查水路是否通畅等，还需注意以下几点：

1. 正确开关机，规范操作；

2. 油污的附着会使探头线逐渐老化、断裂，使用中应及时清除；

3. 仪器长时间不使用时应将电池取出，以防电池漏液，腐蚀电池盒与极片，同时要定期充、放电，防止电池损坏；

4. 仪器显示的日期、时间不准时，应及时复位（卫星定位系统非正常时）。

第九章　钢轨探伤车探伤

钢轨探伤车(简称探伤车)是集声学、电子、计算机、机械、铁路车辆等多学科技术为一体的快速检测设备,主要检测在役钢轨内部伤损。最新的探伤车还安装了巡检系统,能够对钢轨擦伤、钢轨磨耗、钢轨廓形、扣件状态等进行同步检测,并逐步向多项目复合型检测设备发展。近年来,随着高速铁路和高原铁路的开通运营,其站间距大、线路全封闭、夜间天窗作业、环境恶劣等特点对工务钢轨探伤和轨道巡检都提出了全新挑战,传统的人工作业越来越困难,对多项目、高效率探伤车需求更加迫切。目前,我国探伤车分为 GTC-40、GTC-60 和 GTC-80 型。本章以 GTC-80 型探伤车为例介绍钢轨探伤车检测。巡检系统在第十二章中进行介绍。

第一节　工 作 原 理

钢轨探伤车如图 9—1—1 所示,其超声检测系统配备 4 个 A 型探轮和 2 个 B 型探轮,即每股钢轨 2 个 A 型探轮和 1 个 B 型探轮,对称安装在转向架探轮支持机构上。A 型探轮内配有 6 个超声换能器(简称探头),即 0°、37.5°、70°三探头阵列及侧打探头;B 型探轮内配有 2 个偏斜角探头(简称 XF)和 1 个 0°探头。每股钢轨上的探轮安装布置如图 9—1—2 所示,能够检测钢轨中不同位置和不同取向的伤损。

当探轮中的压电晶片受到高电压脉冲激励之后,会按照自身固有的振动频率振动,例如 2.25 MHz。如果这个振动被引入到钢轨中,将会在钢轨中传播。一旦钢轨中存在缺陷或空洞,部分超声波能量将被反射回来,反射回来的能量被晶片接收后即为回波。

图 9—1—1　GTC-80 型探伤车

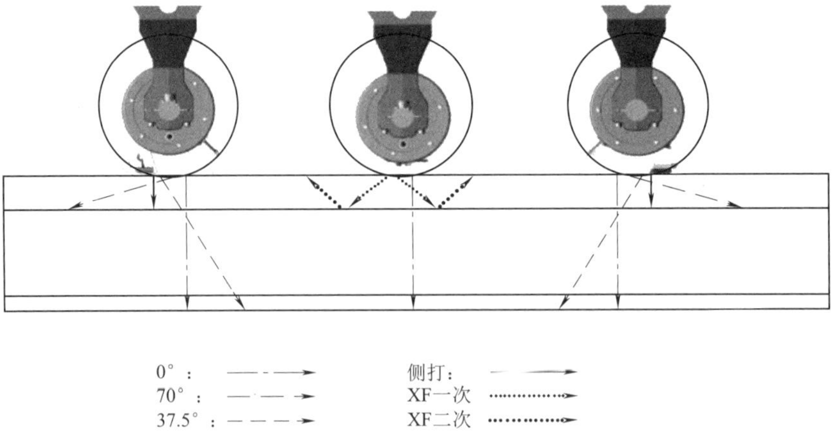

图 9—1—2　探轮及声束示意

各种不同的超声探头得到的回波在超声换能器中转化成电信号，再经过模拟处理、数字处理、空间转换、伤损识别，最终在显示控制计算机上以 B 型图显示出来，完成钢轨不同部位、不同形态伤损的检测过程。超声检测系统的控制及超声数据处理流程如图 9—1—3 所示。

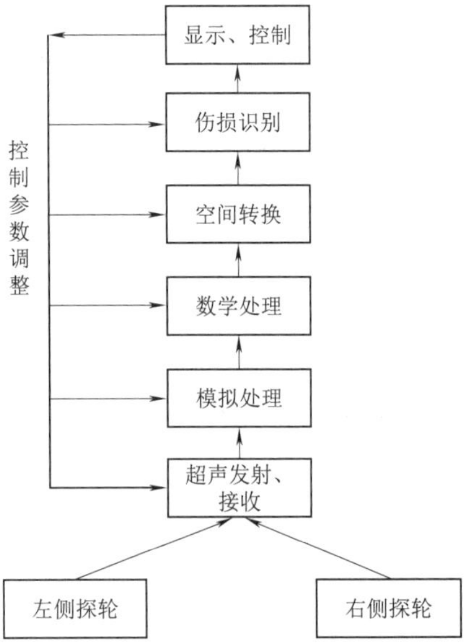

图 9—1—3　伤损数据处理及参数调整控制示意

探伤车检测时缺陷幅度仅作参照并做门限处理，即忽略低于设定门限的超声反射波信号，而仅对高于门限的信号进行处理。缺陷的大小则根据检测到的回波数目或探头的移动长度确定。探伤车以固定的距离间隔发射超声波脉冲，在探测同一缺陷时，接收到的反射波次数越多，则表明缺陷越大。

由于超声波是以脉冲方式发射，为了不漏伤，则要求超声波发射的间隔距离不能太大。在探伤车检测速度相同的情况下，发射超声波脉冲空间间隔越小，检测精度越高。

第二节　结构组成

一、整车结构布局

GTC-80 型探伤车自重 95 t，全长 35 m，整车 2 节，由动力车和检测车组成，每节车体均采用两轴转向架，装有轨道车运行控制设备 GYK 和机车综合无线通信设备 CIR 等安全装备。整车既能自运行，又能与现有机车车辆连挂。动力车内设有司机室、机器间、维修间、厨房、卫生间等，检测车设有司机室、检测间、会议室、卧铺间、阀板间等，动力车、检测车布局如图 9—2—1和图 9—2—2 所示。

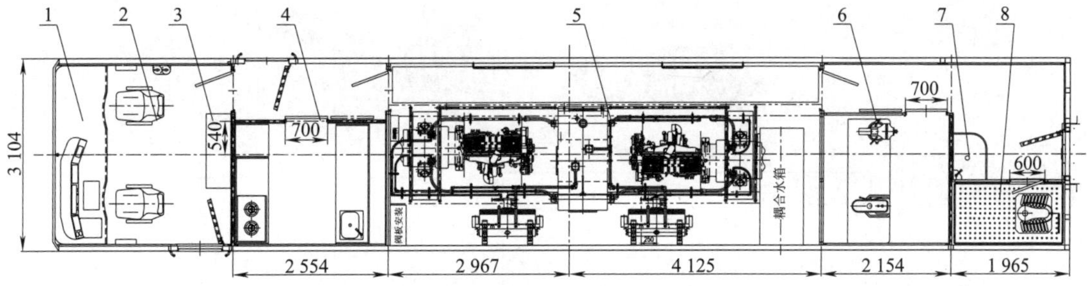

图 9—2—1　动力车布局(单位:mm)

1—司机台;2—座椅;3—电器柜;4—厨房;5—机器间;6—维修间;7—洗手池;8—卫生间

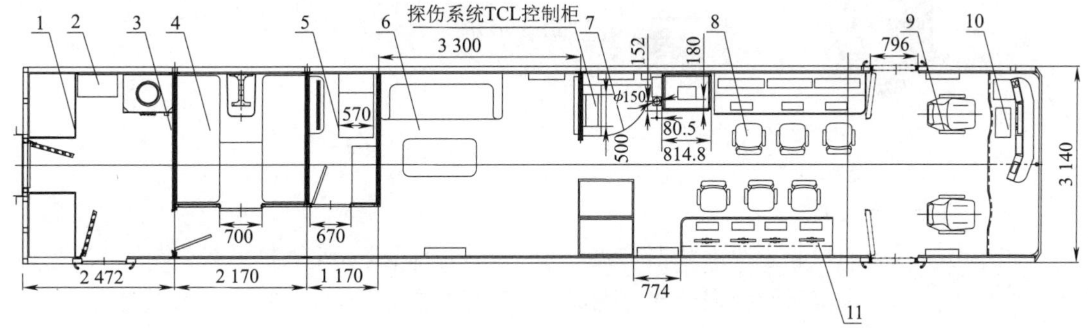

图 9—2—2　检测车布局(单位:mm)

1—耦合水箱;2—电器柜;3—防冻液箱;4—卧铺间;5—恒温室;6—会议室;

7—检测室;8—探伤操作台;9—座椅;10—司机台;11—巡检操作台

GTC-80 型探伤车的主要技术参数,见表 9—2—1。

表 9—2—1　GTC-80 型探伤车的主要技术参数

项　目	参　数	项　目	参　数
功　率	2×400 HP(298 kW)	通过最小曲线半径	140 m
传动方式	液力传动	自行速度	120 km/h
轨　距	1 435 mm	制动方式	压缩空气制动
牵引车转向架轴距	2 300 mm	车组全长	约 35 m
检测车转向架轴距	2 500 mm	车钩中心距轨面高度	880 mm ± 10 mm
整备重量	约 95 t	排障器距轨面高度	110 mm ± 10 mm
车轮直径	915 mm	柴油箱容积	约 3 000 L

二、超声检测系统的构成

超声检测系统分为超声电子系统与探轮支持机构两大部分。车辆及探轮支持机构为超声电子系统提供了载运工具及安装平台;数据采集处理系统和控制显示计算机系统是超声电子系统的核心,主要控制超声的发射接收和超声采集后的数据处理;探轮组件是超声发射接收的基本单元,主要完成超声检测过程中的电能和声能转化。每股钢轨各有 15 个超声通道。系统结构如图 9—2—3 所示。

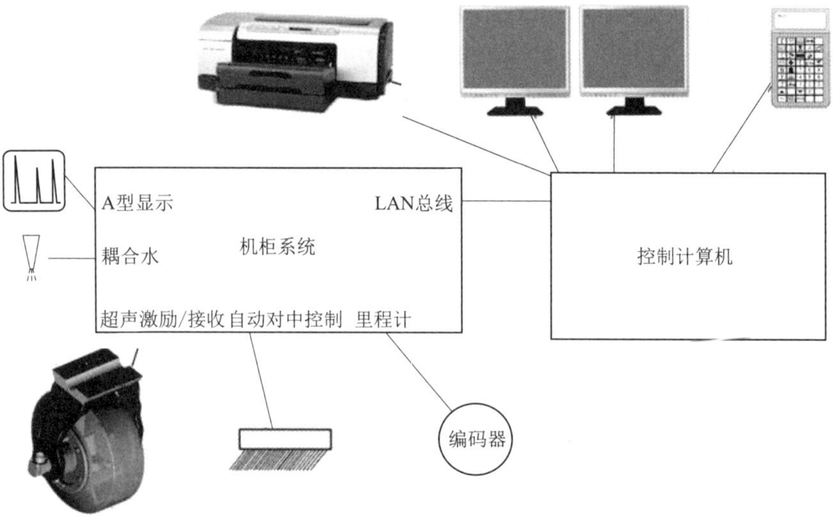

图 9—2—3　系统结构

（一）超声电子系统

超声电子系统的核心主要由数据采集处理系统和控制显示计算机系统，主要控制超声的发射接收和超声采集后的数据处理。为提高超声数据传输速度、传输质量和传输稳定性，以前的探伤系统主要采用 BPL 总线、CAN 总线、VME 总线等，现在主要采用 VXI 或 PXI 总线。GTC-80 型探伤车搭载的 SYS-1900 超声检测系统电子柜系统内部框架结构如图 9—2—4所示。

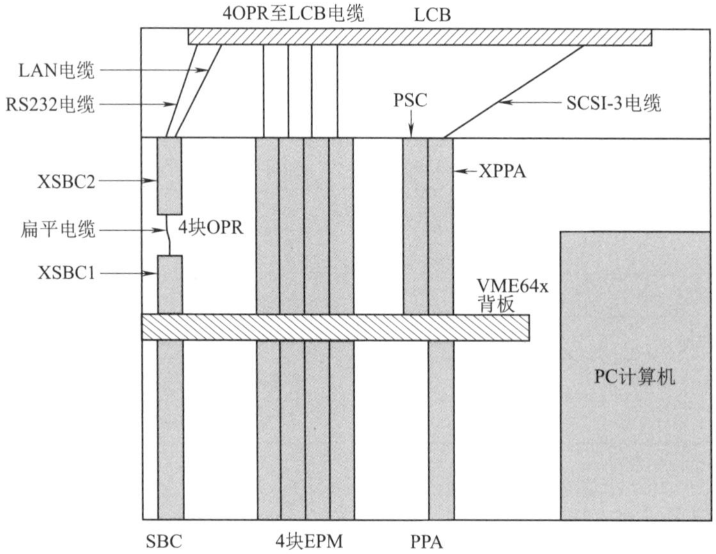

图 9—2—4　SYS-1900 系统电子柜示意

1. 数据采集处理系统

SYS-1900 超声系统数据采集处理系统主要由 VME64x 数据总线、超声脉冲发射/接收模块、超声波回波信息处理模块、单板计算机模块等组成，共同完成超声数据的高速采集工作。

数据采集处理系统还有A型显示选择控制模块辅助完成超声检测系统中A型显示工作,模拟仿真控制模块辅助完成系统的模拟仿真工作,数据转换接口模块辅助完成其他非VME64x总线标准信号(如编码器信号)的转换输入。

(1)OPR模块——八通道超声脉冲发射/接收模块

①每块OPR有8个通道的双极脉冲发射单元;

②可软件预置的发射脉冲激发频率,以匹配不同频率的换能器;

③可软件预置的发射延迟,用于匹配不同换能器的轮内液体声时;

④可软件关/开发射单元;

⑤固定17.5 dB增益的接收放大器;

⑥各通道测试信号的注入,用于系统仿真测试。

(2)EPM模块——超声回波处理模块

①每块EPM板有8个超声波通道;

②对超声回波进行可控放大;

③对回波信号做模拟量/数字量转换;

④可变界面波跟踪处理技术,适用于不同种类探轮配置;

⑤输入波形处理;

⑥向单板计算机SBC报告回波的传播时间;

⑦输出波形处理;

⑧为A型显示进行数/模转换;

⑨在A型显示信号上叠加闸门信号。

(3)SBC模块——单板计算机模块

该模块是SYS-1900系统嵌入式系统的重要组成,与柜内的其他板卡构成嵌入式实时处理系统。单板计算机采用摩托罗拉系列微处理器,并在实时操作系统VxWork支持下工作。SBC与电子柜前半部板卡的信息通过VME64x总线,而与后半部的板卡通信则通过RS232实现。SBC通过以太网与系统PC计算机通信。

①在实时操作系统VxWorks支持下工作;

②负责超声波伤损信息的采集;

③实现系统自诊断功能;

④通过以太网下载嵌入式系统所需的软件及参数并上传超声波信息。

(4)PPA模块——超声波触发脉冲、喷漆与A型显示处理模块

①处理探伤车的里程与速度信息;

②向SBC和EPM提供位置信息(通过控制信号同步);

③提供距离基础的超声脉冲触发信号(可软件设置);

④在给定的位置及持续时间内启动喷漆喷枪;

⑤提供在最多48个超声通道中选择8路A型显示信号输出。

(5)PSC模块——超声脉冲仿真控制模块

①SBC与OPR卡之间的接口;

②与OPR板通过串行接口(RS-485)通信;

③与单板计算机 SBC 通过串行接口(RS-232)通信;

④PSC 板上的存储器保存产生测试回波所需的仿真数据信息;

⑤板上的仿真测试回波发生逻辑。

(6)XPPA 模块——PPA 的转换模块

①将来自里程编码器的差分 A/B 相信号转换为 A/B 相方波信号;

②提供喷漆和喷水控制继电器控制接口逻辑;

③为 PSC 提供 RS-232 信号通路;

④为 LCB 提供 8 路超声波 A 型显示信号。

(7)XSBC 模块——SBC 转换板

①提供 SBC 与 LCB 之间的以太网接口及信号连接;

②通过 RS-232 接口向 LCB 下载仿真测试数据等。

(8)LCB 模块——局部电缆连接模块

局部电缆连接板 LCB 位于电子柜后盖板板上,分为内外两层。LCB 为系统提供信号电缆的连接,其内侧连线包括:为 SBC 提供以太网及 RS-232 电缆连接;为 OPR 提供来自轮探头换能器的超声波信号电缆连接,并将 6 个一组的四个 A 型探轮超声信号分为 8 个超声通道一组,以便与前 3 个 OPR 板的输入相对;将两个 B 型探轮信号转换给第四块 OPR 板;为 XPPA 提供里程编码器信号输入及示波器 A 型显示信号输出连接;提供喷水与喷漆控制输出连接;为 PSC 提供 RS-232 信号通路;为辅助设备提供直流电源连接;为输出部分提供电源过流保护。LCB 的外部则为上述外部设备及装置的插座。

2. 控制显示计算机系统

计算机采用工业 PC 计算机,放置在电子系统柜内,主要完成超声系统中检测参数控制、伤损识别和伤损显示功能,在超声数据处理系统中处于超声处理系统的最顶层。其控制和显示界面如图 9—2—5 和图 9—2—6 所示。

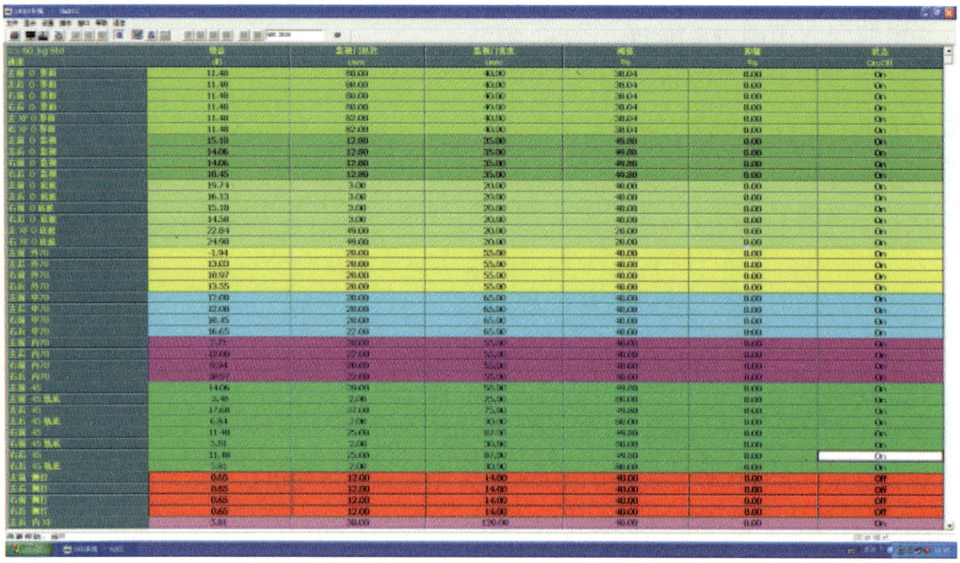

图 9—2—5　超声系统控制界面

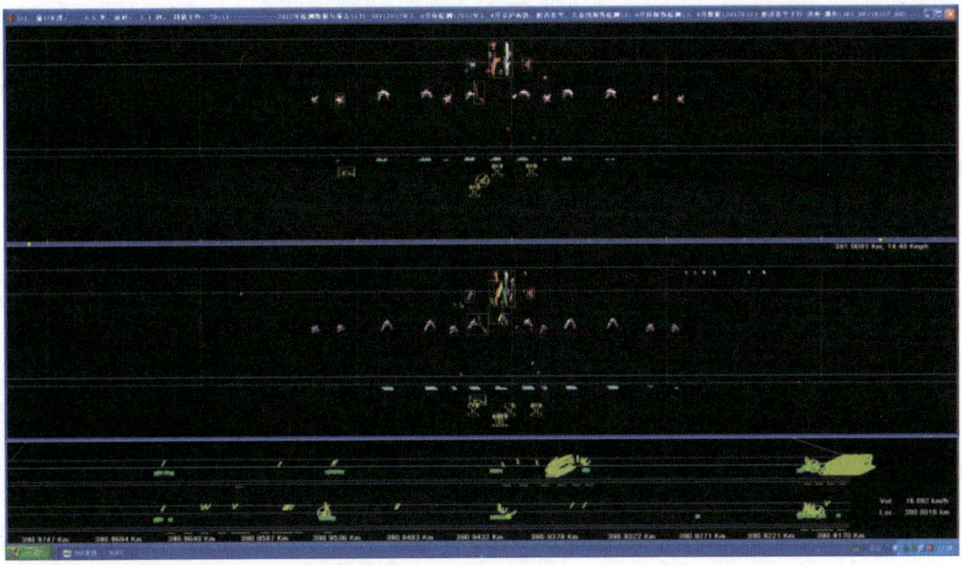

图 9—2—6　超声系统显示界面

3. 探轮组件

目前,国内投入使用的探伤车采用的传感器均为探轮形式,探轮直径有 6 英寸和 9 英寸 2 种,这里主要介绍 9 英寸探轮。

9 英寸探轮类型有两种,一种是 A 型探轮,一种是 B 型探轮,主要由超声探头、中心架组件、法兰盘、探轮轴、轴承、磁密封副、压环、外膜等组成,如图 9—2—7 和图 9—2—8 所示。

图 9—2—7　A 型探轮内部视图

图 9—2—8　B 型探轮内部视图

(二)探轮支持机构

1. 小车探轮承载装置

小车探轮承载装置(简称探伤小车)是为超声探轮及其对中动作部件提供安装基础的一种走行装置。该装置适用于轨距为 1 435 mm 的准轨铁路。采用车轮轮缘贴靠钢轨内侧的跟踪技术和自动通过道岔技术,因此,超声探轮跟踪钢轨中心(对中)变得更为容易,小车的操作更为简单。小车装置控制系统采用可编程逻辑控制器对小车装置的气动、液压、耦合、柴油系统进行逻辑控制,为了保证所有动作的安全可靠,各动作之间有逻辑互锁。小车探轮承载装置如图 9—2—9 所示。

图 9—2—9　小车探轮承载装置

2. 转向架探轮承载装置

转向架探轮承载装置是为超声探轮及其对中动作部件提供安装基础的一种走行装置。转向架探轮承载装置适用于轨距为 1 435 mm 的准轨铁路，采用电磁传感装置跟踪钢轨的位置实现超声探轮的自动对中，并能够实现等速自动通过道岔，并减小了系统的复杂程度，减小了轮轨接触，节约了车下的使用空间。因此这种探轮承载装置更加可靠、安全、实用，缺点是更换探轮不太便利，并且对自动对中系统的要求更高。转向架探轮承载装置如图 9—2—10 所示。

图 9—2—10　转向架探轮承载装置

第三节　典型伤损分析

一、焊缝伤损

（一）焊接夹杂焊缝伤损

某车站道岔基本轨后第一处焊缝，C70°在伤损区域形成较短连续伤损反射，报告为一级报警，经工务段天窗点内用探伤仪复核，确认此处为铝热焊接头距离轨面 11.2 mm 处有约 2 mm夹杂，被判为轻伤，用无损加固方式处理。探伤车检测 B 型图如图 9—3—1 所示。

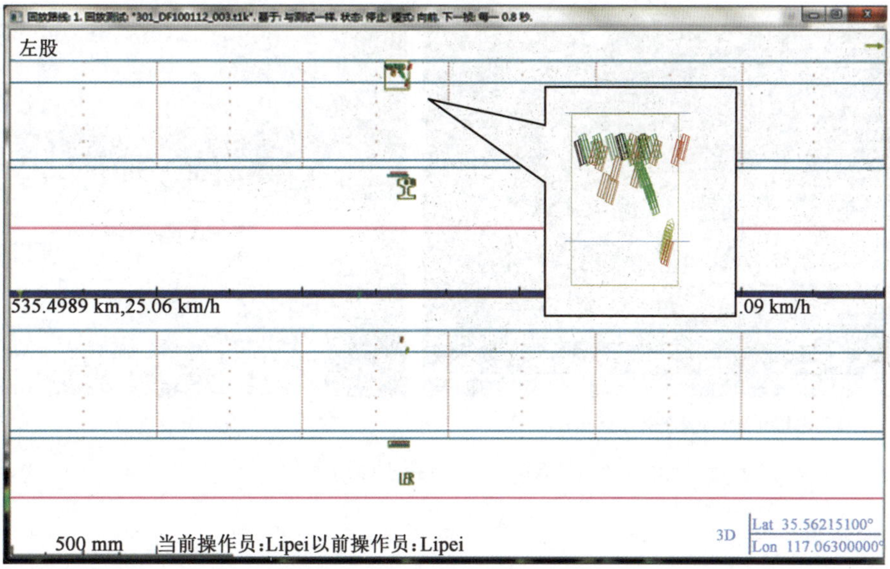

图 9—3—1　焊接伤损探伤车 B 型伤损

(二)焊接表面缩孔焊缝伤损

某道岔岔心处焊缝 F70°连续反射形成有效伤损走势，判定为一级伤损，经复核确认为轨头外侧距轨面下 10 mm 处，铝热焊缝中心有一道长 15 mm、宽 1 mm 垂直凹痕。B 型图及现场实物如图 9—3—2 所示。

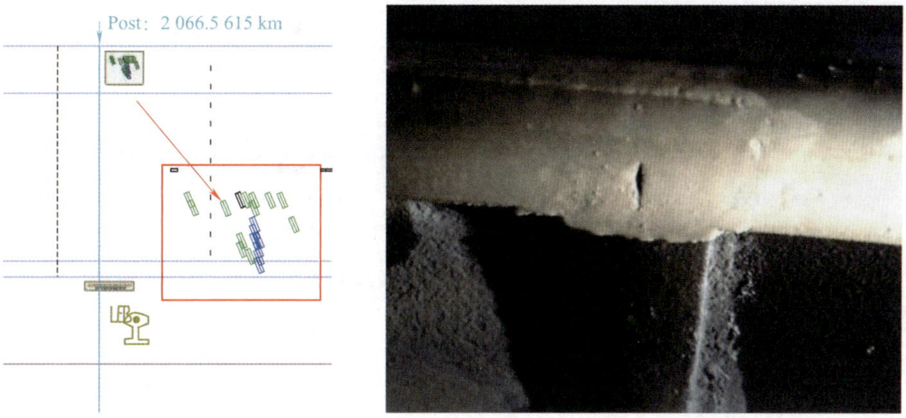

(a) 焊接缺陷B型图　　(b) 钢轨焊接缺陷实物

图 9—3—2　焊接缺陷

二、轨头核伤

探伤车检测出位于某线路轨头核伤，10 天后断轨，断轨时核伤尺寸约 25 mm × 30 mm。探伤车 GC70°有效检测，C70°有 8 点反射，G70°有 4 点反射。从伤损分级上看，该伤损为在应出伤损的位置有多通道伤损波的反射报警，并且确认不是干扰波和特殊钢轨内部形态形成的非伤损波，可以判定为三级报警。探伤车 B 型图及现场照片如图 9—3—3 所示。

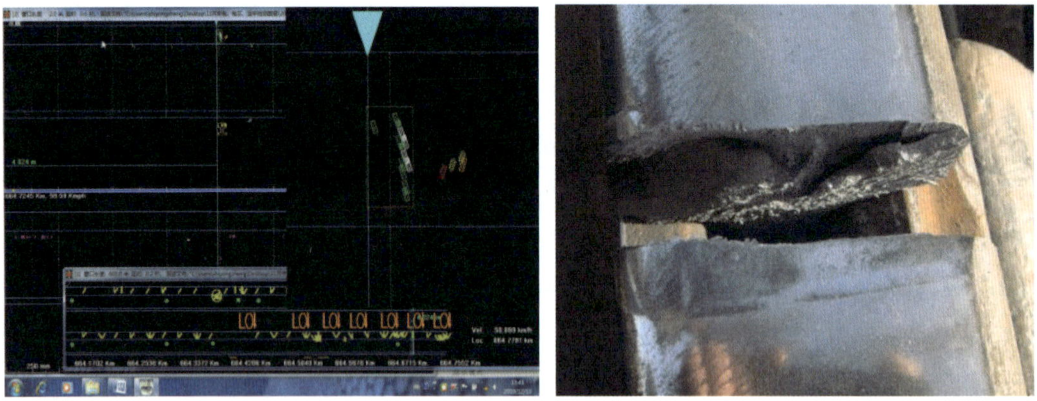

(a) 探伤车检测偏于垂直的较小轨头核伤　　(b) 断轨现场

图 9—3—3　轨头核伤

三、螺孔裂纹

(一)上裂螺孔裂纹

探伤车 45°通道在螺孔伤损区域形成连续 7 点反射,报告为三级报警,为螺孔裂纹上裂。典型探伤车 B 型图如图 9—3—4 所示。

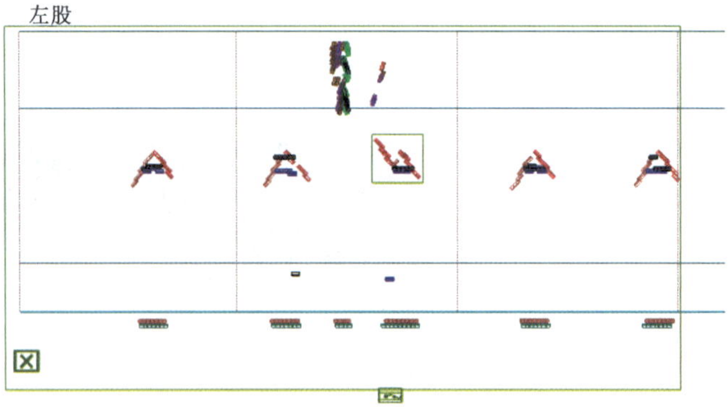

图 9—3—4　上裂螺孔裂纹 B 型图

(二)下裂螺孔裂纹

探伤车 45°通道在螺孔伤损区域形成连续 6 点反射,报告为三级报警,为螺孔裂纹下裂。典型探伤车 B 型图如图 9—3—5 所示。

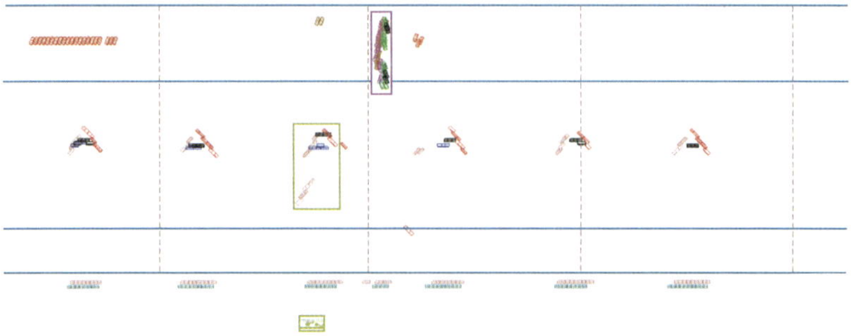

图 9—3—5　下裂螺孔裂纹 B 型图

四、轨腰水平裂纹

某线路轨腰水平裂纹，前后 0°轨腰形成连续 0.6 m 反射，前后 0°形成连续 0.7 m 底波丢失，同时前后各通道状态良好，并且确认不是干扰波和特殊钢轨内部形态形成的非伤损波，判定为三级报警。典型探伤车 B 型图和现场照片如图 9—3—6 所示。

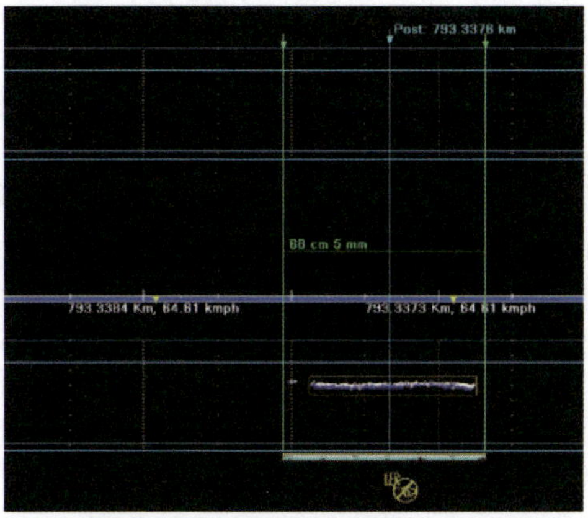

(a) 探伤车检测轨腰水平裂纹B型图

(b) 轨腰水平裂纹现场

图 9—3—6　轨腰水平裂纹

第四节　探伤车校准与运用

一、探伤作业

(一)探伤作业基本要求

1. 与探伤仪的关系

在普速铁路上，钢轨探伤主要采用以钢轨探伤仪为主、探伤车为辅的方式对正线钢轨进行检查，探伤车检查发现的伤损使用钢轨探伤仪进行复核。在高铁铁路、高原铁路上，钢轨探伤主要采用以探伤车为主、钢轨探伤仪为辅的方式对正线钢轨进行检查，探伤车检查发现的伤损使用钢轨探伤仪进行复核。由于探伤车和探伤仪在焊缝、站线及道岔区钢轨不能做到全面检测，在这些区域另补充其他检测方式按规定周期进行全面检查。

2. 运行方式

探伤车自带动力，可双向自轮运行。自轮运行时按列车办理，构造速度 120 km/h。

探伤车可以无火回送。

3. 探伤速度

GTC-40 型一般不大于 40 km/h，GTC-60 型一般不大于 60 km/h，GTC-80 型一般不大于 80 km/h。

4. 探伤检测

为保证检测效果，在通过道岔、小半径曲线(半径小于 600 m)或线路状态不良区段时，需要适当降低检测速度。

必要时，两台探伤车可以连挂运行对比检测。

5. 伤损定位

目前在探伤车上应用的定位技术有编码器脉冲累计定位、线路标记定位（如道岔、接头、曲线等）、射频标签定位（Radio Frequency IDentification，RFID）、全球卫星定位（Global Navigation Satellite System，GNSS）等。经过这些综合定位，探伤车的粗定位能够控制精度≤3 m，小范围精细定位能够控制精度≤1.6 mm。

6. 伤损报告

伤损报告采用车、地两级模式，由地面出具最终伤损检测报告。

7. 伤损确认

探伤车检查发现的伤损应采用钢轨探伤仪进行现场复核确认。有疑问处可同探伤车检测数据进行比对，并与数据分析人员一起进行核对。

（二）灵敏度设置

1. 动态标定灵敏度

轨头核伤：	ϕ5 mm 横通孔当量；
钢轨头部及腰部纵向水平裂纹：	最小面积 10 mm × 15 mm；
螺栓孔裂纹：	裂纹深度 8 mm。

进行专用标定线标定，保证标定线伤损检出率≥80%，误报率≤20%。若不控制误报，可以根据情况进行提高检出标准（现场检测灵敏度标准宜按照动态检测灵敏度标准进行设定）。

2. 动态检测灵敏度

检测作业中各通道灵敏度调整不低于动态标定探伤灵敏度，并提高灵敏度至杂波出现再稍减 3 dB，使回波清晰、图像规则。

二、校准与标定

探伤车在上道检测前，应完成以下校准和标定。

1. 探轮压力校准

利用探轮充液卡规检查待调零探轮充液量是否合适，以卡规刚能通过为准。如果间隙太大则压力不足应加大注液量，如果卡规不能通过则压力太大应排出部分耦合液。

2. 探轮调零

目的是保证 0°声束垂直向下。将探轮安装在探轮支持机构或调零架上，松开探轮两侧的探轮轴紧固螺栓，使用扳手旋转探轮芯轴，直至通用探伤仪显示的一次底波幅度达到最高，然后紧固探轮两侧的探轮轴紧固螺栓，如图 9—4—1 所示。

3. 探轮下压量校准

调整探轮下压量螺母，使其沿探轮上方的螺杆上下移动，使发射脉冲至第一界面波的时间满足设定值的要求。

4. 探轮对中校准

手动平移调整同一股钢轨上的 3 个探轮，使其在同一直线上并处在钢轨顶部中心位置。判断标准：在示波器上观察 3 个探轮 0°声束的一次底波同时到达最高。

图 9—4—1　探轮调零示意

5. 编码器校准

为确保伤损精确定位，应适时进行编码器校准。

6. 整体探轮各通道判定标准

各通道闸门的增益参数和阈值参数共同决定了检测的灵敏度。检测时阈值参数通常设置为波高的 30% ~ 80% 。检测前要通过标定台设定增益值下限，可以通过通用探伤仪连接，也可以通过超声系统柜直接连接，如图 9—4—2 所示。

(1)0°通道：反射法 5 mm 水平裂纹当量值的基础上提高至 3 dB 信噪比余量，并建议标定台灵敏度的信噪比若小于 12 dB 则该探头判废。

(2)37°通道：反射法 3 mm 螺孔裂纹当量(螺孔裂纹上裂和下裂均应如此操作，取最大值)的基础上提高至 3 dB 信噪比余量，并建议标定台灵敏度的信噪比若小于 12 dB 则该探头判废。

(3)70°通道：反射法 4 mm 平底孔当量(内中外通道均应如此操作，各通道分别设置)的基础上提高至 3 dB 信噪比余量，并建议标定台灵敏度的信噪比若小于 12 dB 则该探头判废。

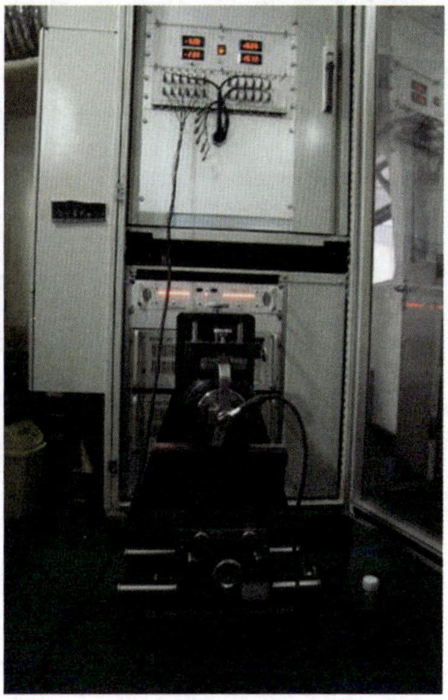

图 9—4—2　整体探轮测试连接示意

7. 设备动态标定测试

探伤车在线路上进行动态探伤检测，这与实验室内的伤损检测和静态下的伤损标定完全不同。在动态检测下，主要受探轮对中、耦合、超声换能器高速下的发射效率、电源等影响，这些在静态情况下无法进行有效评定，需要进行动态标定。

动态标定就是在人工设置的伤损标定线上，以实际检测的速度对人工伤损进行检测并评估，其综合伤损检出率不得低于 80% ，误报率不大于 20% 。

第十章　钢轨焊缝探伤

第一节　钢轨焊缝探伤技术

在焊接过程中,由于焊接方法、工艺和材料等诸多因素的影响,焊缝中经常出现危害性缺陷。在使用过程中,焊缝中还会产生疲劳伤损或疲劳裂纹。

钢轨焊缝探伤应包括焊缝两侧的热影响区。由于经历了特殊的热循环,热影响区的机械性能、组织等都发生了变化,一些微小缺陷甚至没有明显的缺陷就可能造成钢轨的折断,因而热影响区也应是钢轨焊缝探伤的重要区域。

一、焊缝缺陷类型

对钢轨焊缝及其热影响区的缺陷,一般分为三类。

1. 材质缺陷

材质缺陷主要有夹杂、疏松、裂纹等。

2. 焊接缺陷

焊接缺陷类型较多,主要有夹杂、疏松、缩孔、过烧、光斑、灰斑、未焊透和裂纹等。

3. 疲劳缺陷

疲劳缺陷即疲劳裂纹,裂纹源往往是上述焊接缺陷或焊缝区的材质缺陷。

从超声波探伤的角度来看,根据缺陷的形状可分为体积状(或点状)缺陷和平面状缺陷两大类。体积状(或点状)缺陷主要有夹杂、疏松、缩孔、过烧等。平面状缺陷主要有光斑、灰斑、裂纹、未焊透和疲劳裂纹等。平面状缺陷不仅减小了钢轨的有效截面,更重要的是可造成应力集中,使焊缝直接拉开或使钢轨折断,因而是最危险的缺陷。

二、焊缝探伤方法

(一)体积状缺陷探测

体积状缺陷由于没有明显的方向性,只要有声波入射,就会有一部分声能按原路返回,因而比较容易探测,可用普通的单探头进行探测。

(二)平面状缺陷探测

平面状缺陷一般平行于焊缝,垂直于钢轨踏面。声波从踏面斜入射时,反射声波按照反射定律在其他方向传播,同一探头无法接收到自身发射超声的反射波,如图 10—1—1 所示。除了靠近界面的缺陷外,一般要用双探头法进行探测。与体积状缺陷相比,平面状缺陷的探测要困难些。平面状缺陷常用的探测方法主要有直角反射法、K 型扫查法和串列式扫查法。

1. 直角反射法

当缺陷靠近工件某一界面时,声波经缺陷和界面两次反射,然后沿着与入射方向平行的方向返回到探测面。由于缺陷靠近界面,反射声波与入射声波分开的距离较小,可被同一探头接收。这种单探头探测法仅适用于靠近界面的平面状缺陷的探测,如图 10—1—2 所示。

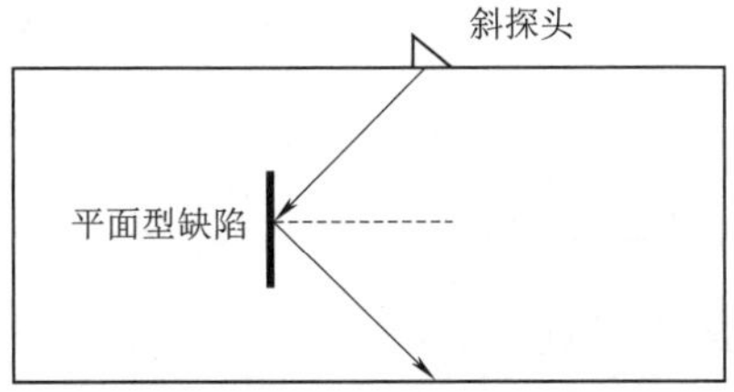

图 10—1—1　平面缺陷反射

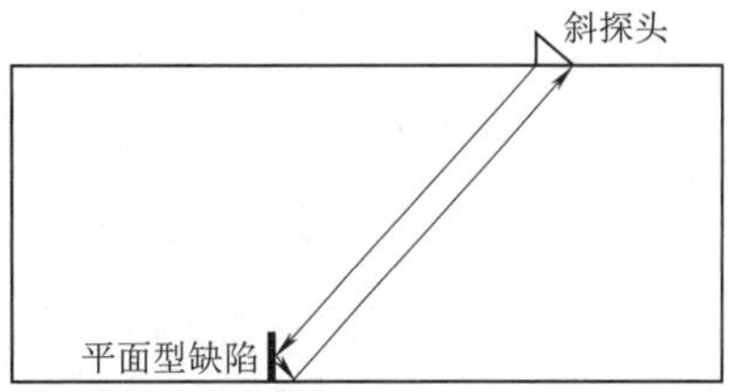

图 10—1—2　直角反射

2. K 型扫查法

两只探头分别置于相对的两个探测面上,发射探头发射的声波经缺陷反射后被接收探头接收。要探测到整个焊缝,两只探头需要相对或相背等速移动,如图 10—1—3 所示。

3. 串列式扫查法

声波经缺陷和底面两次反射后返回探测面,被另一探头接收,如图 10—1—4 所示。串列式扫查时,声波探测深度(探测点到底面的距离)h 与两探头分开的距离 L 有如下关系:

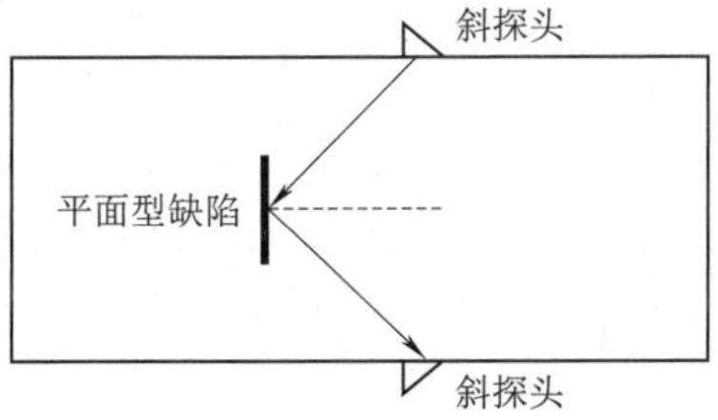

图 10—1—3　K 型扫查法

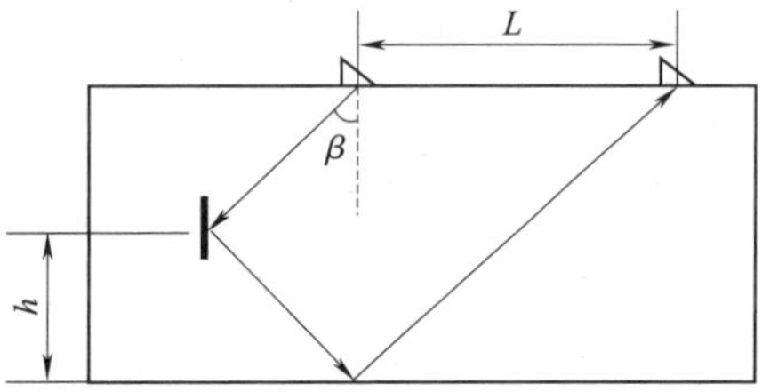

图 10—1—4　串列式扫查法

$$L = 2Kh \qquad (10—1—1)$$

式中　$K = \tan\beta$

β——探头的折射角。

从式(10—1—1)可以看出,h 和 L 成正比,L 越大,h 也越大。两探头分开的距离越远,探测点越高,反之,探测点就越低。由此可见,当两探头由分到合或由合到分变化时,声波就从焊缝的上部到底部或从底部到上部扫查整个焊缝。

4. 阵列探头扫查

阵列探头扫查是使用若干对探头对焊缝的不同部位分别进行探测,是串列式或 K 型扫查的演变形式,如图 10—1—5 所示。其优点是不需专门的扫查装置,也不用移动探头即可对焊缝进行串列式或 K 型扫查;缺点是探头较长,耦合难度较大。另外,阵列探头扫查为分段扫查,声场在焊缝上的分布不够均匀,定位定量不如连续扫查法准确。

5. 钢轨焊缝不停顿扫查

钢轨焊缝不停顿扫查是利用电子切换技术,对复合式阵列探头进行有序组合,对钢轨焊缝分段探测,可以做到像钢轨探伤小车一样,在推行中完成对钢轨焊缝轨腰部位的连续扫查。

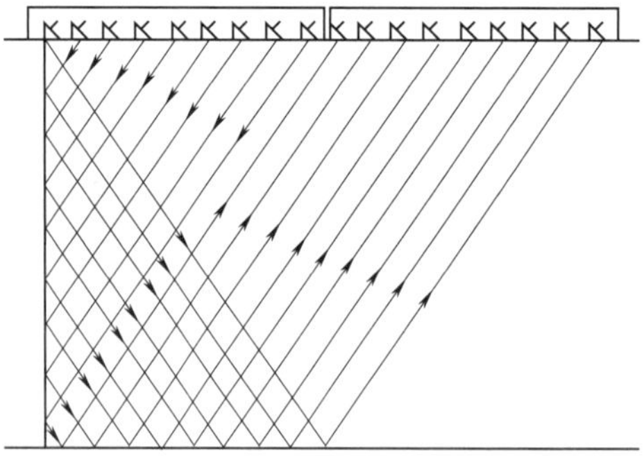

图 10—1—5　阵列式探头扫查

(1)复合式阵列探头

图 10—1—6 为复合式阵列探头的工作原理。它包括 6 只探头,每只探头都有两只晶片,实际上是两只子探头。所有晶片(或子探头)的 K 值都取为 0.8。第一只探头的两晶片相对放置,其他探头中的晶片则一前一后同向放置,图中数值表示的是各晶片的相对位置。

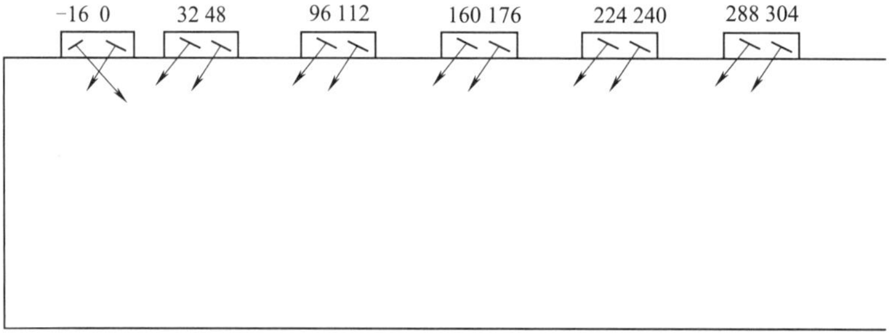

图 10—1—6　阵列式探头扫查

为讨论方便,将 0 mm 处探头称为 1 号探头,32 mm 及其以后探头依次称为 2 号、3 号探头等,而 -16 mm 探头则称为倒打探头。1 号和 2 号探头与其他探头之间的距离见表 10—1—1。

表 10—1—1　1 号和 2 号与其他探头的探头间距及其探测深度(mm)

	1 号	2 号	3 号	4 号	5 号	6 号	7 号	8 号	9 号	10 号	11 号
1 号	0	32	48	96	112	160	176	224	240	288	304
2 号			16	64	80	128	144	192	208	256	272
H_1	0	20	30	60	70	100	110	140	150	180	190
H_2			10	40	50	80	90	120	130	160	170

从表中可以看出,1 号和 2 号探头与其他探头的间距为 16 mm 的 20 个数值,这 20 个数值实际上是复合探头中各晶片之间组成的 20 个不同的间距。可以算出 1 号探头和 2 号探头与其他探头组合时可以探测到的深度为 H_1 和 H_2。H_1 和 H_2 组成了间距为 10 mm 的 20 个深度值,表明其探测深度(从底面算起)为 0 ~ 190 mm,其中 0 mm 对应于 1 号探头单收发状态,所以能够探测目前的 43 ~ 75 kg/m 钢轨焊缝。

(2)焊缝不停顿扫查

当 1 号和 2 号探头分别发射声波时,利用电子切换器,依次使其他探头与接收电路连通，就可完成自下而上或自上而下的探测。单收发和一收一发工作示意图如图 10—1—7 所示，这里只给出了三个不同的状态，而不停顿扫查原理如图 10—1—8 所示。

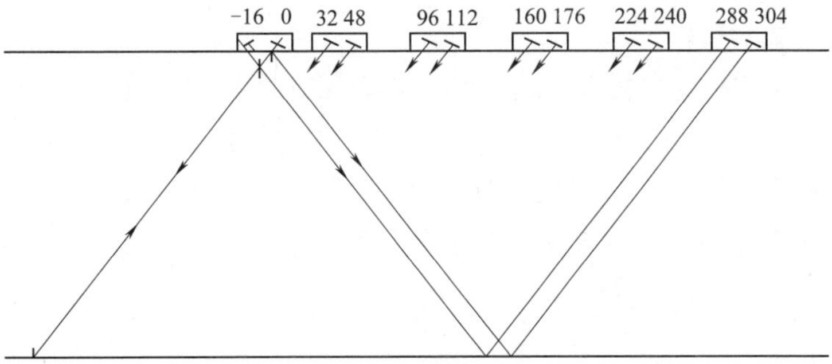

图 10—1—7　单收发和一收一发示意

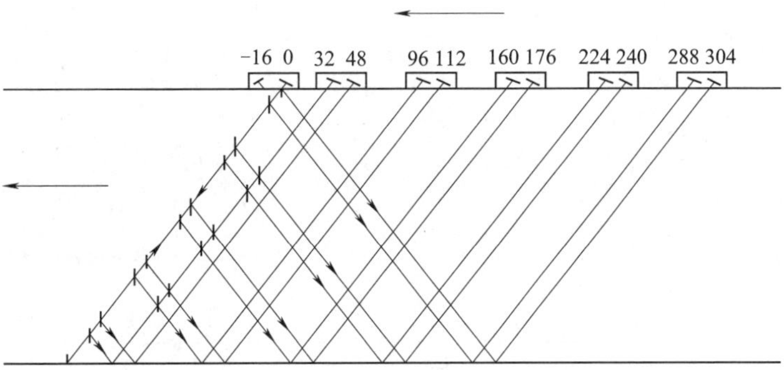

图 10—1—8　焊缝不停顿扫查

由图 10—1—8 可以看出，当探头不动时，扫查到的是 20 个点，这 20 个点构成两条斜率等于探头 K 值的斜线，各探测点的垂直高度差为 10 mm。当探头向前或向后移动时，这两条斜线或这 20 个探测点也要沿着与探测面平行的方向向前或向后移动。这两条斜线完全扫过焊缝时，便完成了对焊缝上下的全部扫查。

6. 几种方法的比较

(1)直角反射法只适于探测平面状缺陷靠近界面的情况，而 K 型扫查法和串列式扫查法则不受此限制。直角反射法一般不作为独立的方法使用，只作为上述两种方法的补充。

(2)K 型扫查法需要两个相对的探测面，直角反射法和串列式扫查法则在同一探测面上探测。从原理上讲，K 型扫查法和串列式扫查都能扫查到整个探测区，但有时受工件外形的影响，只能选择串列式扫查法。例如，在探测在役钢轨焊缝时，由于只能从踏面进行探测，所以用串列式扫查法，当轨头侧磨严重时，也不宜使用 K 型扫查法。

(3)K 型扫查法的声程为串列式扫查法的 1/2，且减少一次声波的反射损失，所以灵敏度比较高。因此，只要条件允许，就应优先考虑 K 型扫查法。

(4)K 型扫查法和串列式扫查法，无论缺陷出现在焊缝的什么位置，声波传播的总距离都是一样的，回波在荧光屏上的位置也相对固定，因而判伤比较方便。其声程 W 为

$$W_{串} = \frac{2H}{\cos\beta} \tag{10—1—2}$$

$$W_K = \frac{H}{\cos\beta} \tag{10—1—3}$$

式中 H——钢轨高度(mm);

β——探头折射角(°)。

(5)K 型扫查法和串列式扫查法的两探头必须相对或相背等速移动,因而手工操作很难完成,一般都要借助专门的扫查装置,并且要停顿下来进行探测。这与钢轨探伤不同,钢轨探伤时各探头间不需相对运动,一旦位置确定后,就可连续扫查。

(6)阵列探头扫查和焊缝不停顿扫查除具有 K 型扫查或串列式扫查的基本特点外,还具有操作简单、扫查速度快等特点。

三、钢轨焊缝的分区探测

对钢轨焊缝进行探伤时,一般是将焊缝分为四个区域,采用不同的方式对平面状缺陷进行扫查,如图 10—1—9 所示。

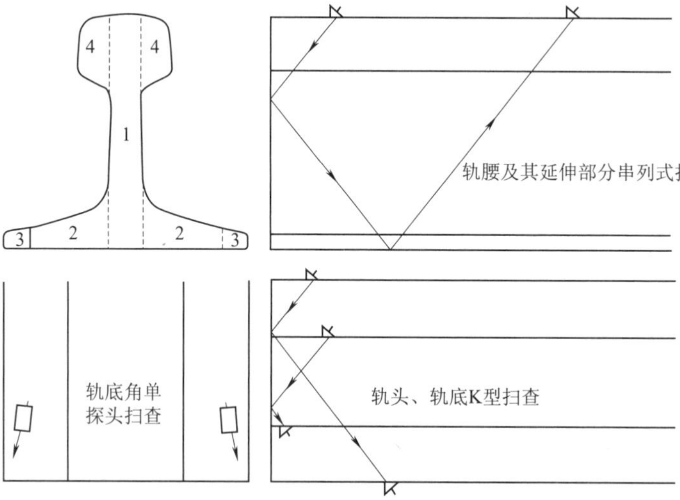

图 10—1—9　钢轨焊缝分区扫查方式

1 区:轨腰及其延伸部分,一般采用串列式进行扫查,在焊轨厂或焊轨基地,若轨底便于放置探头时,也可采用 K 型扫查。

2 区:轨底部分,一般采用 K 型扫查。

3 区:轨底角部分,一般用单探头法进行扫查,用一次波扫查轨底角下部,二次波扫查轨底角上部。

4 区:轨头部分,可从轨头两侧用 K 型方式进行扫查,也可用 70°探头按探测核伤的方式进行单探头法扫查。

第二节　常用钢轨焊缝探伤仪

用于钢轨焊缝探伤的探伤仪通常称为钢轨焊缝探伤仪。钢轨焊缝探伤仪除了可实现常规手工单探头探伤外,还可借助专用扫查装置或专用探头实现穿透法探伤、串列式扫查探伤及 K 型扫查探伤。钢轨焊缝探伤仪的种类按电路设计分为模拟式和数字式;按仪器结构分为手推车式和便携式;按功用分为通用性和专用型。目前,钢轨焊缝探伤使用较多的是数字式通用探伤仪,专用设备,特别是配备专用扫查装置、可实现全断面探伤设备的使用还不是很多。

钢轨焊缝探伤仪的工作原理及构成与普通超声探伤仪基本相同。不同型号的钢轨焊缝探伤仪在探伤方式、界面显示上会有所不同。

一、手推车式钢轨焊缝探伤仪

手推车式钢轨焊缝探伤仪配置高速复合串列式探头,一发多收式串列式探头,单、双收发探头,能够用多种探伤方法对钢轨的各类焊缝及热影响区进行检测。仪器自动记录各个探测通道的 A 型动态图像和 B 型图像数据、各通道探伤流程及检测所用时间,可为探伤管理提供数据依据。仪器配有专用回放软件,可以在计算机上回放数据并可输出探伤报告。

(一)结构组成

仪器由主机、探头、编码器、串列扫查探头架及手推车构成,探伤仪主机如图 10—2—1 所示。

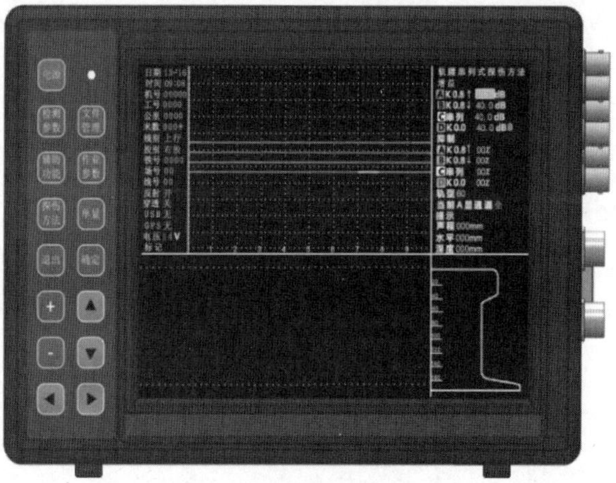

图 10—2—1　手推车式钢轨焊缝探伤仪主机

(二)功能特点

1. A 型脉冲和 B 型图像同时分区显示。A 显和 B 显互补,加强复杂形状伤损的判别能力。

2. 高速复合串列式探头,在轨面推行即可对焊缝及热影响区进行单、双和串列式快速综合扫查。可检测出钢轨从轨头、轨腰至轨底的垂直、倾斜、水平的平面状及体积状缺陷。

3. 一发十收串列式探头,对轨头、轨底进行高速 K 型扫查,可检测出钢轨轨头、轨底的平面及体积状缺陷。

4. 自动记录各个探测通道的 A 型动态图像和 B 型图像及检测时间。图 10—2—2 为焊缝轨底探伤时单发多收显示,图 10—2—3 为焊缝轨头探伤时单发多收显示。

5. 具有配套的计算机播放软件。

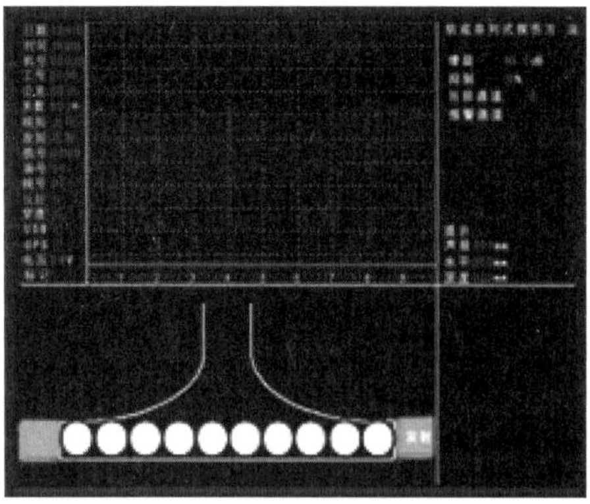

图 10—2—2　单发多收探测
焊缝轨底时仪器显示界面

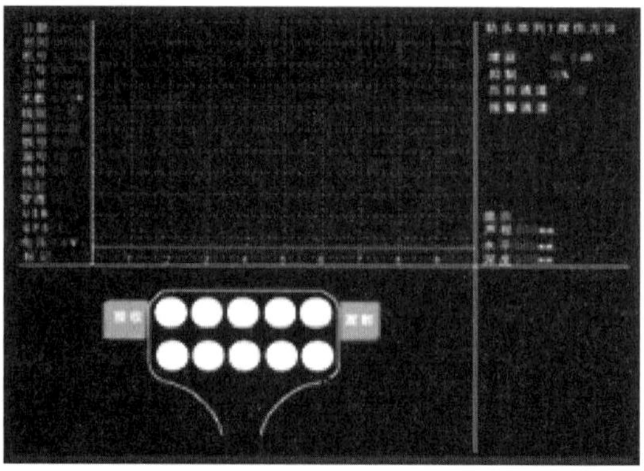

图 10—2—3　单发多收探测
焊缝轨头时仪器显示界面

二、便携式钢轨焊缝探伤仪

便携式钢轨焊缝探伤仪与专用扫查装置配套使用,具有 3 对探头,6 种探伤模式,一次扫查可实现单探头、双探头对体积状和平面状缺陷的检测,具有 A 型、B 型两种显示,探伤全过程记录,探伤速度快、检测精度高。

(一)结构组成

仪器由主机和专用扫查装置组成。仪器主机如图 10—2—4 所示,结构如图 10—2—5 所示。其基本组成主要有:CPU、程序存储器、数据存储器、人机接口(键盘、触摸屏)、多通道发射电路、多通道接收电路、信号放大电路、A/D 转换器、液晶显示屏、接口电路、电源。自动扫查装置结构如图 10—2—6 所示,基本组成主要有:扫查架、超声波探头、编码器、电机、遥控器、电池。其中,超声波探头、编码器、电机、电池安装在扫查架上。

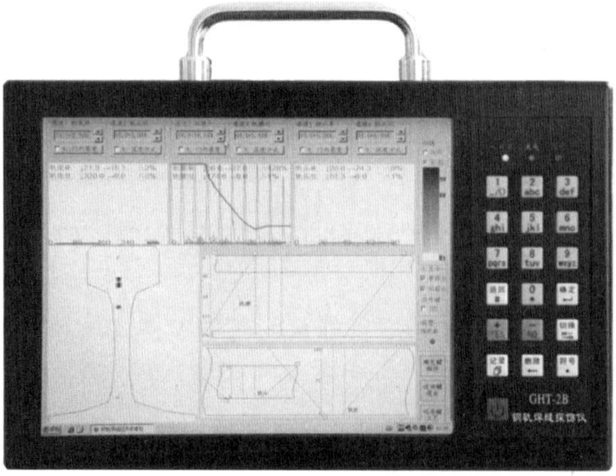

图 10—2—4　便携式钢轨焊缝探伤仪

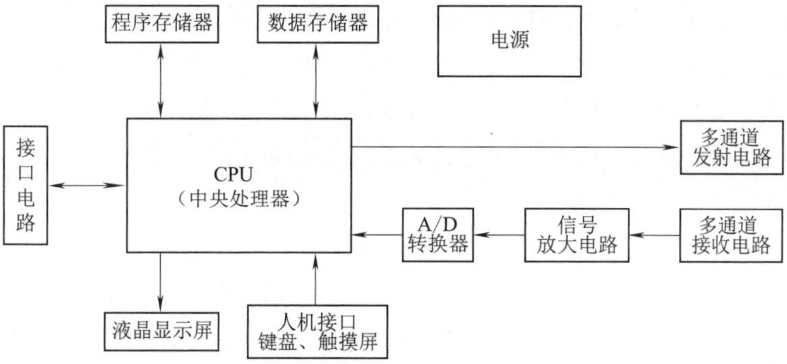

图 10—2—5　仪器结构

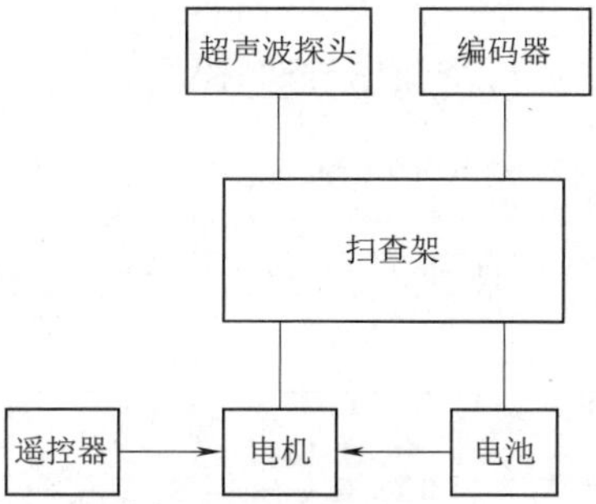

图 10—2—6　扫查架结构

（二）功能特点

1. 全断面显示

A 型和 B 型显示功能可实现钢轨焊缝全断面显示，如图 10—2—7 所示。视频输出接口方便动态探伤图形的输出。

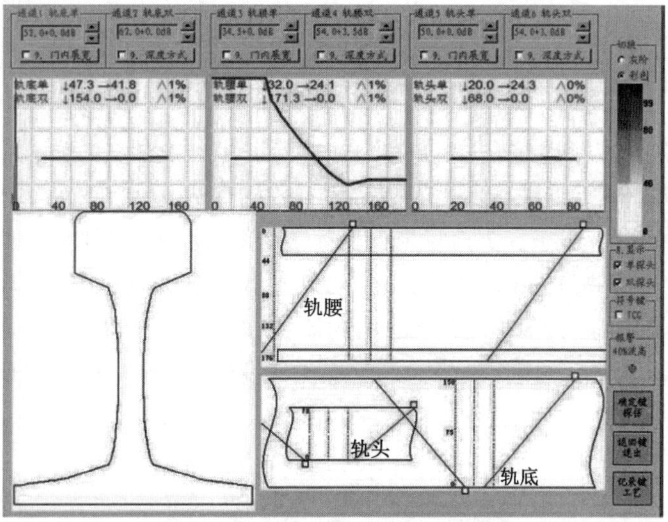

图 10—2—7　探伤界面

（1）A 型显示：用三个窗口分别显示轨底、轨腰、轨头三个不同的部位 A 扫回波信号，每个窗口能够同时显示，也可分别显示单收发和一收一发两种回波图形，二者分别用不同的颜色进行区分。

（2）B 型显示：能够实时显示轨底、轨腰、轨头三个部位的 B 扫图形及焊缝横断面成像图形，首次实现了钢轨焊缝侧面方向、踏面方向及横断面方向三个方向的成像显示。

（3）视频显示：探伤仪能够直接与显示器或投影仪连接，在焊接基地探伤或回放时，能将动态探伤图形通过大屏幕显示，有利于探伤数据的分析和伤损判断。

2. 探伤图形的存贮、回放和查询

探伤仪可实时动态记录并存储探伤扫查过程中探头的位置信息、超声回波 A 显信号及图像显示，探伤仪回放界面与检测界面完全一样，如图 10—2—8 所示。数据回放和分析时，既可以选定具体的 A 显回波进行细节分析，也可以改变不同的灵敏度进行不同的图像显示。对一些不易判断的焊缝，线上检测时可用较高的灵敏度进行扫查，线下再进行详细分析，以防止漏检和误判，提高线上检测效率。探伤仪可同时存储约 2 万个焊缝探伤数据，可导出进行数据管理、回放分析。数据回放可按探伤日期、探伤人员及自定义模式进行检索。

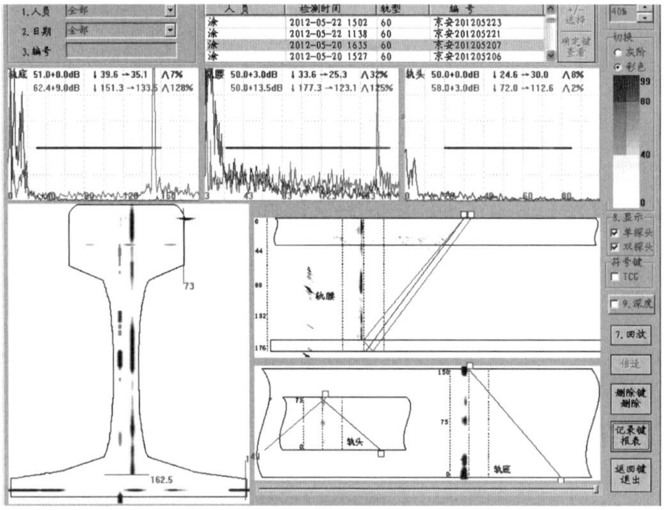

图 10—2—8　探伤数据回放界面

3. PAC 扫查和 PAC 曲线定量

用双探头法对钢轨焊缝进行 K 型扫查和串列式扫查时，尽管声波传播路程为一常数，但当缺陷位于不同位置时，由于探头声场受自身扩散及钢轨界面的制约，使得焊缝各处的声压并不相等，同样大小的缺陷位于焊缝不同部位时，反射波高会有很大差别，即缺陷反射声波不仅与传播距离有关，还会与缺陷所处部位的形状有关。因此，提出了位置幅度控制的概念，即 PAC，以区别于距离幅度控制（DAC）。探伤仪设计了 PAC 扫查和 PAC 显示，为准确测定缺陷的当量尺寸提供了必要的方法和手段。

第三节　性 能 参 数

一、检测设备主要参数

钢轨焊缝超声波探伤仪应符合《A 型脉冲反射式超声波探伤仪 通用技术条件》（JB/T 10061），并达到以下技术要求。

1. 衰减器

(1)衰减量:不小于 80 dB;

(2)衰减误差:在探伤仪规定的工作频率范围内,衰减器每 12 dB 的工作误差不超出 ±1 dB。

2. 垂直线性误差:不大于 4%。

3. 动态范围:不小于 26 dB。

4. 水平线性误差:不大于 2%。

5. 放大器带宽:不小于 1 ~8 MHz。

6. 电噪声电平:幅度不大于满屏显示的 10%。

7. 灵敏度余量:不小于 55 dB(2.5 MHz 纵波)。

8. 分辨力:不小于 26 dB(2.5 MHz 纵波)。

9. 阻塞范围:不大于 10 mm。

10. 数字探伤仪采样频率:不小于 100 MHz。

二、超声探头主要参数

超声波探头测试应符合《超声探伤用探头 性能测试方法》(JB/T 10062),主要技术指标应符合《工务作业 第 21 部分 钢轨焊缝超声波探伤作业》(TB/T 2658.21)和以下具体要求。

1. 应无双峰和波形抖动现象,探头前沿长度应能满足探伤扫查范围的需要。

2. 回波频率及其误差:

(1)回波频率:在役焊缝和铝热焊焊缝不小于 2.5 MHz;新焊接触焊和气压焊焊缝不小于 4 MHz。

(2)回波频率误差:不大于 10%。

3. 折射角误差:

(1)折射角在 37° ~45°之间时:折射角误差不大于 1.5°;

(2)折射角≥60°时:折射角误差不大于 2°。

4. 横波探头分辨力:

(1)4 MHz 以上探头:不小于 22 dB;

(2)2.5 MHz 探头:不小于 20 dB。

5. 横波单探头始脉冲宽度(R100 圆弧面增益 40 dB)

(1)4 MHz 以上探头:不大于 20 mm;

(2)2.5 MHz 探头:不大于 25 mm。

6. 相对灵敏度:

(1)纵波直探头(同灵敏度余量):不小于 55 dB。

(2)横波探头:4 MHz 以上探头:不小于 60 dB(R100 圆弧面);2.5 MHz 探头:不小于 65 dB(R100 圆弧面)。

7. 组合或阵列探头:

(1)各子探头入射点相对偏差:不大于 2 mm;

(2)各子探头灵敏度相对偏差:不大于 4 dB;

(3)阵列探头分段扫查间隔:不大于 15 mm。

第四节　扫 查 装 置

钢轨焊缝探伤需要借助专用扫查装置才能完成焊缝的全断面检测。钢轨焊缝探伤扫查装置是钢轨焊缝探伤的关键部件,在功能上和性能上都须满足钢轨焊缝探伤的基本要求。焊缝扫查装置应能对轨头和轨底两部位进行 K 型扫查,并根据轨底空间情况,对轨腰部位进行 K 型扫查或串列式扫查。

一、手推车式钢轨焊缝探伤扫查装置

该扫查装置由编码器、串列扫查探头架及手推车构成,可像钢轨探伤仪小车一样在钢轨上推行,实现钢轨焊缝不停顿连续探伤,如图 10—4—1 所示。

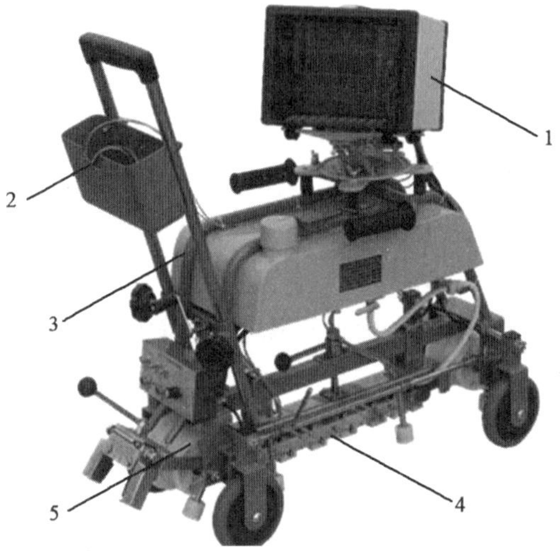

图 10—4—1　手推车式钢轨焊缝探伤扫查装置

1—主机;2—探头;3—手推车;4—串列扫查探头架;5—编码器

二、便携式钢轨焊缝探伤扫查装置

该扫查装置配置由支撑框架、电机、探头连接臂、探头套、同步带、编码器、调速器、手柄、标尺、定位激光指示器、电池、电源适配器、遥控器等组成,如图 10—4—2 所示。

该扫查装置主要特点如下:

1. 配备 3 对探头,可同时实现轨头、轨腰、轨底单探头和双探头扫查;

2. 轨腰串列式扫查,探头 K0.75;轨底 K 型扫查,探头 K0.88;轨头 K 型扫查,探头 K1.2;

3. 扫查行程:132 mm;

4. 激光定位焊缝中心,遥控器操纵探头扫查;

5. 电动/手动自由切换,方便使用;
6. 电动扫查 1 次小于 10 s,检测效率高;
7. 大容量锂电池供电,连续检测接头不小于 100 个。

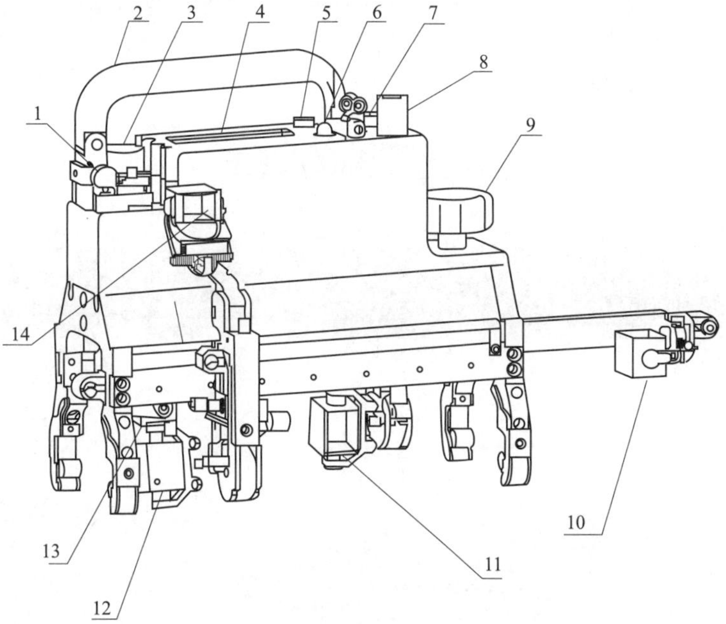

图 10—4—2　便携式钢轨焊缝探伤扫查装置

1—手动/自动转换开关;2—手柄;3—编码器;4—电池;5—充电接口;6—电源开关;7—数据线接口;8—调速开关;9—旋转手轮;10—轨腰探头;11—轨头探头;12—轨头探头;13—轨腰探头;14—轨底探头

三、其他典型扫查装置

上述介绍的扫查装置一般都配合专用的探伤仪使用,探伤仪内一般内置了特定的探伤流程。图 10—4—3 为通用双探头串列式扫查架,一般由框架、刻度尺、位置指针、旋钮、探头夹持部分、传动部分等组成。这类扫查架的传动部分一般分为同步带、钢丝、丝杠、链条等形式,其中,同步带较其他传动形式在轻便性、探头移动平稳性、传动误差等方面具有优势。双探头扫查架通过转动旋钮两探头同时做相向或相背运动,可对钢轨焊缝从轨头、轨腰至轨底部分进行串列式连续扫查,实现平面状缺陷的检测。

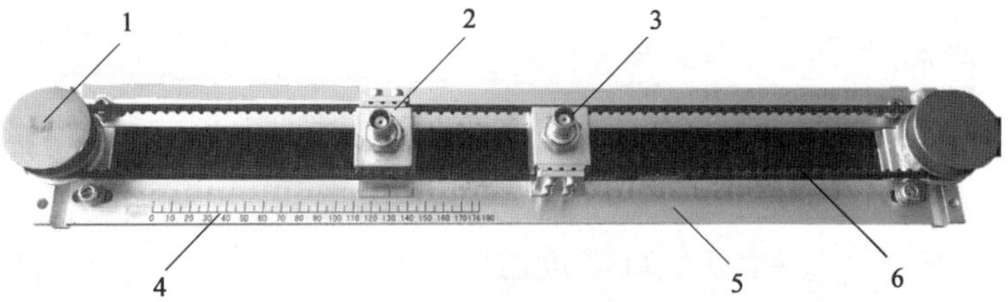

图 10—4—3　双探头串列式扫查架

1—旋转手柄;2—发射探头;3—接收探头;4—刻度尺;5—框架;6—传动皮带

这类扫查架的优点是结构简单,便于携带,但一般无法实现轨头侧面及轨底部分平面状缺陷的串列式扫查或K型扫查。

与扫查架扫查类似的是阵列式探头扫查,阵列式探头是将若干对子探头封装在一个或两个探头壳内,用若干对子探头对焊缝的不同部位分别进行串列式扫查或K型扫查,如图10—4—4和图10—4—5所示。阵列式探头不是严格意义上的扫查装置,其优点是不用移动探头就可对焊缝进行串列式扫查或K型扫查,缺点是探头较长,不便于耦合,在焊缝上声场分布不够均匀,定位定量不够准确。

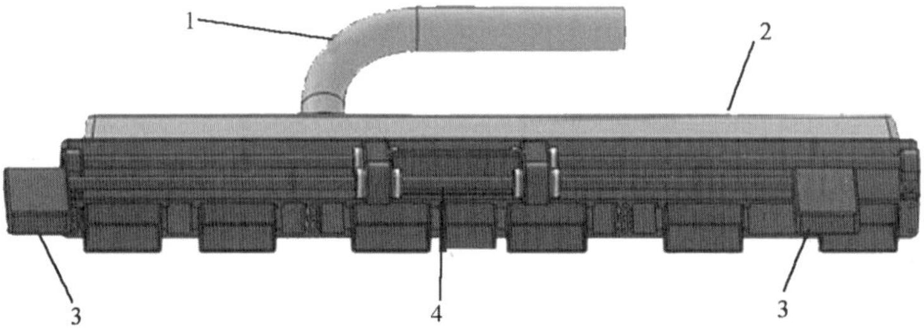

图10—4—4　阵列探头

1—手柄;2—扫查框架;3—磁铁;4—滑动杆

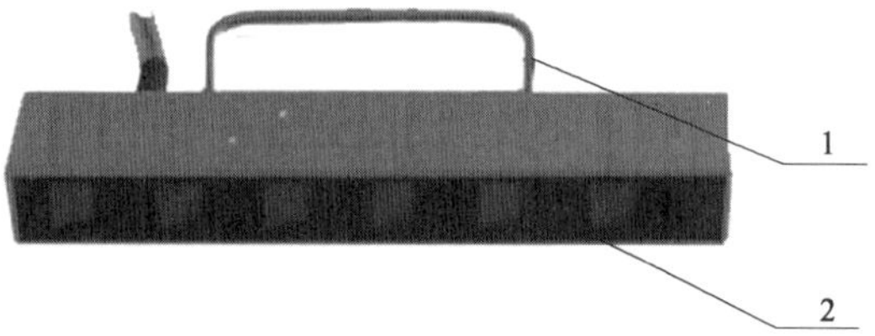

图10—4—5　阵列探头

1—手柄;2—晶片

第五节　数据分析

不同焊缝检测设备之间数据分析有较大的差异性,这里以手推车式和便携式钢轨焊缝探伤仪为例介绍焊缝探伤数据分析。

一、手推车式钢轨焊缝探伤仪数据分析

(一)回放软件的安装

探伤仪随机配有回放软件,可以将仪器导出的记录文件在电脑上进行回放。具体操作如下:首先将仪器配套U盘中的“xf-9d播放器”文件夹拷贝到电脑硬盘上,打开双击“注册9d.exe”,根据系统提示重新启动电脑,完成软件安装。

(二)回放软件的界面及简单操作

将从仪器导出的记录文件mmdd_xxxxx.9da和mmdd_xxxxx.9db同时拷贝到电脑上,双击mmdd_xxxxx.9da即可播放。播放软件界面如图10—5—1所示。

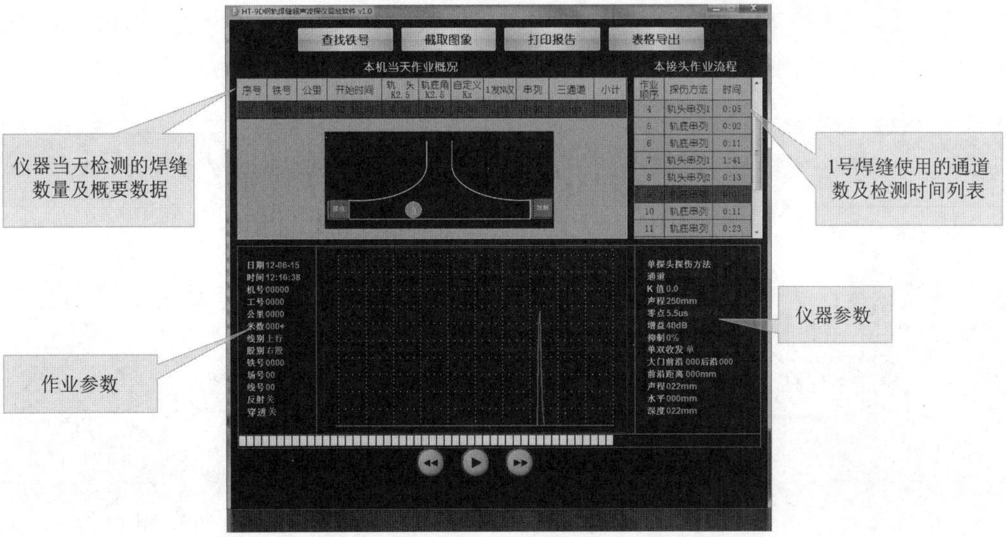

图 10—5—1　回放界面

界面最上方是主要功能按钮,包括“查找铁号”、“截取图像”、“打印报告”、“表格导出”。

本机当天作业概况栏显示当天所检测的焊缝数量、焊缝的铁号、每个焊缝所在的公里位置、每个焊缝探测的开始时间、每种探伤方法所用时间及累计时间。选中某一铁号后会在右侧显示该焊缝详细的作业流程。

本接头作业流程栏详细列举所使用各种探伤方法及时间,选中某一方法后在下面 B 显区域显示伤损在焊缝中的位置,A 显区域显示伤损的波形及探伤作业参数和仪器调整参数。

图 10—5—1 是正在播放 B 显数据时的界面,B 显图像左侧是当前图像对应的作业参数,下部是各个通道对应的颜色和增益以及当前图像的轨型。按屏幕下部的左右键或者键盘上的“＜”和“＞”可以切换 B 显图像。

图 10—5—2 是播放 A 显数据时的界面。A 显图像左侧是当前波形对应的作业参数,右侧是当前波形对应的控制参数。按下方的按钮可以后退、暂停、快进当前的播放进度,也可以直接点进度条直接播放到需要的时刻。

如图 10—5—2 ~ 图 10—5—5 所示,播放界面上部是对当天作业的统计列表,其中左侧为本机当天作业情况,包括每个焊缝对应的里程和铁号、开始时间、使用每个探伤方法的总时间和所有探伤方法的总时间。在左侧指定焊缝,右侧将出现本接头作业流程的列表,包括各项操作的顺序和持续时间。当使用鼠标点击右表中的某个探伤方法,可以将数据在界面下部播放出来。

(三)回放软件的主要功能

回放软件具备查找铁号、截取图像、打印报告、表格导出功能,呈四个长方形按钮分布于软件界面最上方。

1. 查找铁号

点击“查找铁号”按钮,将在此按钮左边出现一个输入框,输入铁号后,再次点击“查找铁号”或者按回车键，表格内将只显示对应的铁号信息。如果输入框内为空，再次点击“查找铁号”或者按回车键，则退回到全部铁号的状态。

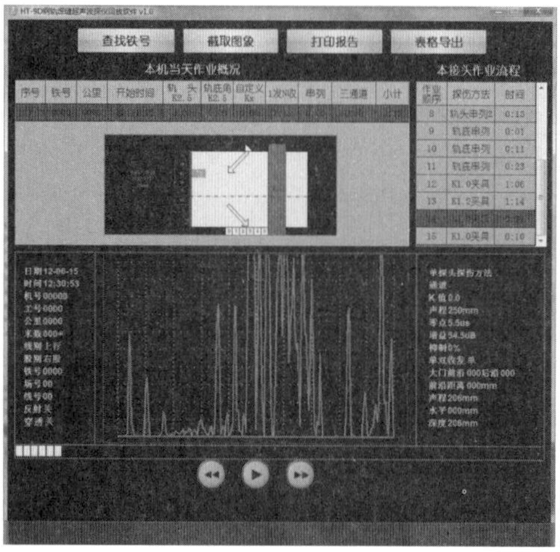

图 10—5—2　K1.0 夹具探伤回放

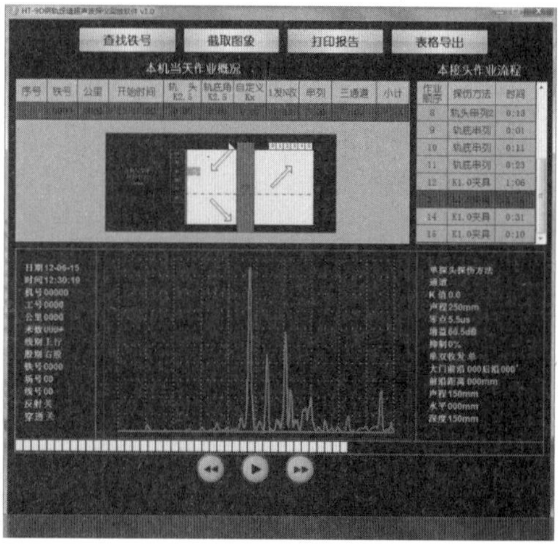

图 10—5—3　K1.2 夹具探伤回放

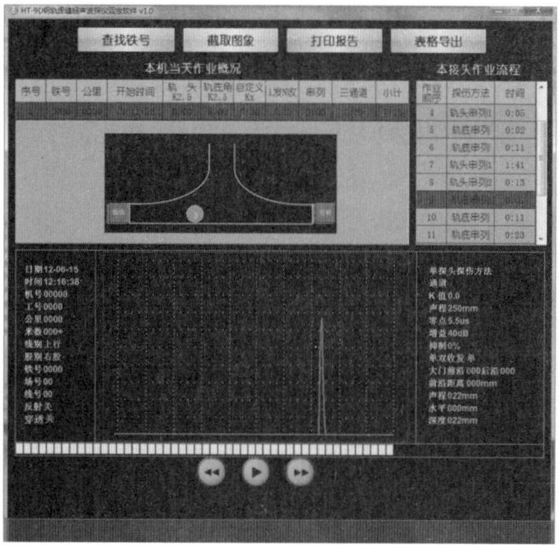

图 10—5—4　轨底矩阵串列

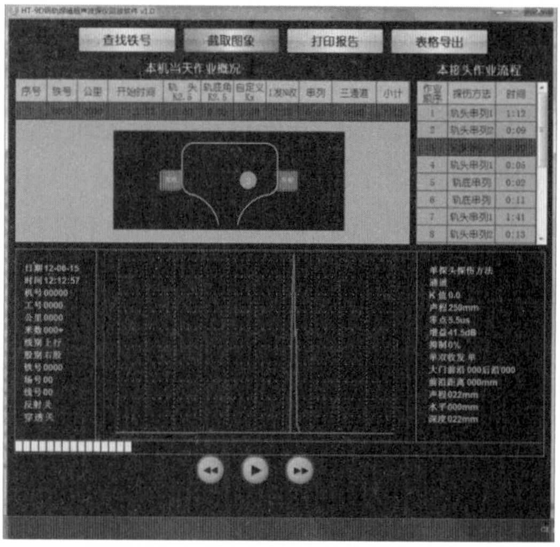

图 10—5—5　轨头矩阵串列回放

2. 截取图像

点击“截取图像”按钮，出现选择保存路径和输入文件名的对话框，输入文件名后点“确定”或者按回车键，将在选择的路径中出现对应文件名的画图文件，文件后缀为 . bmp。用户可以将图片用在其他文件中。

3. 打印报告

点击“打印报告”按钮，软件将出现一个报告打印预览界面，包括作业参数、控制参数和探伤数据，连接打印机，点击“打印”会将此报告打印出来。

4. 表格导出

点击“表格导出”按钮，软件将会把“当天作业概况”表格部分转换生成 Excel 表格，用户可以根据需要对表格进行编辑和保存。

二、便携式钢轨焊缝探伤仪数据分析

探伤仪可实时动态记录并存储探伤扫查过程中探头的位置信息、超声回波 A 显信号及 B 型图像显示。数据回放和分析时,既可以选定具体的 A 显回波进行细节分析,也可以改变不同的灵敏度进行不同的图像显示。

探伤数据后处理技术的应用,可以对一些不易判断的焊缝,线上检测时用较高的灵敏度进行扫查,然后线下再进行详细分析,以防止漏检和误判,提高线上检测效率。数据回放时,可以按探伤日期、探伤人员及自定义模式进行检索。探伤数据既可以 USB 接口导出,也可以通过网络接口向网络上传,支持焊轨综合监控管理系统升级后的技术要求,实现探伤数据全程回放和监控管理。

数据处理中,根据“人员”“日期”“编号”进行数据检索后,符合条件的数据在数据列表中显示出来。选择检索到的数据记录,可进行探伤过程的回放模拟,在发现缺陷(无论是 A 扫或 B 扫)时,可暂停并选择打印输出 B 扫缺陷图片与 A 扫即时波形。

数据分析的步骤如下:

1. 点击主界面“3. 数据”,打开数据管理界面,如图 10—5—6 所示。

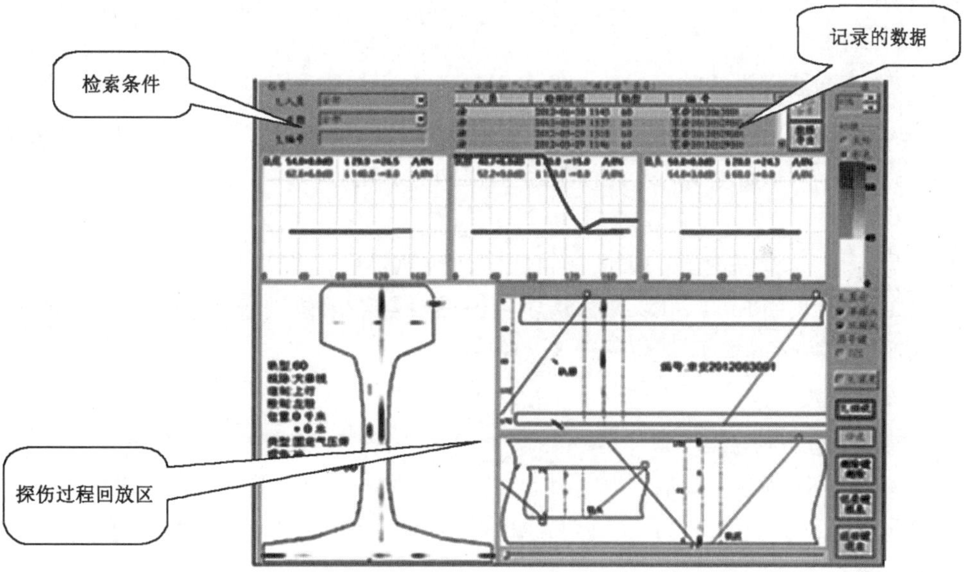

图 10—5—6　数据管理界面

2. 数据检索:可以按探伤人员、日期或指定编号对记录的数据进行检索,检索结果将在中上部窗口中显示。

3. 在检索结果中,选中记录数据,点击“数据查看”,探伤数据会在“探伤过程回放区”显示。

4. 点击“回放”(或按 7),系统会自动回放整个探伤过程。

5. 缺陷数据探伤报告,回放时在确认的缺陷位置停住,按“ + ”“ - ”细调至回波最高点,按“记录”键,系统将自动生成探伤报表。

第六节　焊缝探伤作业

一、基本要求

1. 应采用单探头和双探头两种方法共同对焊缝进行扫查。

2. 为保证焊缝探伤质量，焊缝两侧各 400 mm 范围内，不宜钻孔或安装其他装置。遇有夹板时，应拆除后作业。

3. 铝热焊焊缝扫查应遍及焊缝全宽度。

4. 新焊焊缝的探伤在推瘤和打磨以后进行，焊缝处温度应冷却至 40 ℃以下，探测面不应有焊渣、焊瘤或严重锈蚀等。轨头踏面、轨头两侧、轨底两侧和轨底角上部（30 mm）应打磨至钢轨原始面。

5. 在役焊缝探伤前应清除探测面上的油污和严重锈蚀等，扫查范围应以焊缝中心向两侧各延伸 200 mm。在役焊缝可使用阵列探头或组合探头进行分段探测。

二、扫查方式及要求

（一）新焊焊缝

1. 单探头法

宜用 $K\geqslant 2$ 横波探头从踏面或轨头侧面对轨头进行扫查和从轨底斜面上对轨底部位进行扫查；用 K0.8 ~ K1 横波探头从钢轨踏面上对轨腰直至轨底进行扫查。对于铝热焊焊缝，另用 0°探头从钢轨踏面上对轨头、轨腰直至轨底进行扫查。

2. 双探头法

宜用 K0.8 ~ K1 探头从轨头踏面和轨底底面对轨腰部位进行 K 型扫查，也可从踏面上进行串列式扫查；宜用 K0.8 ~ K2 探头从轨头侧面对轨头部位进行 K 型扫查；宜用 K0.8 ~ K1 探头从轨底两侧面对轨底部位进行 K 型扫查。

（二）在役焊缝

1. 单探头法

宜用 K0.8 ~ K1 横波探头从钢轨踏面上对轨头、轨腰直至轨底进行扫查。轨头部位也可用 $K\geqslant 2$ 横波探头从踏面上进行扫查。宜用 $K\geqslant 2$ 横波探头从轨底斜面上对轨底部位进行扫查。

2. 双探头法

宜用 K0.8 ~ K1 探头从轨头踏面对轨腰部位进行串列式扫查；宜用 K0.8 ~ K1 探头从轨底两侧面对轨底部位进行 K 型扫查。

三、探伤操作

（一）探伤灵敏度校准

1. 双探头探伤

焊缝双探头探伤应采用 GHT-1 型对比试块进行灵敏度校准，试块形式及要求如图 10—6—1 所示。

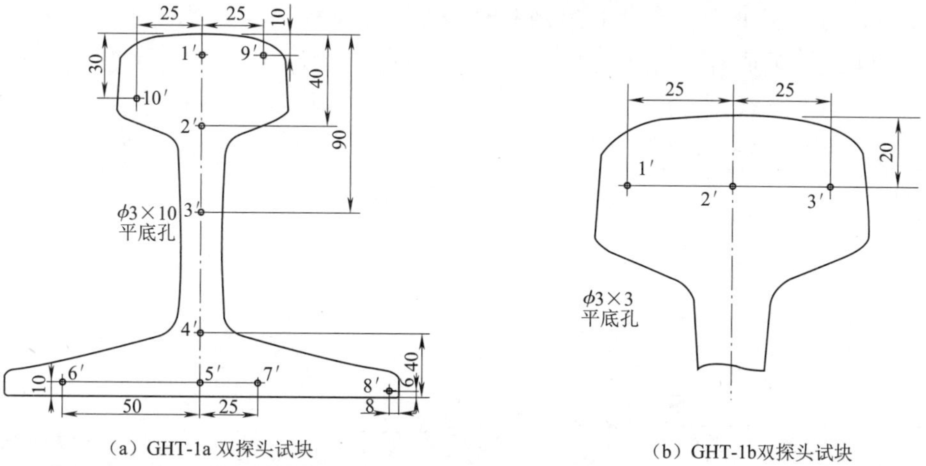

试块技术要求：

(1) 试块用60 kg/m钢轨制作。平底孔深：≥40 mm；平底孔底部至试块另一端长度：≥450 mm。

(2) 不同试块上同一位置平底孔的反射波高相差不超过±2 dB。

图 10—6—1　GHT-1 型双探头试块(单位:mm)

轨腰部位 K 型扫查时应利用 GHT-1a 试块上距踏面 90 mm 的 3 号平底孔进行调节,串列式扫查时利用 GHT-1a 试块上距轨底 40 mm 的 4 号平底孔进行调节。调节时将相应平底孔反射波高调整到满幅度的 80%,然后根据探测面情况进行适当表面耦合补偿,一般 2 ~ 6 dB,作为轨腰部位的探伤灵敏度。

轨头部位 K 型扫查时将 GHT-1b 试块上 2 号平底孔反射波高调整到满幅度的 80%,然后根据探测面情况进行适当表面耦合补偿,一般 2 ~ 6 dB,作为轨头部位的探伤灵敏度。

轨底部位 K 型扫查时将 GHT-1a 试块上 5 号平底孔反射波高调整到满幅度的 80%,然后根据探测面情况进行适当表面耦合补偿,一般 2 ~ 6 dB,作为轨底探伤灵敏度。

2. 单探头探伤

单探头校准试块形式及要求如图 10—6—2 所示。

轨头和轨腰部位扫查时,分别将 GHT-5 试块 B 区(或 GHT-3 试块,下同)8 号横孔(K0. 8 ~ K1 探头)、5 号横孔(K≥2 探头)的反射波高调整到满幅度的 80%,然后根据探测面情况进行适当表面耦合补偿,一般 2 ~ 6 dB,作为 K0. 8 ~ K1、K≥2 探头探测轨头和轨腰部位的探伤灵敏度。

轨底部位扫查时,将 GHT-5 试块 C 区(或 GHT-4 试块,下同)2 号竖孔(一般 K≥2)上棱角的二次反射波调整到满幅度的 80%,然后根据探测面情况进行适当表面耦合补偿,一般 2 ~ 6 dB,作为轨底单探头探伤灵敏度。

铝热焊焊缝 0°探头扫查时,将 GHT-5 试块 A 区(或 GHT-2 试块,下同)7 号横孔反射波高调整到满幅度的 80%,然后根据探测面情况进行适当表面耦合补偿,一般 2 ~ 6 dB,作为 0°探头的探伤灵敏度。

(二)特殊情况的处理

如果探测面过于粗糙,灵敏度提高 2 ~ 6 dB 不足以补偿耦合损失或无法确定补偿值时，则需进行打磨处理。无法打磨或钢轨材质不同时，则应对耦合损失和材质损失进行实际测试（可利用对穿波、直达波、底波和棱角波等测试），并根据测试值进行补偿。

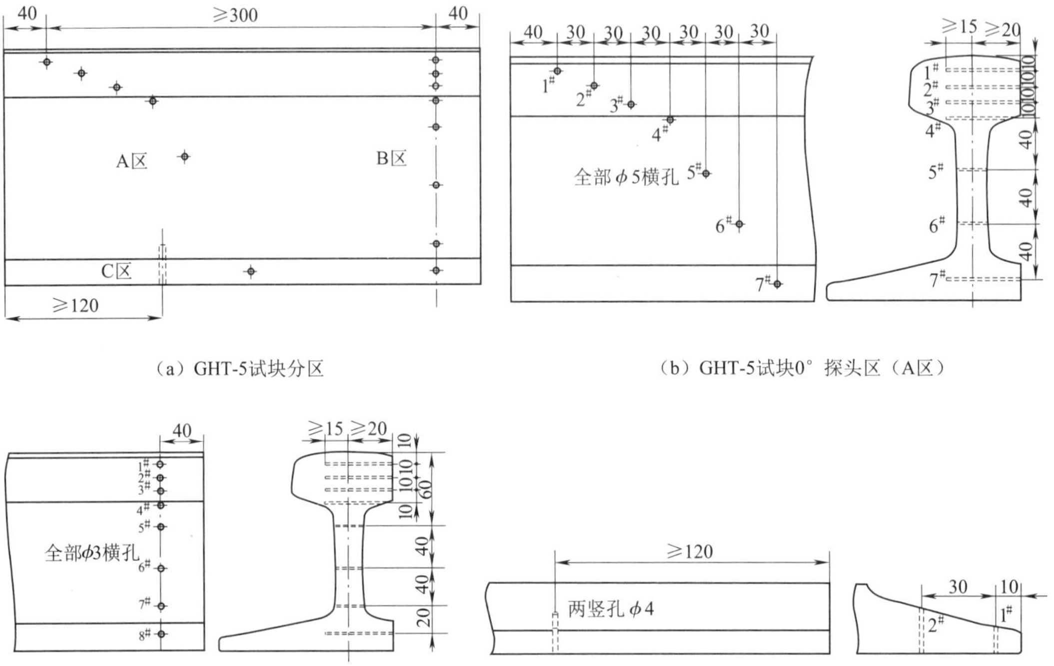

（a）GHT-5试块分区

（b）GHT-5试块0°探头区（A区）

（c）GHT-5试块轨头和轨腰探头区（B区）

（d）GHT-5试块轨底探头区（C区）

技术要求：

（1）试块用60 kg/m钢轨制作。为加工人工缺陷方便，轨头和轨底可部分切除。

（2）不同试块上同一位置横孔或竖孔的反射波高相差不超过±1.5 dB。

图 10—6—2　GHT-5 型单探头试块（单位：mm）

采用其他方法扫查时，应能达到规定的探伤灵敏度和满足规定的工艺校验要求。

（三）探伤工艺校验

探伤灵敏度校准后，应在试块上进行工艺校验，使探伤操作或探伤工艺满足探伤要求。对于双探头法，应能探测出 GHT-1 试块上各人工平底孔缺陷，且信噪比不低于 10 dB。对于单探头法，用反射法应能探测出 GHT-5 试块上各部位最远声程处的人工缺陷，且信噪比不低于 10 dB。

（四）探伤扫查

在探伤灵敏度的基础上提高 4 ~ 6 dB 作为扫查灵敏度，分别从焊缝两侧进行扫查。单探头扫查时，除平行于钢轨纵向扫查外，也可偏斜某个角度进行扫查，并可适当左右摆动探头，以利于发现伤损。当用双探头法探测铝热焊焊缝时，应对焊缝全宽度进行连续扫查或分段扫查。分段扫查宜从焊缝两侧进行，每段宽度一般不应大于 15 mm。

四、缺陷确定

(一)缺陷位置的确定

1. 单探头探伤

从仪器上读出声程 w (mm)或深度 h (mm),则缺陷的埋藏深度 $h = w \cdot \cos\beta$,水平距离 $l = w \cdot \sin\beta = h \cdot \tan\beta = kh$,其中,β 为探头折射角度,$k = \tan\beta$ 。

2. 双探头探伤

测量探头(串列式扫查时为靠近焊缝探头)入射点距被探测部位(多数情况下为焊缝中心)的距离 l(单位为 mm),则缺陷在该探头侧的埋藏深度 $h = l/k$ 。

3. 缺陷大小的确定

(1)点状缺陷当量直径的测定

①距离波幅曲线法:发现缺陷后,将仪器状态从扫查灵敏度降至探伤灵敏度,同时测量缺陷波与探伤灵敏度下基准波高的 dB 差值 Δ,然后根据相对应的距离波幅曲线判定缺陷的当量大小。

②计算法:当缺陷的声程大于 3 倍探头近场长度时,可以用计算法判定缺陷的当量直径。

对于平底孔
$$d_f = d_A \cdot \frac{a_f}{a_A} \cdot 10^{\frac{\Delta}{40}} \qquad (10—6—1)$$

对于长横孔
$$d_f = d_A \cdot \left(\frac{a_f}{a_A}\right)^3 \cdot 10^{\frac{\Delta}{10}} \qquad (10—6—2)$$

式中 d_f——缺陷的当量直径;

a_f——缺陷的声程;

d_A——校正探伤灵敏度所用人工缺陷的直径(mm);

a_A——校正探伤灵敏度所用人工缺陷的声程(mm);

Δ——缺陷波比探伤灵敏度下基准波高高出的 dB 值。

(2)相对 3 dB 延伸度的测定

发现具有一定延伸度的缺陷时,用相对 3 dB 法测量缺陷的延伸度。

(二)缺陷判定

1. 新焊焊缝

焊缝存在如下缺陷时,焊缝判废,重新焊接。

(1)双探头探伤:

轨底角部位(20 mm): ≥ϕ3 ~6 dB 平底孔当量;

其他部位: ≥ϕ3 平底孔当量。

(2)横波单探头探伤:

轨头和轨腰: ≥ϕ3 长横孔当量;

轨底: ≥ϕ4 竖孔当量;

轨底角(20 mm): ≥ϕ4 ~6 dB 竖孔当量。

(3)铝热焊 0°探头探伤: ≥ϕ5 长横孔当量。

(4)焊缝中存在平面状缺陷。

(5)缺陷当量比(1)、(2)、(3)规定的缺陷低 3 dB 或以内,但延伸长度大于 6 mm。

(6)0°探头探测铝热焊焊缝时,焊缝底波比正常焊缝底波低 16 dB 及以上。

2. 在役焊缝

焊缝疲劳缺陷的当量达到或超过探伤灵敏度规定的当量时判为重伤,未达到但相差不超过 6 dB 时判为轻伤;焊缝焊接缺陷达到新焊焊缝规定的报废程度时,判为重伤,未达到但相差不超过 6 dB 时判为轻伤。

第十一章　其他无损检测技术

除超声波无损检测技术外，还有超声 TOFD、超声导波、超声相控阵、磁粉、射线、渗透、涡流等无损检测技术。

第一节　超声 TOFD 检测技术

超声 TOFD（Time of flight diffraction technique）检测技术是在 20 世纪 70 年代末由英国哈威尔无损检测中心的 M. G. Silk 先生首先提出的，经过数十年的发展，该方法在欧、美、日等西方发达国家的锅炉、压力容器和压力管道等承压设备焊缝的缺陷检测与评价方面得到越来越多的应用。近十几年来，该方法在我国也得到了广泛的关注和应用。关于超声 TOFD 检测的技术标准，已发布《无损检测 超声检测 超声衍射声时技术检测和评价方法》（GB/T 23902—2009）。

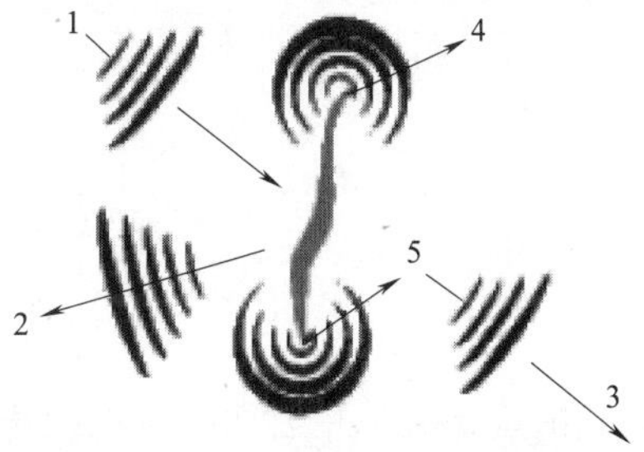

图 11—1—1　声波与缺陷的相互作用
1—入射波；2—反射波；3—透射波；
4—衍射波；5—衍射波

如图 11—1—1 所示，当超声波 1 入射到裂纹状缺陷上时，声波的能量以以下方式存在。一是以反射波 2 的形式存在，声波遵循反射定律；其次是以透射波 3 的形式存在，与入射声波的传播方向相同，此外，声波在缺陷的两个尖端产生衍射现象，产生衍射波 4、5，以裂纹尖端为中心向四周辐射能量。以上三种形式的能量中，一般反射波的能量最强，传统超声检测时利用的正是反射波的能量，并以探头接收到的回波幅度的高低来评价缺陷的大小。从图中可以看出，当某类（平面状缺陷）缺陷取向不良时，单个探头将无法接收到反射波，只能增加探头从其他方向接收声波，而且平面状缺陷越大，这种影响越大。对于缺陷尖端产生的衍射波，由于其能量远远低于反射回波的能量，在回波幅度定量法中一般很少利用，但由于衍射波向四周传播，没有明显的指向性，声波更易于接收，而且其传播时间中包含着丰富的空间位置信息，因此可以利用衍射波来对缺陷进行检测和定量。

如图 11—1—2 所示，将一对频率、尺寸、角度都相同的纵波斜探头 1 和 2 相对放置在检测区域两侧，如果检测区域中没有缺陷，则接收探头首先接收到的声波是沿两探头间直接传播的纵波（A），一般称为侧向波或直通波（Lateral Wave），其次是经底面反射的纵波（B）。如果检测区域中有缺陷存在，入射纵波与缺陷相互作用，在缺陷的上下尖端会产生衍射波，由于缺陷与工件的空间位置关系，两个衍射纵波会先于底面反射波（B）被探头接收，即在声波 A 和声波 B 之间会显示缺陷上下两尖端的衍射波 C 和衍射波 D，回波显示如图 11—1—3 所示。当缺陷在工件中的埋藏深度不同时，衍射波距离参考信号（A 或 B）的时间间隔不同，当缺陷在厚度方向的大小不同时,两个衍射波的时间间隔也不同,缺陷在工件厚度方向的尺寸越大,时间间隔越大,反之亦然。也就是说,衍射波与参考信号之间的传播时间差包含着缺陷的位置信息,而两个衍射信号的传播时间差则包含着缺陷的大小信息。因此,通过测量衍射信号的有无就可判断检测区域中是否存在缺陷,通过测量缺陷上下尖端衍射波与参考信号的时间差就可以准确测量缺陷的位置和大小。

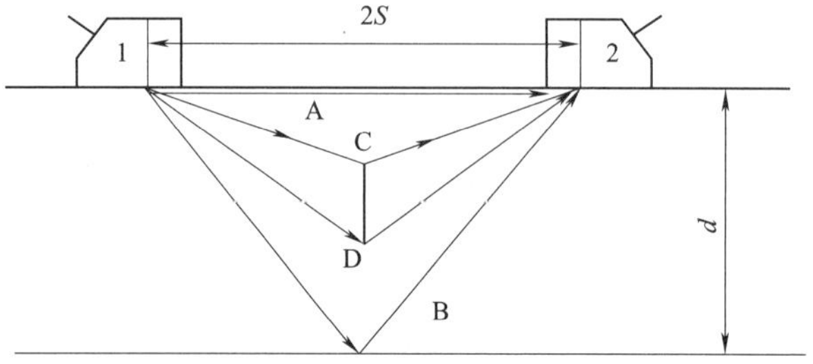

图 11—1—2　TOFD 探头布置和声路示意

1—发射探头;2—接收探头;A—侧向波;B—底面回波;C—缺陷上端波;D—缺陷下端波

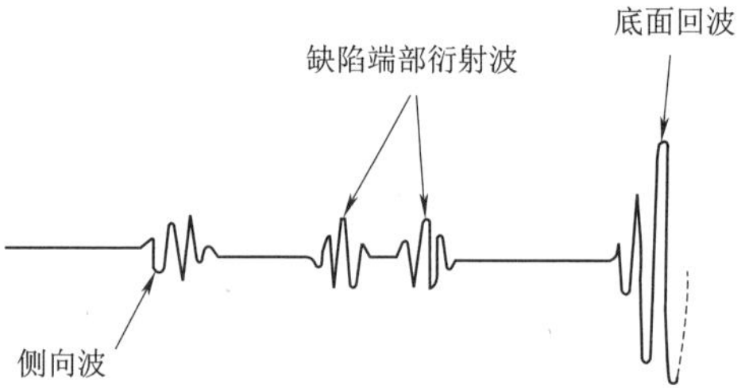

图 11—1—3　TOFD 法回波波形

缺陷上尖端距表面的垂直距离 d_{up}(mm):

$$d_{up}=\frac{1}{2}\sqrt{(c_L\Delta t_{up})^2+4c_L\Delta t_{up}S} \qquad (11—1—1)$$

缺陷下尖端距表面的垂直距离 d_{low}(mm):

$$d_{low}=\frac{1}{2}\sqrt{(c_L\Delta t_{low})^2+4c_L\Delta t_{low}S} \qquad (11—1—2)$$

缺陷高度 D(mm):

$$D=d_{low}-d_{up} \qquad (11—1—3)$$

式中　Δt_{up},Δt_{low}——缺陷上下尖端衍射波与侧向波的传播时差(mm);

c_L——纵波声速(s);

S——发射探头和接收的半间距(mm)。

与其他检测方法相比,TOFD 法检测具有以下优点:

(1)与脉冲反射法相比,TOFD 法对缺陷的检测与定量不依赖于缺陷的取向;

(2)与射线检测相比,可以检测和定量不垂直于检测面的平面状缺陷;

(3)可精确测量缺陷的大小,适于监测已知缺陷的扩展或变化;

(4)具有更高的缺陷检出率;

(5)与射线检测相比，其检测效率高、成本低、安全。

但 TOFD 法检测也有以下缺点：

(1)缺陷尖端衍射信号波幅低，通常与材料晶界的散射信号交织在一起，导致衍射信号的识别困难，使定量误差加大，甚至无法进行。

(2)靠近工件上下表面有检测盲区，工件上下表面小的疲劳裂纹检测效果差，而压力容器或管道等在役焊缝内外壁的裂纹是影响使用的危险缺陷，需要用常规方法进行补充检测。

(3)检测时需要从焊缝两侧进行，需要精密的扫查装置，不如单探头法灵活。

(4)工件检测厚度有限制，由于 TOFD 法检测时盲区不可避免，使得该方法检测的厚度一般要大于 10 mm。

(5)无法有效检测定量与检测面平行的缺陷，对横向缺陷(与扫查方向垂直的缺陷)检测效果差。

第二节　超声导波检测技术

超声导波(Guided Wave)是声波在空间有限介质中传播时，原始波和边界多次反射产生的次级波相互叠加干涉而形成的，如薄板中的板波、细钢棒中棒波、固体表面的瑞利波等。用于长距离超声导波检测频率一般为 5 ~ 100 kHz，与通常超声检测使用的 MHz 级频率相比要低得多，因此超声导波对单个缺陷的检出灵敏度比后者低得多。但超声导波检测的优点是衰减小、传播距离长、检测效率高、检测缺陷多、环境适应性好。工件形状、尺寸不同，导波在其中传播的模式、特性也不同，即使同一工件，可传播的导波模式也各不相同。在导波传播过程中，通常还伴随着色散现象的产生。因此，与常规超声相比，特定模式导波的激发与回波信号的识别是导波检测的重要研究内容。

除了常规的薄板、细棒检测外，目前超声导波应用较多的领域是各种输油、输气管道的检测，由于这些管道或外带保护层，或埋于地下，或架于高空，常规超声不便于检测，因此可以用导波快速检测管道中的内外腐蚀、疲劳裂纹及各种焊接缺陷等。此外，超声导波也可应用于钢轨缺陷的检测。

第三节　超声相控阵技术

相控阵(Phased Array)超声检测理论研究已有几十年的历史，但由于技术上的限制，其在工业上的应用也只是近十年才开展的。常规超声波检测通常采用一个压电晶片发射一个固定波形及角度的波束。超声相控阵技术则通过控制阵列换能器各阵元的发射、接收，形成声束的聚焦、扫描等各种效果，从而进行超声成像。在相控阵超声发射(Emitting)状态下，阵列换能器中各阵元按一定延时规律顺序激发，产生的超声发射子波束在空间合成，形成聚焦点和指向性。改变各阵元激发的延时规律，可以改变焦点位置和波束指向，形成在一定空间范围内的扫描聚焦。在相控阵超声接收(Receiving)状态下，阵列换能器的各阵元接收回波信号，按不同的延时值进行延时，然后加权求和作为输出。通过设定一定的延时规律，可以实现对声场中的指定点进行聚焦接收，采用不同的延时规律，即可实现对不同点和不同方向上的接收聚焦和扫描。超声相控阵检测的发射和接受原理如图 11—3—1 所示。

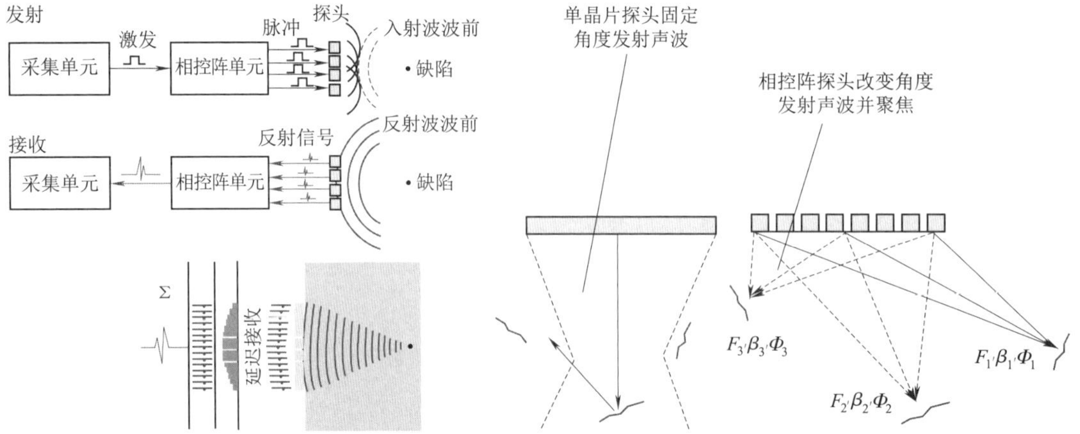

图 11—3—1　超声相控阵检测的发射接受

与传统的超声检测技术相比，超声相控阵技术的优点主要有：可以灵活有效地控制声束的形状和方向、控制焦点的位置，可实现声束动态聚焦；采用电子方法控制声束聚焦和扫描，可以在不移动或少移动探头甚至不更换探头的情况下对工件快速、多角度扫描，提高检测速度；单探头能在固定位置方便地探测出不同位置、不同取向的缺陷；发射和接收都是计算机控制，操作和判断简单方便，检测速度快，能实现在线检测；具有良好的声束可达性，能对复杂几何形状的工件进行探测；通过优化控制焦点尺寸、焦区深度和声束方向，可以使检测分辨力、信噪比和灵敏度等性能得到提高。

超声相控阵检测在能源工业、石油化工、航空航天业、船舶、铁路、汽车等工业领域得到了应用，如核电站及能源工厂重要零部件的检验、压力容器及输油管道焊缝的检验、铁道车轮的检验等。

第四节　磁粉检测技术

一、基本原理

铁磁性材料或工件磁化后，其表面和近表面如有不连续性存在，则该处离开和进入工件表面的磁力线发生局部畸变，产生磁极并形成可检测的漏磁场，从而进行探伤。漏磁场探伤包括磁粉探伤和利用检测元件探测漏磁场。磁粉探伤的基本原理是利用铁磁性粉末（磁粉）作为磁场的传感器，施加在不连续性处的磁粉在漏磁场吸附的作用下聚集，形成在合适光照下目视可见的磁痕，从而显示出不连续性的位置、形状和大小，如图 11—4—1 所示。利用检测元件探测漏磁场的磁场传感器有磁带、霍尔元件、磁敏二极管和感应线圈等。

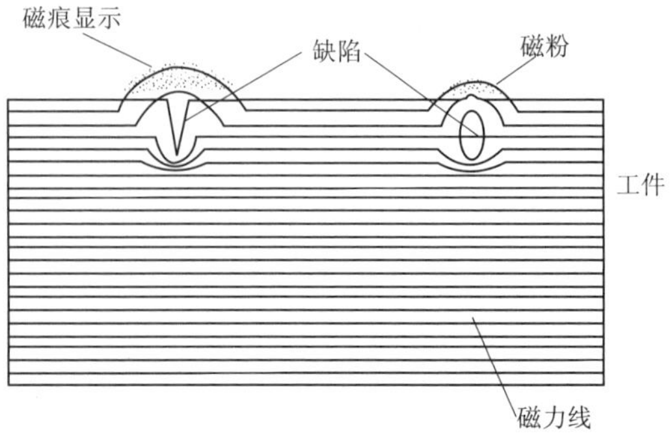

图 11—4—1　磁粉探伤基本原理

二、设　　备

磁粉探伤设备，按设备重量和可移动性分为固定式、移动式和便携式三种。

（一）固定式磁粉探伤机

固定式磁粉探伤机（图 11—4—2）的体积和重量大，额定周向磁化电流一般为 1 000 ~ 10 000 A，可实现通电法、中心导体法、感应电流法、线圈法、磁轨法整体磁化或复合磁化等，带有照明装置、退磁装置和磁悬液搅拌、喷洒装置，有夹持工件的磁化夹头和放置工件的工作台，适用于对中小工件的探伤，通常还备有触头和电缆，以便对不宜搬上工作台的大型工件进行探伤。

（二）移动式磁粉探伤仪

移动式磁粉探伤仪额定周向磁化电流一般为 500 ~ 800 A。其主体是磁化电源，可提供交流和单向半波整流电的磁化电流，附件有触头、夹钳、开合和闭合式磁化线圈及软电缆等，可实现触头法、夹钳通电法和线圈法磁化。这类设备一般装有滚轮可推动，或吊装在车上运到检验现场，对大型工件探伤。

（三）便携式磁粉探伤仪

便携式磁粉探伤仪（图 11—4—3）具有体积小、重量轻和携带方便的特点，适用于现场、高空和野外探伤，以及原位探伤或对大型工件的局部探伤。

图 11—4—2　固定式磁粉探伤机（轴向通电法、线圈法）

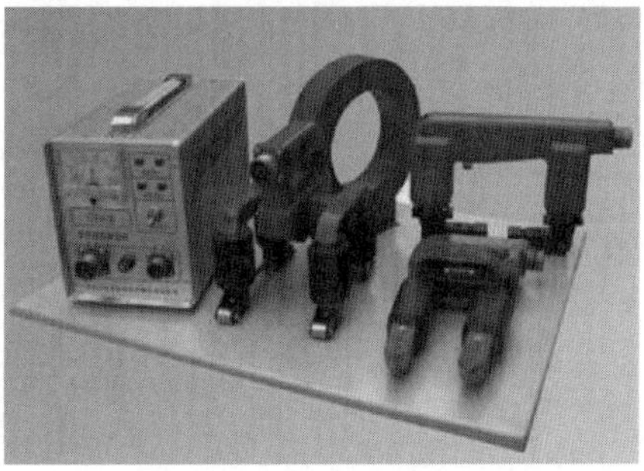

图 11—4—3　便携式磁轭探伤器（磁轭法）

磁轭法磁化时，两磁极间距一般应控制在 75 ~ 200 mm 之间，检测的有效区域为两极连线两侧各 50 mm 的范围内，检测时磁化区域应有不小于 15 mm 的重叠。

磁轭法磁化时，检测能力可根据标准试片上的磁痕显示和电磁轭的提升力来确定。当使用磁轭最大间距时，交流电磁轭至少应有 45 N 的提升力，直流电磁轭至少应有 177 N 的提升力，交叉磁轭至少应有 118 N 的提升力。采用磁轭法磁化工件时，其磁化电流应根据标准试片实测结果来选择，如果采用固定式磁轭磁化工件，应根据标准试片实测结果来校验灵敏度是否满足要求。

三、适用性与局限性

（一）适用性

磁粉检测适用于检测铁磁性材料表面和近表面尺寸很小、间隙极窄（由于堆积磁粉的放大作用，具有很高的灵敏度，可检出长 0.1 mm、宽为 μm 级的裂纹）、目视难以看出的不连续性缺陷；可对原材料、半成品、成品工件和在役的零部件探伤，亦可对板材、型材、管材、棒材、焊接件、铸钢件及锻钢件进行探伤。

磁粉检测可综合使用多种磁化方法，几乎不受工件大小和几何形状影响，既能检测出各个方向的缺陷，又能直观显示缺陷的位置、大小、形状和严重程度，以及大致确定缺陷的性质和种类，如裂纹、夹杂、发纹、白点、折叠、冷隔和疏松等，此外，还具有重复性好等优势。

(二)局限性

磁粉检测只能检测铁磁性材料，不能检测奥氏体不锈钢材料和用奥氏体不锈钢焊条焊接的焊缝，不能检测铜、铝、镁、钛等非磁性材料。磁粉检测难以测出表面浅的划伤、埋藏较深的孔洞和与工件表面夹角小于20°的分层和折叠等缺陷。

第五节　射线检测技术

一、基本原理

射线检测是利用射线的穿透性和直线性探伤的方法。射线可使照相底片感光，也可用特殊的接收器来接收。常用于探伤的射线有 X 光和同位素发出的 γ 射线，分别称为 X 光探伤和 γ 射线探伤。当射线穿过物质时，物质密度越大，射线强度衰减越多。若用底片接收，则底片的感光量就越小；若用仪器接收，获得的信号就越弱。如图 11—5—1 所示，用射线照射被检零部件时，若其内部有气孔、夹渣等缺陷，射线穿过有缺陷的路径比没有缺陷的路径所透过的物质密度要小得多，强度衰减小，透过强度大。若用底片接收，则感光量大，即可从底片上反映出缺陷垂直于射线方向的平面投影；若用其他接收器也同样可以用仪表来反映缺陷垂直于射线方向的平面投影和射线的透过量。

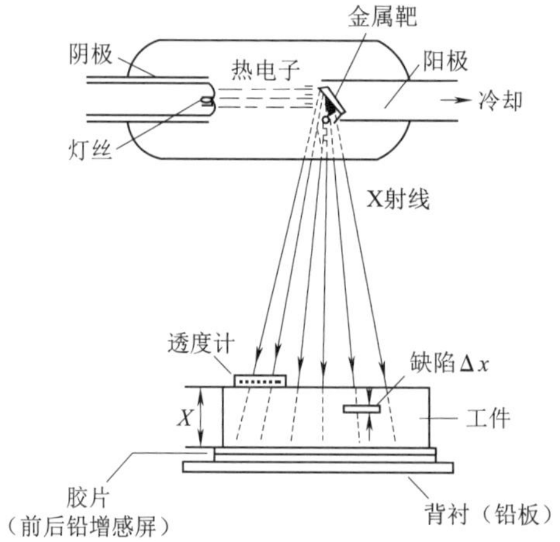

图 11—5—1　射线检测原理示意

二、操作程序

(一)试件的放置

应尽量使射线投射方向与试件中缺陷延伸方向平行，使射线有最长的衰减路径以提高射线的衰减量。试件距离射线焦点的位置应使紧贴在试件背面的胶片落在射线束的焦距上,以获得清晰影像。试件与胶片的放置方法如图 11—5—2 所示。

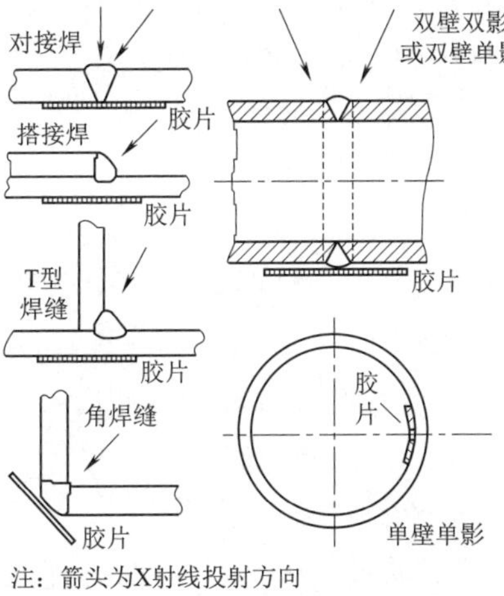

图 11—5—2　试件、胶片的放置方法示意

(二)胶片的放置

为提高照相的感光度和成像清晰度,常需在胶片单面或双面紧贴放置增感屏,将包装好的胶片紧贴试件背面放置,为防止透射射线的背散射对胶片影像的干扰,往往还需在胶片背后铺设薄铅板作为被衬。

(三)射线检测规范的确定

1. 胶片种类(型号)的确定

不同型号的胶片具有不同的银粒粗细,有不同的感光速度,所形成的影像对比度和分辨率也不同,因此要根据被检试件选择适当的胶片。

2. 曝光曲线的绘制与曝光条件的确定

胶片上的曝光量主要与射线机的管电压和管电流以及曝光时间有关,当然也与焦距的大小有关,且在相同的曝光条件下,不同材料所能获得的曝光量也不相同。因此,一般需要首先通过试验绘制对应某种材料的曝光曲线,然后在实际检测中根据试件的具体尺寸和形状,按照曝光曲线选择最佳的曝光条件。

3. 透度计(像质指示器)的放置

透度计用不同直径的与被检试件同材料的金属丝,或用与被检试件同材料含有不同直径柱孔的金属阶梯试块等方式制成,一般放置在被检试件的射线源侧,与试件同时经受射线辐照,根据底片上透度计的可识别度判断射线检测灵敏度。

(四)实施曝光

按照既定的射线检测规范的工艺参数对被检试件实施曝光。

(五)胶片处理

实施曝光后,将胶片在暗室中按规定程序进行显影、停显、定影、水洗、干燥,可手工洗片,也可使用专门的胶片自动处理机自动洗片,得到可供观察评定的底片。

（六）评片

将底片置于专用的底片观察灯上观察，根据底片上黑度变化的影像情况判断存在的缺陷种类、大小、形状、数量、在试件中的平面位置、分布状态等，并按检验标准分类评级。

三、适用性与局限性

（一）适用性

射线检测适用于铸件、焊缝以及小而薄且形状复杂的锻件、固体燃料、复合材料等；探测内部缺陷及组织结构的变化，如疏松、夹杂、夹渣、气孔、裂纹、未熔合、未焊透以及试件几何形状、结构及密度的变化等；具有永久性的较直观的记录结果、无需耦合剂、对试件表面光洁度要求不高等优点，但对试件的密度变化较敏感。

（二）局限性

射线检测设备价格较高，且在检测过程中需要消耗大量的胶片和处理药品等，需要较多的辅助器材，检测成本较高。此外，底片不能反映缺陷的深度位置或高度尺寸，并且缺陷取向与射线投射方向有密切关系，影响检测的可靠性，特别是对于面积型缺陷（例如裂纹）灵敏度不如超声检测。特别要注意的是，射线检测有辐射危害，作业时必须采取相应等级的防护措施。

第六节　渗透检测技术

渗透检测是以毛细管作用原理为基础的检查表面开口缺陷的一种常规的无损检测方法。

一、工作原理

工件表面被施加含有荧光染料或着色染料的渗透液后，在毛细管作用下，经过一定时间，渗透液可以渗入表面开口缺陷中，经去除工件表面多余的渗透液并干燥后，在工件表面施加显像剂，同样，在毛细管作用下，显像剂将吸附缺陷中的渗透液，即渗透液回渗到显像剂中，在一定的光源下（黑光或白光），缺陷处的渗透液痕迹被显示（黄绿色荧光或红色），从而探测出缺陷的形貌及分布状态，如图 11—6—1 所示。

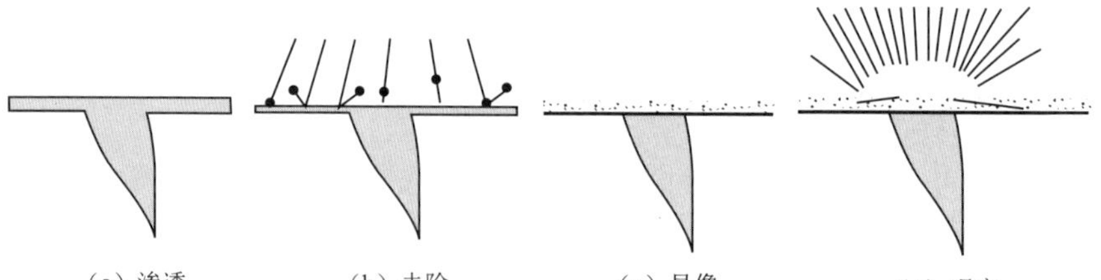

图 11—6—1　渗透探伤的基本原理

二、基本步骤

渗透检测的基本步骤包括：表面准备和预清洗、渗透、去除、干燥、显像、观察（检验）、后清洗及复验。

（一）表面准备和预清洗

通过表面清理去除固体污物，通过预清洗去除液体污物。

（二）渗透

将一种含有染料的渗透液涂覆在工件表面上，在毛细作用下，渗透液渗入表面开口缺陷中去。应保证被检部位完全被渗透液覆盖，并在整个渗透时间内保持润湿。

渗透时间及温度：一般不少于 10 min，温度控制在 15 ℃ ~50 ℃。

（三）去除（清洗）

要求从零件表面去除所有的渗透液，又不将渗入缺陷中的渗透液清洗出来。

（四）干燥

溶剂去除法渗透探伤时，不必进行专门的干燥处理，应自然干燥，不得加热干燥。用水清洗的零件，采用干式或非水基湿式显像时，零件在显像前必须进行干燥处理；若采用水基湿式显像，水洗后直接显像，然后进行干燥处理。

（五）显像

在工件表面涂上一层显像剂，缺陷中的渗透液在毛细作用下重新被吸附到工件表面上来，从而形成放大的缺陷。显像的过程是用显像剂将缺陷处的渗透液吸附到零件表面，产生清晰可见的缺陷图像。干式显像主要用于荧光法，干燥后立即进行显像，最好用喷粉柜进行喷粉显像。非水基湿式显像主要采用压力喷罐（图 11—6—2）喷涂。喷涂前应摇动喷罐中的弹子，使显像剂均匀，边喷边形成显像剂薄膜。显像时间不能太长，显像剂不能太厚。显像时间一般不少于 7 min，显像剂厚度为 0.05 ~0.07 mm。

（六）观察

在黑光灯下（荧光法）或白光下（着色法）观察缺陷显示。着色观察时，被检零件上白光的照度要不小于 500 lx。荧光观察时，在距离黑光灯 380 mm 处，黑光灯强度不低于 1 000 uw/cm^2。渗透探伤的裂纹显示如图 11—6—3 所示。

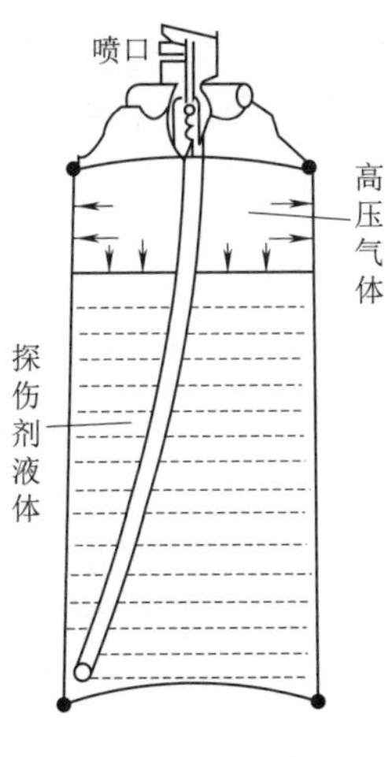

图 11—6—2　喷灌结构

图 11—6—3　渗透探伤的裂纹显示

（七）后清洗及复验

渗透探伤显像完成后，应对工件表面进行后清洗，如有疑问，应重复探伤过程进行复验。

三、适用性与局限性

(一)适用性

1. 渗透检测可检查工件表面开口缺陷,如裂纹、疏松、气孔、夹渣、冷隔、折叠等。

2. 渗透检测不受工件化学成分、结构限制,不受缺陷形状限制;既可检查磁性材料,也可检查非磁性材料;既可检查黑色金属、有色金属,也可检查非金属;还可检查焊接件、铸件、锻件和机加工件。只需要一次探伤,即可把工件表面各个方向及形状的缺陷全部检查出来。

3. 渗透检测具有较高的灵敏度(可发现 0.1 μm 宽缺陷)。

4. 渗透检测无需电源,适合于现场野外作业,显示直观,操作方便,检测成本低。

(二)局限性

1. 渗透检测只能检出表面开口的缺陷。

2. 渗透检测不适于检查多孔性疏松材料制成的工件和表面粗糙的工件,如粉末冶金零件。

3. 渗透检测只能检出缺陷的表面分布,难以确定缺陷的实际深度,很难对缺陷做出定量评价。

4. 检测重复性差,污染较严重;使用的探伤剂有较大气味,有一定毒性。

第七节　涡流检测技术

涡流检测是以研究涡流与试件的相互关系为基础的一种表面缺陷常规无损检测方法。

一、基本原理

当导体处在变化的磁场中或相对于磁场运动时,由于电磁感应作用,内部会感应出电流。该电流的特点是在导体内部自成闭合回路,呈漩涡状流动,称为涡流,如图 11—7—1 所示。将涡流检测探头(检测线圈)靠近被检导电试件时,线圈阻抗(电阻与电感分量)将发生变化,在其他条件相同时,此变化基本上是一个恒定值,当探头在试件表面经过一个缺陷时,试件中的涡流因为缺陷的存在,其流动途径发生畸变,涡流磁场也发生变化,检测线圈中的阻抗也随之发生变化(破坏了原来的平衡状态)。根据这种变化可检出试件表面的缺陷。

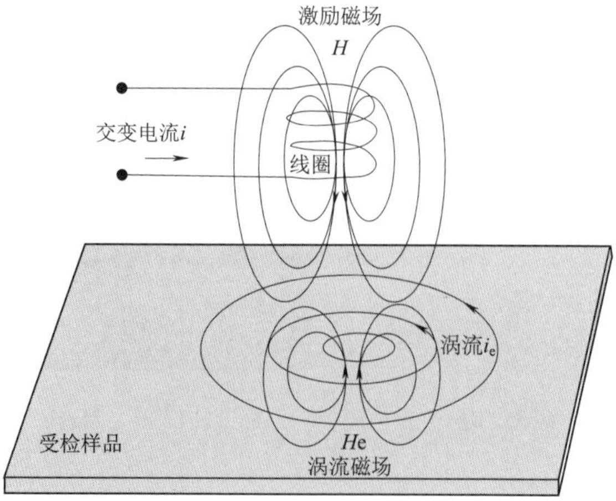

图 11—7—1　涡流的产生

二、传 感 器

(一)结构及功能

涡流传感器又称涡流检测线圈(探头)。在涡流检测中,工件表面的情况通过涡流传感器的变化反映。只要对磁场变化敏感的元件,如线圈、霍耳元件、磁敏二极管等都可被用来作为涡流检测的传感器,但目前应用最多的是检测线圈。根据涡流检测原理,传感器首先需要一个激励线圈,以便交变电流通过并在其周围及受检工件内激励形成电磁场,同时为了把在电磁场作用下反映工件各种特征的信号检出来,还需要一个检测线圈。涡流传感器的激励线圈和检测线圈可以是功能不同的两个线圈,也可以是同一线圈具有激励和检测两种功能。因此在不需要区分线圈的功能时,通常把激励线圈和检测线圈统称为检测线圈,或称为涡流传感器。

1. 基本结构

涡流传感器根据其用途和检测对象的不同,其外观和内部结构各不相同,类型繁多。但是,传感器结构总是由激励绕组、检测绕组及其支架和外壳组成,有些还有磁芯、磁饱和器等。

2. 功能

(1)激励形成涡流的功能,即能在被检工件中建立一个交变电磁场,使工件产生涡流的功能。

(2)检取所需信号的功能,即检测获取工件质量情况的信号并把信号送给仪器分析评价。

(3)抗干扰的功能,即要求涡流传感器具有抑制各种不需要信号的能力,如探伤时要抑制直径、壁厚变化引起的信号,而测量壁厚时,要求抑制伤痕的信号等。

(二)分类

涡流检测线圈按照应用方式不同,可分为外穿式线圈、内穿式线圈和放置式线圈三类。

1. 放置式线圈

放置式线圈又称点式线圈或探头,如图 11—7—2(a)所示。在探伤时,将线圈放置于被检测工件表面进行检验。这种线圈体积小,线圈内部一般带有磁芯,因此具有磁场聚焦的性质,灵敏度高。它适用于各种板材、带材和大直径管材、棒材的表面检测,还能对形状复杂的工件某一区域作局部检测。

2. 外穿过式线圈

外穿过式线圈是将工件插入并通过线圈内部进行检测,如图 11—7—2(b)所示。它能检测管材、棒材、线材等可以从线圈内部通过的导电试件。由于采用穿过式线圈,容易实现涡流探伤的批量、高速检验,且易实现自动化检测,因此广泛应用于小直径的管材、棒材、线材试件的表面质量检测。

3. 内通过式线圈

在对管件进行检验中,有时必须将探头放入管子的内部,这种插入试件内部进行检测的探头称为内通过式探头,如图 11—7—2(c)所示,也叫内穿式线圈,适用于冷凝器管道(如钛管、铜管等)的在役检测。

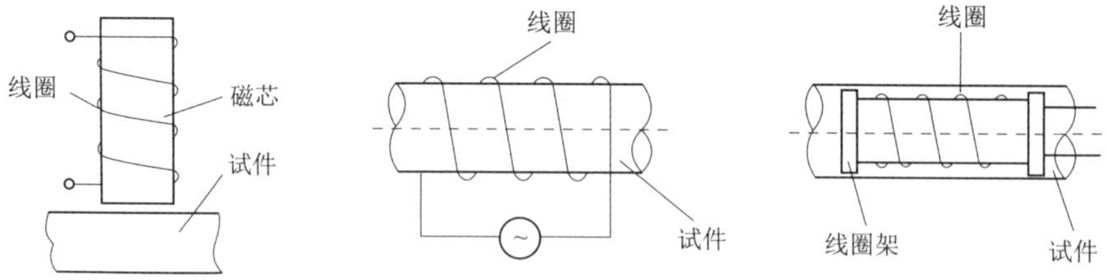

图 11—7—2　涡流检测线圈的不同应用方式

三、适用性与局限性

(一)适用性

1. 检测线圈不需要接触工件,不需要耦合剂,对管、棒、线材的检测易实现高速、高效自动化检测;可高温下检测。

2. 对于工件表面及近表面的缺陷有很高的检测灵敏度。

3. 采用不同的信号处理电路,抑制干扰,提取不同的涡流影响因素,可用于电导率测量、膜层厚度测量及金属薄板厚度测量。

4. 检测信号为电信号,可对结果进行数字化处理、存储、再现及数据处理和比较。

(二)局限性

1. 涡流检测只适用于检测导电金属材料或能感生涡流的非金属材料。

2. 由于涡流渗透效应影响,只适用于检查金属表面及近表面缺陷,不能检查金属材料深层的内部缺陷。

3. 涡流效应的影响因素多,目前对缺陷定性和定量还比较困难。

4. 针对不同工件采用不同检测线圈检查时各有不足。如检查管棒材,采用穿过式线圈难以对圆周上的缺陷定位,而用旋转式探头线圈则检测区域狭小,速度较慢。

下　篇

专项检测

概　述

在线路检测与测量工作中，除轨道检测及钢轨伤损检测等常规检测外，还有轨道状态巡检、钢轨轮廓检测、钢轨波浪磨耗检测、轮轨力检测、线路动态加载检测、路基雷达检测、线路限界检测等专项检测。

轨道状态巡检是采用智能化的检测设备代替巡道工对轨道部件结构外观状态进行巡视检查的设备。其基于机器视觉原理，通过在专业车辆车体底部安装高清摄像机和光源，在车辆运行过程中拍摄获取高清轨道图像，然后应用图像分析和模式识别技术自动检测轨道结构外观并发现异常。

钢轨轮廓检测是基于激光摄像和图像处理等技术对钢轨轮廓进行测量，并计算钢轨垂直磨耗、侧面磨耗、总磨耗等参数。

钢轨波浪磨耗检测是采用弦测法或惯性基准法，在动态条件下测量钢轨顶面沿纵向分布的周期性类似波浪形状的短波不平顺。

轮轨力检测是利用测力轮对测量轮轨之间相互作用力，通过轮轨力幅值大小及轮轨相互作用过程来查找轮轨间异常响应，辅助分析线路上可能存在的缺陷。

线路动态加载检测是利用移动式线路动态加载试验车作为试验工具和平台，在实际线路上模拟各种铁路工况进行静动态加载和移动加载，测试轨道、桥梁和路基相关技术特征的一种试验手段，可在线路刚度检测、轨排横移检测、扣件状态检测、小跨度桥梁的模态分析、部件应力测试、隧道动力特性分析等方面发挥积极作用。

路基雷达检测是利用地质雷达探测基床沉降、道床污染、道床及基床含水、翻浆冒泥等路基常见病害，为铁路的养护维修提供依据。

线路限界检测以钢轨顶面及轨道中心线作为测量基准，采用激光扫描或摄像的测量方法，实时准确地检测线路两侧建筑物的位置及接近状态，实现铁路建筑限界的快速动态检测与分析。

第十二章　轨道状态巡检

传统的轨道巡检作业主要是依靠巡道工沿轨道步行进行人工视觉检查来完成。随着我国高速铁路运营里程的不断增加以及高原铁路的开通运营,传统的人工巡道方式已不能适应工务巡检要求,基于机器视觉的智能高效轨道状态巡检技术应运而生。轨道状态巡检是对轨道主要设备外观状态进行的全面检查。轨道设备外观异常主要包括:钢轨表面擦伤、波磨、掉块,轨枕(轨道板)的裂纹及掉块,扣件弹条缺失、折断、错位等。

第一节　基本原理

轨道状态巡检系统采用安装于检测车上的高速动态图像采集设备对轨道进行扫描,并与线路里程信息关联,获得完整的轨道图像数据,然后基于图像处理和模式识别技术进行分析处理,实现对钢轨表面、轨枕(轨道板)及扣件状态的智能检测。轨道状态巡检系统从功能上可划分为数据采集、数据分析、数据管理三个模块。系统的整体结构及功能如图12—1—1所示。

各模块主要功能如下:

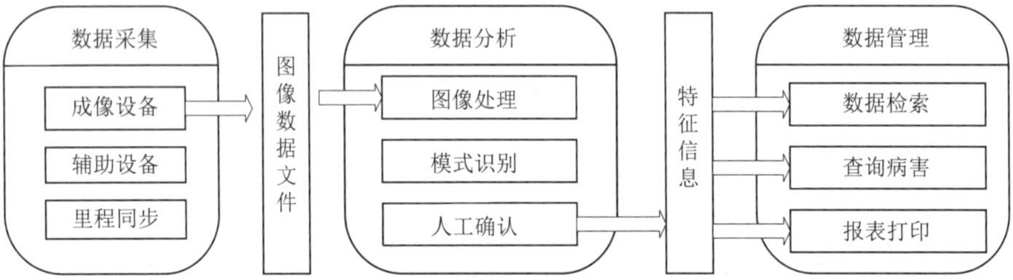

图12—1—1　轨道状态巡检系统结构和功能

1. 数据采集模块采用线阵相机进行等间距运动扫描的方式对轨道进行成像。图像数据经数据传输模块发送到采集计算机,并形成固定格式的数据文件进行存储。

2. 在数据采集完成后,数据分析模块载入数据文件进行模式分析。分析软件自动查找疑似的轨道设备异常信息并存入数据库,同时在图像数据上标记具体的位置和特征信息。操作员对疑似轨道状态异常信息进行复核确认,形成最终的轨道设备外观异常信息的检测报告。

3. 数据管理模块支持用户对轨道图像数据的浏览,以及对检测到的轨道设备外观异常信息进行查询、检索,并可完成图文检测报告的输出打印。

第二节　系统组成及功能

轨道状态巡检系统主要由数据采集模块、数据分析模块和数据管理模块三大部分组成。其中，数据采集模块主要承担轨道可视图像的采集工作，数据分析模块和数据管理模块共同完成检测数据的处理。

一、数据采集模块

数据采集模块由摄像设备和照明设备构成，用于获取轨道的可见光图像，如图 12—2—1 所示。摄像设备包含多组高清数字相机，用于运动过程中对轨道进行成像。照明设备用于在数字采集过程中保证相机视野的亮度，确保图像质量。该模块安装在检测车底部，在运行状态下完成对轨道的图像采集。

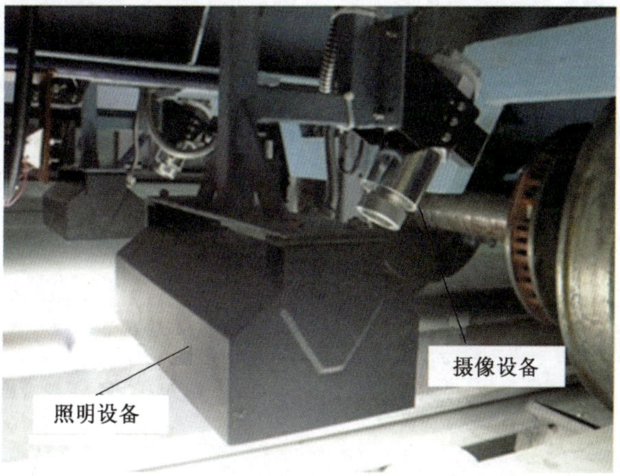

图 12—2—1　轨道状态巡检系统的数据采集模块

数据采集模块的摄像设备采用线阵相机构成，其特点是每次扫描产生一行像元信号，扫描速度快、响应频率高，适合于动态扫描。为了获取轨道的二维可视图像，采用在检测车轮轴安装脉冲编码器的方式构成联动机构，控制线阵相机在运动过程中进行等间距采样，并将连续的一维像元按照设定行数拼接成二维可视图像。在动态采集过程中，通过接收里程定位信息，将图像打上里程标后压缩成数据文件。轨道巡检图像合成原理如图 12—2—2 所示。

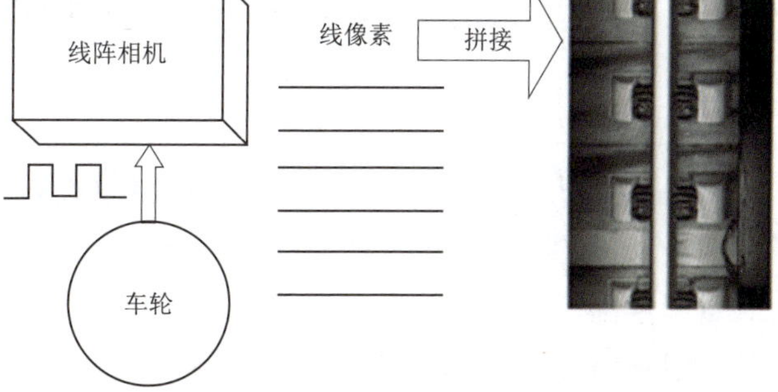

图 12—2—2　轨道巡检图像合成原理示意

为满足从不同视角对钢轨进行成像,每股钢轨配置多台相机。图像采集模块采用专业的高速图像采集卡、高性能工控机和工业相机连接构成数据通路,控制并驱动相机完成图像采集。

图像采集软件启动相机后,通过数据通道读取生成的轨道图像,并转化为磁盘文件进行存储。考虑到轨道连续延伸的特性,较好的数据管理模式是将每次采集任务中单路 CCD 的数据形成单体文件进行存储。系统采集到的轨道图像如图 12—2—3 所示。

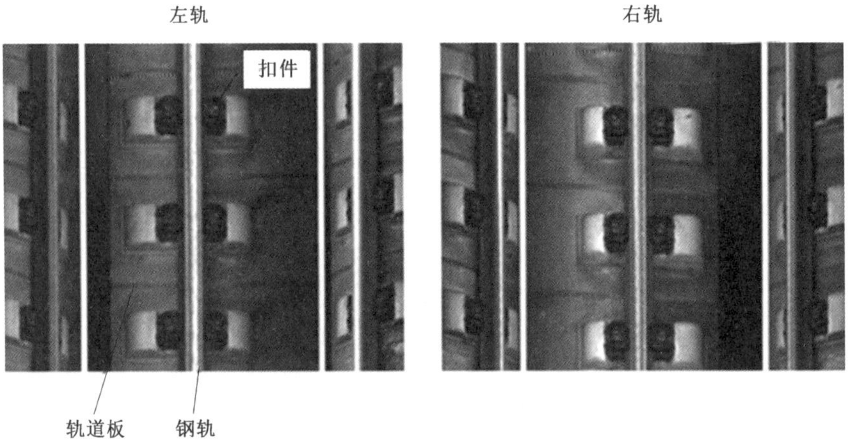

图 12—2—3　巡检系统采集到的轨道图像

为了满足对线路设备高清检测的需求,采集的轨道图像的物理分辨率可达到小于1 mm/pixel。

二、数据分析模块

数据分析模块的功能是从图像数据中发现设备外观异常。功能设计上采用机器识别为主,人工确认辅助的工作模式,实现了对钢轨表面擦伤、扣件缺失及移位的自动识别。同时提供了定制软件供检测人员浏览图像,并检查轨枕掉块、道床异物等其他设备异常。数据分析模块操作软件的界面如图 12—2—4 所示。

数据分析模块自动识别功能的工作流程如图 12—2—5 所示。图像数据输入分析系统后,首先根据不同目标所在区域,通过边缘提取、模板匹配等图像处理方法分割为钢轨、扣件、道床等不同区域,然后将各子区域分别输入到各类典型病害识别模块中进行特征提取,最后通过模式识别技术对目标状态进行判别,并以"疑似病害"输出识别结果。检测人员对软件输出的"疑似病害"进行复核后形成最终的检测结果。

数据分析模块包含了机器学习功能,根据人类学习过程的计算模型或认识模型建立了面向轨道基础设施异常检测的机器学习系统。随着图像数据不断积累,基础设施典型病害在图像中的特征形态会逐渐丰富。通过建立机器学习系统,有助于不断提升图像数据分析模块的准确性和鲁棒性,逐步提升识别模块对不同种类典型病害的检出能力,具备了一定的进化学习功能。机器学习模型结构如图 12—2—6所示。

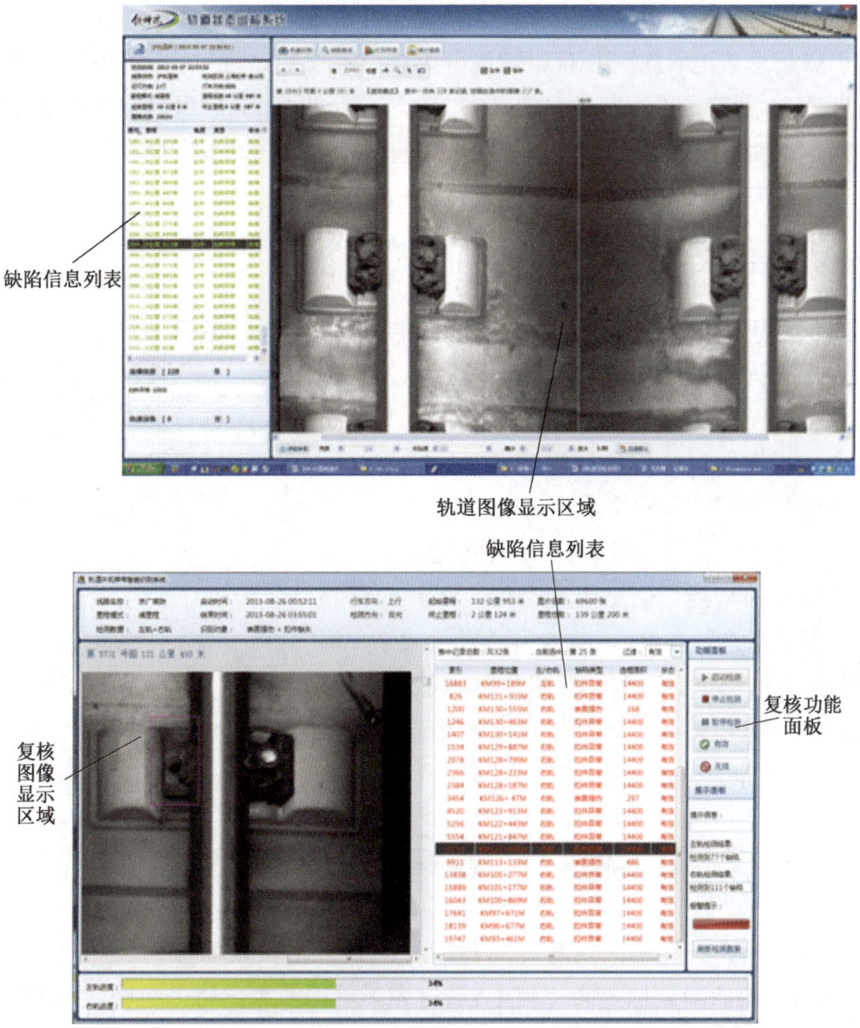

图 12—2—4　数据分析模块软件界面

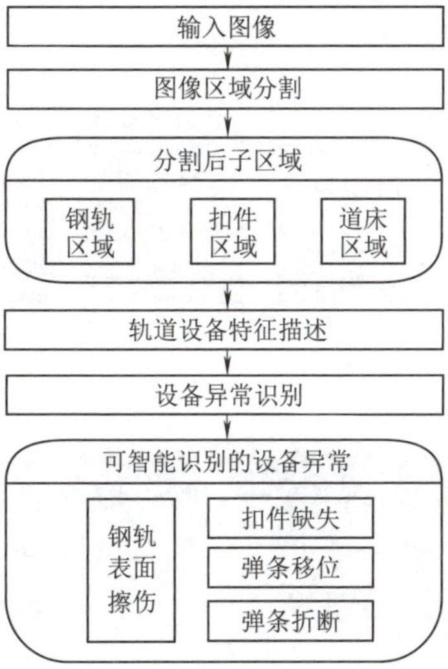

图 12—2—5　自动识别软件的分析流程

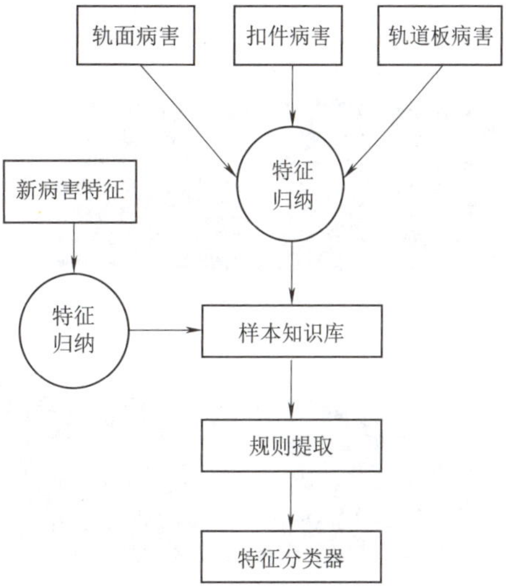

图 12—2—6　机器学习模型结构

在识别算法的设计上,首先对先验典型病害进行特征归纳,形成最初的样本知识库,并通过对知识分析总结提取规则并获得特征分类器。在应用过程中,当新病害特征数量积累到一定程度后,将新特征进行归纳输入样本知识库进行更新,然后重新提取分类规则并获得新分类器。这就使得系统具备了从环境获取信息并改进自身性能的学习能力,有效确保了系统的可靠性和应用的可持续性。

三、数据管理模块

数据管理模块提供了对检测任务、图像数据、设备异常信息进行查询管理的功能。根据轨道状态巡检图像数据与设备病害信息之间的关联关系,建立了具有检索、查询、电子报表等功能的数据管理体系。数据管理模块功能结构如图 12—2—7所示。

数据检索功能提供了根据索引、里程对指定轨道图像进行快速检索的功能。信息查询功能主要针对已检出的设备异常信息进行查询,该功能可通过设置采集时间、钢轨股道、病害类型、病害状态、里程范围、工务管段对病害信息进行组合查询。在报表打印输出功能的设计上,可输出图文报表及相关病害的统计信息。

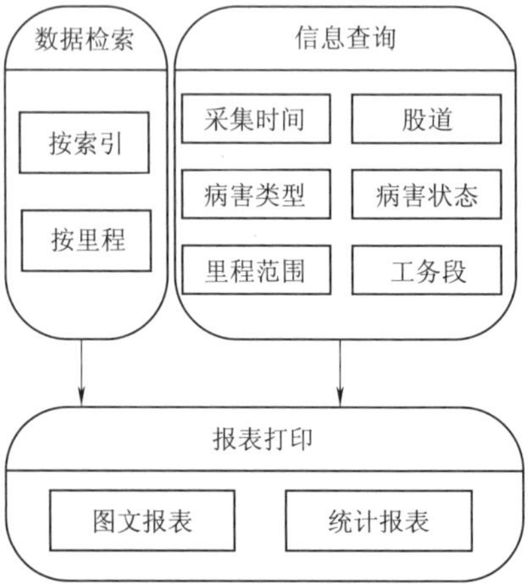

图 12—2—7　数据管理模块功能结构

第三节　数据分析及应用

轨道状态巡检系统在不同线路不同程度检测到了钢轨表面擦伤及扣件异常等病害。检测人员在结合图像浏览抽查的过程中,通过人工看图检查出轨道板裂纹、道床内杂物掉落等设备异常。图 12—3—1 ~ 图 12—3—10 为巡检系统在线路上发现的部分典型轨道病害的示例,较为常见的设备病害类型包括扣件弹条移位、弹条断裂、道床异物、轨枕掉块等。

图 12—3—1　扣件弹条缺失

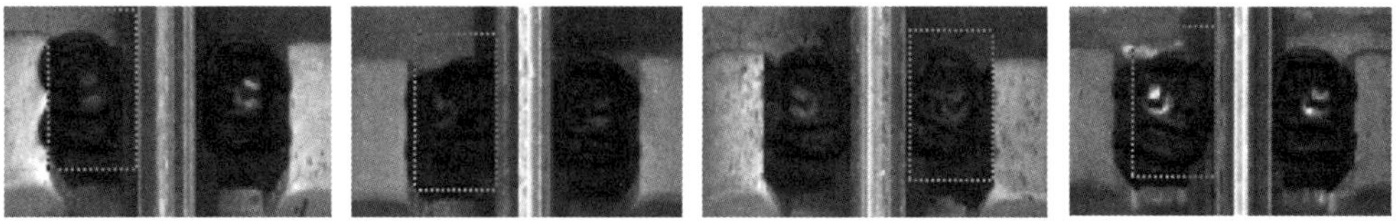

图 12—3—2　扣件弹条移位

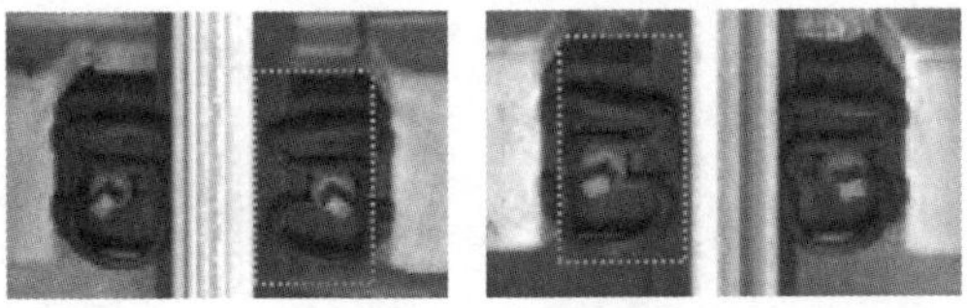

图 12—3—3　弹条装反

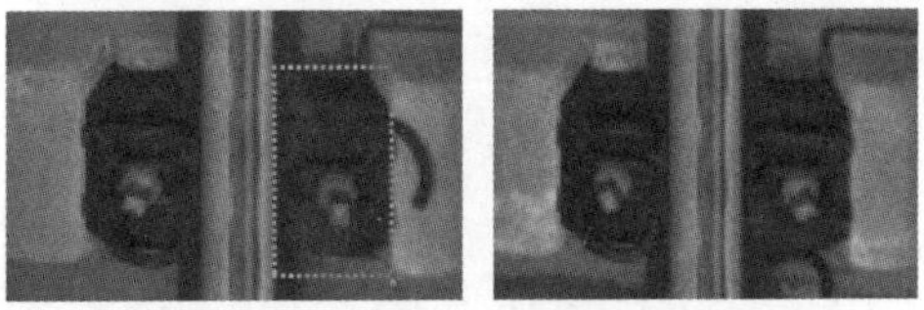

图 12—3—4　弹条断裂

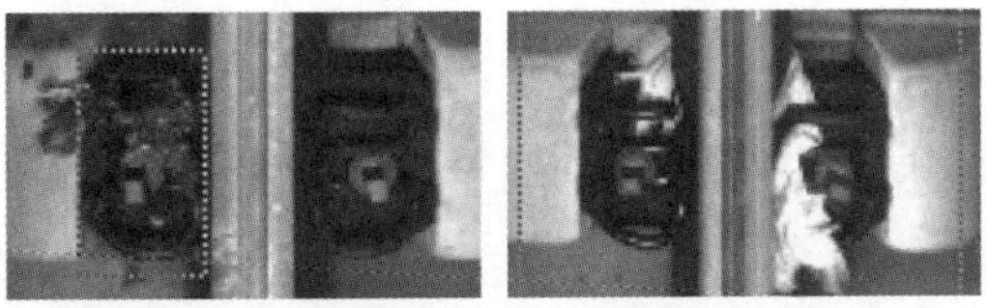

图 12—3—5　异物遮盖

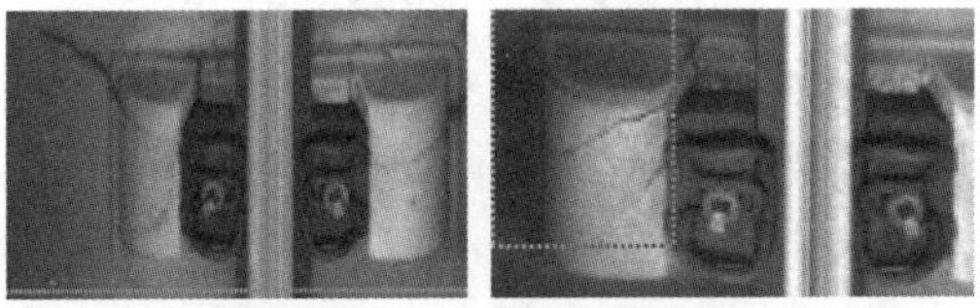

图 12—3—6　轨枕裂纹

图 12—3—7　轨枕掉块

图 12—3—8　轨道板裂纹

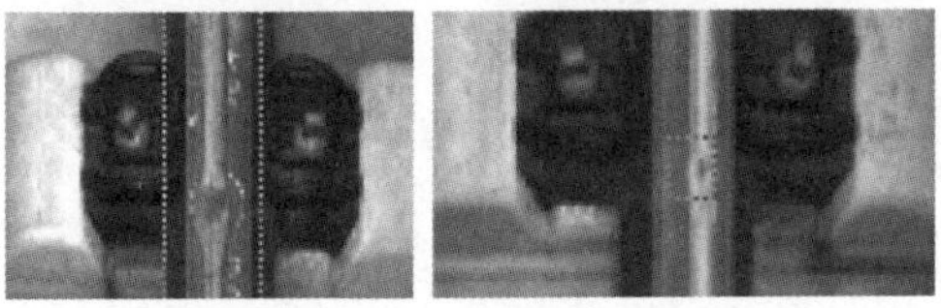

图 12—3—9　钢轨表面擦伤

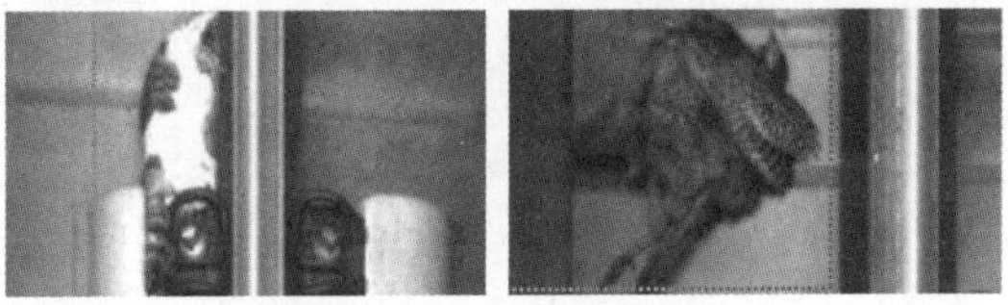

图 12—3—10　道床异物

第十三章　钢轨轮廓检测

钢轨轮廓检测是采用线结构光垂直“切割”钢轨，摄像传感器获取钢轨断面轮廓图像，对该图像进行实时处理，得到钢轨轮廓及磨耗信息。将钢轨轮廓检测系统安装于轨检车、探伤车、轨道车上，可对钢轨轮廓及磨耗进行实时测量。

第一节　基本原理

钢轨轮廓检测系统是基于激光摄像结构光测量和图像处理的钢轨外形测量系统，能测量从轨底到钢轨顶面的整个钢轨轮廓，并计算钢轨垂直磨耗、侧面磨耗、总磨耗等项目。

钢轨的标准断面是已知的，60 kg/m 钢轨标准断面如图 13—1—1 所示。

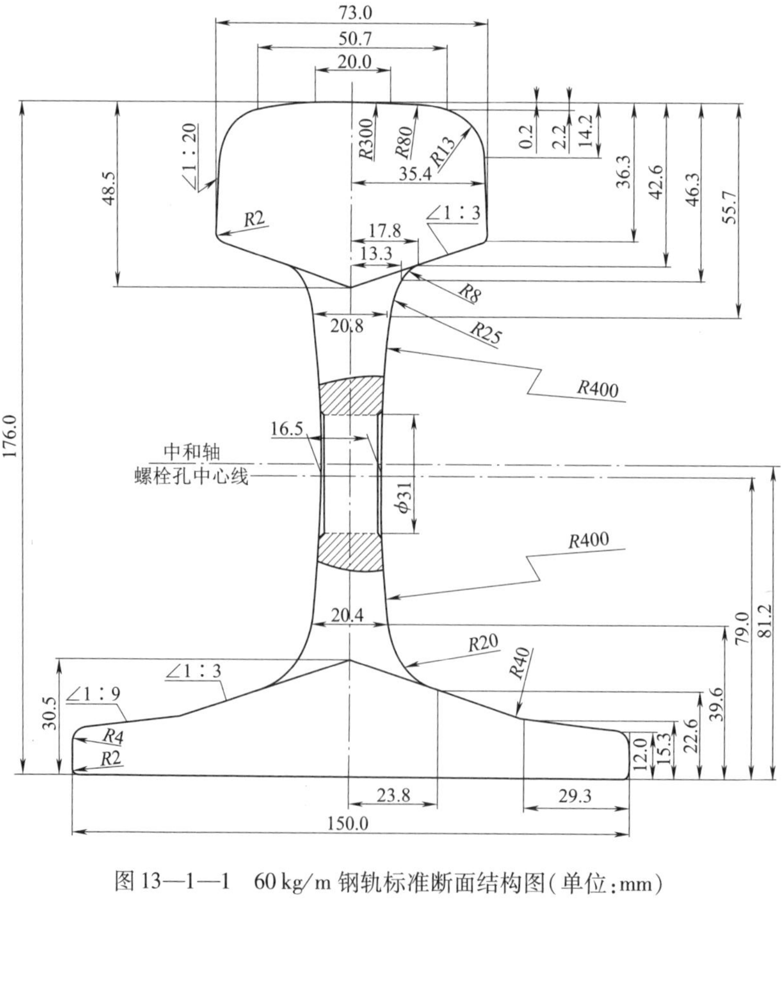

图 13—1—1　60 kg/m 钢轨标准断面结构图(单位:mm)

轨头在使用过程中被逐渐磨耗，但轨腰和轨底不被磨耗；轨腰和轨底结合部分别为半径 400 mm、20 mm 的大小圆弧（60 kg/m 钢轨为例）。

用模糊判别的方法寻找圆心，再通过两个圆心的位置关系，可以将采集图像中的钢轨断面与标准的钢轨断面进行比对，这样既可以求得钢轨垂直磨耗和侧面磨耗等反映钢轨轮廓状态的参数，还可以得到轨顶点、轨距点的物理坐标。

第二节　系统组成及功能

钢轨轮廓检测系统由图像采集模块、数据分析模块和数据管理模块组成，如图 13—2—1 所示。

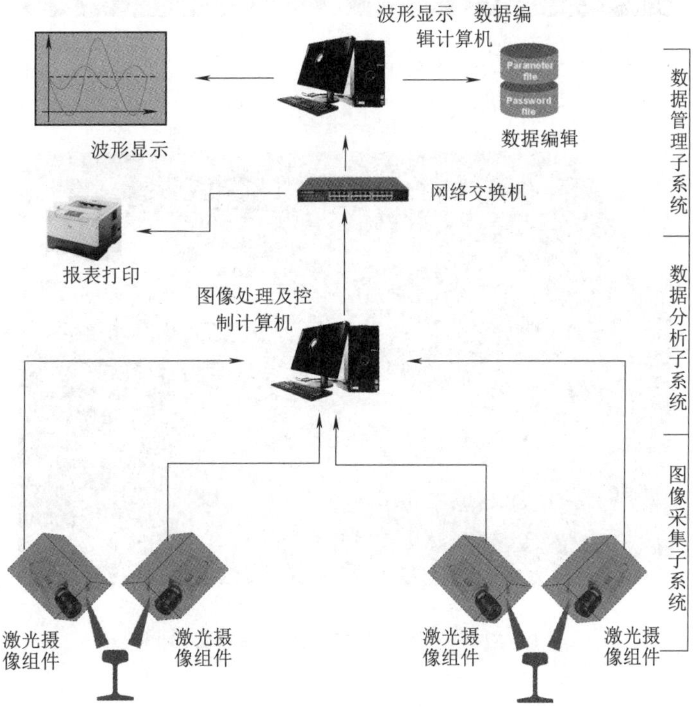

图 13—2—1　钢轨轮廓检测系统结构示意图

一、图像采集模块

图像采集模块采用多相机同步采集模式，等距离采样，在 160 km/h 速度条件下采样间隔 1 m。

为了保证系统长时间连续工作的可靠性，图像采集模块设置相机、激光器温度的反馈控制系统，使车下激光摄像组件始终能保持在最佳工作温度。

数据采集系统前端图片如图 13—2—2 和图 13—2—3 所示。

图 13—2—2　图像采集模块——激光器和摄像机

图 13—2—3　图像采集模块——轨廓检测梁

二、数据分析模块

系统提供实时采集图像，以及经过图像预处理、模式识别、图像拟合、特征识别后与标准钢轨比对的效果图，图中白色虚线为标准钢轨断面图，绿色虚线为实测钢轨轨头断面图。通过与标准钢轨廓形的比较，数据分析模块可以精确计算出钢轨垂直磨耗、侧面磨耗等反映钢轨轮廓状态的参数。数据分析模块软件界面如图 13—2—4 所示。

三、数据管理模块

数据管理模块接收来自数据分析模块的测量结果，可进行数据查询，波形显示测量结果，输出电子报表等。检测、维护人员可根据报表内容指导其进行现场养护维修。

数据管理模块的波形显示软件与超限编辑软件界面如图 13—2—5 和图 13—2—6 所示。

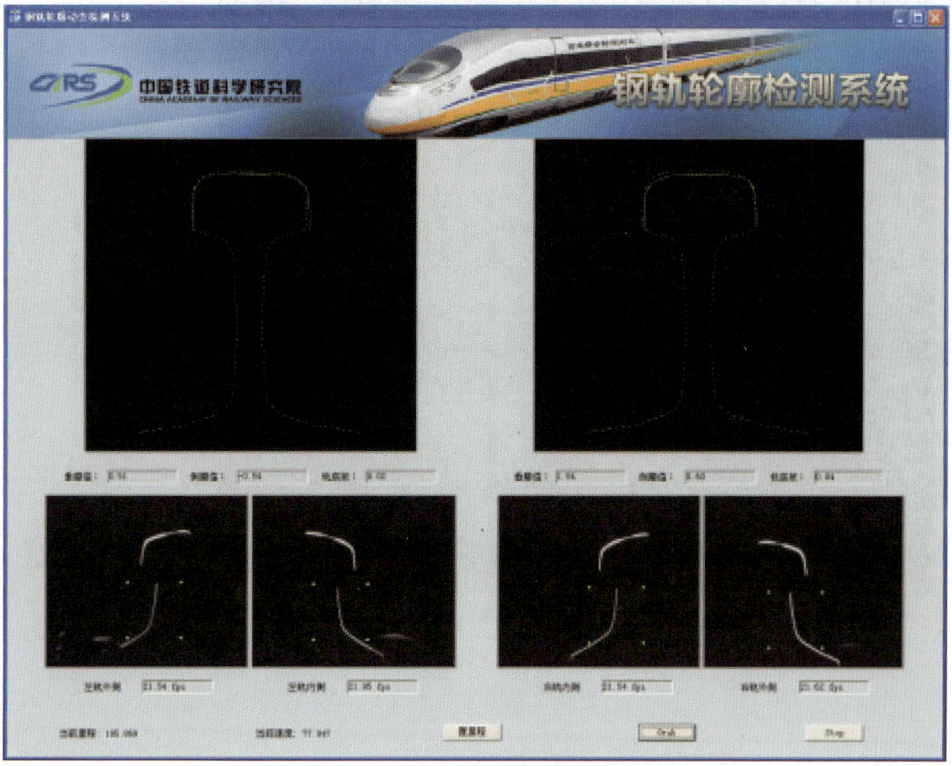

图 13—2—4　数据分析模块软件界面

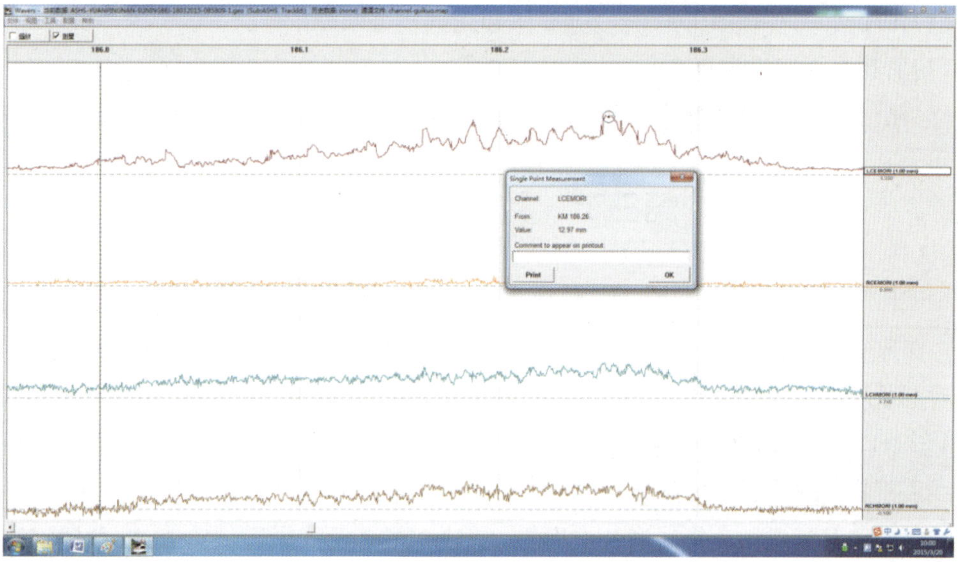

图 13—2—5　钢轨轮廓检测系统的波形显示软件

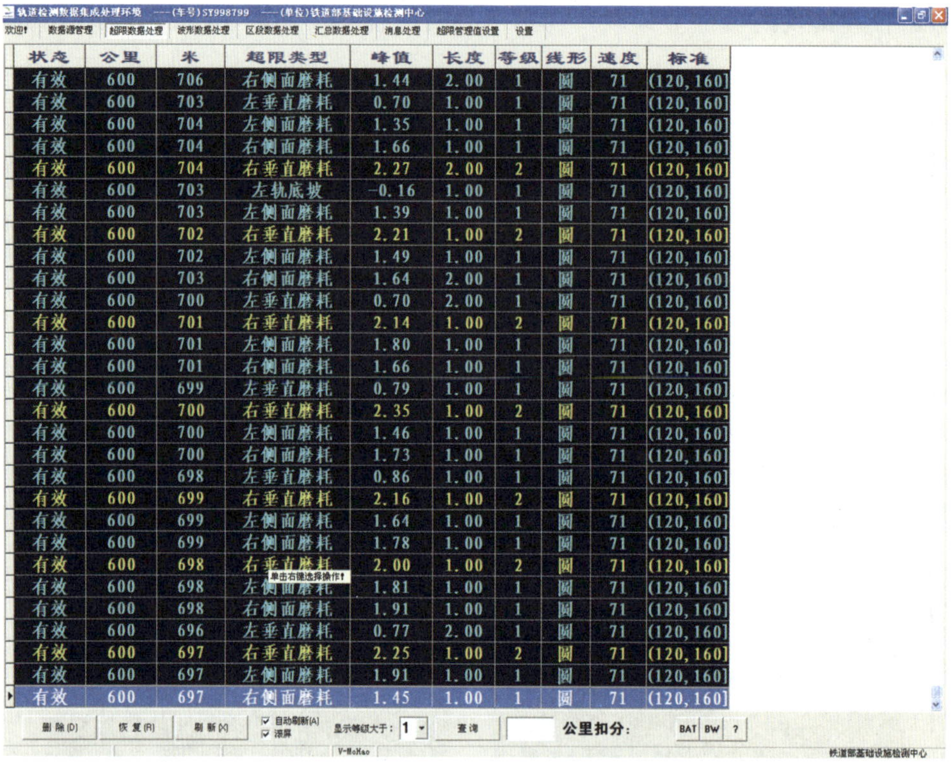

状态	公里	米	超限类型	峰值	长度	等级	线形	速度	标准
有效	600	706	右侧面磨耗	1.44	2.00	1	圆	71	(120,160]
有效	600	703	左垂直磨耗	0.70	1.00	1	圆	71	(120,160]
有效	600	704	左侧面磨耗	1.35	1.00	1	圆	71	(120,160]
有效	600	704	右侧面磨耗	1.66	1.00	1	圆	71	(120,160]
有效	600	704	右垂直磨耗	2.27	2.00	2	圆	71	(120,160]
有效	600	703	左轨底坡	-0.16	1.00	1	圆	71	(120,160]
有效	600	703	左侧面磨耗	1.39	1.00	1	圆	71	(120,160]
有效	600	702	右垂直磨耗	2.21	1.00	2	圆	71	(120,160]
有效	600	702	左侧面磨耗	1.49	1.00	1	圆	71	(120,160]
有效	600	703	右侧面磨耗	1.64	2.00	1	圆	71	(120,160]
有效	600	700	左垂直磨耗	0.70	2.00	1	圆	71	(120,160]
有效	600	701	右垂直磨耗	2.14	1.00	2	圆	71	(120,160]
有效	600	701	左侧面磨耗	1.80	1.00	1	圆	71	(120,160]
有效	600	701	右侧面磨耗	1.66	1.00	1	圆	71	(120,160]
有效	600	699	左垂直磨耗	0.79	1.00	1	圆	71	(120,160]
有效	600	700	右垂直磨耗	2.35	1.00	2	圆	71	(120,160]
有效	600	700	左侧面磨耗	1.46	1.00	1	圆	71	(120,160]
有效	600	700	右侧面磨耗	1.73	1.00	1	圆	71	(120,160]
有效	600	698	左垂直磨耗	0.86	1.00	1	圆	71	(120,160]
有效	600	699	右垂直磨耗	2.16	1.00	2	圆	71	(120,160]
有效	600	699	左侧面磨耗	1.64	1.00	1	圆	71	(120,160]
有效	600	699	右侧面磨耗	1.78	1.00	1	圆	71	(120,160]
有效	600	698	右垂直磨耗	2.00	1.00	2	圆	71	(120,160]
有效	600	698	左侧面磨耗	1.81	1.00	1	圆	71	(120,160]
有效	600	698	右侧面磨耗	1.91	1.00	1	圆	71	(120,160]
有效	600	696	左垂直磨耗	0.77	2.00	1	圆	71	(120,160]
有效	600	697	右垂直磨耗	2.25	1.00	2	圆	71	(120,160]
有效	600	697	左侧面磨耗	1.91	1.00	1	圆	71	(120,160]
有效	600	697	右侧面磨耗	1.45	1.00	1	圆	71	(120,160]

图 13—2—6　钢轨轮廓检测系统的超限编辑软件界面

钢轨轮廓检测系统通过钢轨图像中特征图像的模式匹配以及相应数据的精确拟合，对每根钢轨的轮廓图像进行空间转换和特征提取，合成完整的钢轨轮廓，并与标准钢轨比对，进而完成垂直磨耗、侧面磨耗等参数的精确测量。具体指标如下：

（1）采样间隔：可按照 1 m、2 m、3 m、5 m 可选间隔等间距采样。

（2）磨耗重复性精度：0.2 mm；分辨力：0.1 mm。

（3）测量范围：垂直磨耗 0 ~ 25 mm，侧面磨耗 0 ~ 25 mm。

第三节　数据分析及应用

钢轨轮廓检测系统可以对高速、普速、重载铁路等线路进行周期性动态检测，提高钢轨磨耗检测效率，使线路管理及维护人员易于掌握钢轨磨耗状态，便于钢轨维护和修理。钢轨轮廓检测系统通过多次现场复核、验证，所测钢轨磨耗及廓型与现场静态检测结果相吻合。图 13—3—1 为某线路钢轨轮廓检测系统磨耗数据与地面静态复核数据对比图，图 13—3—2 为某线路钢轨轮廓检测系统检测的钢轨轨头廓型与地面静态复核数据对比图，图 13—3—3 为某城际铁路某站进站处钢轨磨耗波形图，表 13—3—1 为某城际铁路 K298 曲线钢轨侧磨静动态测量对比表。

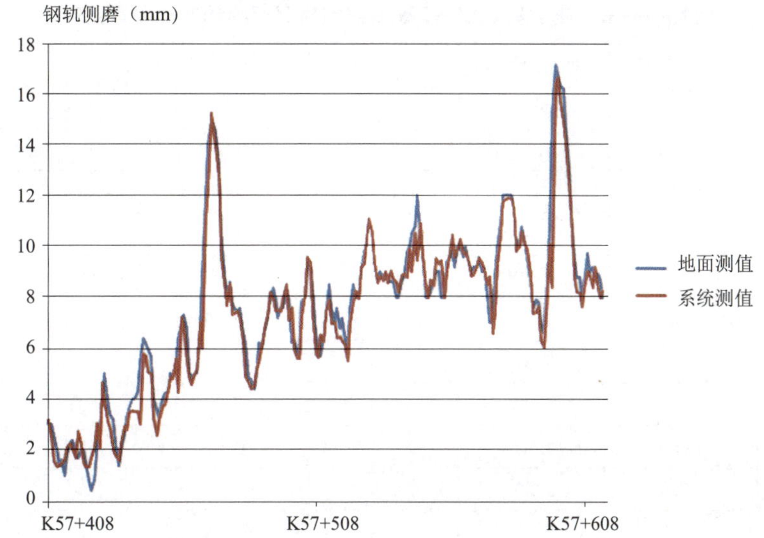

图 13—3—1　钢轨轮廓检测系统磨耗数据与地面静态复核数据对比

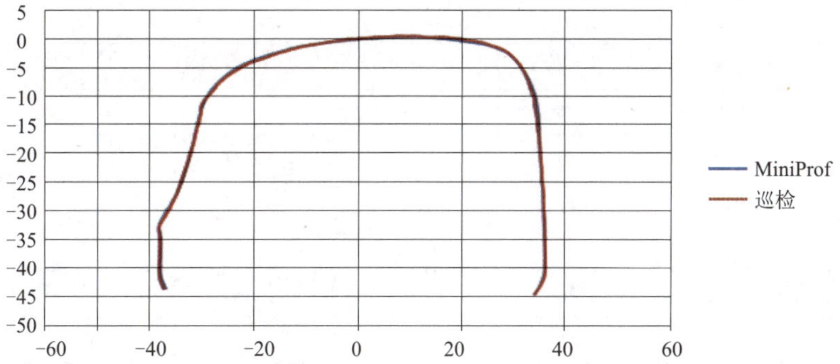

图 13—3—2　钢轨轮廓检测系统轨头廓型数据与地面静态复核数据对比(单位:mm)

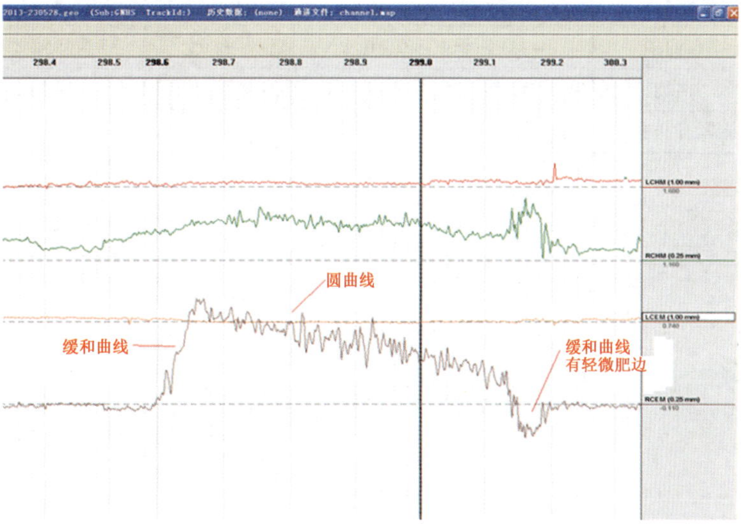

图 13—3—3　某城际铁路某站进站处钢轨磨耗波形

表 13—3—1　某城际铁路 K298 曲线钢轨侧磨静动态测量对比表

序号	行别	里程	动态侧磨 A (mm)	静态侧磨 a (mm)	侧磨差 $A-a$	轨距(mm)	备　注
1	下行	K298 +600	0.32	0.1	0.22	1	
2	下行	+615	1.8	1.9	-0.1	2.1	
3	下行	+630	2.9	3	-0.1	4.2	
4	下行	+645	4.29	4.2	0.09	5	
5	下行	+660	5.91	6	-0.09	5.5	
6	下行	+675	5.31	5.8	-0.49	5.1	
7	下行	+690	5.22	5.5	-0.28	5.1	
8	下行	+705	4.95	5.1	-0.15	5	
9	下行	+720	5.03	4.9	0.13	6	
10	下行	+740	5.22	5.8	-0.58	5.1	
11	下行	+768	4.52	5.3	-0.78	5	
12	下行	+790	4.33	4.8	-0.47	5	
13	下行	+816	5.06	4.9	0.16		加密点
14	下行	+818	5.28	6	-0.72		加密点
15	下行	+828	3.5	3.5	0	4.1	
16	下行	+857	3.42	5	-1.58	5	
17	下行	+947	3.71	4.2	-0.49	4.5	
18	下行	+995	3.2	3.1	0.1	4.5	
19	下行	K299 +20	2.76	2.1	0.66	3.2	
20	下行	K299 +64	2.14	2.1	0.04	4	
21	下行	K299 +94	1.7	1.8	-0.1	2.3	
22	下行	K299 +123	1.34	1.2	0.14	3	
23	下行	+143	-0.77	-1	0.23	3.2	肥边
24	下行	+169	-1.15	-0.2	-0.95	-0.5	肥边
25	下行	+181	-1.62	-0.8	-0.82		肥边
26	下行	+195	-0.95	-0.9	-0.05		肥边

第十四章　钢轨波浪磨耗检测

钢轨波浪磨耗是钢轨顶面沿纵向分布的周期性类似波浪形状的不平顺现象。钢轨存在波浪磨耗会加剧轨道结构部件的伤损和轨道几何尺寸的变化，影响钢轨的使用寿命。

第一节　基 本 原 理

目前，对钢轨波浪磨耗的动态检测有短弦弦测法和惯性基准法两种方法，惯性基准法又分为两种，即用构架加速度的二次积分加上加速度计安装点相对轴箱的位移的方法和直接用轴箱加速度二次积分的方法。

一、弦 测 法

弦测法的基本原理如图 14—1—1 所示，利用钢轨顶面 a、c 两测点的连线作为测量弦，中间测点 b 到该弦的正矢 *db* 作为轨道不平顺的测量值，假设钢轨顶面不平顺为幅值 *C*、波长 λ 的单纯正弦波，则

$$y(x) = C\sin\frac{2\pi}{\lambda}x \tag{14—1—1}$$

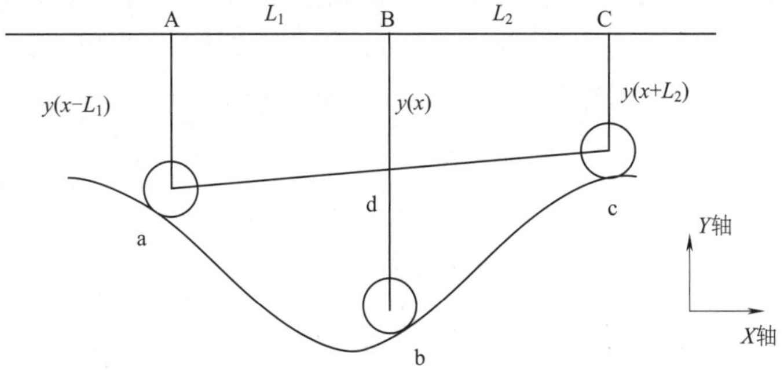

图 14—1—1　弦测法测量原理

在实际检测中利用 AC 弦，弦长为 L，且 $L = L_1 + L_2$，只要分别测出 a、b、c 三点到该弦的距离 *Aa*、*Bb*、*Cc* 即可得到 *db*，设 $db = z(x)$，$Aa = y(x - L_1)$，$Bb = y(x)$，$Cc = y(x + L_2)$，当 $L_1 = L_2 = 0.5L$ 时，为等弦弦测法，通过计算，等弦弦测法传递函数的幅值响应为

$$|H(x)| = 1 - \cos\frac{\pi}{\lambda}L = \begin{cases} 2 & \lambda = \dfrac{L}{2n-1} \\ 0 & \lambda = \dfrac{L}{2n} \\ 1 & \lambda = \dfrac{2L}{2n-1} \end{cases} \qquad (14—1—2)$$

式中　n——正整数。

当 $L_1 \neq L_2$ 时,为不等弦弦测法,图 14—1—2 和图 14—1—3 为 $L_1 = L_2 = 0.5L$ 和 $L_1 = 0.25L$ 时弦测法传递函数的幅值与 λ/L 的关系,弦测法传递函数随着 λ/L 的不同在 0 ~ 2 之间变化,即有些波长的不平顺被放大,有些波长的不平顺被缩小,还有些波长的不平顺甚至检测不到,这说明弦测法传递函数的幅值特性不恒为 1,不能真实反映钢轨顶面不平顺状况,但弦测法检测不受速度影响。

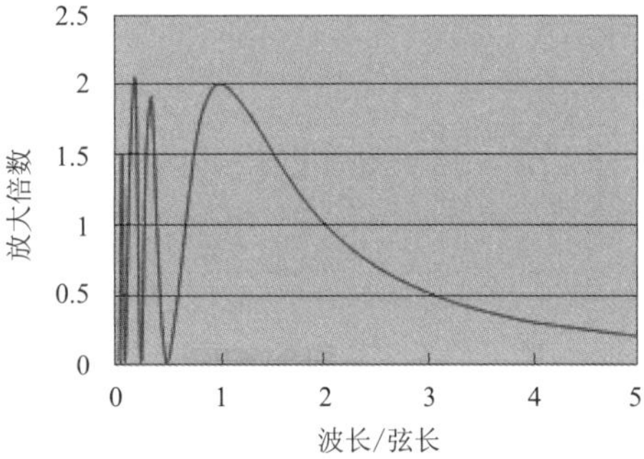

图 14—1—2　等弦弦测法传递函数

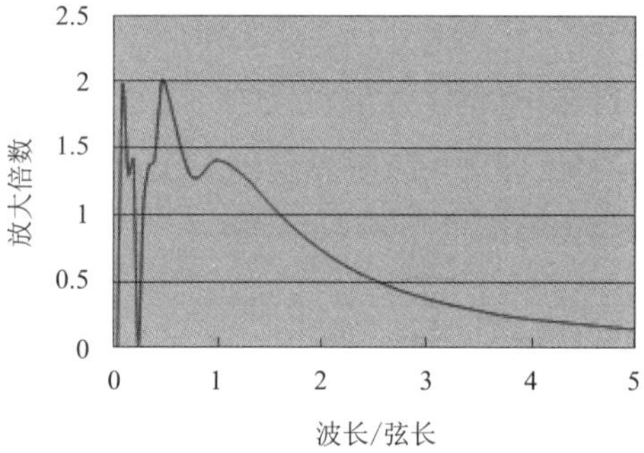

图 14—1—3　不等弦弦测法传递函数

二、惯性基准法

根据加速计安装位置的不同,惯性基准测量波浪磨耗有两种方式,第一种是用构架加速度的二次积分和该构架相对轴箱的位移来计算轮轴相对惯性空间的位移;第二种是直接用轴箱加速度二次积分计算轮轴相对惯性空间的位移,如图 14—1—4 所示。本章重点介绍第二种测量方式。

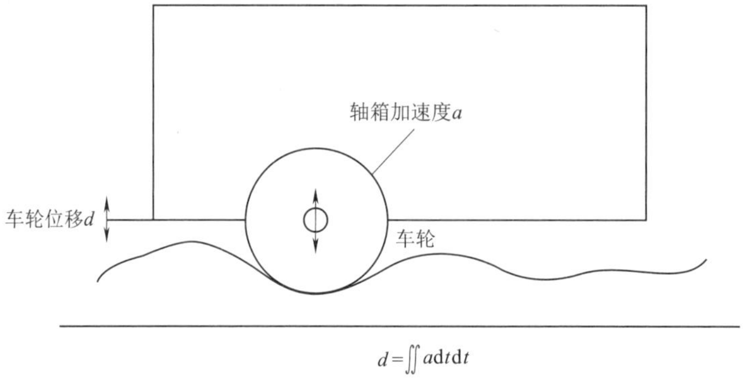

图 14—1—4　轴箱加速度测波浪磨耗原理

惯性基准法的传递函数理论上为 1,能够真实反映钢轨顶面不平顺状况,但有最低检测速度的限制。

三、钢轨波浪磨耗的评价方法

目前,钢轨波浪磨耗采用一定区段长度的波磨均方根值(RMS 值)作为评价指标。

如图 14—1—5 所示,在 L 长度的窗口内,波磨幅值 $y(x)$ 的均方根(RMS)振幅的移动平均值为

$$\mathrm{RMS}(x,L) = \left[\frac{1}{L}\int_{x}^{x+L} y^2(x)\,\mathrm{d}x\right]^{1/2} \tag{14—1—3}$$

用数字化表示为

$$\mathrm{RMS}(x,L) = \left[\sum_{i=1}^{i=n} y_i^2/(n-1)\right]^{1/2} \tag{14—1—4}$$

这里,在 L 长度窗口内存在 n 个样本。

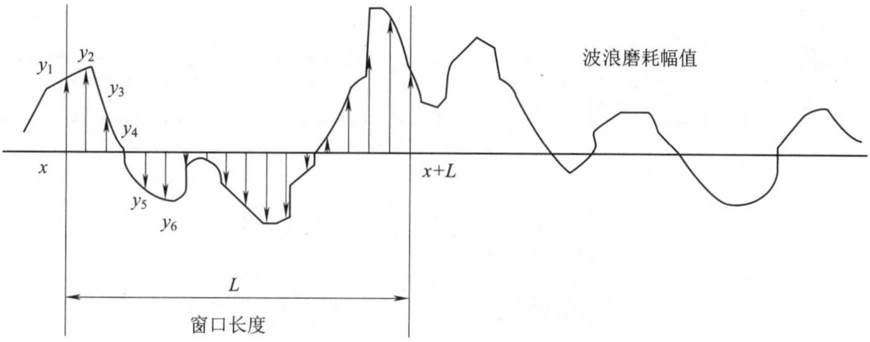

图 14—1—5 钢轨波浪磨耗检测数据 RMS 计算图

第二节 系统组成及功能

钢轨波浪磨耗检测系统由左右轴箱振动加速度传感器、前置预处理装置、实时采集处理计算机、数据处理计算机、实时采集处理软件及数据处理软件组成。系统采用惯性基准法原理,在列车运行情况下,对轴箱加速度信号进行等距离采样、数字处理、积分滤波,输出钢轨波磨的 RMS 值,实现高频率数据采集、处理、存储、输出等多任务并行处理,按照统一的标准摘取超限值,对检测结果进行显示和存储,同时还具备超限编辑、波形对比、原始数据回放、里程自动修正等功能。

钢轨波浪磨耗检测的数据流程如图 14—2—1 所示。

一个钢轨波浪磨耗检测系统具有系统参数配置、数据采集、数据定位、实时数据波形显示、分析、滤波、波磨的 RMS 值和空间曲线的波形输出、超限报告等功能。

钢轨波浪磨耗检测的参数有:左轨波磨、右轨波磨、左轨 RMS、右轨 RMS。

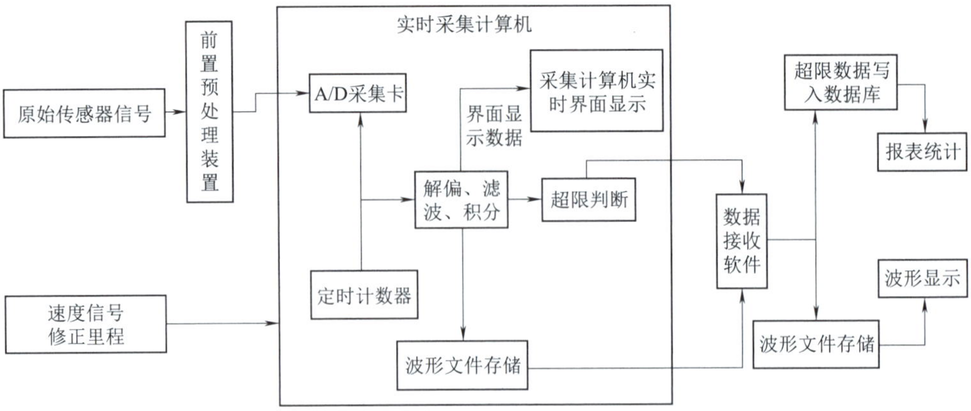

图 14—2—1　钢轨波浪磨耗检测数据流程

钢轨波浪磨耗检测的技术指标见表 14—2—1。

表 14—2—1　波浪磨耗技术指标

波长范围	0.1 ~ 1.5 m	最低检测速度	30 km/h
测量范围	0.1 ~ 3 mm	最高检测速度	160 km/h
测量精度	0.1 mm		

第三节　数据分析及应用

图 14—3—1 为波浪磨耗检测系统的输出波形图，其中，LBM、RBM、LRMS、RRMS、LACC、RACC 分别代表左波磨峰峰值、右波磨峰峰值、左波磨 RMS 值、右波磨 RMS 值、左轴箱加速度值、右轴箱加速度值。

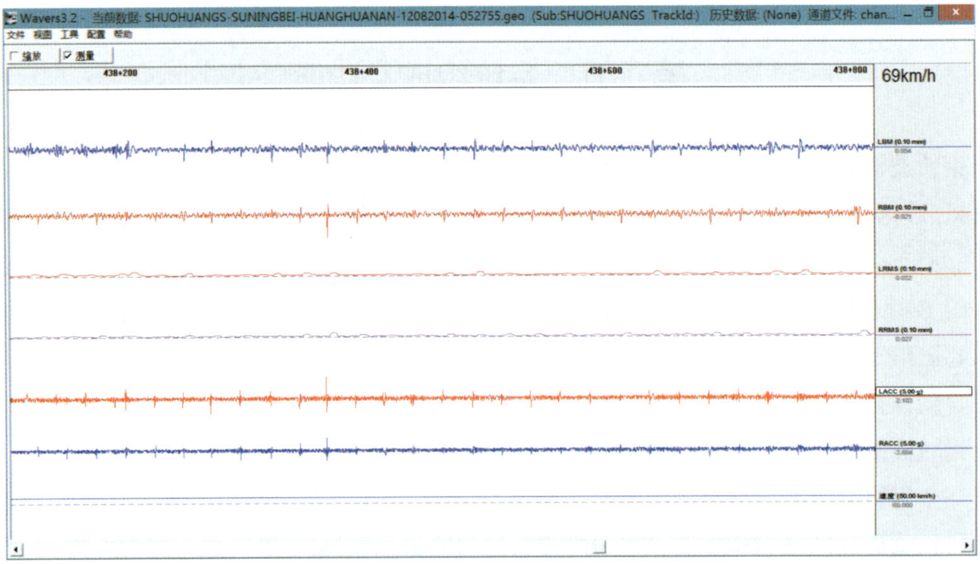

图 14—3—1　钢轨波浪磨耗检测数据波形

图 14—3—1 局部放大后变成图 14—3—2，从 LACC 和 RACC 波形可以发现每 25 m 一个的钢轨接头特征。

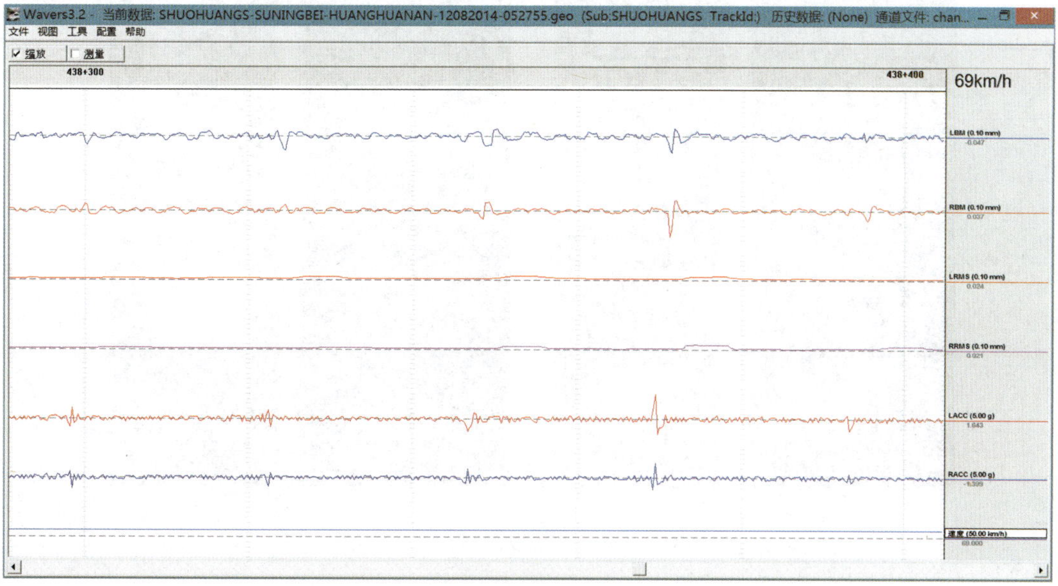

图 14—3—2 钢轨波浪磨耗检测数据波形接头特征

如图 14—3—3 所示，从波形图中可发现在 K429 + 800 处有一段 LACC 波形振动剧烈地段，并且 LRMS 值明显大于 RRMS 值，经过查看轨道几何波形，这是一条左轨为外轨的曲线，经过查看轨道状态巡检系统经过此地的视觉图片（图 14—3—4），发现这是一段外轨波浪磨耗严重的曲线地段。

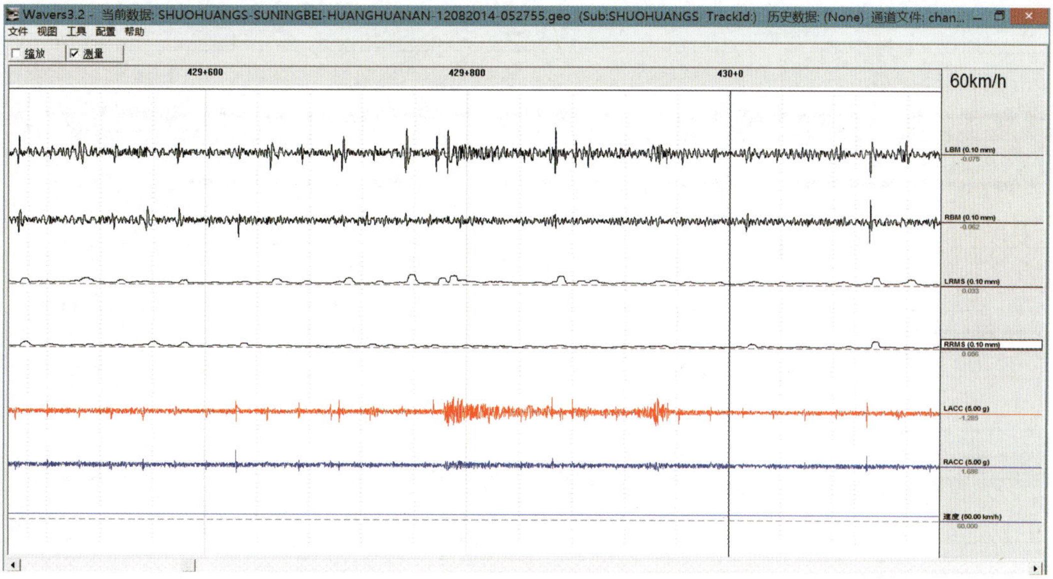

图 14—3—3 钢轨波浪磨耗严重区段波形

图 14—3—4　钢轨波浪磨耗严重地段

如图 14—3—5 所示，从波形图中可发现在 K428 +830 附近左轨有一处接头 LACC 波形振动剧烈，并且 LRMS 值明显大于 RRMS 值，经过查看轨道状态巡检系统经过此地的视觉图片（图 14—3—6），发现这是一段钢轨表面损伤严重的焊接接头。

综上所述，通过综合分析钢轨波浪磨耗检测数据可以发现钢轨接头不良、钢轨顶面波浪磨耗等钢轨伤损情况，帮助线路维修人员准确定位伤损位置。

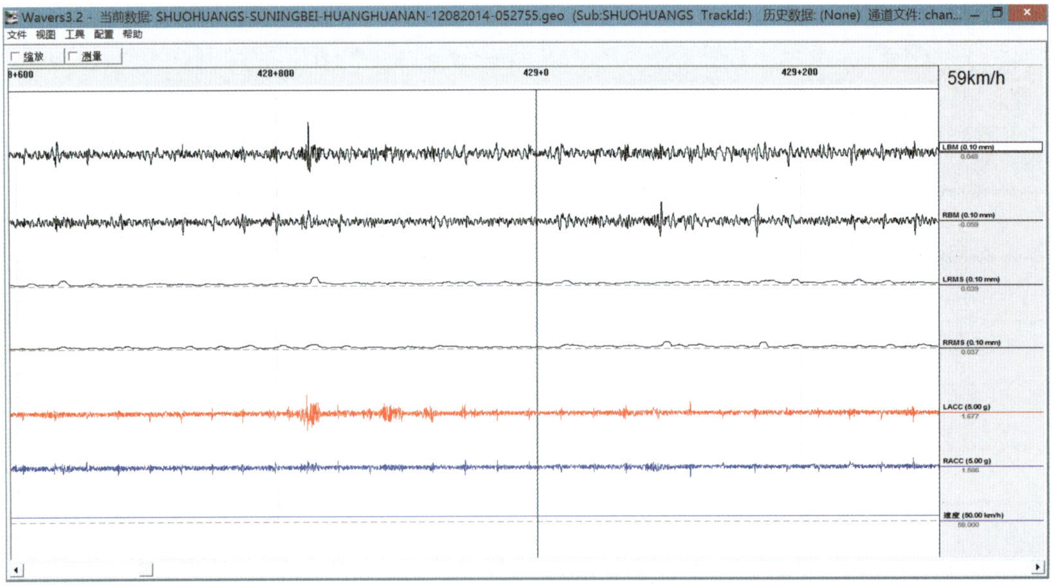

图 14—3—5　钢轨接头不良波形（标记）

图 14—3—6　钢轨接头不良地段(标记)

第十五章　轮轨力检测

车辆在轨道上运行时，车轮和钢轨是相互作用的耦合体，轮轨之间产生的相互作用力简称轮轨力。轮轨力是车辆运行品质和轨道状况耦合影响的结果，反映了轮轨作用关系、运行安全性、钢轨疲劳伤损等。车辆通过不同线路工况时轮轨力将表现出不同的响应特征，异常的线路工况将会有异常的轮轨力响应特征。因此，可以根据轮轨力响应特征查找线路病害。

轮轨力检测系统主要由测力轮对构成。在车辆运行过程中，测力轮对能够连续或间断测量出轮轨之间相互作用力，其目的是通过对轮轨力幅值大小及相互作用过程来查找轮轨间异常响应，对异常信号辨识挖掘，找出线路上可能存在的病害，为线路修理提供数据基础，为保障车辆安全运行提供新的技术手段。

国外利用测力轮对进行轮轨力检测的探索始于 20 世纪 60 年代，我国众多科研团体从 20 世纪 70 年代中期开始对测力轮对展开研究工作，1991 年我国首次实现了测力轮对连续测量方式的真正应用。

本章中测力轮对特指安装于轨检车或者高速综合检测列车上的测力轮对。

第一节　基本原理

轮轨力检测系统由测力轮对、集流装置、数据采集设备、数据处理软件等组成。测力轮对是用于测量轮轨接触点处轮轨力的特殊传感器，是轮轨力检测系统的核心部件，是采用普通轮对选择合理位置布设测试桥路而制作成的。车辆运行过程中，车轮受到轨道激扰作用，将在轮对内部产生复杂的应变场，测力轮对测量某些特定部位的应变通过运算间接地找出轮轨接触点处的轮轨力。某个区段的轮轨力时间变化历程反映了车辆对该区段轨道状态的响应，轮轨力数据有利于找出引起车辆异常响应的轨道状态。

制作测力轮对的关键点在于测试桥路的设计，以建立轮轨接触力与测试桥路输出之间的关系。由于轮轨结构和车辆运用情况的特殊性，随着轮轨接触点位置 W 的不断变化，轮轨接触力的大小、作用点均不断变化。轮轨横向力 Q、轮轨垂向力 P、轮轨接触点位置函数 W 与相应方向上的应变 ε_P、ε_Q、ε_W 之间的关系可表示如下：

$$\begin{bmatrix} K_{PP} & K_{PQ} & K_{PW} \\ K_{QP} & K_{QQ} & K_{QW} \\ K_{WP} & K_{WQ} & K_{WW} \end{bmatrix} \begin{bmatrix} P \\ Q \\ W \end{bmatrix} = \begin{bmatrix} \varepsilon_P \\ \varepsilon_Q \\ \varepsilon_W \end{bmatrix} \tag{15—1—1}$$

式中　K_{PP}，K_{QP}，K_{WP}——垂向加载的垂向系数、横向系数和接触点位置系数；

K_{PQ}, K_{QQ}, K_{WQ}——横向加载的垂向系数、横向系数和接触点位置系数；

K_{PW}, K_{QW}——垂向加载和横向加载的接触点系数；

K_{WW}——接触点加载系数；

P——垂向力；

Q——横向力；

W——接触点位置，是轮对旋转角度的函数；

ε_P——垂向应变输出；

ε_Q——横向应变输出；

ε_W——接触位置桥路应变输出。

测力轮对的制作方式可以分为连续式和间断式。间断式测力轮对是在特定位置设计桥路、轮对标定以获得特殊位置的桥路加载系数，进而输出有效的特殊位置轮轨力信号。连续式测力轮对是获取不同位置的设计桥路标定系数，使得在轮轨任一接触位置都能输出有效轮轨力信号，反映轮轨之间相互作用的全过程。目前，连续式测力轮对的设计方案有变增益法、三角波法、多桥路多谐波法等方案。我国轨检车或综合检测列车使用的连续式测力轮对大部分是采用"单周期双桥路正弦余弦合成法"方案制作而成的。该方案采用抑制法消减接触点位置在测试桥路中的影响，轮轨垂向力、横向力测试桥路的输出信号均为正弦波形，车轮每旋转一周，波形信号完成一个周期输出。将式（15—1—1）中轮轨接触点位置简化为旋转角度函数，轮轨力输出与桥路应变之间的公式如下：

$$\begin{bmatrix} K_{PP} & K_{PQ} \\ K_{QP} & K_{QQ} \end{bmatrix} \times \sin\alpha \times \begin{bmatrix} P \\ Q \end{bmatrix} = \begin{bmatrix} \varepsilon_P \\ \varepsilon_Q \end{bmatrix} \tag{15—1—2}$$

式中　α——轮对旋转角度。

在车辆运行中随着轮对旋转角度 α 的变化，正弦函数 $\sin\alpha$ 呈现周期性变化，式（15—1—2）中标定垂向力与横向力的各项灵敏度系数也呈现正弦变化。在制作测力轮对的过程中，如果能够选择两个相位差的90°位置设计桥路，旋转角度将为 α 和 $\alpha + 90°$，根据正余弦平方和公式 $\sqrt{(A \cdot \sin\alpha)^2 + [A \cdot \sin(90 + \alpha)]^2} = \sqrt{(A \cdot \sin\alpha)^2 + (A \cdot \cos\alpha)^2} = A$，即可消除车辆旋转角 α 对各项灵敏度系数的周期性影响，使得测试桥路的输出信号具备不依赖车轮转角 α 的恒定灵敏度系数。这种制作方案制作的连续式测力轮对具有灵敏度高、频响好、精度高、系统稳定等优点，但在前期测试桥路设计时，需考虑车轮踏面横向接触点对轮轨力输出的影响，对桥路设计方案要求高。

利用测力轮对检测计算出的车辆运行稳定性（安全性）指标可反映轨道状态对车辆运行安全的综合影响，可间接评判线路质量状况。车辆运行稳定性（安全性）指标有脱轨系数 D_q、轮重减载率 U_r、轮轴横向力 H。

1. 脱轨系数 D_q

脱轨系数是用于评定车辆的车轮轮缘在横向力作用下是否会爬上轨面而脱轨，定义为爬轨侧车轮作用于钢轨上的横向力 Q 与其作用于钢轨上的垂向力 P 的比值。

$$D_q = \frac{Q}{P} \tag{15—1—3}$$

式中　Q——轮轨横向力(kN)；

P——轮轨垂向力(kN)。

2. 轮重减载率 U_r

轮重减载率是评定在特定工况下因轮重减载过大而引起脱轨的另一种脱轨安全指标，定义为轮重减载量 ΔP 与该轴平均静轮重 $\overline{P}$ 的比值。

$$U_r = \frac{\Delta P}{\overline{P}} \tag{15—1—4}$$

式中　ΔP——轮轨垂向力相对于平均静轮重减载量(kN)，$\Delta P = \overline{P} - P$；

$\overline{P}$——平均静轮重(kN)。

3. 轮轴横向力 H

轮轴横向力用于评定车辆在运行过程中是否会因为过大的横向力而导致轨距扩宽或线路产生严重变形等。轮轴横向力为左右两侧轮轨横向力的矢量和。

$$H = Q_L - Q_R \tag{15—1—5}$$

式中　Q_L——轮对左轮横向力(kN)；

Q_R——轮对右轮横向力(kN)。

轮轨动力学检测标准限值可参见《高速铁路工程动态验收技术规范》(TB 10761—2013)、《铁道车辆动力学性能评定和试验鉴定规范》(GB 5599—85)。

第二节　系统组成及功能

轮轨力检测系统主要由测力轮对、数采设备、网络交换机、数据处理计算机、数据监测计算机等设备组成。为了获得线路里程等信息，轮轨力检测系统一般还有陀螺仪、速度传感器等辅助设备。轮轨力检测系统的结构示意图如图 15—2—1 所示。

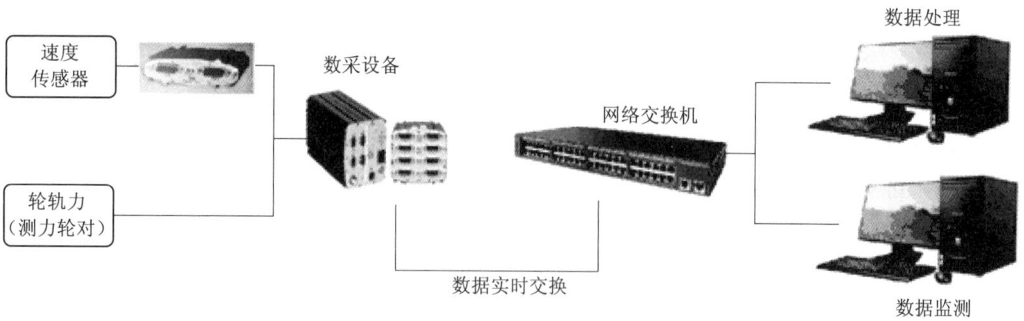

图 15—2—1　轮轨力检测系统结构示意

一、测力轮对

采用“单周期双桥路正弦余弦合成法”制作测力轮对时，需要在两个相位相差 90°的位置上设计测试桥路，各单桥路输出波形示意图如图 15—2—2 所示。

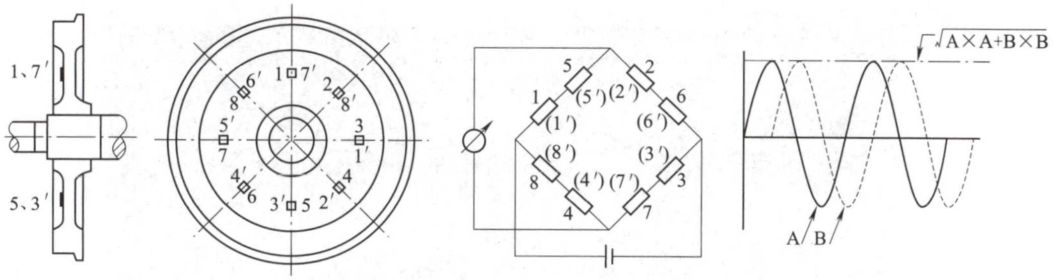

图 15—2—2　测力轮对测试方案及输出波形示意

图 15—2—2 所示测力轮对桥路布置完毕后，两个桥路输出信号呈现正弦余弦特征，满足式(15—1—2)使用条件，简化了轮对输出力与桥路测试系数之间的对应关系。测力轮对桥路灵敏度系数的获取将成为测力轮对测试性能的关键。测力轮对桥路灵敏度系数是通过标定试验台获得的。标定试验台可以在特定角度为测力轮对施加不同的载荷(输入)，获取轮对的桥路测试信号(输出)，利用实测数据建立待标定测力轮对输出输入关系曲线。为了提高测试精度，具有连续测量功能测力轮对在车轮旋转的 360°范围内进行系数标定，一般选择 15°间隔角进行标定，整个轮对圆周范围内共计有 24 个标定区域。获得测试桥路灵敏度系数的测力轮对标定过程，如图 15—2—3 ~ 图 15—2—5 所示。

图 15—2—3　标定试验台上的测力轮对

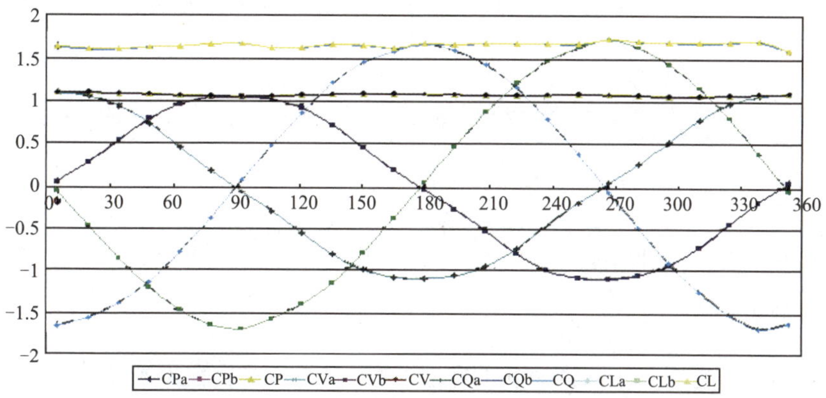

图 15—2—4　测力轮对标定曲线实例

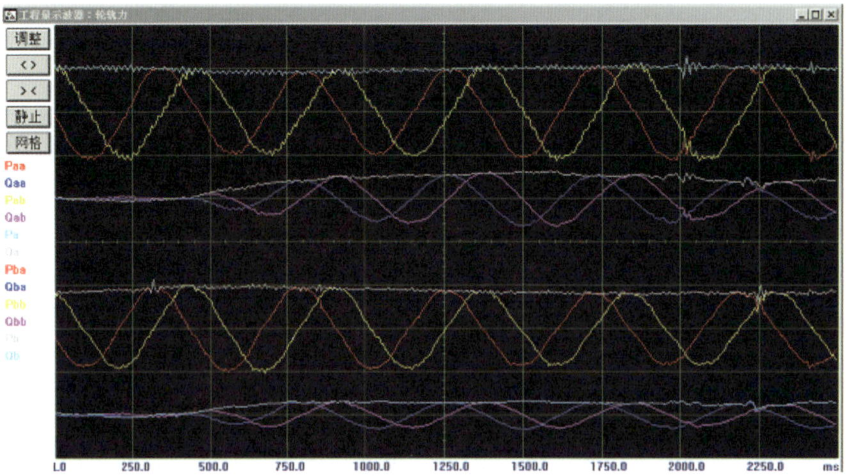

图 15—2—5　测力轮对动态信号示例

根据桥路灵敏度系数及桥路测试输出，按式（15—1—2）可以获得轮轨间的横向力和垂向力。经过标定后安装于轨道检查车或者高速综合检测列车上的轮轨力检测系统还必须经过动态调试，验证轮轨力输出的准确性和重复性等。图 15—2—6 为两次检测速度相差不大于 5 km/h 条件下，某线路区段两次轮轨力检测的波形对比图。由于线路条件没有变化，检测速度相差不大，两次轮轨力检测的结果具有良好的重复性。

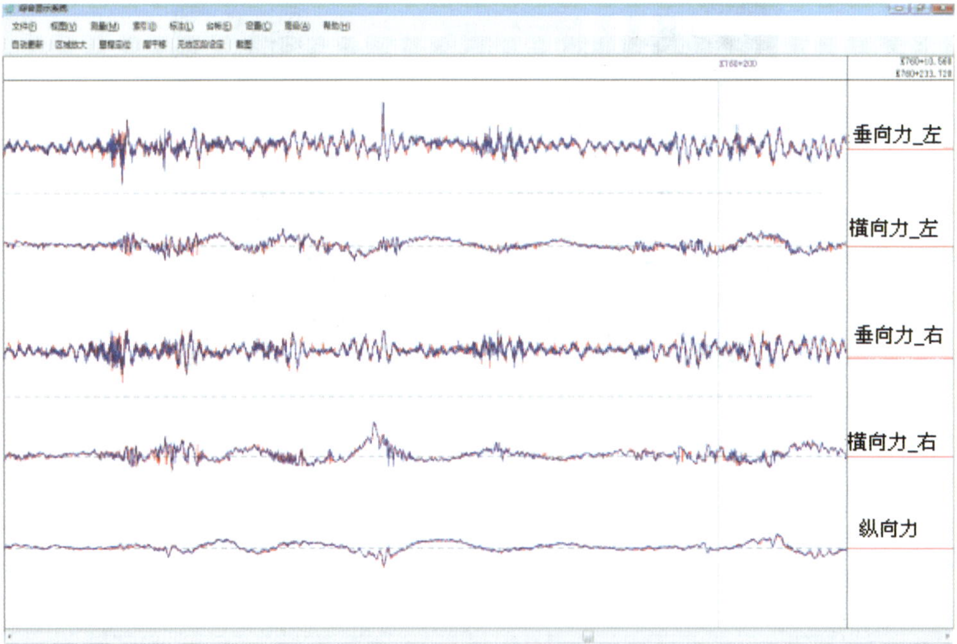

图 15—2—6　轮轨力检测重复性示意

二、集流环装置

在检测过程中，轮对处于高速旋转的状态，测试桥路位置也在不断变化。集流环装置是将桥路信号输出来的装置。目前，轮轨力检测系统采用的是有线集流方式，即将集流装置安装在测力轮对的空心轴里，集流环装置外壳可以随着车轴旋转，内芯部分固定不动，外壳与内芯通过电刷连接各通道。测试桥路引出线通过测力轮对上的穿线孔进入空心轴中，集流环装置的外壳端有通道线缆与测试桥路引线连接起来，集流环装置内芯上的插头通过外接线缆将测试信号输入到轮轨力系统数采设备。集流环装置在空心轴中的安装如图 15—2—7 所示。

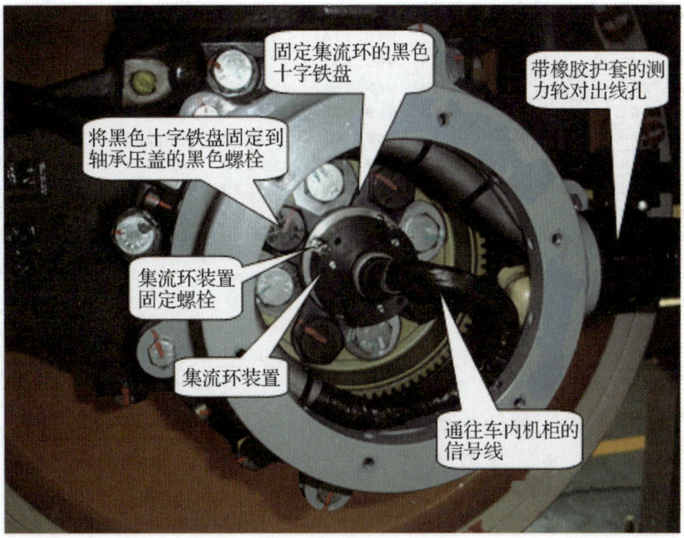

图 15—2—7　测力轮对集流环装置安装示意

三、数据分析处理软件

轮轨力原始信号依次输入数采设备、网络交换机、计算机后，数据分析处理软件将对数据进行分析、处理、汇总。某一线路的轮轨力检测结果汇总表如图 15—2—8 所示，点击左上侧“设置”按钮，可以设置所要汇总轮轨力数据区段的起止里程范围。

设置　**轮轨力检测系统_动力学指标_区段报表**

评分项	脱轨系数	轮重减载率	轮轴横向力(kN)
最大值	0.44	0.33	16.19
里　程	742.502	953.819	822.056
速　度	40.2	157.8	158.6

图 15—2—8　轮轨力检测汇总报表

图 15—2—8 显示了该区段轮轨力检测指标的最大值、里程、速度信息。在用轮轨力数据分析线路状况时，仅靠检测指标大值是不够的，还要分析线路区段中的轮轨力检测结果，如图 15—2—9 所示。图中左上侧“设置”按钮用于设置轮轨力数据的起止里程，软件会自动刷新汇总表。

设置

轮轨力检测系统_动力学指标报表

起始里程	终了里程	平均速度	脱轨系数	里程	轮重减载	里程	轮轴力	里程
972.0	971.8	155.2	0.08	971.980	0.07	971.884	2.47	971.980
971.6	971.4	151.6	0.12	971.406	0.17	971.418	9.10	971.412
971.4	971.2	150.6	0.13	971.209	0.25	971.271	13.27	971.209
971.2	971.0	150.5	0.14	971.023	0.24	971.175	12.80	971.194
971.0	970.8	150.9	0.14	970.936	0.24	970.849	12.86	970.916
970.8	970.6	151.6	0.14	970.677	0.24	970.709	12.96	970.677
970.6	970.4	152.3	0.13	970.501	0.23	970.508	12.35	970.501
970.4	970.2	152.9	0.14	970.345	0.24	970.344	13.06	970.344
970.2	970.0	153.4	0.13	970.174	0.23	970.181	11.89	970.173
970.0	969.8	154.0	0.12	969.987	0.22	969.879	11.85	969.873
969.8	969.6	154.5	0.13	969.784	0.23	969.645	13.27	969.784
969.6	969.4	155.0	0.13	969.583	0.24	969.586	11.94	969.537
969.4	969.2	155.5	0.13	969.207	0.22	969.385	12.31	969.386
969.2	969.0	155.8	0.13	969.131	0.22	969.065	12.12	969.011
969.0	968.8	155.9	0.14	968.828	0.23	968.841	12.38	968.835
968.8	968.6	156.1	0.13	968.629	0.22	968.768	12.48	968.636
968.6	968.4	156.8	0.13	968.434	0.22	968.442	11.88	968.434

图 15—2—9　轮轨力检测区段数据报表

从图 15—2—9 中可以看出，将 200 m 作为一个分析区间，汇总该区间内轮轨力指标的大值、速度等。两次检测结果的分析比较可以刻画出轮轨力数据的变化趋势。图 15—2—9 还可以利用散点图按照检测项目进行绘制。某区段轮重减载率的散点图如图 15—2—10 所示，红色散点是轮重减载率随里程分布图，蓝色曲线是检测速度时程曲线。

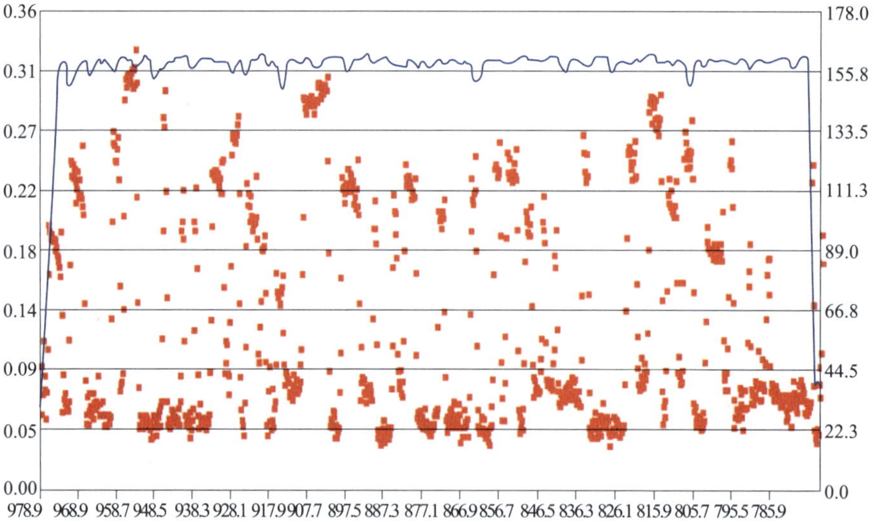

图 15—2—10　轮重减载率散点图

同一区段两次检测安全性指标散点图的对比可以更直观地反映线路变化情况。

第三节　数据分析及应用

轮轨力检测数据除了用于车辆运行稳定性（安全性）评定之外，还可以通过对轮轨力进行深入挖掘，找出轮轨力异常响应的原因，辅助指导线路养护维修。

在正常线路条件下，轮轨垂向力值应在静轮重附近波动，波动幅值与轨道的平顺性状态有关。较大的轮轨力峰值是由异常的轮轨相互作用造成的，主要原因是焊缝或钢轨上存在较大的高低不平顺。图 15—3—1 中轮轨力异常大值与轨道焊接接头不良相关，图中有规律的轮轨垂向力峰值突变处对应着等距离分布的钢轨焊缝。

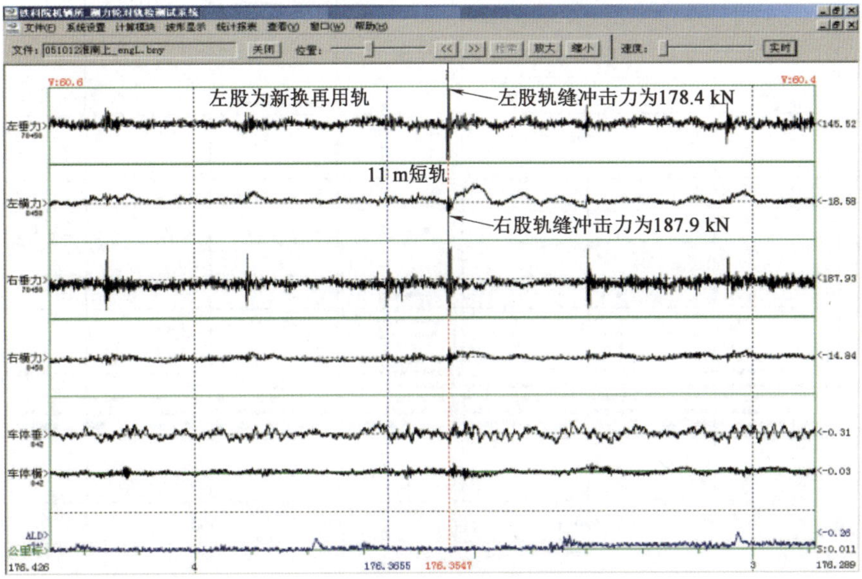

图 15—3—1　轮轨力异常值与轨道状态对应关系

轮轨力检测对轨道短波不平顺具有良好的识别响应能力，当车辆经过钢轨波浪磨耗区段时，短波不平顺将引起车辆垂向的高频振动，如图 15—3—2 所示，轮轨垂向力高频振动与钢轨波浪磨耗状态存在着对应关系，可以借助轮轨力波形特征识别线路上存在的钢轨波浪磨耗。

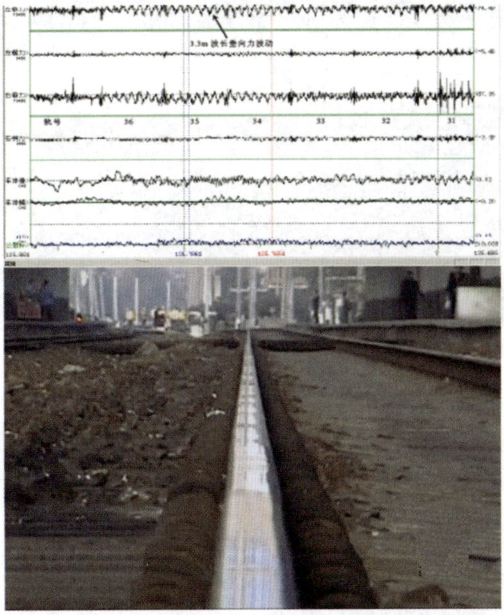

图 15—3—2　钢轨波浪磨耗区段轮轨力波形

对轮轨垂向力进行分析处理有助于发现周期性不明显的轨道病害，某线轮轨垂向力识别指标散点图如图 15—3—3 所示。图中 K700 处轮轨力指标异常，对应的轨道状态如图 15—3—4所示。

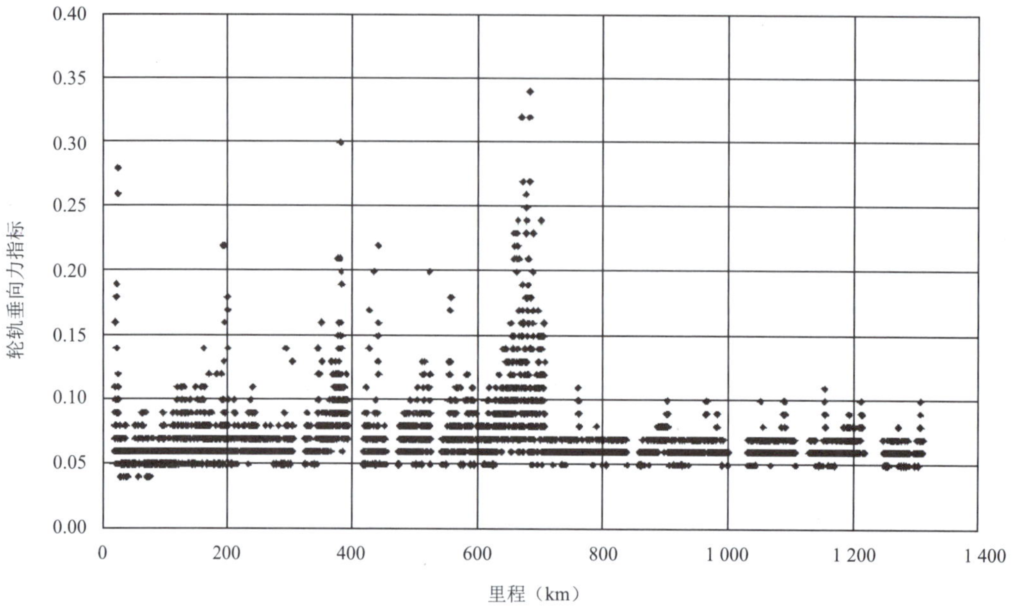

图 15—3—3　轮轨垂向力短波不平顺识别指标

图 15—3—4　散点大值处的轨道状态

图 15—3—5 是某高速铁路的轮轨力检测，该区段的轮轨垂向力最大值达到了 210 kN。如果不及时消除线路病害，较大的轮轨垂向力将会造成钢轨、扣件、车轮的疲劳损伤。经现场检查发现，该位置的轨面上存在一处大约 1 m 长、1. 5 mm 深的凹陷。整治前后波形图如图 15—3—5所示。对比整治前后轮轨垂向力波形，异常大值已经消失，右侧垂向力存在小幅度垂向力波动由其邻近的钢轨焊接接头引起。

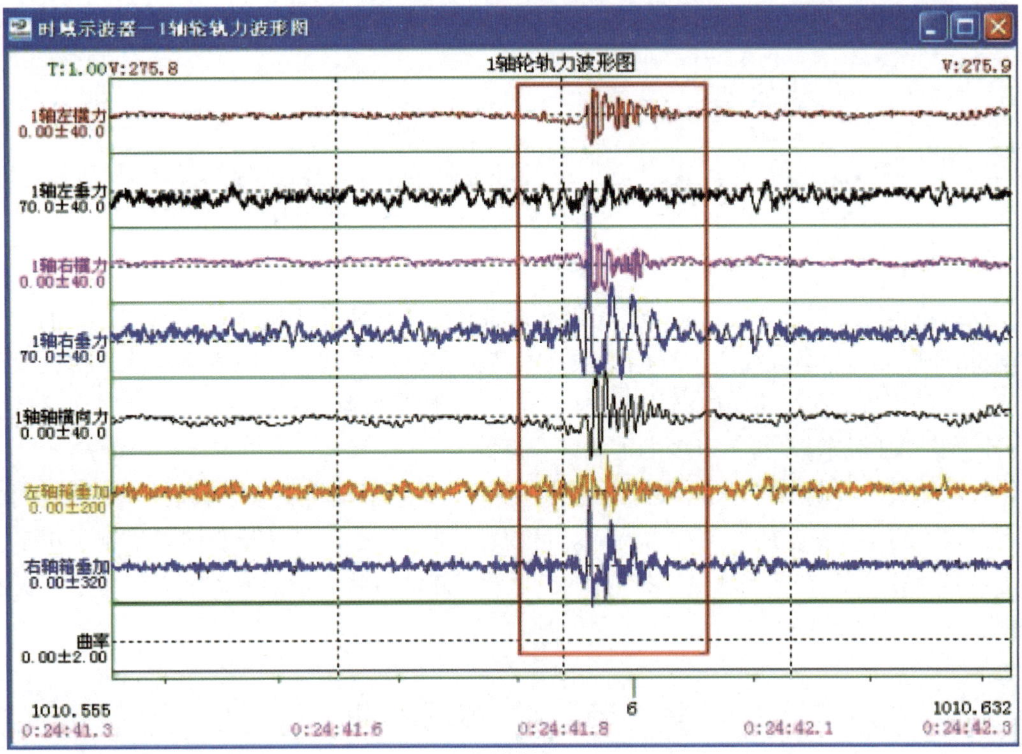

（a）整治前

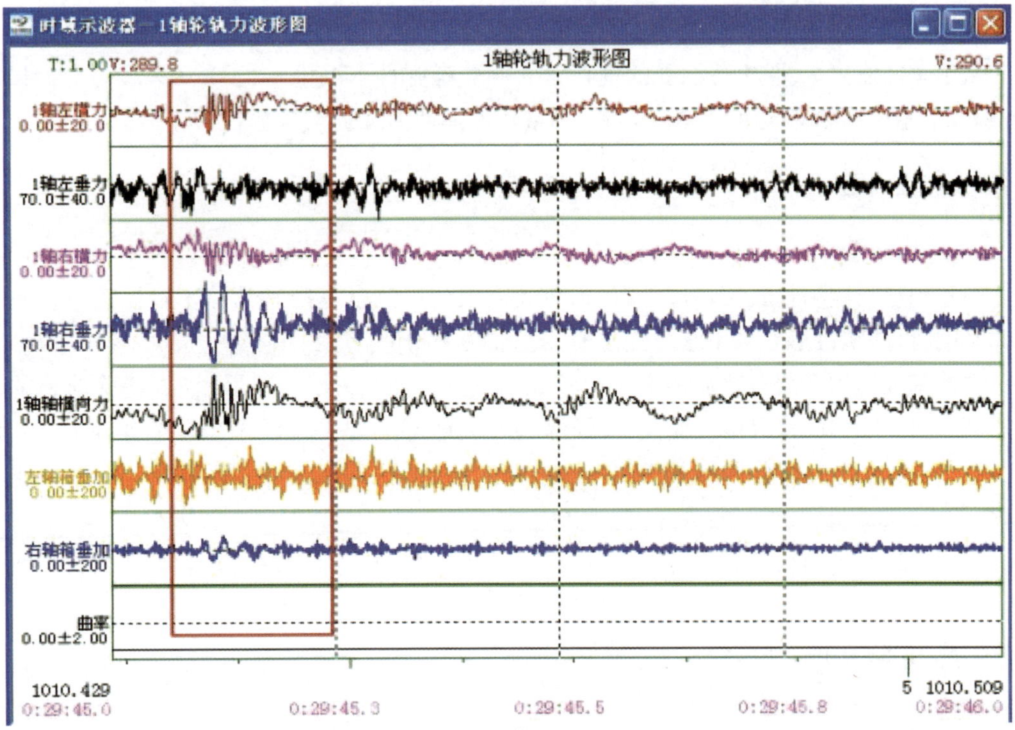

（b）整治后

图 15—3—5　轮轨力波形图

第十六章　线路动态加载检测

在线路实体结构上开展试验研究可以获取各种结构在实际工况条件下真实完善的试验数据，从而更准确地掌握线路工程的各项技术特征和技术参数。开展线路实体结构试验研究的最重要环节是在线路实体结构上进行线路动态加载检测，而移动式线路动态加载试验车（简称移动加载车）是必不可少的加载试验设备。

移动加载车可模拟高速、重载铁路工况在线路上进行静动态加载和移动检测，从而测试轨道、桥梁、隧道和路基的相关技术特征。目前，美国、瑞典、日本以及我国都研制了用于向轨道加载的试验车，在新型轨道结构的研制、运营线路轨道状态检测等方面都发挥了积极的作用。

第一节　基本原理

移动加载车的检测功能主要包括轨道垂向刚度检测和轨道横向强度检测。本节以轨道垂向刚度检测为例说明系统的检测原理。

轨道垂向刚度 K，即轨道承受的垂直力 P 与轨道弹性下沉量 y_K 之比，$K=P/y_K$。如果能测得 P、y_K，便能得到轨道刚度 K。其中，测量轨道弹性下沉量 y_K 需解决以下问题。

一、存在问题

（一）测量基线

在移动过程中测量轨道弹性下沉量，首先需要建立测量基准来消除车辆振动对检测结果的影响，目前轨检车等采用弦测法或惯性基准法来测量。

惯性基准法用来测量轨道不平顺比较成功，但由于它必须用高通滤波器滤除轨道的曲线超高和轨道高程起伏等缓慢变化的低频部分，因此，惯性基准法测不出轨道弹性下沉变化的低频分量（平均值部分和缓慢变化部分），而且在低速运行时，其检测精度低于高速运行时。

弦测法具有检测结果与速度无关的优点，但是由于其传递函数不恒定，且随弦长与波长的比值变化，因此，对于某些波长，其轨道不平顺检测结果中有较大的基线误差。

因此，直接采用上述两种方法均存在问题。

（二）从测量值 y 中提取轨道弹性下沉量 y_K

轨道弹性下沉量 y_K 是包含在轨道变形测量值 y 中的一部分，y 中还可能包含有钢轨表面不均匀磨耗、焊缝区不平顺和轨道残余变形不均匀等形成的无轮载作用时会显现出来的所谓“静态不平顺” y_0 及钢轨与轨枕、轨枕与道床之间隐蔽的缝隙（暗坑吊板）y_1，如

图 16—1—1所示,因此,需要将 y_K从 y 中分离出来。

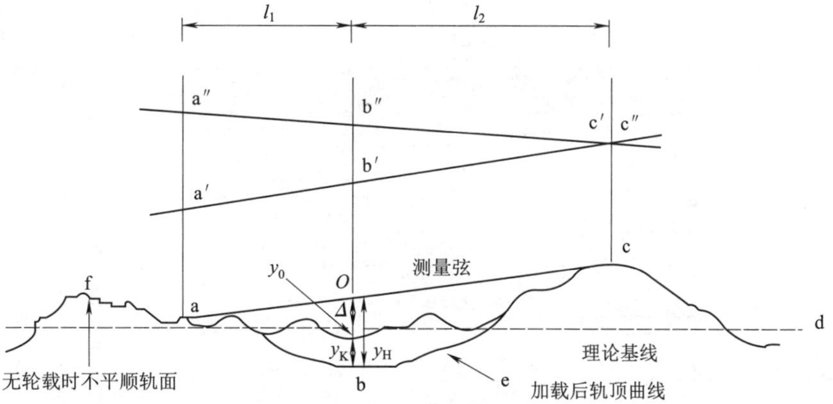

图 16—1—1　双弦测法原理示意

二、测量方法

为了解决上述问题,采用图 16—1—1 所示双弦测法来消除车体振动以及轨道静态不平顺等干扰对轨道弹性变形检测值的影响。

图 16—1—1 中 a″b″c″和 a′b′c′表示由 3 个测点组成的同一检测梁由于车辆浮沉和点头运动而产生位置变化。由弦测法原理可知,两者测得的轨道位移都等同于由 aoc 检测弦测量到的数值($\Delta + y_0$),因此采用单一弦测法可以消除车辆振动对轨道位移值检测的影响。

另外,采用两套完全相同的弦测系统,分别检测加载前后的轨道位移值,可得到加载前的轨道位移值 y_L和加载后的轨道位移值 y_H。

$$
\begin{aligned}
y_L &= \Delta + y_0 \\
y_H &= \Delta + y_0 + y_K \\
y_K &= y_H - y_L
\end{aligned}
\qquad (16—1—1)
$$

由此,基线误差 Δ、轨面静态不平顺 y_0均从测量数据中剔除,从而得到轨道弹性下沉量 y_K,也就是钢轨变形值。

基于加载时的轮轨力和钢轨变形值 y_K,就可以得到轨道刚度。

三、合理弦长值

确定合理的弦长值是弦测法的基本要求。以 60 kg/m 钢轨,轮重 $P = 125$ kN 为例,计算不同钢轨刚度下的单轮影响线,如图 16—1—2 所示。从图中可看出,在加载点 4 m 以外,轮载对轨道变形影响极小。

由于实际布置中无法实现 4 m 弦长布置。因此考虑加载轮和临轮的共同影响,在 2 m 范围左右选择最优弦长值。图 16—1—3 为“加载轮 + 邻轮”影响线的放大图,从图中可看出,基线点选择为距加载轮 1. 7 m 处时,对于刚度在 70 ~ 120 MN/m 之间的轨道,影响线引起的误差控制在 0. 02 mm 以内;对于刚度为 50 MN/m 的轨道,影响线引起的误差控制在 0. 1 mm

左右，相对于其接近 2.4 mm 的轨道变形，误差可忽略不计。因此，三点弦测的弦长取为 1.7 m。

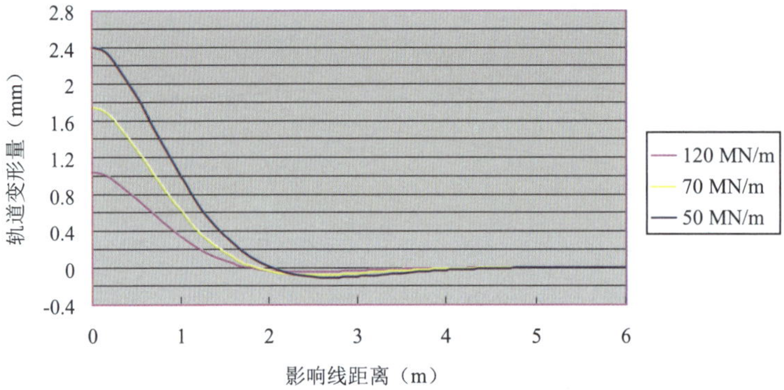

图 16—1—2　单轮加载影响线

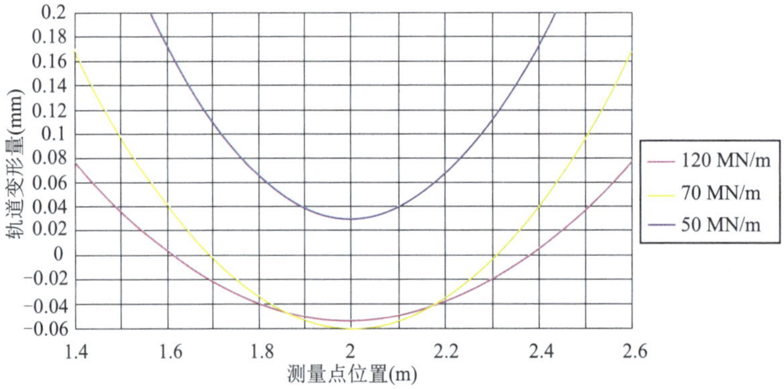

图 16—1—3　加载轮 + 邻轮影响线放大

第二节　系统组成及功能

加载试验车由加载车和试验车两节车辆组成，如图 16—2—1 所示。加载车和试验车上分别安装有加载系统和检测系统等设备。

图 16—2—1　移动加载车组成

一、加 载 车

加载车走行部采用机车的 3 轴转向架，车体中部设计有加载轮对用于向轨道加载。

（一）总体布置

加载车车体采用桁架式侧壁承载结构，内走廊式。钢结构由侧壁、顶棚、底架、内部间壁组成。两道间壁将加载车分隔为三个室，从Ⅰ端到Ⅱ端（操纵台侧）依次为动力室、辅助室、控制室。具体平面布置如图 16—2—2 所示。

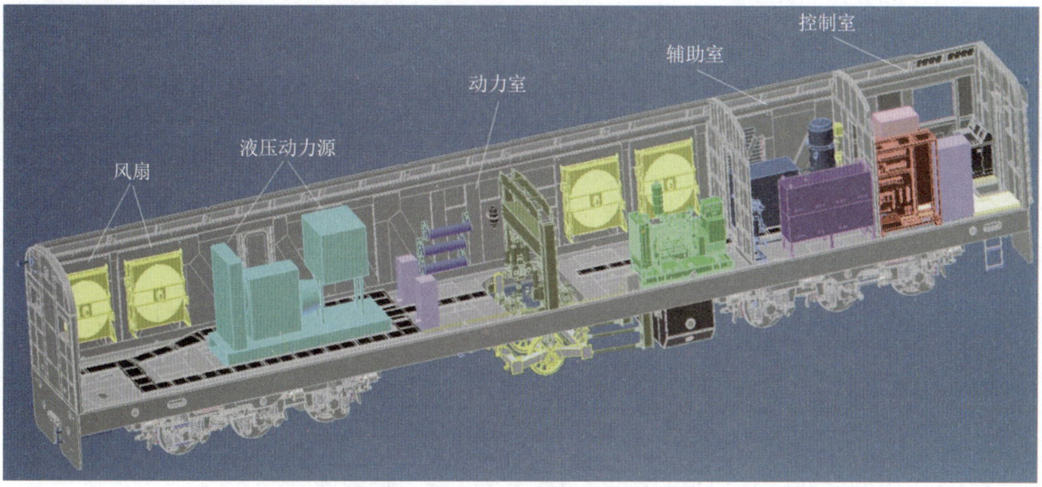

图 16—2—2　加载车总体布置

（二）移动加载架

移动加载架布置在车辆中间，由加载轮对、加载框架以及连接装置组成。

车体底架设计有夹持钩，在连挂运行时，移动加载架由液压加载系统提起后锁死于夹持钩内，如图 16—2—3 所示。

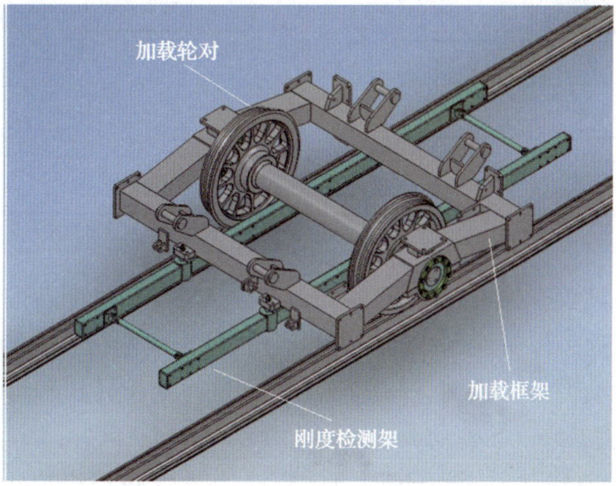

图 16—2—3　加载轮对示意

二、试 验 车

试验车采用25 T 客车车体及走行部，主要为检测系统和人员提供走行载体和工作、生活空间。车上安装有刚度检测系统、电气装置、空调采暖装置和厨房卫生间设置等设备。

三、系统组成

加载试验车上的车载系统包括机械系统、液压系统、液压控制系统、检测系统和软件系统五大类，主要组成如图 16—2—4 所示。

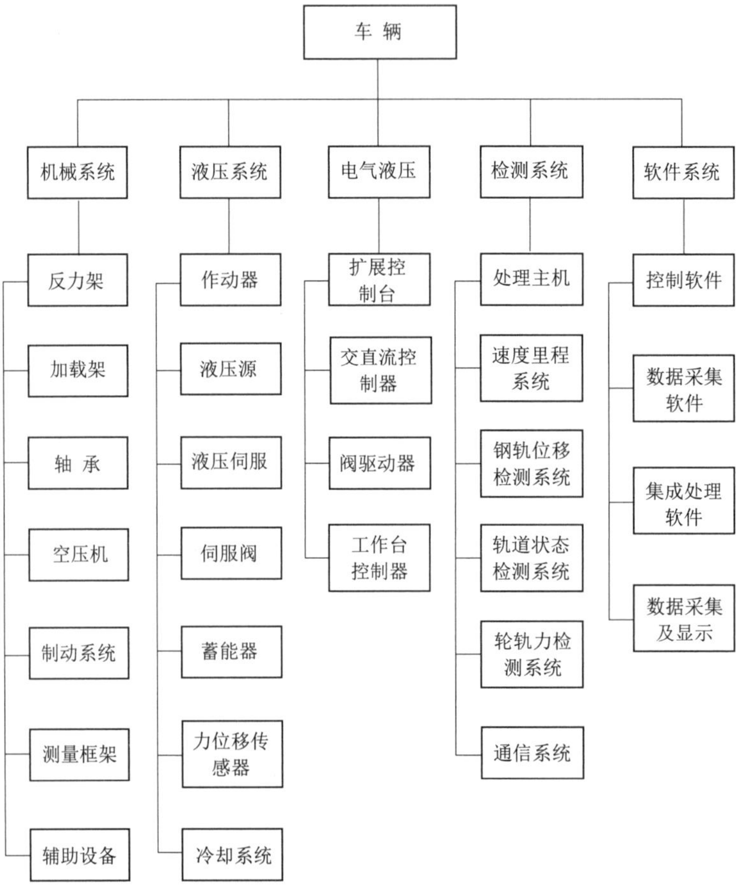

图 16—2—4　加载试验车车载系统组成

(一)液压系统

液压加载是加载试验车的核心功能之一，是加载试验车设计制造的重点。

液压加载系统是通过控制液压油的压力和流量，可精确控制压力能的大小，从而实现对动作执行结构机械运动的精确控制。利用液压方式进行能量转换和运动控制，具有反馈速度快、控制精度高等优点。

液压系统由横垂向作动器、液压动力源、分油器及管路等组成。设备组成及布局如图 16—2—5 所示。

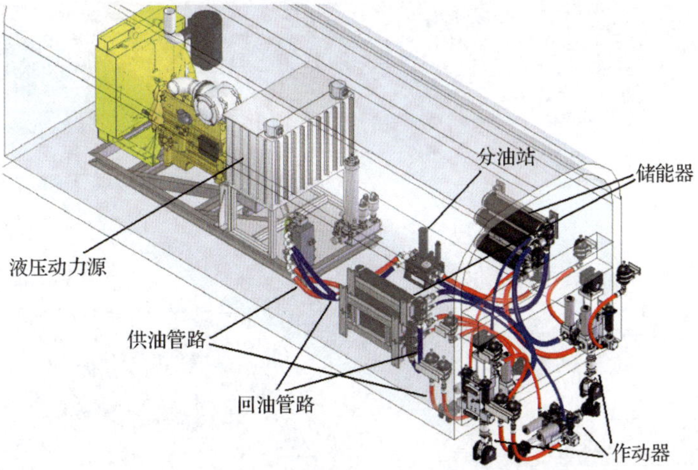

图 16—2—5　液压系统

（二）检测系统

加载试验车上布置了多种检测系统，主要用于刚度检测和辅助实现薄弱轨道结构的识别。

1. 钢轨位移检测系统

钢轨位移检测系统是加载车的核心系统之一，其基于三点弦测量法实现在移动过程中对钢轨位移的精确检测。

钢轨位移检测系统采用激光三角测量传感器，可同时检测钢轨在垂向和横向的位移变形量，如图 16—2—6所示。

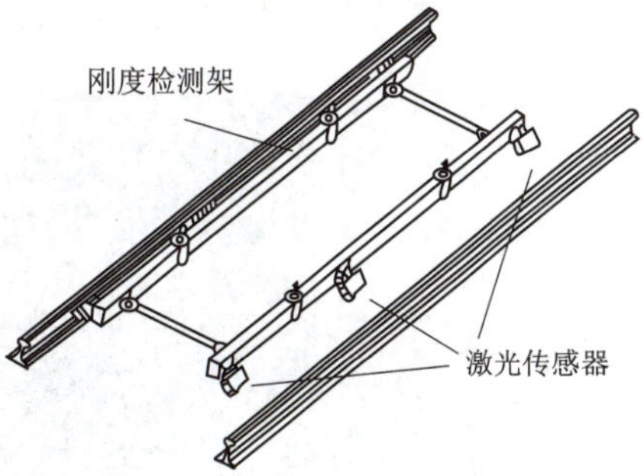

图 16—2—6　位移检测系统

2. 测力轮对

移动加载时，一方面依靠液压系统来尽量保持加载力的稳定，通过作动器的力传感器来推算轮轨力；另一方面，通过安装测力轮对来直接测量轮轨间的作用力。

在实时得到准确轮轨力后，结合测量的轨道变形量就可以计算得到高精度的轨道刚度值。

四、加载车功能

加载试验车可以模拟各种铁路工况对线路进行静动态加载，测试轨道、桥梁、隧道和路基相关技术特征，同时可在移动时对线路进行连续加载，测试轨道结构的刚度。

（一）定点加载

加载试验车可停放于指定测点对线路定点施加静态荷载，或者不同频率和不同波形的动态荷载、随机荷载和动态循环荷载，以测试线路静动态力学特性。加载试验车可单独施加垂向荷载或横向荷载，也可横垂向同时加载，为线路、桥梁、隧道和路基的测试提供指定工况的荷载，如图 16—2—7 所示。

图 16—2—7　定点加载示意

1. 定点高频加载

定点加载可以施加正弦波、三角波、矩形波以及不同组合。垂向最高加载频率可达到 45 Hz。图 16—2—8 为在某运营现场加载时,加载力和加载频率的时程曲线。

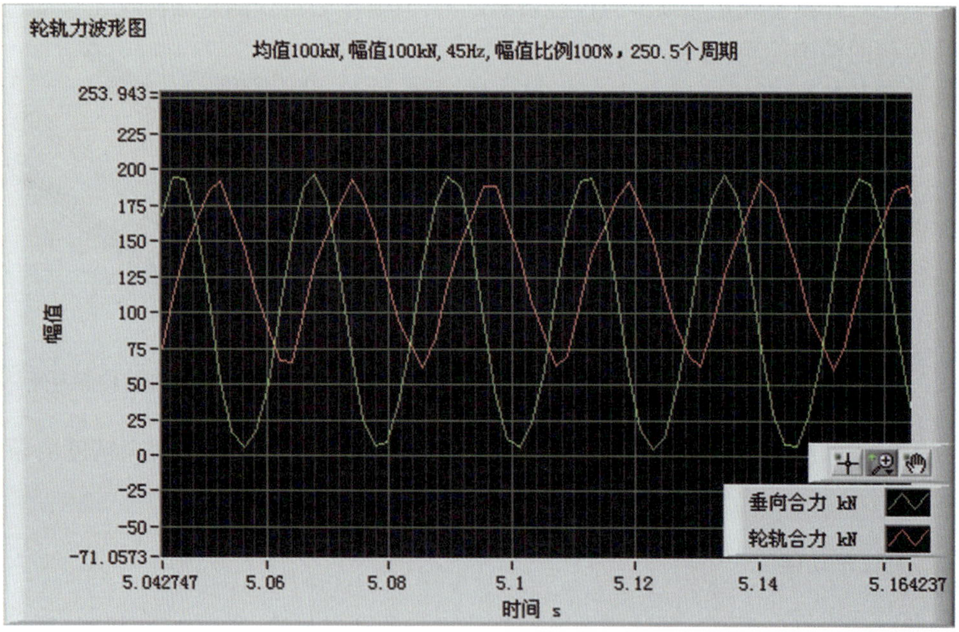

图 16—2—8　高频加载时程曲线

2. 定点分级加载

定点分级加载可以施加明确的轮轨力给轨道结构,从而测试运营线路上轨道结构的应力变化情况。图 16—2—9 为在某运营现场加载时,两个循环的加载力—加载频率的时程曲线。

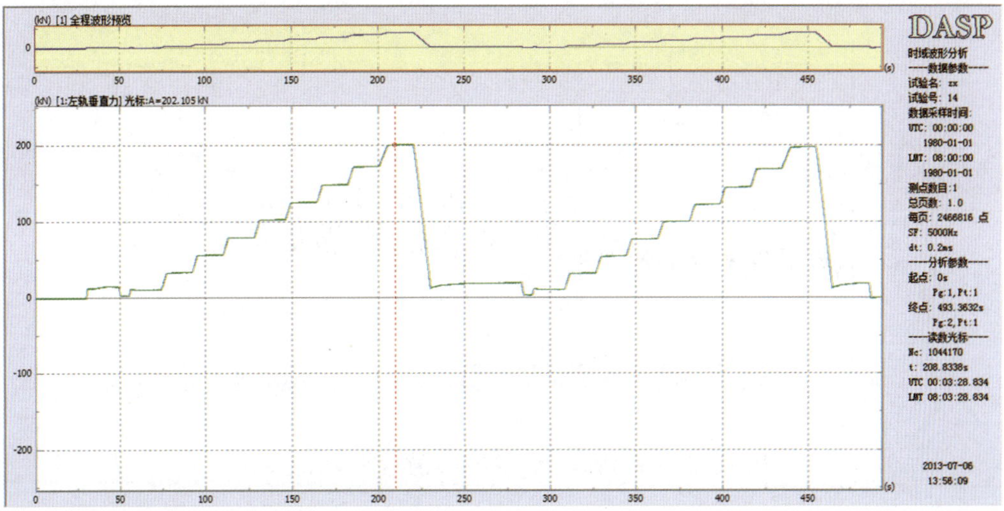

图 16—2—9 分级加载时程曲线

（二）移动加载

加载试验车移动时，可以在垂向横向对线路施加可控荷载，从而连续测试线路（轨道、路基、桥梁）的受力特性。图 16—2—10 为横向加载的示意图，通过测量横向加载工况下轨排的横移量，可以评价轨排稳定性。

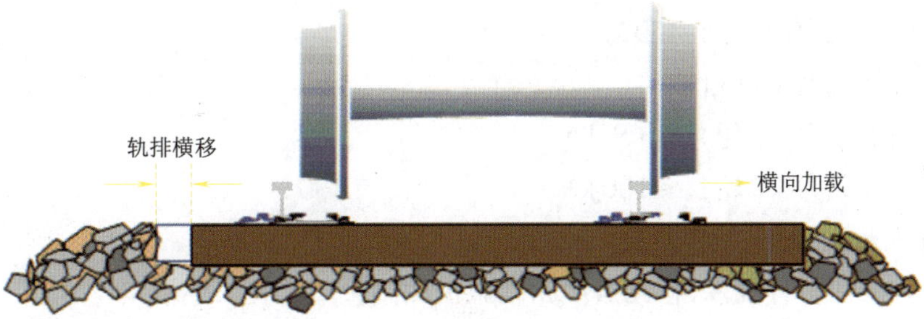

图 16—2—10 横向加载示意

（三）刚度检测

利用加载试验车上安装的轮轨力测量系统和钢轨位移测量系统，可以测量在加载力作用下轨道的变形，从而得到轨道的综合刚度。连续测试线路的弹性（刚度）性能，可以分析检测线路整体结构弹性特性、轨道结构刚度及其合理匹配、过渡段结构的弹性匹配性能、道岔区及其过渡段刚度均匀化及合理匹配等。图 16—2—11 为加载车测试有砟无砟过渡段的刚度情况。

（四）扩展功能

加载试验车上配备有轨道状态图像监测功能，并预留标准贯入仪和探地雷达等扩展接口。

利用这些检测设备可以综合检测轨道结构在加载状态下的特性，为检测和识别薄弱轨道结构提供依据。

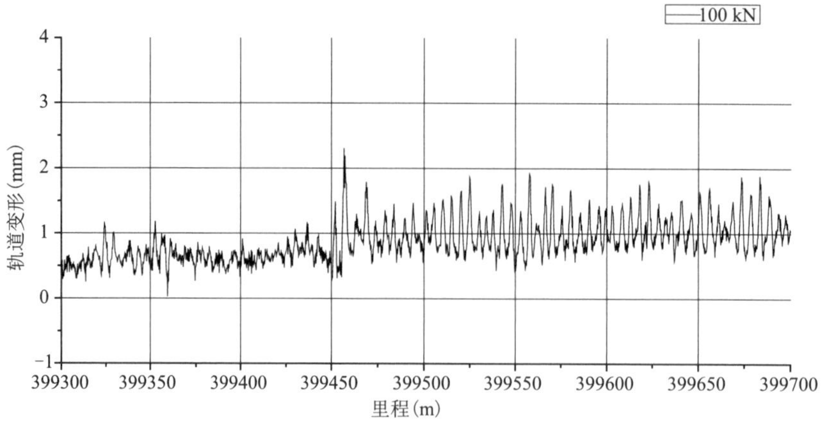

图 16—2—11　某高速铁路有砟无砟过渡段刚度变化

(五)加载车技术参数

通过最小曲线半径:145 m;

最大连挂运行速度:160 km/h;

移动加载最大运行速度:60 km/h;

自走行速度:3 km/h ±0.5 km/h;

垂向最大加载力(单轮):200 kN;

垂向最大加载频率:45 Hz;

横向最大加载力(单轮):150 kN;

横向最大加载频率:15 Hz;

垂向移动加载力(单轮):≤150 kN;

横向移动加载力(单轮):≤100 kN。

(六)技术特点

通过综合采用多种技术,移动式线路动态加载试验车具有以下特点:

1. 可在运营线路上模拟速度在 400 km/h 以内的高速铁路和轴重 40 t 以内的重载铁路轮载工况,为线路工程创新研究提供试验工具和平台。

2. 具有定点加载和移动加载双重功能,兼容高频刚性加载和移动跟随加载两种模式。

3. 具有轨道垂向状态、横向状态的连续检测功能,可以检测轨道垂向刚度、横向强度,以及轨道扣件状态。

第三节　加载车应用

一、运用模式

(一)连挂运行

加载试验车在非试验工况时,可附挂运输或由单机牵引,最高运行速度为 160 km/h。

(二)加载试验

加载试验车在移动加载试验时,须由单机牵引。试验运行最大速度为 60 km/h。

加载试验车对于重点测点进行定点加载时，可利用自身动力进行低速移动便于准确定位。

二、应用范围

利用加载试验车可开展多种线路试验研究。

（一）定点加载进行新型轨道结构的性能试验及验证

对于新型轨道结构，除了在室内开展有关试验外，在实际运营线路上进行可控荷载加载，可以更准确地反映其实际应用情况。

采用加载车可以分级施加静态荷载、动态荷载以及冲击荷载。图 16—3—1 为冲击加载工况下，隧道内整体道床地段钢轨的轮轨力时程曲线。

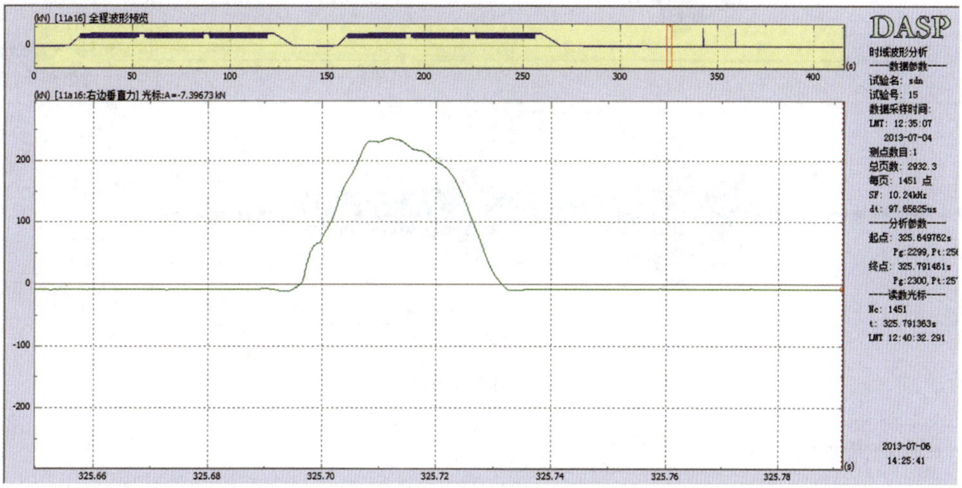

图 16—3—1　冲击加载工况下隧道内钢轨力时程曲线

（二）定点加载测试桥梁特性

利用加载车可以定点对小桥或涵洞进行动态加载，结合地面布置的传感器从而测试力在桥梁中的传递和分布规律。

1. 部件应力

图 16—3—2 和图 16—3—3 为某钢桥横梁的实测影响线和理论影响线，两者吻合很好，对于小跨度尤其是影响线长度 8 m 以内的纵梁，采用移动加载车加载能够很好地反映其真实受力状况。

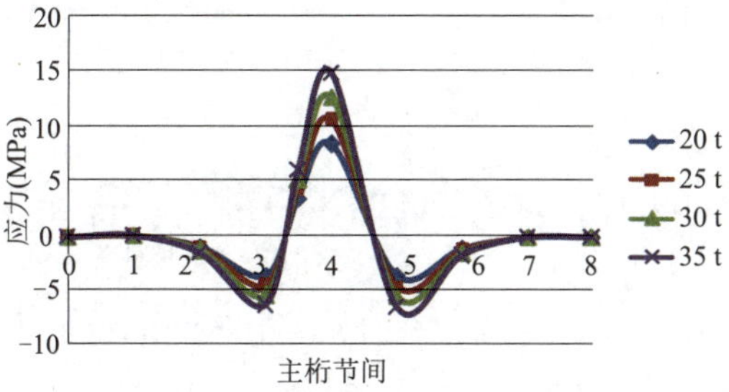

图 16—3—2　横梁实测影响线

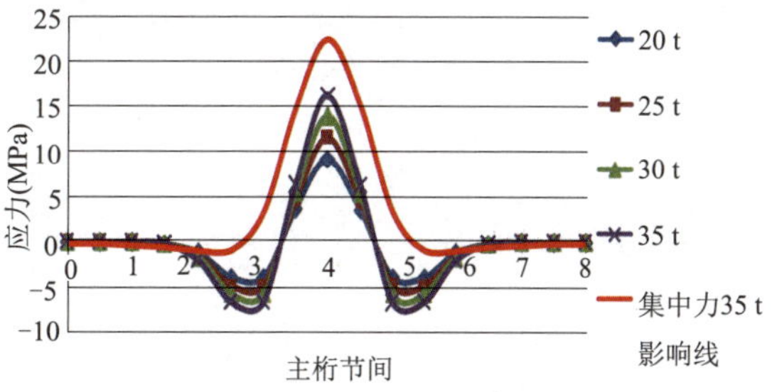

图 16—3—3　横梁理论影响线

2. 模态振型和自振频率

加载车进行定点扫频加载，在每个桥梁固有频率的时候，都可以激励起明显的振幅，获得在共振频率处的振幅增大值。如图16—3—4所示，该桥的竖向自振频率为4.49 Hz，试验荷载作用下的最大竖向振幅值为1.874 mm，横向自振频率为4.44 Hz，试验荷载作用下的最大横向振幅值为0.35 mm。

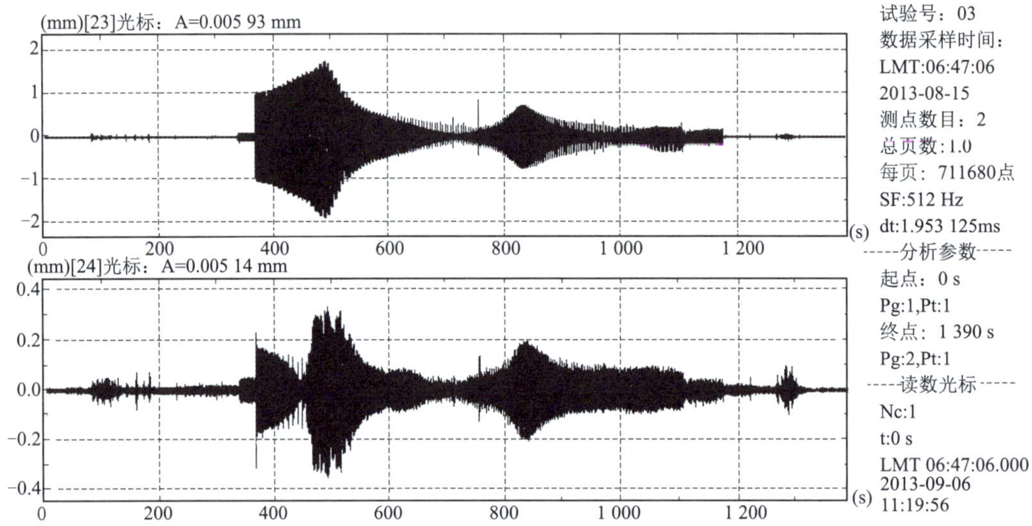

图16—3—4 扫频加载振动波形

（三）定点加载测试隧道动力特性

通过定点可控加载，结合地面布置的传感器可以实地测试并评价隧道基底结构的动态性能，掌握基底填充层顶面静荷载分布特征。

1. 定点分级加载

垂向分别加载10 kN、30 kN、50 kN、70 kN、90 kN、110 kN、130 kN、150 kN、175 kN，断面静载试验曲线如图16—3—5所示。由图中可看出，轴重与静应力成非线性关系，主要是由于道床的材料本身性能的非线性造成的，轴重与静应力大体呈指数关系，不同断面处的静态应力差别较大。

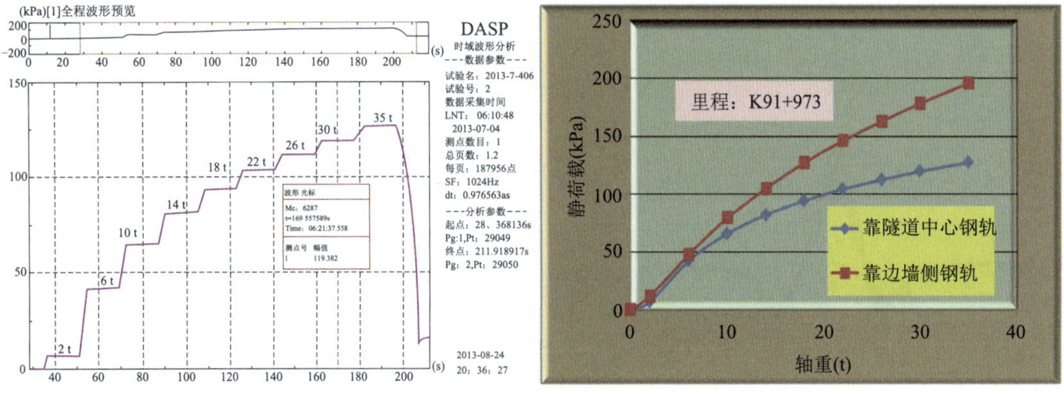

图16—3—5 静轴重与静态应力的关系

2. 冲击荷载

冲击加载试验中,冲击荷载取值为:垂向荷载 150 kN,冲击时间 0.01 s。重复试验 3 次。试验得到填充层顶面压力波形如图 16—3—6 所示。

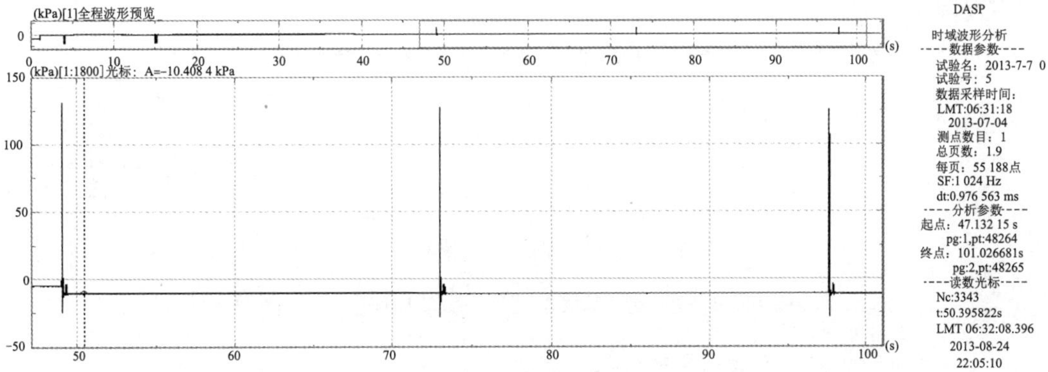

图 16—3—6　钢轨下方填充层顶面压应力典型波形

表 16—3—1 为冲击荷载作用下同一横断面上不同位置处填充层顶面压应力分布,其中最大值 234.2 kPa 位于靠边墙侧钢轨正下方填充层顶面,两根钢轨下填充层动压应力差别较大。

表 16—3—1　冲击加载填充顶面压应力幅值(kPa)

里　　程	加载次数	道心填充层顶面	靠边墙侧钢轨下填充层顶面	靠隧道中心钢轨下填充层顶面	备　注
K91 +973	1	55.6	226.7	136.4	
	2	60.5	234.2	137.7	
	3	65.1	234.1	137.0	

冲击作用下钢轨下填充层瞬时加速度典型时程如图 16—3—7 所示。

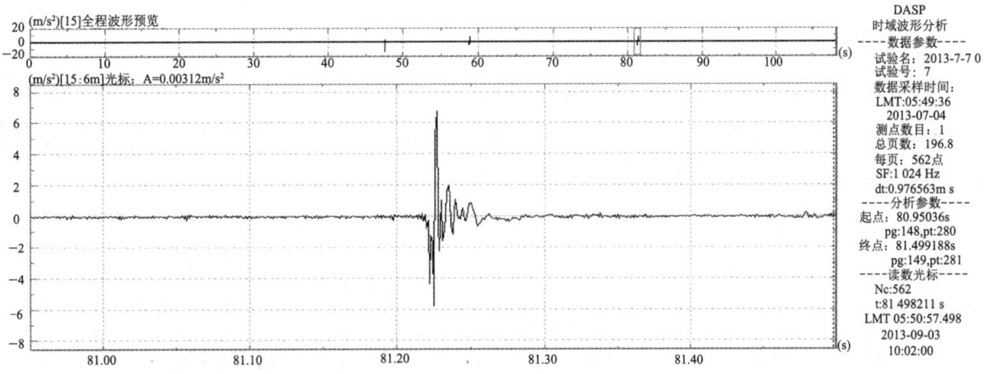

(a) 靠边墙侧钢轨下填充层振动加速度典型波形

图　16—3—7

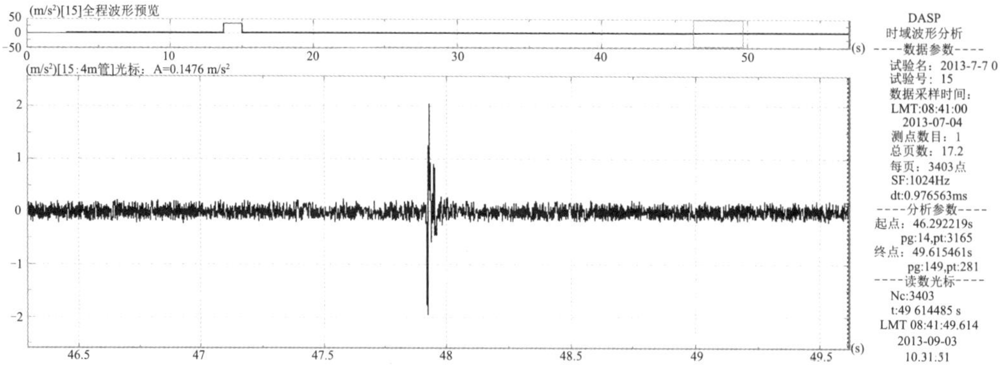

(b) 道心填充层振动加速度典型波形

图 16—3—7　隧道基底填充顶面振动加速度时程曲线

(四)移动加载模拟重载和高速铁路轮载工况

运行时,加载车可以向轨道施加稳定的垂向力和横向力,结合地面传感器测量数据,可以分析评价线路结构动力响应特性。图 16—3—8 为移动加载过程中,加载轮轮轨力时程曲线。

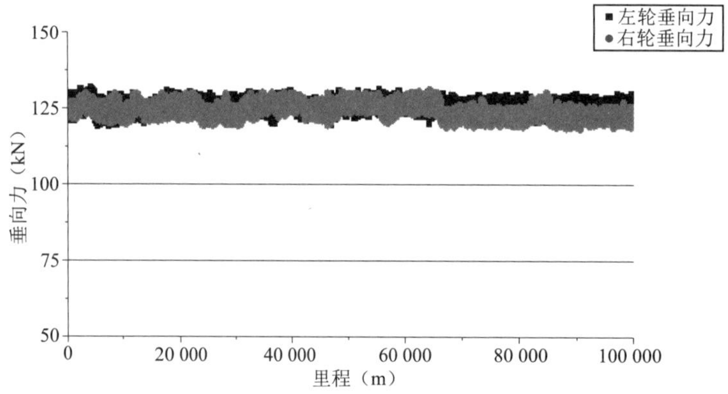

图 16—3—8　移动加载时加载轮轮轨力时程曲线

(五)线路垂向刚度的连续检测

加载车最重要的功能之一是连续检测运营线路或新建线路的轨道垂向刚度,通过检测可以发现轨道刚度变化情况,从而有针对性地评价线路质量。图 16—3—9 为某段线路上轨道刚度检测结果,从图中可看出道砟垫对于轨道刚度影响明显。

根据在某普速铁路试验段内的检测结果,筛选出轨道刚度≤60 kN/mm 的处所,具体见表 16—3—2。

(六)轨排横向强度的连续检测

如前所述,通过横向加载并测量轨排横移量,可以检测发现轨排横向稳定性不足区段。图 16—3—10 为加载车在某区段测试发现的轨排横移较大和轨距扩大值较大的处所。

(七)扣件扣压力状态检测

利用加载车横向加载能力,通过分析加载力大小和加载侧钢轨的横向位移量的关系,可以探索评价扣件扣压力状态。在某试验段,移动加载车施加 40 kN 横向力,检测发现扣件正常和扣件失效(内侧扣件完全松开)下钢轨横移量有较明显区别,如图 16—3—11 所示。

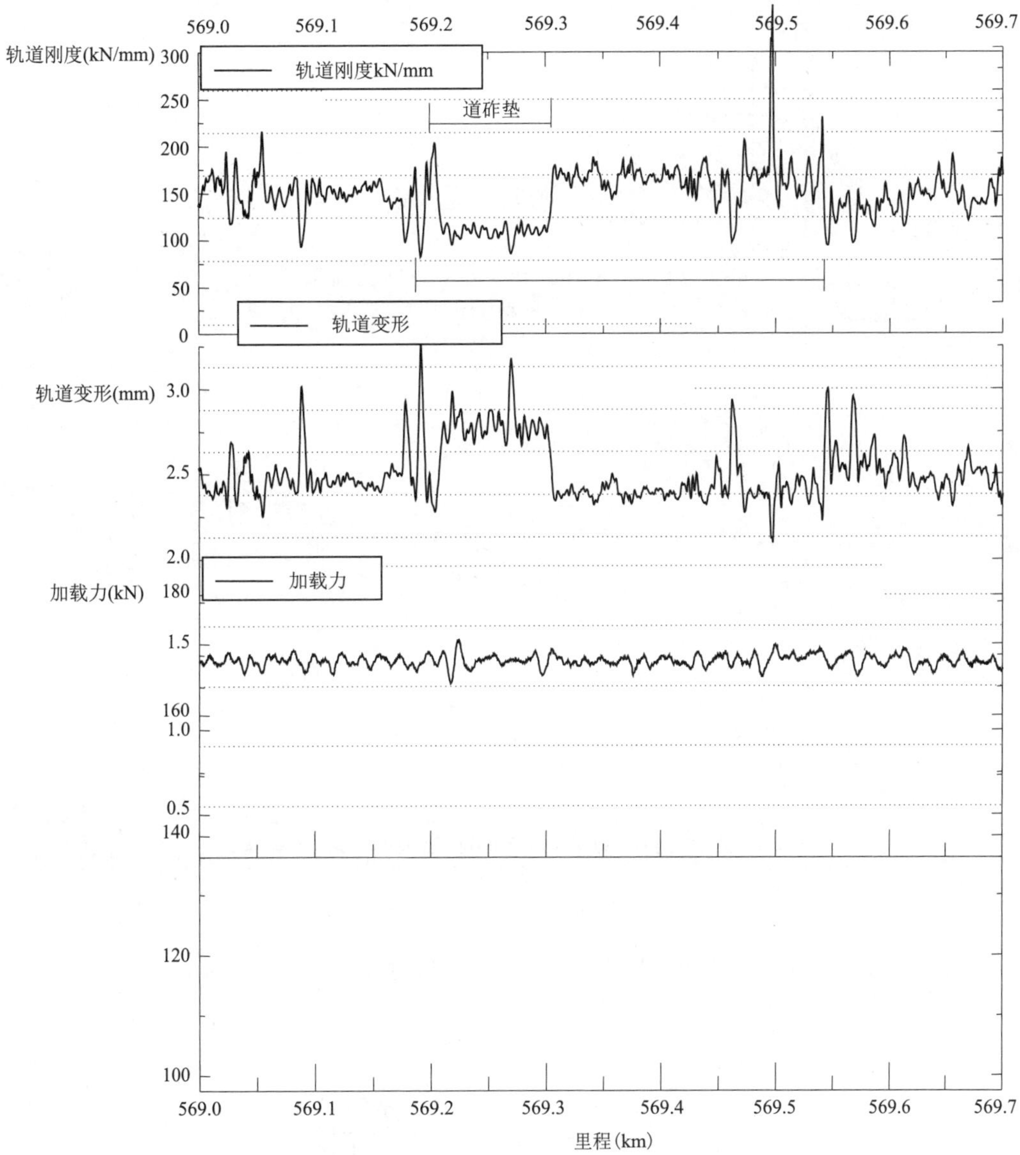

图 16—3—9 轨道刚度检测结果示例

表 16—3—2 轨道刚度小于 60 kN/mm 的处所

里 程	轨道刚度(kN/mm)	线路特征	里 程	轨道刚度(kN/mm)	线路特征
K79 +485	57.45	道床开挖	K81 +532	59.9	曲线后
K79 +854	58.3	涵洞前后	K83 +958 ~ K83 +983	53.5	站场内
K81 +446	48.8	曲线前			

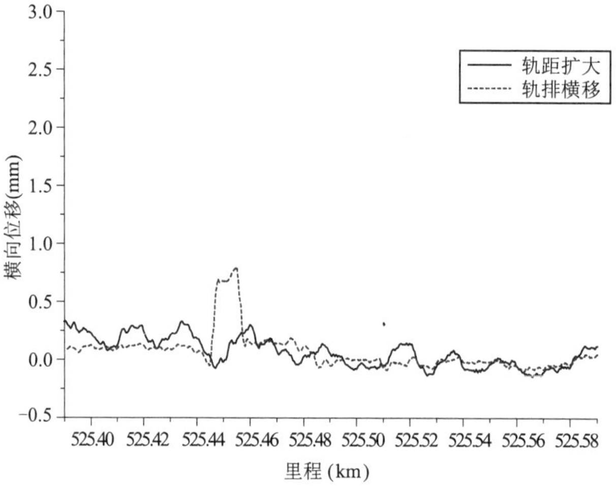

(a) 轨排横移较大处所

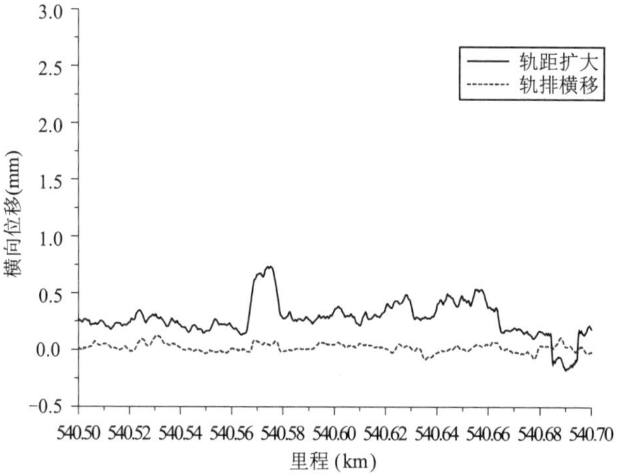

(b) 轨距扩大值较大处所

图 16—3—10　运营线轨排横移测试结果

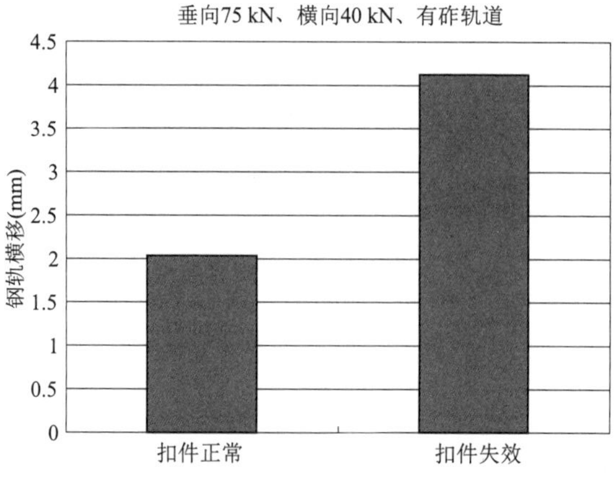

图 16—3—11　横向加载 40 kN 时钢轨横移量

（八）结合探地雷达开展道床状态检测

轨道刚度过大或(和)刚度薄弱，往往反映了线路结构中道床或路基状态不良。利用轨道刚度检测结果，结合探地雷达对道床清洁度和基床厚度的检测结果，可以较准确地定位轨道刚度不良区段，明确引起轨道刚度不良的原因，从而有针对性地指导养护维修作业。

移动加载车作为一种新型试验检测设备，在我国铁路上的应用还处于初步阶段，其加载能力和应用范围将会随着各种试验检测活动的开展而逐步得到试验、验证。

第十七章　路基雷达检测

1910 年，Letmbach 和 Lōwý 在一项德国专利中提出，用埋设在一组钻孔中的偶极天线探测地下相对高导电性质的区域，正式提出了地质雷达的概念。

地质雷达技术起源于德国科学家在研究埋地特性时的专利技术。1972 年，第一家地质雷达设备制造公司成立。此后，地质雷达作为新方法进入了工程物探领域，并应用于市政工程、考古、地质、探雷等领域。

1982 年，我国铁路从美国引进了采用模拟电路技术的 SIR-8 型地质雷达。1990 年，引入了 SIR-10 型数字化地质雷达。随后，地质雷达逐步进入了隧道衬砌、路基、支挡工程及桩基质量检测等范围。地质雷达具有连续无损检测、效率高、精度高、操作简便等优点，逐渐成为地下隐蔽工程检测的一种有力工具。

线路路基翻浆冒泥及下沉等各种病害会使轨道几何状态难以保持，对行车安全造成威胁。目前，车载式地质雷达技术在既有铁路有砟线路的路基检测中得到了较好的应用。该方法不仅能够较准确测出道砟厚度，同时还能确定翻浆冒泥、沉降等路基病害的里程范围，为后续路基病害整治提供依据。

第一节　基本原理

在工程地球物理研究中将各类岩石、土、混凝土、木材、玻璃、塑料、金属等材料通称为工程介质。介电常数不同的两种介质的界面，会引起电磁波的反射。地质雷达是一种用于确定地下介质分布情况的高频电磁技术，基于地下介质的电性差异，地质雷达通过一个天线发射高频电磁波，另一个天线接收地下介质反射的电磁波，并对接收到的信号进行处理、分析、解译。其工作过程是：由置于地面的天线向地下发射高频电磁脉冲，当其在地下传播过程中遇到不同电性（主要是相对介电常数）界面时，电磁波一部分发生折射透过界面继续传播，另一部分发生反射折向地面，被接收天线接收并记录，在更深处的界面，电磁波同样发生反射与折射，直到能量被完全吸收为止。反射波从被发射天线发射到被接收天线接收的时间称为双程旅行时间 t，当求得电磁波在地下介质传播的波速时，可根据测到的精确 t 值折半乘以波速求得目标体的位置或埋深，同时结合各反射波组的波幅与频率特征可以得到地质雷达的波形图像，从而了解场地内目标体的分布情况。其工作原理如图 17—1—1 所示。

一、电磁波在介质中的传播速度

电磁波在介质中的传播速度 v 与介质的相对介电常数 ε_r 有如下关系。

$$v=\frac{c}{\sqrt{\varepsilon_r\mu_r}}\approx\frac{c}{\sqrt{\varepsilon_r}} \qquad (17—1—1)$$

式中　c——真空中的电磁波传播速度，$c \approx 0.3$ m/ns（1 ns = 10^{-9} s）；

μ_r——介质的相对磁导率，一般 $\mu_r \approx 1$；

ε_r——介质的相对介电常数，无量纲。

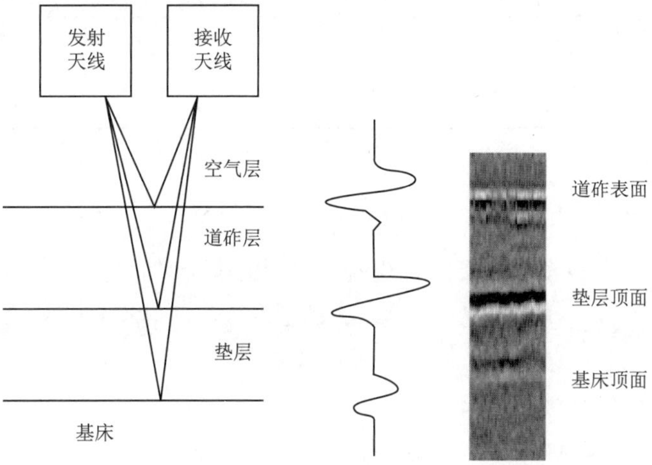

图 17—1—1　地质雷达工作原理示意

二、电磁波的反射系数

电磁波在介质传播过程中，当遇到相对介电常数明显变化的地质现象时，将产生反射及透射现象，其反射和透射能量的分配主要与异常变化界面的电磁波反射系数有关。

$$r = \frac{(\sqrt{\varepsilon_2 \mu_2} - \sqrt{\varepsilon_1 \mu_1})^2}{(\sqrt{\varepsilon_2 \mu_2} + \sqrt{\varepsilon_1 \mu_1})^2} \approx \frac{(\sqrt{\varepsilon_2} - \sqrt{\varepsilon_1})^2}{(\sqrt{\varepsilon_2} + \sqrt{\varepsilon_1})^2} \tag{17—1—2}$$

式中　r——不同介质分界面电磁波反射系数；

$\varepsilon_1, \varepsilon_2$——第一、二层介质的相对介电常数；

μ_1, μ_2——第一、二层介质的相对磁导率。

路基各结构层中含有的道砟、基床填土、路基填土、混凝土轨枕、空气、水、泥浆及介质混合体等介质的相对介电常数（简称介电常数）存在差异，见表 17—1—1，介电常数差异大小决定了雷达发射波在路基不同结构层间界面或介质混合体界面反射系数的大小，差异越大反射系数越大，会在雷达波形图中形成越强烈的反射波信号，再经后处理能够得到较清晰的波形异常图。

表 17—1—1　不同介质的电磁特性参数值

介　质	相对介电常数 ε_r	电导率 σ（ms/m）	波速 v（m/ns）
空　气	1.0	0	0.3
海　水	70	400	0.033
淡　水	81	0.1～30	0.033
干　砂	4～6	0.000 1～1	0.15～0.12
湿　砂	25	0.1～1	0.055
淤　泥	10	1～10	0.095
黏　土	8～12	100～1 000	0.106～0.087

续上表

介　　质	相对介电常数 ε_r	电导率 σ(ms/m)	波速 v(m/ns)
花岗岩	5	0.000 01	0.134
石灰石	7~9	0.000 001	0.113~0.1
白云石	6~8		0.122~0.106
石　英	4		0.15
混凝土	5~10		0.134~0.095

三、电磁波双程旅行时间

电磁波从被发射天线发出到接收天线所接收到的旅行时间为

$$t=\sqrt{\frac{4h^2+x^2}{v}} \tag{17—1—3}$$

式中　t——电磁波双程走时(ns)；

h——反射体深度(m)；

x——发射天线与接收天线的距离(m)；

v——电磁波在介质中的传播速度(m/ns)。

四、地质雷达检测目标体深度

采用共中心点测量方式计算目的层厚度。

$$h=\sqrt{\frac{t_2^2x_1^2-t_1^2x_2^2}{4(t_1^2-t_2^2)}} \tag{17—1—4}$$

式中　t_1,t_2——第一、二次电磁波双程走时(ns)；

x_1,x_2——第一次、二次发射天线与接收天线的距离(m)。

而在实际检测中,采用的是发射天线和接收天线固定的方式沿线路方向检测,发射天线与接收天线间的距离很小,通常情况下认为是零,故计算目标体深度的公式可简化为

$$h=\frac{vt}{2}\approx\frac{1}{2}\cdot\frac{c}{\sqrt{\varepsilon_r}}\cdot t \tag{17—1—5}$$

因此,只要知道电磁波在介质中传播的速度,或者目标体的相对介电常数,就能计算出目标体的埋深。

第二节　系统组成及功能

路基雷达检测系统由天线、地质雷达控制单元、定位装置、路面图像采集装置和数据处理软件组成。

一、天　　线

(一)天线中心频率的选择

天线中心频率的选择需要兼顾目标体的深度、目标体最小尺寸以及天线的尺寸等因素。

一般在满足分辨率且场地条件许可的情况下,应尽量使用中心频率低的天线。如果已知要求的空间分辨率,目标体的相对介电常数,则天线中心频率可由下式初步选定。

$$f(\mathrm{MHz})=\frac{150}{r\sqrt{\varepsilon_{\mathrm{r}}}} \qquad (17—2—1)$$

式中 r——天线的空间分辨率(m)。

Annan 等给出了在空间分辨率约为目标体深度的 25% 情况下,天线中心频率与检测深度的经验值可供在天线频率选择时参考,见表 17—2—1。如果检测深度小于目标体埋深,需降低频率以获得适宜的检测深度。

表 17—2—1 天线中心频率与检测深度的对应经验值

天线中心频率(MHz)	1 000	500	200	100	50	25	10
检测深度(m)	0. 5	1. 0	2. 0	5. 0	10	30	50

在路基检测过程中车载地质雷达天线须始终保持在车辆限界内,故所选用的天线主要是空气耦合式宽带天线,分为两类。一类是高频喇叭天线,天线中心频率 1 ~ 2. 5 GHz,主要检测对象是道砟厚度、道砟的污染状况和路基面的起伏以及路基面的含水情况,属于浅表层检测,分辨率高;另一类是空气耦合蝴蝶结式宽带天线,天线中心频率 300 ~ 500 MHz 检测对象是基床结构层范围内的病害。

(二)天线的布置

车载地质雷达的天线一般安装于客车底部,如图 17—2—1 所示,在机车或轨道车牵引下进行路基检测。天线分为三列(与线路平行,分别布置在线路中心、轨枕外侧)。为满足测试深度和精度的要求,一般选择三个较低频率天线和一个较高频率天线搭配完成路基的检测,检测结果可得到三条纵剖面,如图 17—2—2 所示。

图 17—2—1 安装于车底的天线

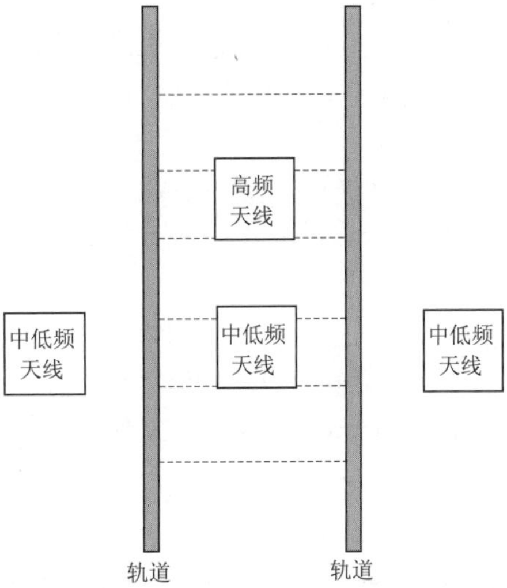

图 17—2—2 天线布置

二、地质雷达控制单元

铁路路基车载地质雷达系统要求地质雷达控制单元至少 3 个数据通道,便于横向比较;

要求采集的数据点密度固定，达到 20 扫/m，使重复测试在同一地段图像具有可比性。

控制单元包含了系统的同步信号，各道发射脉冲源、采样单元的触发信号和 A/D 转换单元的触发信号，里程处理显示模块及各种接口。

多通道之间的干扰消除是靠通道之间的发射时间延迟来实现的，通道之间的发射时间延迟由控制单元控制，即第一通道发射信号，第一通道接收回波信号；接下来第二通道发射信号，第二通道接收回波信号；再接下来第三通道发射信号，第三通道接收回波信号，如此循环。

三、定位装置

路基地质雷达系统的定位装置由里程测量与 GPS 校正里程系统组成。

GPS 在隧道和屏蔽的山区接收不到卫星信号，因此以距离测量为主，用 GPS 相隔一定距离校正一次公里数。这种定位方法可以消除经过车站边股道造成的距离误差、轮子距离测量造成的累计误差以及长短链引起的错误。

四、图像采集装置

车载式地质雷达系统一般都安装了图像采集装置，为地质雷达资料处理提供现场路面及设施图片资料。更重要的是，路面数字图像将测试全程都记录下来，包括列车在车站通过的股道数，减少在测试过程中大量的测试记录。如果里程在小范围有误差，可以通过地面标志寻找异常的位置，辅助定位。路面数字图像可以提供现场路基资料，减少了大量的野外查勘工作量，提高数据解释效率和质量。

高速路面图像采集与地质雷达系统同步采集，地质雷达数据里程与路面图像里程保持一致。路面图像文件包也与地质雷达系统数据文件同步形成，即在地质雷达系统数据采集计算机上存完一个地质雷达系统数据文件，同时在另一台路面图像采集计算机上也存完一个同名的图像文件包。这样在后处理时容易管理这些数据。

五、数据处理软件

地质雷达数据经过各种处理过程才能变为铁路维修养护的有用信息。地质雷达数据处理软件分为预处理软件和后处理软件。

（一）预处理软件

数据预处理主要是数据的编辑，包括数据文件的拆分、里程信号的校正和编排，以及对从大里程到小里程的数据文件进行数据翻转。

数据文件的拆分主要是将某一段特殊数据（如长短链）从文件中分离出来，便于后续单独处理，也可以将某一段坏数据从文件中剔除。在数据采集过程中，GPS 在整公里处给出一个校正里程，并记入道头，同时将里程计数器校正成整公里。里程信号的校正是先计算出里程计数器给出的整公里与 GPS 给出的整公里之间的差值，该值就是这个公里的累计误差，然后将该累计误差均匀地分配到一公里内。数据预处理还有一项工作，是将从大里程到小里程的进行检测的数据文件进行数据翻转，即按从小里程到大里程的顺序重新存储数据文件。

（二）后处理软件

数据后处理软件一般分为三个部分。

第一部分是数据处理，所谓数据处理就是在强干扰背景下，提取弱有效反射信号的过程。其目的是压制随机的和规则的干扰，用尽可能高的分辨率在地质雷达图像剖面上显示反射波，提取反射波有用信息来帮助解释。最常用的技术是数字滤波技术。滤波的方法很多：带通滤波可以去除信号中的低频振荡和高频噪声等成分；水平滤波可以消除背景噪声；频率—波数二维滤波可以去除高频杂波突出目标体，降低背景噪声和余振影响，还可以消除由于地表点状反射固定干扰波。数据经过处理后，输出清晰的地质雷达图像，在地质雷达图像上能够看出不同电性的结构层和各种异常体。

第二部分是图像解释，人工或半自动拾取地层，将地质雷达图像转换成地质（分层和各层的厚度）及物性（含水状况等）数据文件。在已知介质的电磁波速度的情况下，可以做时—深转换。

第三部分是参数分类和统计分析。对道砟厚度和相关层位分类和统计；根据地层介电常数，划分地层的类型或病害类型，统计它们的范围和数量，对路基状况进行评价。参数分类和统计分析的前提是先要进行地层拾取，确定各层的反射系数或相对介电常数。根据各层的相对介电常数，算出各层的厚度。根据道砟和路基层的反射系数或相对介电常数，划分道床脏污程度、评价路基含水量等，然后统计道砟厚度和线路病害等。参数分类和统计分析可以用其他软件来代替，如 Excel。

数据处理的过程主要包括零线标定、背景去噪、水平滤波、频域垂直带通滤波、增益设置、道床厚度识别、道床污染程度评价、道床含水评价、道床平整度评价、基床含水评价，如图 17—2—3 所示。

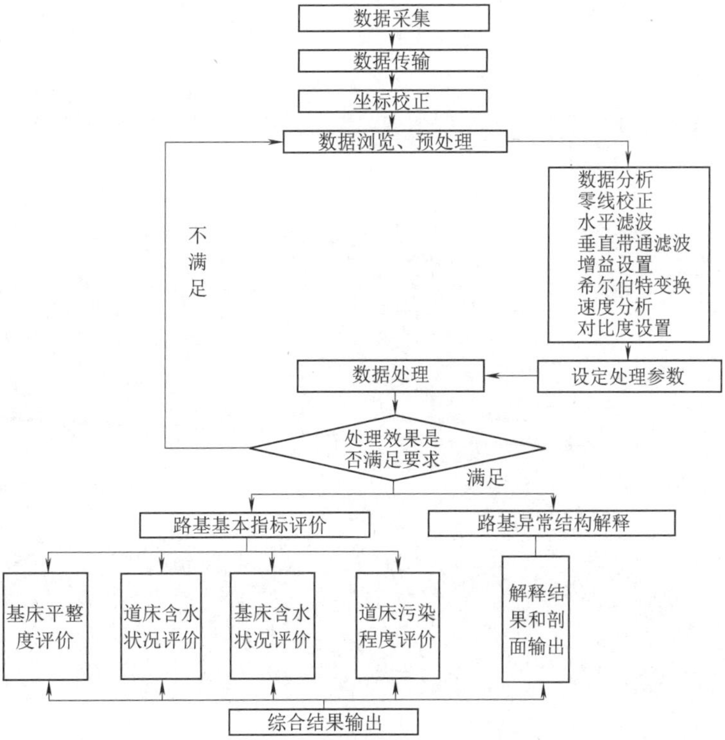

图 17—2—3　数据处理分析流程

第三节 数据分析及应用

我国既有铁路路基主要病害有沉降、翻浆冒泥、基础变形等。目前,现场检测获得的数据经处理后,可形成黑白或彩色的地质雷达图像。检测结果的正确与否取决于数据处理人员基于地质雷达图像的判读。为提高数据处理人员地质雷达图像的判读准确性,本节结合实际工程检测结果,给出铁路路基病害的地质雷达检测典型图。

一、基床沉降

基床沉降是基床在水、上覆荷载、自重、列车动荷载及振动耦合作用下,发生局部或较大面积的竖向下沉或沉降变形,局部或范围较小且有道砟陷入基床时又称道砟陷槽、道砟囊或道砟袋。基床沉降的雷达图像特征为:道砟和基床结构层间界面、基床表层和底层间界面反射同相轴发生明显的弯曲下沉、深度向下错断或偏移,同相轴在相同深度位置附近中断不连续、时断时续或高低不平,砟土混合比较严重时同相轴可能有缺失。典型雷达剖面图如图 17—3—1 和图 17—3—2 所示。

二、道床脏污

道床脏污产生的原因有以下几种:

(1)由于列车荷载冲击作用使道砟间相互摩擦产生的粉末;

(2)工务日常养护期间由于机械捣固冲击道砟产生的细小颗粒;

(3)列车运输过程中吹落下的细小物体,如煤灰、矿粉和其他遗弃的污染物;

(4)大风扬沙;

(5)由于路基强度不足,造成道床侵入基床或者基床中细小物质扩散到道床中造成道床污染。

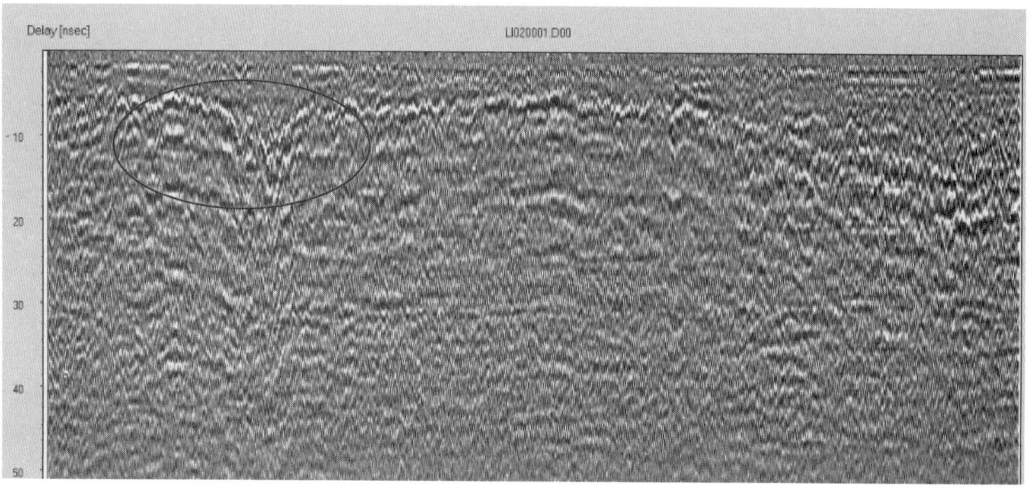

图 17—3—1 道砟陷槽典型雷达剖面

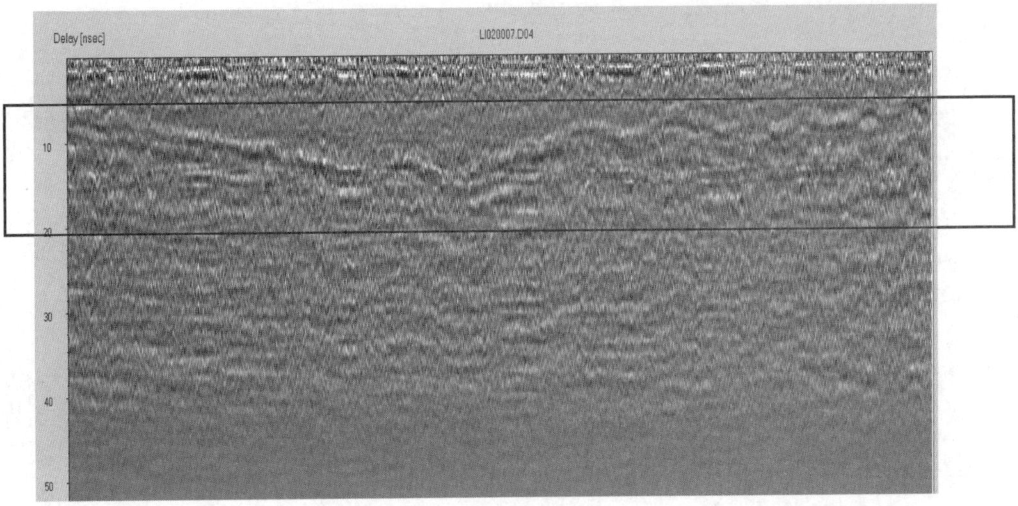

图 17—3—2　基床沉降典型雷达剖面

前四种脏污是从顶部向底部延伸，最后一种脏污是从底部向顶部扩散。前四种造成道床脏污情况在雷达剖面上表现为道砟外面被这些对水有较强吸附能力细小颗粒包裹而形成散射或衍射现象，在道床内部有雪花状或絮状的反射连片出现，典型雷达剖面图如图 17—3—3所示。最后一种情况由于是从底部向顶部扩散，所以在雷达剖面中使得道床和基床分界面很难分清，典型雷达剖面图如图 17—3—4 所示。

三、道床、基床含水

由于水的相对介电常数为 81，而道床和基床的填料的相对介电常数为几到十几，两者相差较大，其反射的能量也不相同，在雷达剖面中比较好识别。含水在雷达剖面表现为在界面上呈现低频强振幅高能量反射，其典型雷达剖面图如图 17—3—5 所示。

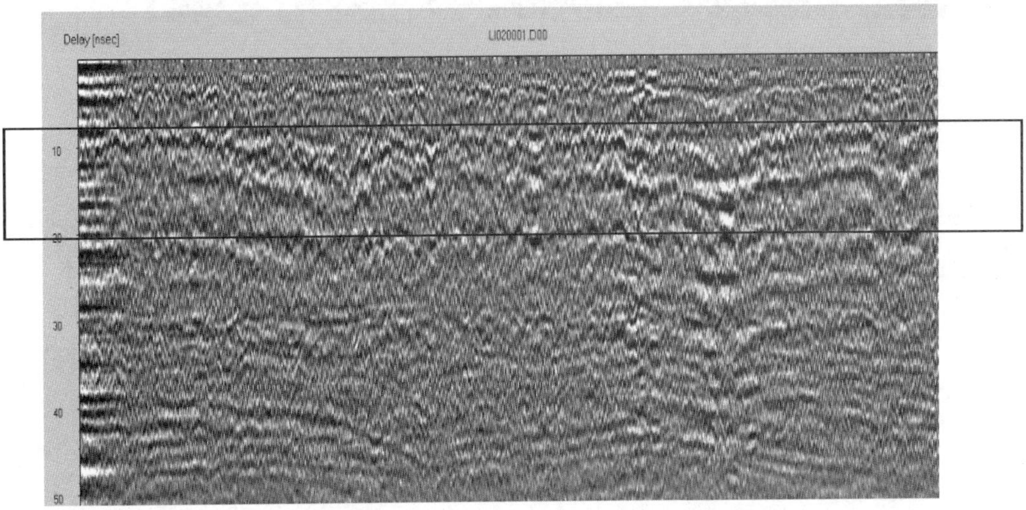

图 17—3—3　道床脏污雷达剖面（脏污从顶部向底部沿伸）

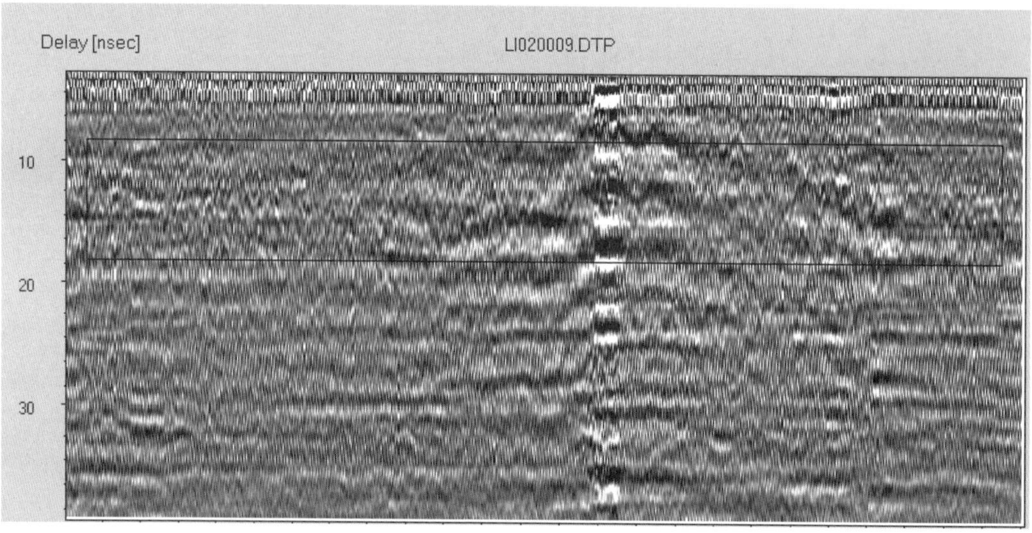

图 17—3—4　道床脏污雷达剖面(脏污从底部向顶部扩散)

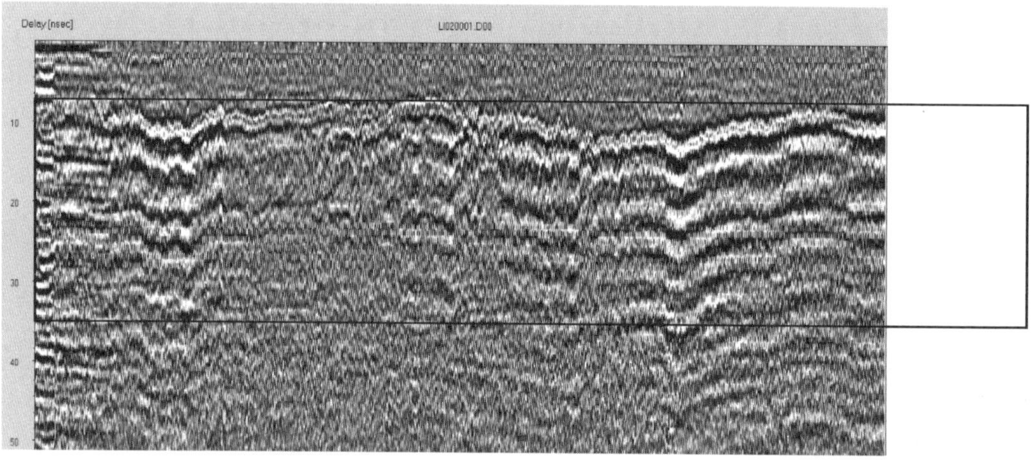

图 17—3—5　基床含水剖面

四、翻浆冒泥

翻浆冒泥主要是由于道床厚度不足,道床弹性变差、路基受力不均,在列车动载作用下,石砟磨损,加剧了道床污染,阻碍了排水,道床石砟侵入砂垫层,砂垫层又会侵入基床,使得砂垫层变薄,从而降低了排水效果,最后,使得道床和路基的弹性不足而产生塑性变形,形成轨道空板和道心积水,并在列车重复动载对道床和路基反复冲击和吸附的作用下,使得吸水饱和的淤泥由基床开始,突破砂垫层,涌入道床,翻上线路,破坏了路基原有的层状结构,介质相互掺合,上下导通,从而使得翻浆冒泥体的相对介电常数不但分布不均,而且与周围路基介质之间存在明显差异,致使强振幅杂乱雷达反射异常形成。在雷达剖面图上,其波组不连续,呈现低频强反射,类似路基中的物质挤向道床,形状类似"草帽",其典型雷达剖面图如图 17—3—6 所示。

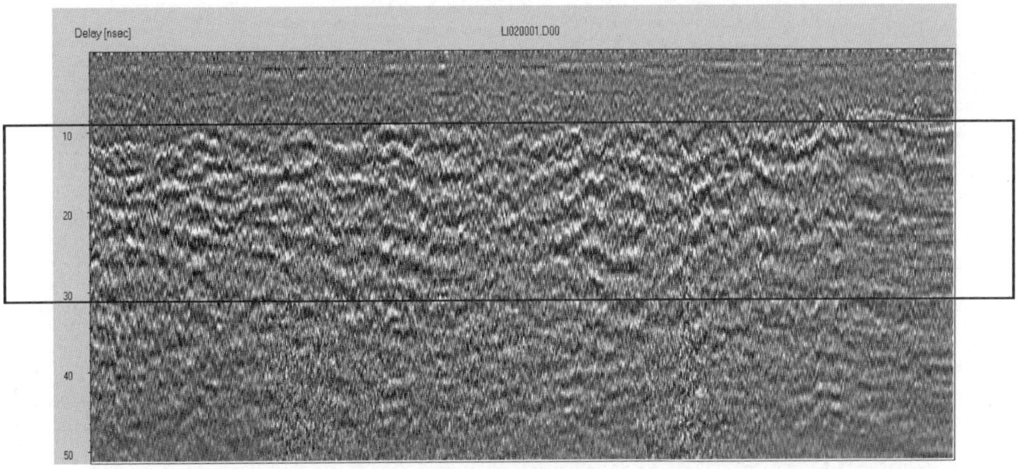

图 17—3—6　翻浆冒泥(基床)典型雷达剖面

五、桥头沉降

由于桥头的填料最后填筑,大型机械无法进入碾压,导致其压实度较其他地段小,加之桥头受到列车冲击作用的影响,很容易造成桥头出现沉降现象。桥头沉降在雷达剖面上表现为:基床面同相轴整体下降,但界面比较清晰,像是以桥头为圆心,以沉降深度为半径所画的四分之一圆弧,其典型雷达剖面图如图 17—3—7 所示。

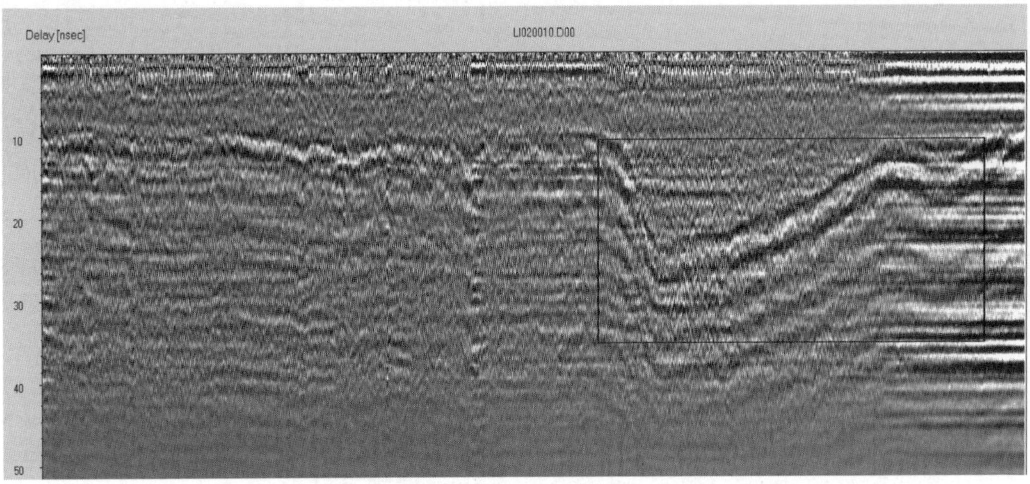

图 17—3—7　桥头沉降典型雷达剖面

第十八章　线路限界检测

线路限界检测技术是以钢轨顶面及轨道中心线作为测量基准,采用激光扫描或摄像的测量方法,实时准确地检测线路两侧建筑物的位置及接近状态,实现建筑限界快速自动检测与动态分析。

第一节　基 本 原 理

线路限界检测主要有激光扫描和断面摄像两种应用较广的检测技术。

一、激光扫描技术

激光扫描技术是伴随着激光测距技术的发展而形成的一种新型测量技术,已成为获取目标高精度空间数据的一种重要技术手段,非常适合建筑物表面或轮廓的测量,在国外建筑限界检测中的应用非常广泛,具有快速、实时、准确、可靠的特点,同时受外界光的干扰少,能够在复杂的环境下使用。

限界检测由一台或多台激光扫描传感器组成,在车辆运行过程中连续不断地测量铁路周边建筑物的空间距离信息,经空间坐标变换将距离信息转换成二维空间坐标信息,通过轨面基准捕获和坐标修正补偿模型无缝合成基于轨道坐标系的建筑物限界剖面图,与标准建筑限界图进行比对来自动识别建筑物侵限状态,同时通过多断面汇总模型形成综合最小建筑限界尺寸图。基于空间点云信息,采用三维建模技术能够形成线路三维立体图像,可以宏观展示线路周边环境状态。

二、断面摄像技术

断面摄像技术通过激光器和摄像机同步配合来检测建筑限界。它通常由多台线型激光器统一将激光投射到被测建筑物上,从而得到建筑物断面轮廓线,多台摄像机布置在检测车的外围轮廓上从不同角度拍摄激光轮廓线,由于图片的处理量很大,需多台计算机同时处理,合成得到建筑限界数据,经过后期图像处理后,判读换算出建筑物的实际位置尺寸。该技术能够获取完整的限界断面图,通过分析及汇总处理形成综合最小建筑限界尺寸图。但受检测原理的限制,检测受环境光干扰时无法检测,只能应用于隧道内部检测,而对于隧道以外的建筑限界检测比较困难;多台摄像机需要做精准同步和标定,否则拍摄断面不完整;受制于摄像机的频率,检测速度较低,基于该技术研发的隧道限界检测车目前已在多个铁路局的隧道限界检测中应用。

第二节　系统组成及功能

本节以激光扫描技术为主介绍线路限界检测的组成及功能。线路限界检测系统主要由数据采集模块、数据分析模块和数据管理模块组成，如图18—2—1所示。其中，数据采集模块用于实现在高速运动状态下的线路周边建筑物断面轮廓数据的实时采集与存储；数据分析模块主要实现建筑物断面轮廓数据的分析、处理和展示；数据管理模块主要用于对限界数据的浏览、查询、编辑和报表打印输出。

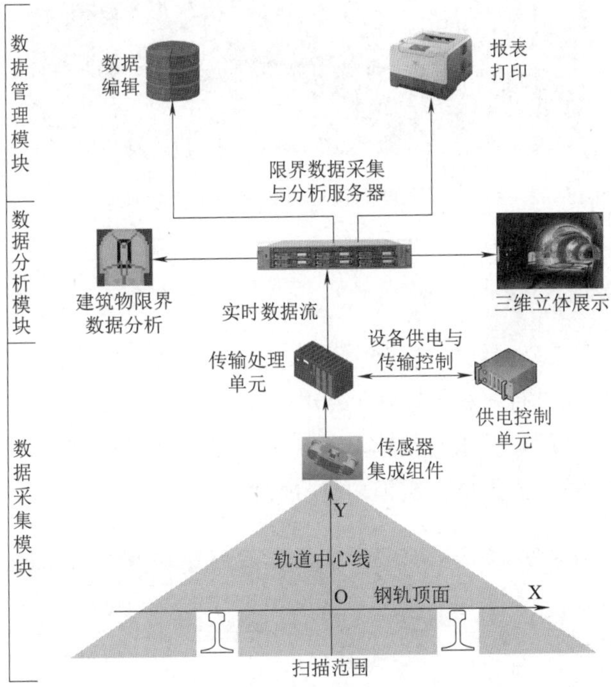

图18—2—1　线路限界检测系统结构示意

一、数据采集模块

数据采集模块的硬件包括传输处理单元、供电控制单元和传感器集成组件三部分，采用分离式快装机械结构，现场组装完成的效果如图18—2—2所示。其中，传输处理单元固定在车头不动，长期放置在户外，主要用于数据的传输、传感器供电、同步与固定传感器集成组件；传感器集成组件封装激光扫描传感器，小型化设计，配备专用箱子保存，当使用时悬挂于传输处理单元箱体上，采用快速卡紧装置进行固定；供电控制单元放置在车内，用于设备的电气供电与数据传输控制。

数据采集模块的软件部分采用了多线程交互及虚拟内存映射技术，专门设计了大容量的数据处理与存储模块，配备专业的高性能工控机和高速数据采集卡，同步整合速度、里程等信息，能够保证在列车高速运行情况下的大容量的数据实时采集与存储。

图 18—2—2　线路限界检测系统数据采集模块现场安装效果

二、数据分析模块

数据分析模型以测量坐标转换与修正体系为基础，预处理数据采集模块采集存储的数据，提取点云数据的特征进行分析，快速重绘建筑物断面图，依靠快速的限界分析算法模型对数据进行分析处理，按用户要求自动输出建筑物侵限数据、断面轮廓数据和综合最小建筑限界数据等。图 18—2—3 为数据分析模块软件界面图。

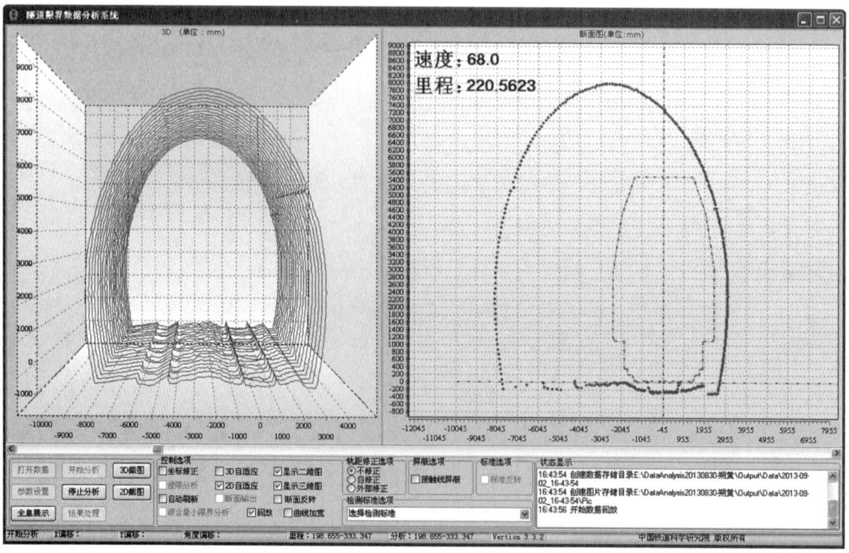

图 18—2—3　数据分析模块界面

数据分析模块的测量坐标系包含轨道坐标系、车辆坐标系和激光扫描坐标系，它们之间的关系如图 18—2—4 所示。三大坐标系相辅相成，共同组成线路限界测量坐标体系。车辆在运动过程中，会产生不同方向的振动与偏移，所以三大坐标系是动态变化的，它们之间的关系也是动态的，通过建立高效的坐标转换和修正算法将车辆坐标系和激光扫描坐标系映射到轨道坐标系上，将三大坐标系化为统一，形成线路限界测量坐标转换与修正体系。

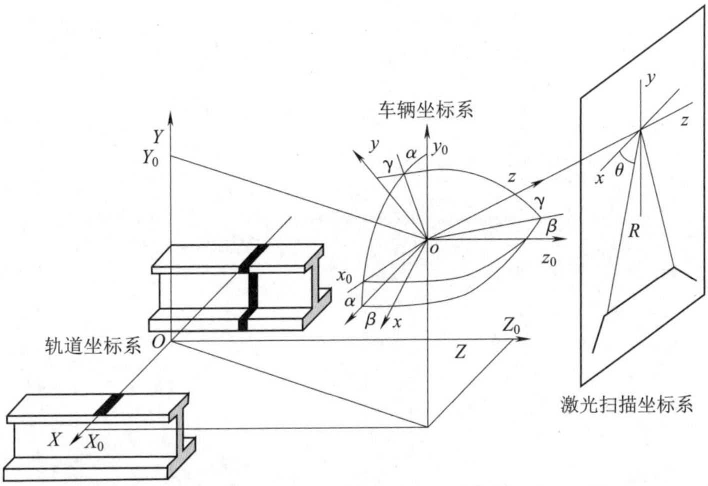

图 18—2—4 轨道坐标系、车辆坐标系与激光扫描坐标系转换示意

限界分析核心分析方法如下：

1. 侵限自动识别方法

以标准限界模型数据为比对基准，基于凸集理论，以二维离散点的分布特征为基础，通过空间投影比对算法，自动计算二维离散点在标准限界模型中的分布位置，实现建筑物侵限的自动识别。对于侵限位置以红色标注，不侵限位置以绿色显示，并将侵限数据进行输出。

2. 综合最小建筑限界分析方法

建立综合最小建筑限界统计分析模型，以控制点为基准，建立控制区域，通过坐标系统的横向比对，统计分析最小建筑限界尺寸，并对曲线区域进行折减操作，形成综合最小建筑限界尺寸表和接近图。

三、数据管理模块

数据管理模块接收数据分析模块的分析处理结果，建立限界数据管理机制，实现对限界数据的查询、管理、合成、报表打印等功能，检测、维护人员可以根据报表内容指导现场养护维修。图 18—2—5 为限界数据管理软件界面。

线路限界检测系统主要检测铁路沿线的各种设施设备及建筑物与铁路线路中心的接近状态，主要检测内容包含建筑物侵限检测、限界断面检测、综合最小建筑限界检测等。

（一）激光扫描技术

1. 最高检测速度：160 km/h；

2. 测量精度：$^{0}_{-30}$ mm（反射率≥10%）；

3. 测量步距：≤0.25 m（160 km/h）；

4. 测量范围：全断面，线路中心线两侧 20 000 mm，钢轨顶面上方 20 000 mm 范围；

5. 工作环境温度：−20 ℃ ~ +55 ℃。

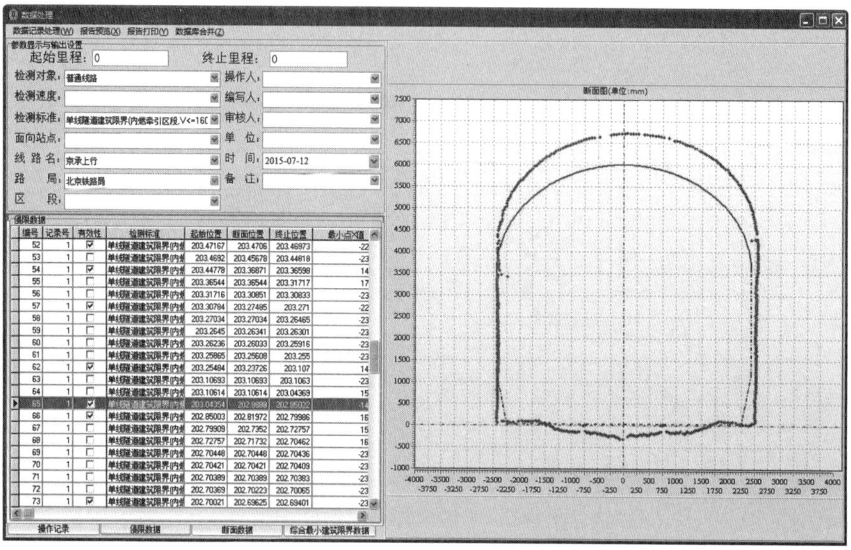

图 18—2—5　数据管理模块界面

（二）断面摄像技术

1. 最高检测速度：120 km/h；

2. 测量精度：$^{0}_{-40}$ mm；

3. 测量步距：≤1.33 m（120 km/h）；

4. 测量范围：全断面，只能检查隧道；

5. 工作环境温度：−20 ℃ ~ +45 ℃。

第三节　数据分析及应用

基于激光扫描技术的线路限界检测系统目前已安装在轨检车、巡检车、探伤车等多种检测车辆上，能够实现线路限界状态的自动化巡检，快速获取铁路沿线各类建筑物的轮廓和建筑物接近情况，分析输出全线限界分布情况，指导维修人员准确掌握病害地点，有针对性地开展精确测量和整修工作。

目前，对多条高速铁路和重载铁路进行了限界检测，检测出的典型侵限包括道砟、树枝、隧道壁、站台等，如图 18—3—1 ~ 图 18—3—3 所示，能够为工务现场提供限界报表，方便现场人员进行建筑限界状态的检修与分析，在日常线路检测和维护中发挥了重要作用，同时能够对指定隧道自动进行综合最小建筑限界分析，输出综合最小建筑限界尺寸表和综合最小建筑限界图，如图 18—3—4 所示，为超限货物运输提供有效的线路基础限界数据。

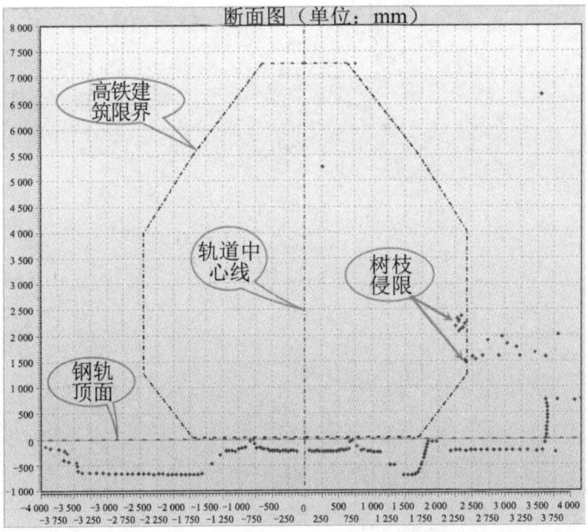

图 18—3—1　高速铁路树枝侵限

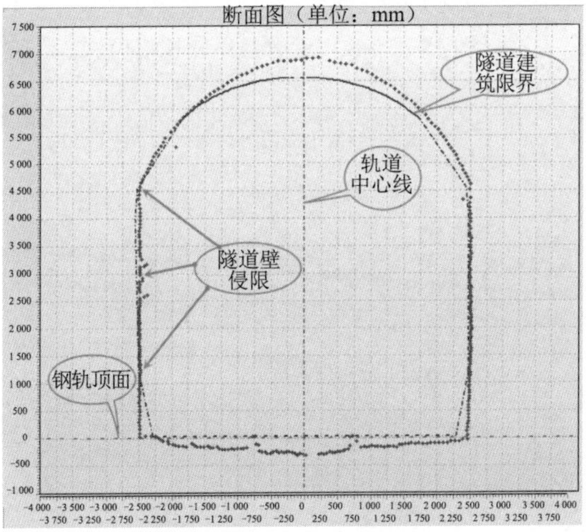

图 18—3—2　隧道壁侵限

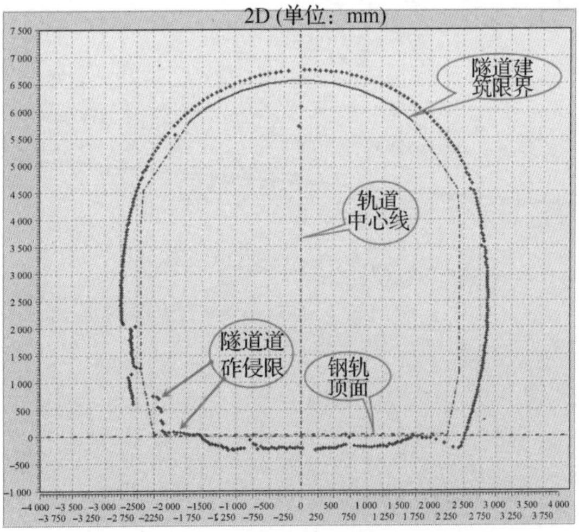

图 18—3—3　隧道道砟侵限

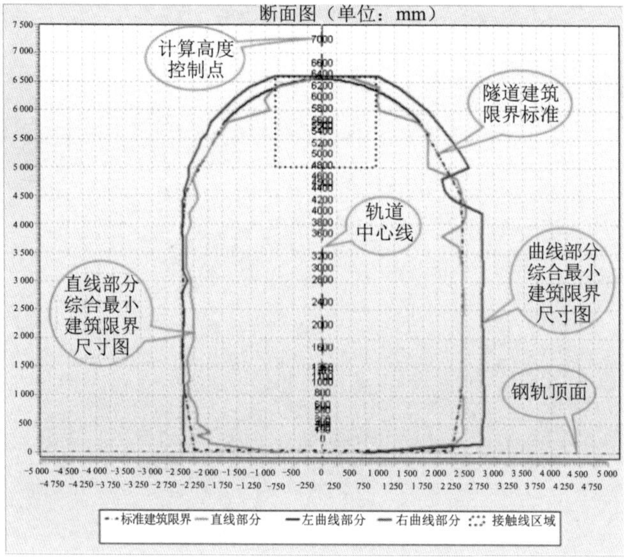

图 18—3—4　综合最小建筑限界

参 考 文 献

[1] 丁韦,李力,宋宏图,等. 钢轨焊接接头平直度测量方法及分析[J]. 铁道技术监督,2010,38(8):24-27.

[2] 高春雷,王发灯,何国华. 激光准直技术与铁路线路测量[M]. 北京:中国铁道出版社,2012.

[3] 蒋金洲,梁晨,徐玉坡,等. 无缝线路钢轨纵向力及锁定轨温检测系统研究[R]. 北京:中国铁道科学研究院铁道建筑研究所,2014.

[4] 蒋金洲,梁晨,徐玉坡,等. 郑西高速铁路桥上无缝线路、道岔和钢轨伸缩调节器长期监测技术及检测信息管理和轨道评估系统技术研究[R]. 北京:中国铁道科学研究院铁道建筑研究所,2012.

[5] 徐其瑞,许建明,黎国清. 轨道检查车技术的发展与应用[J]. 中国铁路,2005(9):37-39.

[6] 罗林. 高速铁路轨道必须具有高平顺性[J]. 中国铁路,2000(9):8-11.

[7] 杜鹤亭. 长波长轨道不平顺检测中的数字滤波方法[J]. 中国铁道科学,2000,21(4):58-65.

[8] 魏世斌. GJ-6 型轨道检测系统[J]. 铁道建筑,2011(11):98-101.

[9] 任盛伟. 构架式轨距—轨向检测系统信号合成算法及系统验证[J]. 中国铁道科学,2010,31(2):79-83

[10] 彭昭云,石复元,楼大鹏. 铁路工务动态检测数据分析及应用[M]. 北京:中国铁道出版社,2015.

[11] 邓学通,叶一鸣. 准高速轨检车检测原理及应用[M]. 北京:中国铁道出版社,2004.

[12] 陶凯,梁志明,徐贵红,等. 城市轨道交通轨道几何状态动态检测分析研究[J]. 现代城市轨道交通,2015,05:48-51.

[13] 陈东生,徐贵红,陶凯,等. 铁路工务智能移动终端系统的设计与实现[J]. 铁道建筑,2016,03:118-121.

[14] 陶凯. 铁路线路问题管理系统的设计与实现[J]. 铁路计算机应用,2016,05:43-47.

[15] 彭丽宇,陶凯,黎国清. 重载铁路综合检测列车和数据综合分析系统[J]. 铁道建筑,2016,(12):109-113.

[16] 王兆祥. 铁道工程测量[M]. 北京:中国铁道出版社,1999.

[17] 张冠军,张志刚. 高速铁路运营监测内容与方法研究[A]. 第十三届中国科协年会第 12 分会场—测绘服务灾害与应急管理学术研讨会论文集[C]. 中国科学技术协会、天津市人民政府:2011.

[18] 岳建平,田林亚. 变形监测技术与应用[M]. 北京:国防工业出版社,2011.

[19] 中国机械工程学会无损检测分会. 超声波检测[M]. 2 版. 北京:机械工业出版社,2000.

[20] 邹定强,杨其全,卢观健,等. 钢轨失效分析和伤损图谱[M]. 北京:中国铁道出版社,2010.

[21] 中国机械工程学会无损检测分会. 超声波检测[M]. 北京:机械工业出版社,2012.

[22] 周清跃. 钢轨的材质性能及相关工艺[M]. 北京:中国铁道出版社,2005.

[23] 连军,牛君芳. 数字钢轨探伤仪的应用[M]. 北京:中国铁道出版社,2013.

[24] 徐其瑞,刘峰. 钢轨探伤车技术发展与应用[J]. 中国铁路,2011(7):38-41.

[25] Drake, Harcourt C. Transverse Fissure Detector Car[J]. American Institute of Electrical Engineers, 2010,50(2):633-636.

[26] Clark R. Rail Flaw Detection: Overview and Needs for Future Developments [J]. NDT&E International, 2004,37(2):111-118.

[27] Papaelias M Ph, Roberts C, Davis C L. A Review on Non-destructive Evaluation of Rails: State-of-the-Art and Future Development[J]. Proceedings of the Institution of Mechanical Engineers, 2008, 222(F4):367-384.

[28] Rainer P, Erhard A, Montag H J, et al. NDT Techniques for Rail Road Wheel and Gauge Corner Inspection [J]. NDT&E International,2004,37(2):89-94.

[29] 王雪梅,倪文波,王平. 高速铁路轨道无损探伤技术的研究现状和发展趋势[J]. 无损检测,2013,35(2):10-17.

[30] 石永生,马运忠,傅强,等. 钢轨探伤车的检测运用模式与伤损分级探讨[J]. 铁路技术创新,2012(1):96-98.

[31] 石永生,李培,钟旭峰,等. 钢轨踏面斜裂纹与轨头核伤的B型图对比分析[J]. 铁路技术创新,2012(1):92-95.

[32] 石永生,张全才,李杰,等. 探伤车与探伤仪的轨头核伤检测能力对比分析[J]. 铁路技术创新,2012(1):99-101.

[33] 石永生. 依靠杂波设置探伤车检测标准的分析探讨[J]. 中国铁路,2013(5):67-70.

[34] 石永生,张玉华,李培,等. 高速铁路钢轨探伤车动态灵敏度设置探讨[J]. 铁道建筑,2014(9):113-116.

[35] 应崇福. 超声学[M]. 科学出版社,1990.

[36] M. G. Silk, B. H. Lidington. The Potential of Scattered or Diffracted Ultrasound in the Determination of Crack Depth[J]. Non-Destructive Testing, June,1975,146-151.

[37] M. G. Silk and Lidington. Defect Sizing Using an Ultrasonic Time Delay Approach[J]. British Journal of NDT,March,1975,33-36.

[38] 中国机械工程学会无损检测分会. 磁粉检测[M]. 机械工业出版社,2004.

[39] 国防科技工业无损检测人员资格鉴定与认证培训教材编审委员会. 射线检测[M]. 机械工业出版社,2004.

[40] 国防科技工业无损检测人员资格鉴定与认证培训教材编审委员会. 渗透检测[M]. 机械工业出版社,2004.

[41] 国防科技工业无损检测人员资格鉴定与认证培训教材编审委员会. 涡流检测[M]. 机械工业出版社,2004.

[42] 许贵阳,史天运,任盛伟,等. 基于计算机视觉的车载轨道巡检系统研制[J]. 中国铁道科学,2013,34(1):140-145.

[43] Çaglar Aytekin, Yousef Rezaeitabar, Sedat Dogru,et al. Railway Fastener Inspection by Real-Time Machine Vision[J]. IEEE Transactions on Systems, Man, and Cybernetics: Systems,2015,45(7):1101-1107.

[44] Y Li,H Trinh,N Haas,et al. Rail Component Detection,Optimization,and Assessment for Automatic Rail Track Inspection[J]. IEEE Transactions on Intelligent Transportation Systems, 2014,15(2):760-770.

[45] 李永波. 基于机器视觉的铁路线路状态检测算法研究[D]. 成都:西南交通大学,2013.

[46] Xavier Gibert,Vishal M. Patel,Rama Chellappa. Deep Multi-task Learning for Railway Track Inspection [J]. IEEE Transactions on Intelligent Transportation Systems,2017,18(1):153-164.

[47] M. Bogdan, S. Fita. Measurement of the Geometry of the Transverse Cross-section of a Railway[J]. Measurement Science Review,2003(3):747-751.

[48] 崔凤奎. 二值图像细化算法的比较与改进[J]. 洛阳工学院学报,1997(4):48-51.
[49] 何友全,袁磊. 铁道钢轨断面的计算机图像处理和仿真[J]. 计算机工程,2000:8-10.
[50] 吴鸿钧,高林奎. 国外钢轨波磨检测[M]. 北京:中国科学技术出版社,1999.
[51] 刘伶萍. 钢轨波浪磨耗检测系统[J]. 铁路技术创新,2012(1):53-55.
[52] 祖宏林,张志超,汪伟. 轮轨力测量在高速铁路轨道检测中的应用研究[J]. 铁道机车车辆,2012,32(4):19-24.
[53] 张义桂. 测力轮对检测系统在轨检车上的运用[J]. 上海铁道科技,2007(1):12-14.
[54] 胡爱全,祖宏林,张志超,等. 新型测力轮对标定试验台研制[J]. 铁道机车车辆,2012,32(1):62-66.
[55] 罗林,张格明,吴旺青,等. 轮轨系统轨道平顺性的控制[M]. 北京:中国铁道出版社,2006.
[56] 杨峰,彭苏萍. 地质雷达探测原理与方法研究[M]. 北京:科学出版社,2010.
[57] 齐法琳,黎国清,江波. 铁路隧道状态检查车的研制及应用[J]. 中国铁路,2013(9):75-77.
[58] 齐法琳,贺少辉,江波. 铁路隧道衬砌地质雷达检测影响因素试验研究[J]. 铁道建筑,2014(3):33-36.
[59] 刘维桢,孙淑杰. 基于激光扫描技术的铁路限界检测系统[J]. 铁路技术创新. 2012,1:56-59.
[60] 刘维桢,李连东,孙淑杰. 车载激光扫描式铁路隧道成像系统[J]. 铁路技术创新,2012,1:60-62.